추천의 글

이 책은 김현회 목사의 성경 강의 중 '성경 이야기'를 편집한 것입니다. 그것은 그가 했던 수많은 강의 가운데 신구약 성경을 한 흐름, 한 맥락, 하나의 이야기로 이어간 명강의였습니다.

김현회 목사는 탁월한 성경 교사로 부르심을 받은 사람입니다. 그는 성경에 대한 명쾌한 해석과 풍부한 지식 그리고 유효적절한 표현으로 하나님 말씀을 가르쳤습니다. 그의 가르침은 하나님 말씀의 깊이를 깎아 먹지 않으면서도 어렵지 않았고, 가볍지 않으면서도 지루함이 없었습니다. 말씀에 대한 그의 이해는 신학이라는 굴레에 빠져 균형을 잃은 적이 없으면서도, 신학적 이해의 깊이와 형평성으로 풍성함을 더했습니다. 많은 성도에게 말씀의 감동과 은혜를 안겼고, 교역자들에게는 말씀을 가르치는 것에 대해 그리고 말씀을 가르침으로 성도를 세우는 것에 대해 알려주었습니다.

그런 그의 가르침을 요즘은 듣지 못합니다. 하나님만 아시고 그분만이 설명할 수 있는 일이지만 그는 오랜 질병으로 더는 강단에 설 수 없게 되었습니다. 저희는 김현회 목사와 오랜 시간 교제를 해왔습니다. 혹은 선배로서, 혹은 친구로서, 혹은 동료 교역자로서 함께 일하고 웃고 교제하면서 그의 사람됨, 말씀을 사랑하고 가르치는 일에 대한 헌신 그리고 주님을 향한 그의 숭고한 열정을 기억하고 있습니다.

우리는 김현회 목사의 성경 강의를 기억하면서 그의 강의가 계속될 수 있는 방법을 찾았고, 도서출판 디모데의 도움을 받아 이렇게 책으로 출판하게 되었습니다. 이 책은 읽는 모든 이에게 성경의 핵심과 구원의 역사 그리고 하나님이 하신 일을 선명하고 분명하게 알려줄 것입니다. 모두에게 일독을 권합니다.

모두가 좋아하고 존경하는 탁월한 성경 교사인 김현회 목사의 귀한 헌신과 열정에 감사하는 마음으로 친구들이 이 책을 헌정하고자 합니다.

주후 2016년 12월 12일

함께 동역자 된,

송광률 목사(선한청지기교회 은퇴목사)
정민영 선교사(국제위클리프 부대표)
이영관 선교사(GBT)
이재학 목사(디모데성경연구원/월드티치 대표)
홍인종 목사(장로회신학대학교 교수)
노창수 목사(남가주사랑의교회 담임)
서정인 목사(한국컴패션 대표)
고종율 목사(파이디온 선교회/도서출판 디모데 대표)

한 권으로
공부하는
신 구 약
이 야 기

한 권으로 \ 신 구 약
공부하는 \ 이 야 기

1쇄 인쇄 2016년 12월 5일
1쇄 발행 2016년 12월 16일

지은이 김현회
펴낸이 고종율

펴낸곳 주)도서출판 디모데 〈파이디온선교회 출판 사역 기관〉
등록 2005년 6월 16일 제 319-2005-24호
주소 서울특별시 서초구 서초대로 141-25(방배동, 세일빌딩)
전화 마케팅실 070) 4018-4141
팩스 마케팅실 031) 902-7795
홈페이지 www.timothybook.com

값 19,000원
ISBN 978-89-388-1608-5 03230
ⓒ 주) 도서출판 디모데 2016 〈Printed in Korea〉

한 권으로 공부하는 신구약 이야기

김현회 지음

서문 · 11

창세기

1과 서론 · 17	7과 열국 · 41
2과 창조 1 · 20	8과 아브라함 1 · 45
3과 창조 2 · 24	9과 아브라함 2 · 49
4과 타락 1 · 28	10과 이삭 · 53
5과 타락 2 · 33	11과 야곱 · 57
6과 홍수 · 37	12과 요셉 · 62

율법서

1과 애굽 · 69	7과 모압 1 · 96
2과 출애굽 · 74	8과 모압 2 · 100
3과 시내 산 1 · 78	9과 모압 3 · 104
4과 시내 산 2 · 83	10과 모압 4 · 108
5과 시내 산 3 · 87	11과 모압 5 · 112
6과 광야 · 92	12과 모세 · 117

차 례

구약 이야기

역사서
- 1과 가나안 정복 ·129
- 2과 사사 시대 ·133
- 3과 사무엘 ·137
- 4과 사울 ·142
- 5과 다윗 1 ·146
- 6과 다윗 2 ·150
- 7과 솔로몬 ·154
- 8과 이스라엘 1 ·159
- 9과 이스라엘 2 ·163
- 10과 유다 1 ·167
- 11과 유다 2 ·171
- 12과 귀환 ·176

시가서
- 1과 시편 1 ·183
- 2과 시편 2 ·188
- 3과 잠언 ·193
- 4과 욥기 ·198
- 5과 전도서/아가서 ·202

선지서
- 1과 아모스 ·207
- 2과 호세아 ·212
- 3과 요나/하박국 ·216
- 4과 이사야 ·220
- 5과 예레미야 ·225
- 6과 에스겔 ·230
- 7과 다니엘 ·235

복음서	1과 중간 시대 ·243	7과 예수님의 가르침 3 ·272
	2과 예수님의 준비 ·247	8과 예루살렘 사역 ·277
	3과 사역의 시작 ·252	9과 예수님의 죽음 ·282
	4과 갈릴리 사역 ·257	10과 예수님의 부활 ·287
	5과 예수님의 가르침 1 ·262	11과 요한복음 1 ·292
	6과 예수님의 가르침 2 ·267	12과 요한복음 2 ·297

사도행전	1과 승천/성령 강림 ·305	4과 바울 1 ·320
	2과 예루살렘 교회 ·310	5과 바울 2 ·325
	3과 유대와 사마리아 ·315	6과 바울 3 ·330

공동서신	1과 히브리서 1 ·335	4과 베드로전서 ·351
	2과 히브리서 2 ·340	5과 베드로후서 ·356
	3과 야고보서 ·346	6과 요한일서 ·361

신약 이야기

바울 서신		
1과	로마서 1 · 369	6과 고린도후서 · 395
2과	로마서 2 · 374	7과 빌립보서 · 400
3과	로마서 3 · 379	8과 골로새서 · 405
4과	고린도전서 1 · 384	9과 디모데후서 · 410
5과	고린도전서 2 · 389	

요한 계시록		
1과	요한계시록 1 · 415	3과 요한계시록 3 · 425
2과	요한계시록 2 · 420	

부록
한눈에 보는 성경 개관 · 430

서   문

저는 목회자로 부름 받아 목회를 하던 평범한 목사였습니다. 특별히 하나님의 말씀을 연구하고 가르치는 일을 즐거워했습니다. 미국 로스앤젤레스 인근에서 질그릇교회를 담임하면서 토기장이 성경학교를 통해 목회를 하고 성경을 가르쳤습니다.

그러던 2012년 10월 어느 날, 진행성 다초점 백질뇌병(PML:Progressive Multifocal Leukoencephalopathy)이라는 한 번도 들어본 적 없는 희귀병이 제 몸에서 시작되었습니다. 그때 좌뇌의 언어 영역에 바이러스가 침범하여 말을 못하게 되었고, 오른쪽 손발의 감각과 기능을 잃었습니다. 이것은 지난 22년간 신장 이식 후 먹은 면역 억제제의 부작용으로 몸의 면역 체계가 무너지면서 JC 바이러스가 뇌의 중추 신경계를 침범하여 생긴 질환입니다. 이 병은 자가 면역이 생기지 않을 경우 빠르면 한 달, 길면 2년 안에 바이러스가 온 뇌를 덮어 사망에 이를 수도 있는, 예후가 좋지 않은 희귀병입니다. 처음 이식한 신장이 망가지고 있어 2차 투석을 마음으로 준비하고 있었지만, 생각지도 못한 새로운 증상과 진단은 저와 가족 그리고 몸담고 있던 질그릇교회에 청천벽력 같은 소식이었습니다.

평생 건강으로 어려움을 겪던 저를 목회자로 불러주셔서 감당하게 하신, 저의 유일한 소명인 목사직을 내려놓아야만 하는 상황이 죽음 앞에 선 몸의 상황보다 저를 더 당혹스럽게 했습니다. 희귀 질환의 진단과 더불어 22년 전 이식한 신장마저 기능을 잃게 되어 비슷한 시기에 재차 신장 투석도 시작하게 되었습니다. 첫 번째 이식 전 경험했던 4년간의 광야 생활이 또다시 시작되었습니다. 다시 시작된 광야 길, 끝이 보이지 않는 막막함 속에서 저와 아내는 날마다 이 말씀을 붙잡고 살았습니다.

서문

> 내가 항상 주와 함께하니 주께서 내 오른손을 붙드셨나이다
> 주의 교훈으로 나를 인도하시고 후에는 영광으로 나를 영접하시리니
> 하늘에서는 주 외에 누가 내게 있으리요
> 땅에서는 주밖에 내가 사모할 이 없나이다
> 내 육체와 마음은 쇠약하나
> 하나님은 내 마음의 반석이시요 영원한 분깃이시라.
>
> 시편 73:23-26

 내일을 계획할 수 없는 폭풍우 한가운데서 제가 할 수 있는 유일한 일은 반석이시며 분깃이신 하나님만을 사모하고 바라보며 예배하는 것뿐이었습니다. 그렇게 광야 생활을 하고 있던 제게 어느 날, 선배와 동료, 친구들이 책을 내보자고 제안을 했습니다. 긴 터널을 통과하고 있는 저를 깊이 생각하여 한 제안임을 알았기에 그것은 제 아내와 저의 마음 중심을 깊이 만졌습니다. 책이 홍수처럼 쏟아져 나오는 이 시대에 또 하나의 책이 과연 필요한지, 이 책이 성도들에게 유익한 책이 될 수 있을지 하는 생각으로 한참을 주저했습니다. 그러나 혹시라도 필요한 부분이 있다면 주님이 사용하시리라는 생각을 갖게 되었습니다.

 이 책은 본격적으로 성경을 연구하거나 깊이 묵상하기에 앞서 성경을 구조적으로 더 잘 이해할 수 있도록 쓴 성경 개관입니다. 성경 각 장에 대한 상세한 주석은 아니지만 각 책의 핵심 내용과 교훈을 다루었습니다. 또 평신도도 어려움 없이 성경 전반을 이해할 수 있을 정도로 쉽게 분석해놓았고, 창조-타락-구속-완성이라는 성경의 흐름을 한눈에 파악할 수 있도록 했습니다.

 책은 세 부분으로 구성되어 있는데, 성경 본문을 간추려 말한 '성경 이야기', 중요한 사건과 그 사건의 신학적 의미를 다룬 '해설', 현재 우리에게 성경의 사건들이 어떤 의미가 있는지 설명한 '교훈'으로 돼 있습니다. 또 신약 일부를 다룬 장은 두 부분으로 구성되었는데, 저자, 저작 배경, 주제, 개요 등을 다룬 '서론', 주요 사건이나 인물에 대한 신학적 의미를 깊이 있게 설명한 '강해'로 이루어져 있습니다. 이 책을 통해 독자들

서문

이 성경이라는 커다란 숲을 머릿속에 확실하게 그리고, 말씀으로 하나님과 동행하는 삶의 기쁨을 충만하게 누리기를 바랍니다.

그동안 간절한 기도와 아낌없는 사랑으로 저와 가정을 살펴주시고 섬겨주신 믿음의 동역자들인 목회자들과 선교사님들, 사랑하는 친구들과 성도님들 그리고 한결같은 마음으로 저와 함께 광야 길을 걷고 있는 사랑하는 저의 가족에게 깊은 감사를 전하고 싶습니다. 끝으로 녹취 과정을 거쳐 책이 나오기까지 수고를 아끼지 않으신 디모데 출판사 식구들께 진심으로 감사드립니다.

Soli Deo Gloria! 모든 영광을 하나님께!

캘리포니아에서
김현회 드림

창세기

구약 이야기

창세기 1과

서론

성경 이야기

구성

1. 신학적 구분

1) **창조**(창 1-2장) 성경 이야기는 창조에서 시작한다. 태초에 하나님이 천지를 창조하셨고, 하나님의 형상을 따라 인간을 창조하셨다. 창조는 존재와 역사의 절대적 기반이며, 모든 것은 창조에서 비롯한다. 하나님의 창조는 선한 것이었다.

2) **타락**(창 3-11장) 하나님의 창조 세계에 타락이 발생했다. 타락은 인간 이전에 이미 영계에서 일어났고, 인간은 사탄의 꼬임에 빠져 하나님께 반역했다. 그 결과 인간뿐 아니라 피조 세계 전체에 하나님의 심판이 임하게 되었다. 에덴동산에서 쫓겨난 인간은 죄와 죽음의 지배를 받게 되었다. 이후 인간은 계속 타락의 길을 걸었고, 최초의 문명인 가인 문명은 홍수의 심판을 받았다. 홍수 사건 이후로 노아의 후손이 이룩한 바벨 문명도 하나님의 심판을 받았고, 그 결과 언어가 나뉘면서 민족 대분열과 이동이 시작되었다.

3) **구속**(창 12장-계 19장) 하나님은 아브라함을 불러 그와 언약을 맺으심으로써 인간을 구속하는 일을 본격적으로 시작하셨다. 아브라함의 후손인 이스라엘은 하나님의 언약 백성으로 택하심을 받았지만 계속해서 불순종하여 민족 전체가 하나님의 심판을 받고 말았다. 하지만 이 민족에서 그리스도가 나셨고 그분은 자신의 죽음과 부활을 통해 인간뿐 아니라 온 피조

세계를 위한 구속의 길을 여셨다. 이제 그리스도를 믿는 자들로 이루어진 교회는 그리스도가 다시 오실 때까지 복음 전파를 통해 그리스도의 구속을 온 인류에게 전하는 사명을 완수해야 한다.

4) **완성**(계 20-22장) 성경 이야기의 피날레는 그리스도의 재림과 더불어 시작된다. 그리스도가 다시 오실 때 인류는 부활을 통해 그분의 심판대 앞에 서게 되고, 영생에 들어갈 자와 영벌에 들어갈 자로 나뉘게 된다. 하나님은 모든 죄와 악의 근원인 사탄과 그의 졸개들을 불못에 던지시고, 또 그리스도를 믿지 않고 대적했던 모든 인간을 불못에 던지실 것이다. 그리고 어린양의 피로 씻음받은 자들, 즉 생명책에 기록된 모든 자를 새 하늘과 새 땅으로 인도하실 것이다. 구원받은 자들은 거룩하고 온전하며 흠이 없는 어린양의 신부인 새 예루살렘이 되어 성삼위 하나님과 더불어 영원한 복락을 누리게 된다.

2. 역사적 구분

역사서	시대 구분	주요 사건	문학서
창세기 1-11장	원시 역사	창조, 타락, 홍수, 민족들	
창세기 12-50장	족장 시대	아브라함, 이삭, 야곱, 요셉	욥기
출애굽기-신명기	출애굽 시대	출애굽, 시내 산(언약/율법/성막), 광야	
여호수아-룻기	가나안 정착 시대	가나안 정복, 사사들	
사무엘상-역대하	왕국 시대	통일 왕국, 분열 왕국	시가서/선지서
에스라-에스더	포로/귀환 시대	바벨론 유수(70년), 성전/성벽 재건, 유대교	에스겔/다니엘/학개 스가랴/말라기
[중간 시대 마카비 독립, 디아스포라(회당/칠십인역), 분파들]			
복음서	그리스도	탄생/성장, 세례/시험, 갈릴리, 유대, 수난/부활	
사도행전 요한계시록 1-19장	교회	사도들, 교회/선교	서신서
요한계시록 20-22장	종말	종말 재림, 부활, 심판, 영원	

본문 이해

1. **존재**
   1) **영계** 하나님(성부, 성자, 성령), 천사들, 악령들(사탄과 그의 졸개들)
   2) **인간** 몸과 영혼
   3) **물질계** 자연

2. **역사**
   1) **흐름** 시작, 진행, 완성→하나님 나라
   2) **의미** 진리와 거짓, 선과 악의 투쟁→하나님의 영광

창세기 서론

1. **저자 및 저작 시기** 모세가 하나님의 계시를 받아 여러 자료들을 이용하여 오경의 대략적인 내용을 기록했다(주전 13세기). 그리고 후대 편집자들의 손을 거쳐 오늘날의 형태로 완성되었다.

2. **서론적 역할**
   1) **오경의 서론** 이스라엘 역사는 출애굽 사건으로 시작된다. 창세기는 그 배경을 설명한다.
   2) **성경의 서론** 창조, 타락, 아브라함 언약을 보여 줌으로써 구속사의 기본 틀을 제공한다.

3. **개요**
   1) **1-11장 원시 역사** 창조(1-2장), 타락(3-5장), 홍수(6-9장), 민족들의 분열(10-11장)
   2) **12-50장 족장 시대** 아브라함(12-23장), 이삭(24-26장), 야곱(27-36장), 요셉(37-50장)

> ○ **톨레돗**(*toledot*, '낳다'를 뜻하는 *yalad*의 여성 명사)
> 창세기는 1:1-2:3의 서론과 열 개의 톨레돗 — 2:4(천지), 5:1(아담), 6:9(노아), 10:1(셈, 함, 야벳), 11:10(셈), 11:27(데라), 25:12(이스마엘), 25:19(이삭), 36:1(에서), 37:2(야곱) — 으로 구성되어 있다.

창세기 2과

창조 1

성경 이야기 창 1:1-2:3

태초에 하나님이 천지를 창조하셨다. 땅은 혼돈과 공허의 상태에 있었으며, 하나님의 신(성령)이 깊은 수면 위를 덮고 계셨다. 하나님은 6일 동안 창조의 행위를 하셨다. 처음 3일은 혼돈(formless)의 세상에 형태(form)를 부여하심으로써 세상을 질서 있게 하셨고, 나중 3일은 그 형태 안에 내용물(contents)을 채워 넣으심으로써 공허를 충만으로 바꾸셨다. 하나님은 마지막으로 자신의 형상을 따라 인간을 만드시고는 땅과 그 위의 생물들을 다스리는 권세와 사명을 위임하셨다. 하나님은 지으신 모든 세계를 보시고 매우 흡족해하셨고, 7일째 되는 날에 안식하셨다.

본문 이해

성경은 하나님의 존재를 증명하려 들지 않고, 곧장 하나님이 행하신 일을 말한다. 하나님의 존재는 추상적인 사유를 통해 확인되는 것이 아니고, 그분이 하신 일을 보고 경험함으로써 알게 되는 것이다. 하나님의 존재를 보여 주는 가장 강력한 증거는 창조다. 성경은 창조에 관한 두 가지 이야기를 소개한다. 첫 번째 이야기는 지구를 중심으로 본 창조(1:1-2:3)고, 두 번째 이야기는 인간을 중심으로 본 창조(2:4-25)다. 지구를 중심으로 본 창조는 최초의 창조(1:1-2)와 6일 동안의 창조(1:3-31)로 나뉜다.

최초의 창조(창 1:1-2)

1. 1절은 창조 이야기의 서론이 아니라 창조 사건을 서술한다. 즉 하나님은 1절에서 이미 천지를 창조하셨다. 이 창조(*bara*, 바라)는 하나님만 하실 수 있는 행위며 '무에서의 창조'(*ex nihilo*)를 말한다. 여기에는 시간(태초), 공간(천), 물질(지)이 포함된다.
2. 창조의 최초 상태는 혼돈(*tohu*, 토후)과 공허(*bohu*, 보후)였다. 이때 하나님의 영이 깊은 수면 위를 감싸고 계셨다. 마치 새가 알을 품는 것 같은 이 모습은 생명을 잉태하는 듯하며, 창조하고 보전하시는 성령님의 생명력을 보여 준다.

6일 동안의 창조(창 1:3-31)

1. 6일 동안의 창조는 최초의 창조가 혼돈(chaos)에서 질서(cosmos)로, 공허에서 충만으로 바뀌어 가는 과정이다. 이 6일 동안의 창조를 해석하는 관점은 매우 다양하다. 하루를 문자적인 24시간으로 보는 관점도 있고, 긴 세월의 지질학적 연대로 보는 관점도 있다. 그런가 하면 하루를 창조의 날로 보지 않고 창조의 진행이 계시된 날로 보기도 한다. 이런 관점들의 공통점은, 어쨌든 6일 동안의 창조를 계속 진행되는 과정으로 본다는 것이다.

    이에 반해, 6일 동안의 창조를 문학적, 신학적 구조를 갖춘 이야기로 보는 관점이 있다. 이 관점에 따르면, 여기서의 창조는 시간적인 진행 과정이 아니라 2절의 혼돈과 공허를 해결해 가는 과정이다. 처음 3일은 혼돈을 질서로, 나중 3일은 공허를 충만으로 바꾸는 과정을 보여 준다. 따라서 1일과 4일, 2일과 5일, 3일과 6일이 서로 연결되며 그 각각은 창조의 순서로 볼 수도 있다.

○ 우주의 기원에 대한 다양한 입장
  1. 진화론
  2. 창조론
  • 유신 진화론
  • 오래된 지구 창조론(점진적 창조론)
  • 젊은 지구 창조론

○ 창세기의 하루를 해석하는 관점
  1. 24시간
  2. 날-시대(day-age) 이론
  3. 계시의 날
  4. 골격가설(Framework Hypothesis)

2. 처음 3일 동안 하나님은 나누시고 칭하심으로써 혼돈의 세계에 형태를 부여하셨다. 나눔은 정돈을 위한 것이고, 칭함은 목적과 의미를 부여하기 위한 것이다. 하나님은 처음 3일 동안 마련하신 형태에 나중 3일 동안 내용물을 충만히 채워 넣으셨다. 처음 3일 동안 마련하신 형태를 왕국으로 본다면, 나중 3일 동안 창조하신 내용물은 그 왕국의 왕들이라고 할 수 있다.

처음 3일		나중 3일	
1일	빛: 빛-낮, 어둠-밤	4일	해, 달, 별(주야, 징조/사시/일자/연한)
2일	궁창(하늘)과 물(궁창 위아래로 나눔)	5일	물고기와 새
3일	땅: 물-바다, 뭍-땅/식물(풀, 채소, 나무)	6일	육축, 기는 것, 땅의 짐승들/사람

3. 하나님은 생물을 "종류대로"(11절) 창조하셨다. 셋째 날에 식물을 창조하실 때도 풀과 씨 맺는 채소와 씨를 가진 열매 맺는 과목을 각기 종류대로 창조하셨다. 다섯째 날과 여섯째 날에 동물을 창조하실 때도 바다의 고기, 공중의 새, 땅의 육축과 기는 것과 짐승들을 각기 종류대로 창조하셨다. 이러한 창조의 원리는 종의 변이와 새로운 종의 출현을 통해 생물의 진화를 설명하려는 거시 진화론(macro-evolutionism)과 상충된다. 하나님은 처음부터 생물을 다양하게 창조하셨다. 또 동물을 창조하신 후에 그들에게 복과 식물을 주셨고, 생육하고 번성하여 땅에 충만하라고 명하셨다.

4. 창조는 다음의 세 단계로 이루어졌다.
   1) **말씀** "하나님이 이르시되" – 창조는 하나님의 말씀으로 이루어졌다(히 11:3).
   2) **성취** "그대로 되니라" – 하나님의 말씀은 권능의 말씀으로 반드시 그대로 이루어진다(사 55:11).
   3) **평가** "하나님이 보시기에 좋았더라" – 하나님의 창조는 완전하고 선하다(딤전 4:4).
   ◐ 인간의 창조는 다음 장에서 자세히 다룰 것이다.

제7일의 안식(창 2:1-3)

하나님은 6일 동안의 창조를 마치고 제7일에 안식하셨다. 하지만 예수님은 안식일에 병자를 고쳐 주시고 그 일로 비판을 받으셨다. 그러나 예수님은 "내 아버지께서 이제까지 일하시니 나도 일한다"(요 5:17)라고 말씀하셨다. 이 말씀을 보면 하나님이 지금도 재창조(구속)의 일을 하고 계심을 알 수 있다. 따라서 제7일의 안식은 결국 역사의 완성 때 이루어질 영원한 안식을 내다보는 상징임을 알 수 있다. 우리는 그리스도 안에서 이 영원한 안식에 들어갈 것이다.

교훈

1. 하나님

1) **창조주이시다.** 창조는 존재와 역사의 절대적 기반이다. 하나님은 모든 존재의 의미가 되신다.
2) **전능하시다.** 하나님께는 무에서 유를 창조하시는 능력이 있다.
3) **절대 주권자이시다.** 하나님은 모든 것을 그분의 뜻대로 행하신다(엡 1:11).
4) **질서, 조화, 다양성, 아름다움을 사랑하신다.** 창조는 하나님의 성품을 보여준다.
5) **선하시다.** 동물과 사람에게 복을 내리시고 또 양식을 주신다.

2. 세계(자연)

1) **원래 선한 것이다.** 자연(물질계)은 타락의 영향으로 망가졌지만 결코 악한 것이 아니다.
2) **인간이 다스리고 돌보게 되었다.** 자연은 숭배의 대상도 아니고, 착취의 대상도 아니다.

창세기 3과

창조 2

성경 이야기 _{창 2:4-24}

하나님은 천지와 만물을 만드신 후에 자신의 형상대로 인간을 창조하셨다. 인간은 하나님이 직접 흙으로 만드시고 그 코에 생기를 불어넣어 생령이 되게 하신 특별한 피조물이다. 하나님은 인간(아담)을 위해 에덴동산을 만드시고, 그로 하여금 그곳을 다스리게 하셨다. 아담은 동물들의 이름을 지음으로써 자신의 사명을 이행하기 시작했다. 하나님은 아담에게 동산에서 나는 모든 나무의 실과를 양식으로 주셨다. 하지만 동산 중앙에 있는 선악을 알게 하는 나무의 실과만은 금하셨다. 그리고 아담의 갈빗대를 취하여 돕는 배필을 만들어 주셨다.

본문 이해

인간의 창조

1. 하나님은 인간을 어떻게 창조하셨는가?

1) **하나님의 형상** 인간의 창조에서 가장 중요한 점은 하나님의 형상대로 창조되었다는 것이다. 형상(*tselem*)과 모양(*demut*)은 동의어다. 하나님의 형상에 대해서는 세 가지 관점이 있다.

- **실체적 관점** 이 관점은 인간을 구성하는 어떤 특성에서 하나님의 형상을 찾으려 한다. 즉 인간의 영성(spirituality), 이성(reason), 도덕성(morality) 등을 하나님의 형상으로 보는 것이다. 이런 특성들로 인해 인간은 다른 피조물

과 구별되며 하나님의 닮은꼴, 즉 하나님을 반영하는 존재가 된다.
- **관계적 관점** 이 관점은 하나님의 형상을 인간의 관계성에서 찾으면서, 하나님이 인간을 남자와 여자로 창조하신 것을 그 근거로 본다. 인간의 관계성은 하나님에 대해서, 또 인간 상호 간에 존재한다.
- **기능적 관점** 이 관점은 하나님의 형상을 인간의 어떤 특성보다는 인간에게 부여된 기능에서 찾으려 한다. 하나님이 인간을 창조하시고 곧바로 주신 명령이 땅을 정복하고 다스리라는 것이었기에 바로 그런 기능, 즉 다른 피조물에게 하나님을 대표하는 역할을 하는 것을 하나님의 형상으로 본다. 그렇다면 인간은 하나님의 형상대로(in)가 아니라 형상으로써(as) 창조된 것이다.

우리는 이러한 다양한 해석 가운데 어느 하나만 택할 필요가 없다. 사실 이 모든 관점이 하나님의 형상에 포함된다고 보는 것이 옳다. '형상'을 뜻하는 히브리 단어 '첼렘'(tselem)은 '우상'으로도 번역되는데, 어떤 지역에서는 그 형상이 상징하는 실체를 대표하는 기능을 한다. 따라서 인간이 하나님의 형상이라는 말은 기본적으로 '하나님을 대표하는 존재'라는 뜻이다. 인간이 하나님을 대표하려면 당연히 하나님을 닮아야 하고, 또 하나님과 교통해야 할 것이다. 결론적으로 인간은 하나님과 닮은 존재로서 하나님을 반영하고 대표하며, 또 하나님과 교제하기 위해 창조되었다.

2) **남자와 여자** 하나님은 인간을 성적 존재로 창조하셨다. 하나님이 남자의 갈빗대로 여자를 만드신 것은, 인간은 원래 한 뿌리에서 나온 연대적 존재(human solidarity)로 남녀가 평등하면서도 상호 보완적인 존재임을 드러낸다. 예수님은 부활한 인간의 상태를 더는 결혼하지 않는 것으로 묘사하셨는데, 이 말이 인간의 성성(sexuality)의 폐지를 의미하는 것은 아니다.

3) **영혼과 몸** 인간은 흙(몸)과 하나님의 생기(영)로 된 생령(living soul)이다. 인간은 몸을 지닌 존재로서 자연의 일부지만, 동시에 영(혼)을 지닌 존재로서 하나님과 교통하는 존재다(2분설 vs 3분설).

2. 하나님은 인간을 왜 창조하셨는가? 하나님이 인간을 창조하신 목적은, 인간을 그분의 형상대로 창조하신 이유와 같다. 다시 말해서 하나님 형상의 세 측면이야말로 하나님이 인간을 창조하신 목적에 해당한다. 하나님은 인간을 (1) 하나님을 닮은 존재로서 하나님이 어떤 분인지를 드러내기 위해 (2) 하나님을 대표하여 피조물을 다스리게 하기 위해 (3) 깊은 사랑의 교제를 나누기 위해 창조하셨다. 그리고 이 모든 목적의 중심에는 하나님의 영광이 있다. 하나님은 인간이 하나님의 영광을 보고 즐거워하며 하나님을 경배하고, 또 모든 피조물이 하나님의 영광을 반영하고 드러내기를 원하신다. 소요리문답의 제1항—"사람의 제일가는 목적은 하나님을 영화롭게 하고 영원토록 그분을 즐거워하는 것이다"(The chief end of man is to glorify God and enjoy Him forever)—은 인간의 존재 이유가 무엇인지를 보여 주는 진리다.

에덴동산

1. **하나님의 은혜** 에덴('기쁨'이라는 뜻)동산에는 여러 식물, 나무, 강과 짐승이 있었다. 이런 모습은 에덴동산이 풍요롭고 쾌적한 낙원(Paradise)이었음을 보여 준다. 하나님은 인간을 위해 모든 것을 예비하셨고, 인간의 모든 필요를 풍족히 채워 주셨다.

2. **하나님의 통치** 하나님이 인간에게 금하신 것은 선악을 알게 하는 나무의 실과뿐이었으며, 이러한 금령은 인간의 한계를 보여 주고 또 인간을 보호하기 위한 것이었다. 인간은 자신의 위치를 잘 알고 하나님과 피조물 사이에서 자신의 역할을 잘 수행해야 했다.

창조의 규례

1. **노동** 에덴동산을 지키고 관리하는 역할을 맡은 아담은 하나님이 자신에게 이끌어 오신 모든 짐승의 이름을 지었다. 이러한 아담의 행동은 땅을 다스리도록 지어진 목적을 충실히 이행하는 모습을 보여 준다. 노동은 타락 후 심판의 결과로 주어진 것이 아니라, 하나님 형상의 자연스러운 표현이며 문

화 사명(cultural mandate)에 순종하는 것이다.

2. **결혼과 가정** 하나님은 인간이 홀로 있는 것을 좋지 않게 보시고 배우자를 만들어 주심으로써 가정 제도를 세우셨다. 하나님이 원래 의도하신 결혼은 이성 간의 일부일처제로, 평생 지속되는 것이다.

교훈

1. **인간** 인간은 어떤 존재인가? 인간은 진화의 산물이 아니라 하나님 창조의 금자탑이다. 인간은 하나님의 형상으로 지어진 고귀한 존재다. 인간의 존엄성은 그의 외모나 능력, 소유나 신분 등에 있는 것이 아니라 인간 안에 있는 하나님의 형상에 있다. 모든 인간은 종합적으로 독특하며, 그 독특함 때문에 각각 고유한 가치를 지닌다. 당신의 자존감은 어떤가? 인간은 하나님의 대리인으로서 자연을 다스리는 자신의 사명을 이행할 때 그 존재 이유를 찾고 인간성의 풍성함을 맛볼 수 있다. 하지만 인간이 자신의 한계를 벗어나 하나님의 위치로 오르려 하거나 짐승의 수준으로 타락하면 인간성의 파괴를 경험하게 될 뿐이다. 인간은 신(범신론, New Age)도 아니고 위장(마르크스)이나 생식기(프로이트)도 아니다. 인간은 영혼과 몸을 지닌 존재다. 나는 이러한 창조신앙 위에 굳게 서 있는가?

2. **에덴동산** 인간의 영원한 본향은 에덴동산이다. 에덴동산은 인간의 기쁨을 위해 하나님이 준비하신 곳이었다. 우리는 하나님의 기쁨을 위해 창조되었다. 이 말은 하나님이 우리를 기뻐하시고 우리가 하나님을 기뻐하도록 창조하셨다는 뜻이다. 우리의 기쁨은 하나님 안에서만 발견할 수 있다. 소요리문답 제1항을 존 파이퍼(John Piper)는 이렇게 고쳐 썼다. "하나님은 우리가 그분 안에서 가장 만족을 누릴 때 우리 안에서 가장 큰 영광을 받으신다"(God is most glorified in us when we are most satisfied in Him).

창세기 4과

타락 1

성경 이야기 _{창 3장}

아담과 하와는 에덴동산에서 하나님의 은혜와 통치를 받으며 인간의 원래 위치와 사명을 지키며 행복하게 살고 있었다. 그러던 어느 날 사탄이 뱀을 통해 그들을 유혹했고, 그 결과 인간은 하나님의 명령을 어기고 선악과를 따 먹고 말았다. 선악과를 따 먹은 인간은 지혜로워진 것이 아니라, 자신의 벌거벗은 수치와 하나님의 명령을 어긴 두려움에 떨고 급기야 하나님의 낯을 피해 숨고 말았다. 하나님은 아담과 하와와 뱀에게 각각 심판을 선고하셨다. 긍휼하신 하나님은 인간에게 가죽옷을 지어 입히시고 그들을 에덴동산에서 쫓아내셨으며 생명나무의 실과를 먹지 못하게 하셨다. 이제 인간은 생존을 위해 땀 흘려 노동하며 살아야 한다. 그리고 죽은 뒤 육체는 흙으로 돌아가는 운명을 맞게 되었다.

본문 이해

사탄의 유혹

1. 뱀의 정체와 악의 기원

1) **인간의 타락은 뱀의 유혹으로 시작되었다.** 이것은 악의 기원이 인간 이전에 있었음을 보여 준다. 하나님에 대한 반역은 인간의 타락 이전에 이미 일어났다. 인간은 하나님을 대적하여 일어난 악의 세력이 하나님과 벌이는 싸움의 각축장이 되었다. 그리고 인간은 악의 공격에 무참히 넘어가고 말았다.

2) **뱀은 요한계시록 12장 9절에서 마귀 또는 사탄으로 설명한다.** 사탄의 타락은 에스겔 28장 11-19절에 어렴풋이 나온다. 여기에 나오는 두로 왕에 대한 묘사는, 한낱 인간을 지칭하는 것으로 보기에는 그 설명이 너무 우주적이다. 또 에덴동산에 대한 언급으로 볼 때, 인간 이상의 어떤 존재, 즉 두로 왕의 배후에 역사하는 영적 실체를 가리키는 것으로 보인다. 바로 이 영적 실체가 사탄이며, 하나님을 대적하여 일어난 악한 집단의 우두머리로서 악의 기원이다. 따라서 뱀이 사탄이거나 혹은 뱀의 배후에 사탄이 있었다.

2. 뱀의 유혹

1) **뱀은 먼저 여자에게 하나님에 대한 오해를 심었다.** 하나님이 선악과를 금하신 것은 인간이 그것을 먹으면 죽기 때문이 아니라 오히려 하나님과 같이 될 것을 아셨기 때문이라고 말하며 하나님의 사랑과 선의를 왜곡했다. 주님은 사탄을 거짓의 아비요 살인자라고 하셨다(요 8:44).

2) **하나님에 대한 오해는 하나님의 말씀에 대한 불신에서 비롯한다.** 뱀은 처음에는 하나님의 금령을 과장하여 인용했고, 급기야 그것이 사실이 아니라고 거짓말을 하며 하나님의 말씀을 부인했다. 여자의 반응은 하나님의 말씀에 대한 불신의 여운을 담고 있다. 결국 그녀의 불신은 불순종으로 이어졌다.

3) **뱀의 유혹의 초점은 인간이 하나님처럼 될 수 있다는 것이다.** 죄는 결국 하나님의 자리에 자아를 올려놓는 것이다. 성경은 이것을 교만(자기주장, 자율성)이라고 한다. 죄의 유혹은 아주 매력적이다. 여자가 나무를 본즉 먹음직도 하고 보암직도 하고 지혜롭게 할 만큼 탐스럽기도 했다. 죄의 유혹은 육신의 정욕, 안목의 정욕, 이생의 자랑을 추구하라는 세상의 유혹과 상통한다(요일 2:15-16).

4) **인간은 자신이 다스려야 할 대상을 다스리지 못하고, 도리어 꼬임에 빠져 자신이 섬겨야 할 대상에게 반역하고 말았다.** 인간의 죄는 하지 말아야 할 것을 한 것, 이전에 해야 할 것을 하지 않은 '나태'(sloth)라고 할 수 있다. 인간은 하나님을 사랑하고 자연을 다스려야 할 원래 책임을 다하지 못했다.

인간의 타락

1. 선악과 선악을 안다는 것은 선악을 규정한다는 뜻이다. 선악을 규정하는 것은 하나님만 하실 수 있는 일이며, 하나님의 고유 영역에 속한다. 따라서 인간이 선악과를 따 먹는 것은 인간이 선악을 스스로 규정하겠다는 것이며 자신을 하나님의 자리에 두겠다는 것이다. 인간은 결코 스스로 선악을 알 수도 없고 규정할 수도 없다. 선악과는 하나님의 금령이 없어도 인간이 따 먹을 수 없는 것이다. 인간은 하나님이 정하신 법을 따라 살아감으로써 선을 알 수 있다. 하지만 인간은 불순종함으로써 악을 알게 되었고 선을 상실하게 되었다. 구원은 앎(깨달음)에 있지 않고 믿음과 순종에 있다.

2. 죄 죄의 본질은 자신이 하나님이 되고자 하는 것이다. 인류의 역사는, 인간이 하나님이 되고자 한 반역의 역사다. 하지만 인간은 신이 아니다. 그래서 인간과 신의 구별을 없앰으로써 자신을 신과 동일시하는 방법을 취해 왔다. 신과 인간의 구별이 없어지면 인간과 자연의 구별도 없어지고 선과 악의 구별도 없어진다. 모든 범아일여식 범신론 사상과 일원론 사상의 뿌리에는 바로 이러한 동일 사상의 원죄가 있고 선악과가 있다. 선악과는 아담과 하와뿐 아니라 모든 인간이 따 먹은 것이다. 하나님을 부인하면 인간은 존재 목적을 상실하게 되고 결국은 허무의 심연에 빠질 수밖에 없다.

타락의 결과

1. 관계의 변화 죄를 지은 인간은 수치심과 두려움을 갖게 되었다. 인간의 이러한 새로운 자의식은 하나님과 분리됨으로 생겨난 것이다. 인간은 하나님의 무한한 용납과 사랑 안에서 건강한 자존감과 안정을 누렸는데, 이제는 일그러진 자아상과 죄책감으로 인한 두려움을 갖게 되었다. 수치심은 자아와의 관계가 파괴된 것을, 두려움은 하나님과의 관계가 파괴된 것을 보여 준다. 또 아담과 하와는 서로 책임을 전가하며 상대방을 경계하는 관계가 되었다. 죄는 하나님, 자신, 타인과의 관계를 파괴한다.

2. 하나님의 심판 (1) 하나님은 뱀에게 변명할 기회를 주지 않으시고 곧바로 벌을 내리셨다. 그것은 뱀(사탄)이 죄의 근원이기 때문일 것이다. 뱀은 배로 다니며 흙을 먹게 되었고, 뱀의 후손과 여자의 후손은 원수가 되어 투쟁하게 되었다. 결국 여자의 후손이 뱀의 후손을 멸하게 될 것이다. 이 예언은 '원복음'이라 불리며 그리스도가 사탄의 세력을 물리치실 것을 가리킨다. (2) 하나님은 여자에게 출산의 고통이 있을 거라고 하셨고, 남편과의 관계가 갈등과 억압의 관계가 될 거라고 말씀하셨다. (3) 하나님이 남자에게 내리신 벌은 땅이 저주를 받아 험악한 환경이 될 것과 생존을 위해 고생하며 일하게 될 것 그리고 육체의 죽음이었다. 물론 마지막 벌은 남자뿐 아니라 여자에게도 동일하게 내려진 것이다. 마지막으로 하나님은 그들을 에덴동산에서 쫓아내셨다. 인간은 하나님과 분리됨으로써 영적 죽음을 맞게 되었고, 육체의 생명이 다하면 육체의 죽음을 맞는다. 하나님과 분리되어 동산에서 쫓겨난 인간은 인간관계에서도 갈등을 겪게 되었으며, 생존을 위협하는 자연과의 투쟁이 시작되었다.

3. 하나님의 은혜 하나님은 범죄한 인간에게 가죽옷을 지어 입히시고, 생명나무로 가는 길을 그룹들과 화염검으로 막으셨다. 가죽옷은 인간의 자력 구원을 상징하는 풀잎 치마와 대조를 이루는 대속의 구원을 보여 준다. 생명나무로 가는 길을 막으신 것은, 타락한 인간이 그 상태에서 영생하지 못하도록 하신 것이다.

교훈

1. 죄 죄는 불신이요 불순종이다. 죄는 교만이요 자기주장이다. 죄는 결국 하나님을 거부하고 자신이 하나님이 되겠다는 것이다. 혹시 나에게 이런 성향은 없는가? 하나님을 왜곡된 이미지로 보고 그분을 오해하지는 않는가? 하나님의 말씀을 그대로 믿는가? 하나님을 전적으로 신뢰하는 사람이 되라.

2. 회개 아담과 하와는 자기 죄를 회개하고 용서를 구하기보다는 자기 죄에 대해 변명하고 책임을 전가하려 했다. 변명은 이해를 구하고, 회개는 용서를 구한다. 나는 죄와 잘못을 저질렀을 때 즉시 회개하는가?

창세기 5과

타락 2

성경 이야기 창 4-5장

에덴동산에서 쫓겨난 아담과 하와는 가인과 아벨을 낳았다. 가인은 농사를 짓는 자였고 아벨은 양을 치는 자였다. 이들은 각각 자신의 소산으로 하나님께 제사를 드렸는데, 하나님은 아벨의 제사는 받으시고 가인의 제사는 받지 않으셨다. 화가 난 가인은 아벨을 죽였고 하나님의 심판을 받아 에덴 동편으로 쫓겨나 거기서 성을 쌓고 인류 최초의 문명을 시작했다. 하나님은 아담과 하와에게 셋을 주셨다. 이후 가인의 후손과 셋의 후손은 각각 땅 위에 퍼져 나가면서 번성했다. 아담의 계보는 셋을 통해 10대째 노아에 이르게 된다.

본문 이해

가인과 아벨

1. **출생과 생업** 에덴동산에서 쫓겨난 아담과 하와는 가인과 아벨을 낳았다. 하와는 하나님의 도우심으로 가인을 얻었다고 고백한다. 생육하고 번성하는 것은 인간의 사명인 동시에 하나님이 주시는 복이다. 가인은 농사를 짓는 사람이었고, 아벨은 양을 치는 사람이었다. 이들의 문화 수준은 이미 신석기 시대의 문화 수준에 이르렀다.

2. **그들의 제사** 가인은 농산물로, 아벨은 양의 첫 새끼로 각각 제사를 드렸다. 이들의 제사는, 후대에 제정될 속죄와 관련된 제사의 의미라기보다는, 자신

의 생업이 즉 인간의 생존이 하나님께 달려 있음을 인정하는 행위로 드리는 믿음과 감사의 표현이었을 것이다. 하나님은 '아벨과 그 제물'은 받으셨지만 '가인과 그 제물'은 받지 않으셨다. 그 이유는 무엇일까? 가인의 제사는 피의 제사가 아니었다는 것이 흔히 제시되는 설명이다. 하지만 성경에는 곡식을 제물로 드리는 소제도 나오므로 제사의 종류 때문은 아닌 것 같다. 히브리서 11장 4절과 요한일서 3장 12절에 따르면, 제사를 드리는 자세에 차이가 있었음을 알 수 있다. 아벨은 믿음으로 제사를 드린 반면, 가인은 하나님을 경외하지 않고 제사를 드렸다. 하나님은 제물에 앞서 사람을 먼저 보신다. 성경에서는 처음부터 분명히 종교의 본질은 외적(형식)인 것이 아니라 내적(자세)인 것임을 가르쳤다.

3. **가인의 범죄** 가인이 분노하여 안색이 변하자 하나님은 그에게 "죄가 너를 원하나 너는 죄를 다스릴지니라"(창 4:7)고 경고하셨다. 하지만 가인은 끝내 죄를 다스리지 못하고 오히려 죄의 다스림을 받아 아벨을 죽이고 말았다. 우리의 싸움은 영적인 것이다. 혈육, 즉 사람에 대한 것이 아니라 우리 안에 있는 죄와 그 뒤에 있는 악의 세력에 대한 것이다(엡 6:12). 하나님이 가인에게 "네 아우 아벨이 어디 있느냐?"고 물으시자 가인은 "내가 알지 못하나이다 내가 내 아우를 지키는 자니이까?"(9절)라고 대꾸한다. 가인은 자기 잘못에 대해 전혀 뉘우치지 않았다. 죄는 인간성의 파괴와 인간관계의 파괴를 낳는다.

4. **하나님의 심판** 하나님은 아벨의 피가 땅에서부터 호소한다고 하시면서, 가인 때문에 땅이 저주를 받아 더는 효력을 주지 않을 것이라고 말씀하시며 그를 지면에서 내쫓으셨다. 가인의 벌이 아담의 벌보다 더 중했다. 아담에게는 땅의 소산을 얻는 일이 힘들어졌지만, 가인에게는 아예 땅이 소산을 주지 않게 되었다. 인간은 땅을 다스리는 책임을 진 존재기 때문에 인간의 죄는 땅의 피폐하게 한다. 그뿐 아니라 인간의 죄가 심각해지면 땅은 인간을 토해 낸다. 대표적인 예가 가나안 족속들이다(레 18:25). 하나님은 가인의 이마에 표를 해주심으로써 그를 보호하셨다. 또 아담 부부에게 죽은 아벨 대신 셋을 주심으로써 심판 중에도 은혜를 베푸셨다.

가인의 후손

1. 가인의 문명 하나님 앞에서 쫓겨난 가인은 아내와 동침하여 아들 에녹을 낳았고, 에덴 동편 놋 땅에 자기 아들의 이름으로 성을 쌓았다. 이곳은 성 또는 도시라고 해도 아마 촌락에 지나지 않았을 것이다. 도시는 인간이 집단으로 생존하는 전체 방식으로, 성경에서는 인간 문명을 상징하며 통치권과 관련된 정치적 구조를 포함한다. 인간이 최초로 이룬 문명은 가인의 문명이었다. 가인 문명의 특징은 7대손 라멕에 이르러 잘 드러난다. 결국 하나님의 통치를 떠나 죄와 악으로 치달은 가인의 문명은 홍수로 심판을 받는다. 홍수 심판 이후에 인간은 다시 바벨 성을 쌓음으로써 하나님을 대적하는 인간 문명을 이루고자 한다. 하지만 바벨 문명도 결국 심판을 받았고(계 17장), 하나님이 친히 세우실 새 예루살렘 성만이 영원히 남게 될 것이다(계 21장).

2. 라멕 가인의 7대손 라멕은 최초의 권력형 전제 군주다. 그는 하나님의 결혼 질서를 무시하고 두 아내를 두었으며, 자신을 상하게 한 젊은이를 직접 죽이고 스스로 신의 보호를 주장했다. 라멕의 아들들은 육축을 치고, 음악을 하며, 동철로 각종 기계를 만드는 청동기 문화를 이루었다.

셋의 후손

1. 계보 아담에서 셋을 통해 노아에 이르는 계보(아담-셋-에노스-게난-마할랄렐-야렛-에녹-므두셀라-라멕-노아)는 징검다리식 계보다. 각 이름은 한 개인에 국한되지 않고 그 인물이 대표하는 한 족속을 가리키며 중간에 많은 건너뜀이 있다. 아담에서 노아까지 10대, 셋에서 아브라함까지도 10대(11:10-26)로 선별적으로 구성된 것이다. 하지만 에녹과 노아의 경우를 볼 때, 노아 이전 족장들의 수명은 성경의 기록 그대로였을 것이다. 인간의 수명이 짧아진 것은 홍수 이후의 일이다.

2. 죽음 아담의 계보는 모두 낳고 죽는 것의 반복이다. 하나님의 말씀대로 죽음이 세상에 들어온 것이다. 이제 죽음은 인간 실존의 한계가 되었다. 아담

부터 노아에 이르기까지 인간 역사는 악과 고통의 확산을 보여 준다. 라멕은 노아를 낳으면서 하나님이 저주하신 땅으로 인한 수고를 아들이 위로해 줄 것을 희망한다. 이 계보는 두 가지 흐름을 보여 준다. 첫째 죄가 세상에 들어옴으로 인해 죽음과 악과 고통이 세상에 확산되고 그 결과 홍수의 심판으로 이어지는 흐름이다. 둘째 타락한 인류의 계보에도 존재하는, 에녹과 노아처럼 믿음으로 사는 하나님의 백성의 흐름이다. 인간의 죄와 하나님의 구원은 이처럼 교차하면서 인간 역사를 관통한다.

3. 에녹 아담의 7대손 에녹은 하나님과 동행하다가 죽음을 보지 않고 하늘로 옮겨졌다. 이는 불경건한 삶을 살았던 가인의 7대손 라멕과 대조를 이룬다. 가인과 셋의 후손이 각각 어떤 길로 갔는지 보여 준다. 히브리서는 에녹을 아벨에 이어 두 번째 믿음의 본보기로 제시한다. 믿음은 하나님과 동행하는 것, 즉 하나님을 인정하고 그분과 함께 사는 것이다. 하나님은 이런 믿음의 삶을 기뻐하신다(히 11:5-6).

교훈

하나님은 가장 중요한 두 가지 질문을 던지신다. 첫 번째 질문은 "아담아, 네가 어디 있느냐?"이다. 이것은 내가 하나님과 어떤 관계에 있느냐는 질문이다. 이 질문에 아담은 하나님이 두려워 숨었다고 대답했다. 두 번째 질문은 "가인아, 네 아우 아벨이 어디 있느냐?"이다. 이것은 내가 이웃과 어떤 관계에 있느냐는 질문이다. 이 질문에 가인은 자신이 아우를 지키는 자냐고 되물었다. 우리는 이 두 질문에 정직하게 답해야 한다. 우리의 실존에 이보다 더 중요한 질문은 없다. 나는 지금 하나님과 어떤 관계인가? 하나님을 피해 숨고 있지는 않은가? 또 나의 아우는 지금 어디에 있는가? 나는 이웃을 사랑하고 돌보고 있는가?

창세기 6과

홍수

성경 이야기 _{창 6-9장}

아담의 계보는 10대째 노아에 이르렀다. 그 당시 사회는 인구가 번성함에 따라 죄악이 가득찼다. 사회는 어느덧 계층이 나뉘었고 권력 있는 자들의 횡포가 극심해졌다. 그들은 자신의 권력으로 평민을 억압했으며, 사회는 혼란에 빠지고 도덕적으로 극심한 타락이 뒤따랐다. 마침내 하나님은 홍수로 이들을 심판하신다. 노아는 이 타락한 세상에서 홀로 의인으로 인정받았으며 하나님의 명령을 따라 방주를 짓고 자기 가족과 짐승들의 생명을 홍수로부터 보호했다. 홍수 후에 하나님은 무지개로 상징되는 언약을 맺으시고 노아의 가족을 통해 새롭게 인류의 역사를 이어 나가셨다. 하지만 죄악의 뿌리는 사라지지 않고 노아와 그 가족을 통해 계속 이어졌으며 오히려 새롭게 뻗어 나가기 시작했다.

본문 이해

홍수 이전

1. 인간의 모습

1) **인구의 번성** 노아 때에 이르러 인구가 상당히 늘어났다. 아담의 계보가 보여 주듯이 초기 인류의 긴 수명이 인구 번성에 주된 원인이었을 것이다. 인류는 번성한 인구를 바탕으로 사회를 이루었고, 그 결과 사회 계층이 나뉘고 권력 구조가 나타났다.

2) **죄악의 관영** 하나님의 아들들이 사람의 딸들의 아름다움을 보고 자기들이 원하는 대로 아내를 삼았다. 하나님의 아들들의 정체에 대해서는 천사들, 경건한 셋의 후손으로 보는 다양한 해석이 있으나 그 당시 권력을 쥔 왕족이나 귀족으로 보는 것이 가장 타당할 것이다. 그들은 권력을 이용하여 평민 여자들을 마음대로 취하고, 자녀에게도 권력을 물려주었다. 그들과 그들에게서 난 자녀는 네피림(Nephilim, 타락한 자들)이라 불렸으며, 고대에 유명한 용사(Gibborim, 용감한 자, 힘 있는 자, 대표적인 예는 창세기 10:8의 니므롯이다)였다. 권력이 세습되기 시작하고 권력형 부패와 타락은 점점 더 심화되었다. 이러한 시대상은 가인의 7대손 라멕의 행태와 매우 흡사하다. 성경은 사람의 죄악이 세상에 가득하며 사람 마음의 모든 계획은 항상 악할 뿐이라고 결론짓는다.

2. 하나님의 반응

1) **후회** 하나님은 인간의 타락을 보시며 인간을 지은 것을 한탄하고 근심하셨다. 하나님의 이러한 반응은 신인동형론(anthropomorphism)적인 표현이다. 즉 하나님을 인간의 모습으로 표현한 것이다. 하나님의 절대적, 궁극적 목적에는 변함이 없다. 하지만 그 계획이 이루어지는 과정은 자유 의지를 지닌 인간의 반응에 따라 달라질 수 있다.

2) **심판** 하나님은 마침내 홍수로 인간뿐 아니라 육축과 기는 것과 공중의 새까지도 다 멸하기로 하셨다. 인간의 죄 때문에 땅도 심판을 받는 일이 계속 일어난다. 하지만 장차 땅은 인간의 구속과 더불어 구속될 것이다(롬 8:19-21, 계 21:1). 또 하나님은 인간의 수명이 120년이 될 것이라고 하셨다.

3. 홍수에 대한 준비

1) **노아** 노아는 의인이요 당대에 완전한 자였으며, 하나님과 동행했다(창 6:9). "믿음으로 [그는] 아직 보이지 않는 일에 경고하심을 받아 경외함으로 방주를 준비하여 그 집을 구원하였[다]"(히 11:7).

2) **방주와 동물들** 노아가 준비한 방주는 장이 300규빗(150미터), 광이 50규빗(25미터), 고가 30규빗(15미터)으로 모두 3층으로 되어 있었다. 노아는 방주

에 함께 들어갈 동물들의 먹이를 준비했다. 정결한 짐승은 암수 일곱씩, 부정한 짐승은 암수 둘씩 방주에 들여보냈는데, 정결한 짐승의 수가 더 많은 것은 홍수 이후에 드릴 제사와 먹을 식량 때문일 것이다.

홍수

1. **기간** 홍수는 노아가 600세 되던 해 2월 17일에 시작되어 40일 동안 계속되었다. 땅의 샘들이 터지고 하늘의 창들이 열려 비가 쏟아졌다. 그 결과 땅의 높은 곳이 다 물에 잠겼으며, 방주 안에 있던 노아의 가족과 짐승들을 제외한 모든 인간과 코로 호흡하는 동물은 다 죽었다. 홍수가 시작된 지 150일 후, 7월 17일에 방주는 아라랏 산에 머물렀고, 그다음 해 1월 1일에 지면에서 물이 걷혔다. 노아는 2월 27일, 즉 홍수가 시작된 지 1년 10일 만에 방주에서 나올 수 있었다.

2. **범위** 노아의 홍수가 전 지구적이었는지, 아니면 국지적이었는지에 대해서는 논란이 있다. 어느 쪽을 택하든지 어려움이 있는 것은 사실이다. 그러나 모든 정황을 볼 때 그 당시 알려진 지역에 국한된 홍수였을 것이다. "천하의 높은 산"(창 7:19)이라는 표현은 일종의 과장법이다. 사도행전 2장 5절에서 오순절에 예루살렘에 모인 사람들을 "천하 각국으로부터" 온 자들이라고 했지만 실제 지구상의 모든 민족을 뜻하는 것이 아님과 같다.

홍수 이후

1. **노아의 언약**

    1) **자연** 자연은 홍수가 나기 전과 마찬가지로 순환적 운행(심음/거둠, 추위/더위, 여름/겨울, 낮/밤)을 계속한다. 인간도 여전히 생육하고 번성하여 땅을 다스리는 책임을 맡았다. 하지만 이제는 짐승이 인간을 두려워하게 되었다. 인간에게 육식이 허용되었지만 피를 먹는 것은 금지되었다.

    2) **인간** 하나님은 살인을 금하셨다. 사람은 타락 이후에도 여전히 하나님의 형상을 지니고 있기에 사람을 죽여서는 안 되며 살인한 자는 사형에 해당

한다고 정하셨다.
3) **심판** 하나님은 다시는 사람 때문에 땅을 저주하지 않겠다고 하셨다. 그리고 노아와 모든 생물과 더불어 다시는 물로 그들을 멸하지 않겠다는 언약을 세우셨다. 무지개는 이 언약의 증표다.

2. 노아의 가족

1) **노아의 추태** 노아가 포도주에 취해 벌거벗고 잠들었을 때 함은 아버지의 추태를 놀림감으로 삼은 반면 셈과 야벳은 아버지의 하체를 보지 않으려고 뒷걸음쳐 들어가 옷으로 아버지의 몸을 가려 주었다.

2) **노아의 예언** 노아는 술이 깬 뒤 가나안(함의 아들)을 저주하고 셈과 야벳을 축복한다. 가나안에 대한 저주는 이스라엘이 가나안을 정복했을 때 이루어졌다. 그러나 이 저주 때문에 함의 후손인 흑인들이 노예가 되었다고 말할 근거는 없다. 노아가 셈과 야벳에게 한 예언도 역사적으로 성취되었다. 야벳은 물질문명의 선구자가 되었지만 종교 영역에서는 셈의 장막에 거하고 있는 셈이다.

교훈

죄/심판/남은 자 인간 역사는 죄와 심판과 은혜의 반복이다. 인간은 모두 죄인이다. 심지어 노아도 예외는 아니었다. 죄에는 항상 심판이 따른다. 이만큼 엄중한 현실은 없다. 인간의 운명은 죄로 인해 하나님의 진노 아래 있는 것이다(롬 1:18). 그러나 하나님은 진노 중에도 은혜를 베푸신다(합 3:2). 그 은혜로 언제나 남은 자를 통해서 역사는 이어진다. 남은 자는 믿음의 사람이다. 온 세상이 타락해도 언제나 하나님을 믿고 순종하는 남은 자들이 있다. 나는 남은 자인가?

창세기 7과

열국

성경 이야기 _{창 10-11장}

홍수 이후에 노아의 세 아들에서 다시금 인구가 번성하기 시작했다. 이들은 시날 평지에 성과 대를 쌓고 새로운 문명, 즉 바벨론 문명을 건설했다. 바벨론 문명은 홍수 이전의 가인 문명처럼 하나님을 떠난 인간의 자율적 문명이었고, 인간이 자신의 안전과 의미를 하나님 없이 자기 힘으로 이루려고 한 시도였다. 하나님은 인간의 언어를 혼잡하게 하심으로써 바벨론 문명을 심판하셨다. 그 결과 그들은 사방으로 흩어지게 되었으며, 오늘날 우리가 보는 대로 각 족속과 방언과 지방과 나라로 나뉘게 되었다. 창세기 10장에 나오는 열국의 족보는 바로 그 사실을 보여 준다. 그중 셈의 계보를 따라 10대째에 아브람이 등장한다.

본문 이해

창세기에는 열국의 족보가 먼저 나오고(10장) 그 후에 열국이 나뉘게 된 원인인 바벨론 문명이 나온다(11장). 여기서는 시간적 순서를 따라 바벨론 문명을 먼저 살펴보고, 그 후에 열국의 족보를 살펴볼 것이다.

바벨론 문명

1. 양상 노아의 후손은 모두 한 언어를 사용했으며, 동방의 시날 평지에 이르러서 그곳에 도시(성)를 건설하면서 벽돌과 역청으로 탑(대)을 쌓았다. 그들이

쌓은 탑은 고대 근동의 지구라트(Ziggurat)로 오늘날에도 그 유적이 남아 있다. 이 탑은 피라미드형으로 되어 있으며 수많은 계단을 따라 올라가면 평평한 꼭대기에 이르게 된다. 이 탑은 제사를 드리던 신전이었다. 이런 사실은 역사적으로 볼 때 고대 근동의 이 지역에서 문명이 발생한 것과 일치한다. 이들이 건설한 도시는 인구 집약적 생활 양식으로 인한 문명의 발생을 보여 주고, 탑은 이 문명이 제정일치 사회였음을 보여 준다.

2. **정신** 이들이 도시를 건설하고 탑을 쌓은 이유는 두 가지였다. 첫째는 이름을 내는 것이고, 둘째는 인류가 온 지면에 흩어짐을 면하자는 것이었다. 이것은 인간의 가장 근본적인 두 가지 욕구(필요)를 반영한다. 이름을 내는 것은 의미(significance)를 찾으려는 것이요, 흩어짐을 면하자는 것은 안전(security)을 추구하려는 것이다. 안전과 의미는 인간의 기본적인 필요다. 문제는 이 필요의 충족을 하나님께 구하지 않고 독립적으로 자신의 힘으로 구하려 했다는 데 있다. 그들은 "땅에 충만하라"(창 1:22, 28, 9:1)는 하나님의 명령에 순종하지 않고 오히려 흩어짐을 면하려 했다. 바벨론 문명은 하나님을 대적하는 인간의 자율적 문명으로, 성경에서는 세상을 의미하는 대명사가 되었다. 세상에는 개인의 죄와 악이 집단적으로 표출된다. 바벨론으로 상징되는 세상은 하나님 나라와 대적하다가 최후의 심판을 받는다(계 18장). 하나님의 백성이 소망하는 성은 땅에 있는 바벨론 성이 아니라 하늘에 있는 새 예루살렘 성으로, 하나님의 통치가 온전히 이루어지는 하나님의 나라다(히 11:16).

3. **심판** 하나님은 언어가 같으면 인간들이 추구하는 일을 끝까지 이룰 것을 아시고 그들의 언어를 혼잡하게 하셨다. 그 결과 인간은 자신들이 추구하던 일을 중단할 수밖에 없었고, 사방으로 흩어지게 되었다. 이러한 언어의 혼잡과 인간의 흩어짐은 구속 역사의 정점인 교회의 탄생에서 반전되기 시작된다. 오순절에 임하신 성령님은 인간의 언어가 하나로 소통할 날이 올 것을 상징하는 방언을 주셨다. 또한 흩어진 인류가 하나가 될 것을 상징하는 교회가 탄생했다.

열국의 족보

1. **야벳의 후손: 고멜, 마곡, 마대, 야완, 두발, 메섹, 디라스** 이들은 주로 북쪽으로 흩어진 족속이다. 고멜은 킴메르인(Cimmerians)을, 마곡, 두발, 메섹은 가장 북쪽에 위치한 자를 그리고 야완은 고대 그리스인의 조상인 이오니아인(Ionians)을 가리킨다. 그리고 아스그나스는 스구디아인(Scythians)을, 깃딤은 구브로 족속을 가리킨다.

2. **함의 후손: 구스, 미스라임, 붓, 가나안** 이들은 주로 남쪽으로 흩어진 족속인데, 그렇다고 모두 아프리카로 들어간 것은 아니다. 구스는 에티오피아를, 미스라임은 이집트를 그리고 가나안은 팔레스타인 지역으로 들어간 족속을 가리킨다. 특별히 구스의 아들 니므롯이 언급되는데, 그는 용맹스럽고 정치적 권력이 있어 유명해진 자, 즉 용사(gibborim, 창 6:4)였다. 그는 최초로 거대한 왕국을 이룩했으며 바벨론 문명을 창시했다.

3. **셈의 후손: 엘람, 앗수르, 아르박삿, 룻, 아람** 셈의 후손이 맨 나중에 나오는 것은 하나님이 택하지 않으신 자들을 먼저 소개하고, 그 후에 택하신 자들의 이야기를 본격적으로 끌어가는 창세기 저자의 저술 원칙에 따른 것이다. 에벨은 '히브리'라는 말과 어원이 같으며, "히브리 사람 아브람"(창 14:13)이라는 표현이 여기에서 비롯되었다. 벨렉 때 세상이 나뉘었다는 것은 바벨 사건을 가리킨다. 여기서는 벨렉의 아우 욕단의 족보가 소개되고, 벨렉의 족보는 11장에 이어진다.

> ⭕ 이 열국의 족보는 모두 70인의 조상을 담고 있다. 여기에 나오는 이름은 개인의 것도 있고 족속의 것도 있다. 주님이 70인을 전도자로 파송하신 것(눅 10장)을 이 족보의 상징적 숫자와 관련이 있는 것으로 보는 이들도 있는데, 그렇다면 그들은 온 세상을 향해 가도록 보내심을 받았다는 상징적 의미를 지닌다. 이 열국의 족보에서 세상의 모든 족속이 갈라져 나갔다.

셈의 족보

1. **계보** 노아의 아들 셈에서 아브람에 이르는 계보(셈-아르박삿-셀라-에벨-벨렉-르우-스룩-나홀-데라-아브람/나홀/하란)도 아담에서 노아까지의 족보와 마찬가지로 경건한 신앙의 조상 10대를 선별한 것이다. 열국의 족보가 노아로부터 내려가면서 흩어짐을 강조했다면, 셈의 족보는 아브람으로 집중되는 택하심을 강조했다. 이 택하심의 목적은 흩어진 자들을 구속하는 것이다(창 12:3).

2. **데라** 데라는 70세에 아브람, 나홀, 하란을 낳았다. 하란은 갈대아 우르에서 죽었다. 데라는 아브람과 그의 아내 사래 그리고 하란의 아들 롯을 데리고 갈대아 우르를 떠나 가나안으로 가던 중 하란에 머물렀고, 그곳에서 죽었다. 데라의 죽음으로 원시 역사는 끝나고 아브람의 등장과 더불어 이스라엘 역사, 즉 본격적인 구속의 역사가 시작된다. 이후로 인류는 노아를 통해 새롭게 시작된 아담의 후손과 믿음으로 말미암은 아브라함의 후손으로 크게 나뉜다.

교훈

1. **인류** 인류는 한 혈통이다. 그러므로 우리는 언어와 문화, 신체적 특징이 다른 사람들을 존중하고 사랑해야 한다. 또 인간은 하나님의 형상을 따라 지어졌지만 타락한 죄인임을 분명히 인식해야 한다. 우리는 자연법에 근거하여 사회 정의와 질서를 추구하되, 동시에 인류를 선교의 대상으로 보아야 한다(행 17:26-27).

2. **세상** 세상은 하나님을 떠나 독자적으로 생존과 의미를 추구하는 자율적인 인간 문명이다. 그 특징은 불경건과 자기중심성이며, 사랑으로 나누려는 것이 아니라 안으로 굽어드는 쟁취로 드러난다.

창세기 8과

아브라함 1

성경 이야기 창 12–15장

바벨탑 사건으로 민족들이 온 지면에 흩어진 후 하나님은 셈의 계보에서 한 사람 아브라함을 택하셨다. 하나님은 아브라함에게 땅과 후손 그리고 복을 약속하시며 그분이 지시할 땅으로 가라고 명하셨다. 아브라함은 하나님의 명령에 순종하여 가나안으로 갔다가 기근을 피해 다시 애굽으로 내려갔다. 애굽에서 아내를 빼앗길 위기를 경험하고 다시 가나안으로 돌아온 아브라함은 조카 롯과 헤어진다. 롯은 기름진 소돔 땅을 택하여 옮겨 갔다가 소돔 왕이 전쟁에 뛰어드는 바람에 포로로 끌려가게 되었다. 아브라함은 조카 롯을 구출하고 돌아오다가 제사장 멜기세덱을 만나 축복을 받았다. 하나님은 아브라함에게 다시 나타나셔서 그의 믿음을 칭찬하시고 그와 더불어 언약을 맺으셨다.

본문 이해

성경 이야기는 지금까지 창조, 타락, 홍수, 열국 등 인류 최초의 역사를 다루었다. 아브라함의 등장과 함께 이스라엘의 역사가 시작된다. 실상 지금까지의 이야기는 서론에 해당하고, 이제부터 본론이 시작된다. 하나님이 아브라함을 택하신 것은 그를 통해 땅의 모든 족속을 구원하시기 위해서였다. 그를 통해 한 민족을 이루고 그 민족에서 온 세상의 구주이신 그리스도가 나시는 방법으로 말이다. 이러한 하나님의 계획은 하나님이 아브라함과 맺으신 언약에 잘 나타나 있다. 아브라함은 하나님과 언약을 맺은 사람으로서 믿음으로 하나님께 의롭다 함을 얻었고 모든 믿는 자의 조상이 되었다. 창세기의 나머지 부분은 아브라함, 이삭, 야곱, 요셉 등 이스라엘 최초의 조상인 족장들의 역사를 다룬다.

아브라함 이야기의 서론 1

1. 구조

　1) **프롤로그**(창 11:27-32)　아브라함의 등장(데라 이야기)

　2) **본론**(창 12:1-22:24)　언약과 믿음의 이야기[땅 이야기(12-15장)/씨 이야기(16-22장)]

　3) **에필로그**(창 23:1-25:11)　아브라함의 퇴장(사라의 죽음/이삭의 결혼/아브라함의 죽음)

2. 주제

　1) **언약**　하나님은 아브라함을 부르시고 그와 세 가지 언약을 맺으셨다(12:1-3). 땅, 자손, 복에 대한 언약이었으며, 언약의 핵심은 아브라함과 그의 자손을 그분의 백성으로 삼겠다는 것이다(17:7). 땅에 대한 약속은 일차적으로는 여호수아의 가나안 정복에서 시작하여 다윗 왕 때 이루어졌고, 궁극적으로는 새 하늘과 새 땅이 완성될 때 이루어질 것이다. 자손에 대한 약속은 일차적으로는 출애굽 때 이루어졌고, 궁극적으로는 믿음을 통해 하나님의 택함 받은 모든 자가 그리스도 안에 들어옴으로써 성취될 것이다. 복에 대한 약속은 구원에 대한 것으로, 그리스도가 십자가를 지심으로 율법의 저주에서 모든 믿는 자를 속량하심으로써 이루어진다(갈 3:8-14). 이제 그리스도 안에 있는 자들은 하늘에 속한 모든 신령한 복을 누리게 되었다(엡 1:3). 아브라함의 언약은 하나님 나라에 대한 것으로 하나님 백성의 택하심과 구원을 위한 것이다. 이 언약의 특징은 두 가지다. 첫째, 이 언약은 언약 당사자의 특권을 위한 것이 아니라 땅의 모든 민족을 향한 사명을 위한 것이었다. 둘째, 이 언약은 전적으로 하나님의 주권적 은혜로 말미암아 시작되고 완성된다. 창세기 15장에 나오는 언약의 비준 장면은 이 사실을 쪼개진 제물 사이로 하나님만 지나가시는 모습으로 보여 준다.

2) **믿음** 아브라함 이야기의 두 축 가운데 하나님 편의 내용이 언약이라면 아브라함 편의 내용은 믿음이다. 아브라함은 완벽한 믿음의 본이라기보다는 믿음의 삶의 여러 모습을 보여 주는 예시라고 할 수 있다. 그의 믿음은, 부르심을 받았을 때 갈 바를 알지 못하고 떠난 최초의 순종에서 시작되어 이삭을 바침으로써 여호와 이레를 체험하는 순종의 절정에 이른다. 성경은 아브라함의 생애를 통해 삶의 여러 상황에서 믿음이 어떻게 드러나며 역사하는지를 우리에게 보여 준다.

땅 이야기(창 12-15장)

1. **하나님의 부르심과 가나안 이주**(12:1-9) 아브라함은 하나님의 부르심을 받고 갈 바를 알지 못했지만 믿음으로 하나님이 지시하시는 땅으로 갔다. 믿음은 하나님의 부르심(말씀)으로 시작되며 하나님에 대한 신뢰와 순종의 반응으로 나타난다. 아브라함은 가는 곳마다 단을 쌓고 하나님의 이름을 부름으로써 하나님과 동행하는 삶을 살았다.

2. **애굽으로 피난**(12:10-20) 가나안에서 아브라함을 기다린 것은 번영과 풍요가 아니라 기근이었다. 믿음의 삶에는 시험이 있다. 믿음은 상황(눈에 보이는 것)과 하나님(눈에 보이지 않는 것) 사이의 선택이다(고후 5:7). 아브라함은 하나님과 상의하지 않고 애굽으로 피난을 갔다가 아내가 바로 왕의 첩이 될 곤경을 겪게 되었다. 하지만 하나님은 그와 그의 아내를 구해 주셨다. 하나님은 우리가 불순종하고 실패할 때도 우리와 함께하신다. 하지만 우리의 잘못된 선택은 때로 엄청난 결과를 낳을 수 있다(하갈).

3. **롯과의 분리**(13장) 애굽에서 가나안으로 돌아온 아브라함과 롯은 헤어지게 되었다. 이때 아브라함은 조카 롯에게 우선 선택할 수 있는 권한을 줌으로써 양보의 미덕을 발휘했다. 믿음은 시련을 통해 성숙해진다. 아브라함은 애굽에서 있었던 일을 통해 잘 배웠던 것이다. 롯은 소돔 쪽의 땅을 택했다. 롯은 직접 하나님과 동행하기보다는 믿음의 사람을 따라다닌 사람이다. 롯의 선택 기준은 영적이기보다는 육적이었고, 이 선택의 결과로 큰 어려움을

겪게 된다(벧후 2:7-8). 하나님은 아브라함에게 나타나셔서 동서남북의 모든 땅을 주겠다고 약속하셨다.

4. **롯의 구출과 멜기세덱의 축복(14장)** 소돔 왕이 전쟁에 휘말리는 바람에 롯도 포로로 끌려가게 되었다. 아브라함은 종들을 데리고 가서 롯을 구출했다. 믿음은 희생적 사랑으로 드러나며(갈 5:6), 믿음이 있는 사람은 위기 상황에서도 담대함을 보인다. 아브라함이 롯을 구출해 오는 길에 살렘 왕 멜기세덱이 나타나 아브라함에게서 십일조를 받고 그를 위해 복을 빌어 주었다. 아브라함은 멜기세덱에게서 배운 믿음으로 전리품을 취하라는 소돔 왕의 제안을 당당히 거부했다. 믿음의 선배들에게서 배울 때 우리 믿음은 빨리 성장한다.

5. **언약의 비준(15장)** 하나님이 아브라함에게 나타나셔서 친히 그의 방패(안전)와 상급(의미)이 되어 주겠다고 약속하셨다. 아브라함은 평소 근심거리였던 자식이 없는 상황을 하나님께 말씀드렸고 하나님은 아브라함에게 자식을 주겠다는 약속을 확증하셨다. 아브라함은 하나님의 약속을 믿음으로 받아들였고 하나님은 그의 믿음을 의로 여기셨다(15:6). 이후 하나님은 제물을 둘로 쪼개 놓은 사이를 홀로 지나심으로써 아브라함과 맺은 언약을 주권적 은혜로 반드시 이루실 것을 확증하셨다. 믿음은 하나님과 바른 관계를 맺는 유일한 길이다.

교훈

1. **큰 그림** 하나님은 아브라함을 통해서 땅의 모든 민족을 구원하고자 하셨다. 우리는 언제나 큰 그림을 보아야 한다. 그렇지 않으면 내가 중심이 되어서 사명을 특권으로 오해하기 쉽다.
2. **믿음** 믿음은 하나님에 대한 인격적 반응이다. 따라서 믿음에 앞서 그 반응을 불러일으킬 수 있는 하나님의 부르심과 말씀이 먼저 주어져야 한다(롬 10:17). 믿음만이 하나님과 바른 관계를 맺는 길이다.

창세기 9과

아브라함 2

성경 이야기 창 16–22장

아브라함은 하나님의 약속을 기다리던 중 사라의 말을 듣고 여종 하갈과 동침하여 이스마엘을 낳았다. 하지만 이스마엘은 하나님이 약속하신 아들이 아니었다. 하나님은 아브라함에게 하나님 앞에서 완전하게 행할 것을 명하시고 그에게 할례 의식을 명하셨다. 한편 소돔과 고모라의 죄악이 심해지자 하나님은 롯과 그의 두 딸을 건져내시고 그 도시를 멸하셨다. 아브라함이 100세가 되고 사라가 90세 되던 해에 하나님은 마침내 이삭을 주셨다. 또 얼마 후에 하갈과 이스마엘을 내보내게 하셨다. 그런데 모든 것이 안정된 것처럼 보이던 어느 날 하나님은 아브라함에게 이삭을 바치라고 명하셨다. 아브라함은 묵묵히 그 말씀에 순종하여 이삭을 제물로 바치려 했다. 그러자 하나님은 아브라함의 믿음을 아시고 이삭 대신 양을 바치게 하셨다. 아브라함은 여호와 이레의 신앙에 이르게 된 것이다.

본문 이해

아브라함 이야기의 서론 2

1. 땅 이야기(12–15장) 아브라함은 하나님이 가라고 명하신 땅으로 갔는데 기근 때문에 잠시 그 땅을 떠나 애굽으로 갔다가 다시 되돌아왔다(12장). 그리고 조카 롯에게 땅을 선택할 우선권을 양보하자 하나님이 땅에 대한 약속을 다시 한 번 확증해 주셨다(13장). 하나님은 붙잡혀 간 롯을 구출하기 위해 전쟁

에 휩쓸려 들어간 아브라함에게 그 땅에서의 안전을 약속하셨다. 그리고 언약의 비준 의식을 행한 후 아브라함의 후손이 그 땅을 떠났다가 다시 돌아오게 될 것을 예언하셨다(14-15장).

2. **씨 이야기**(16-22장) 15장에서 아들에 대한 약속을 받은 아브라함은 하나님이 오랫동안 침묵하시자 자기 방법대로 이스마엘이라는 아들을 낳는다(16장). 하지만 이스마엘은 하나님이 약속하신 아들이 아니었다. 하나님은 아브라함에게 사라의 몸에서 날 아들을 후사로 주려고 계획하셨다. 그래서 아브라함을 꾸중하시고, 할례 의식을 명하신다(17장). 오랜 시간이 지난 후에 하나님은 소돔과 고모라를 멸하러 가시는 길에 아브라함에게 들려서 아들에 대한 약속의 성취를 구체적으로 밝히신다(18장). 그리고 그 약속대로 이삭을 주신다(21장). 이삭이 태어나고 몇 년이 흐르자 하나님은 아브라함에게 이스마엘을 떠나보내게 하시고, 시간이 더 흐른 뒤 아브라함의 믿음을 시험하고자 이삭을 바치라고 하신다. 아브라함은 이 시험에 합격함으로써 마침내 믿음의 정상에 우뚝 서게 된다. 믿음의 정상은 무엇인가? 하나님이 모든 것을 준비하신다는 사실을 깨닫는 여호와 이레의 신앙이다. 일찍이 하나님의 약속을 믿어 하나님께 의롭다고 인정받은 아브라함은 과연 하나님을 온전히 신뢰하는 믿음의 사람이 됨으로써 하나님의 칭의가 헛된 것이 아님을 보여 주었다(22장).

씨 이야기(창 16-22장)

1. **이스마엘의 탄생**(16장) 15장에서 하나님은 "그 사람[엘리에셀]이 네 상속자가 아니라 네 몸에서 날 자가 네 상속자가 되리라"(4절)는 약속을 주셨는데, 아브라함은 이 약속이 사라와는 상관없이 자기에게만 국한된 것으로 해석했다. 그래서 그는 하나님의 뜻을 묻지 않고 사라의 말을 따라 하갈을 취해 이스마엘을 낳았다. 믿음은 선택이다. 눈에 보이는 현실과 눈에 보이지 않는 하나님 사이의 선택이며, 누구의 말을 듣느냐의 선택이다. 아브라함이 두 번 잘못된 선택을 한 결과는 엄청났다. 오늘날 이삭의 후손이자 이스라엘과 적대 관계에 있는 아랍 민족이 이스마엘에게서 나오기 때문이다. 믿음의 최대

적은 안주하는 것이다. 이 일은 아브라함이 가나안에 거한 지 10년이 되었을 때 일어났다. 이스마엘은 믿음의 삶에서 타협을 의미하며, 인간의 능력과 성취를 상징한다.

2. **할례**(17장) 하나님은 전능하신 분이다. 아브라함은 하나님을 좀 더 신뢰했어야 했다. 하나님은 아브라함의 성급함을 책망하시고 하나님의 백성답게 살 것을 요구하시면서 할례를 명하셨다. 할례는 하나님의 백성 된 언약의 표지며, 그 언약은 하나님이 그들의 하나님이 되어 주시겠다는 것이다. 할례 의식은 남자의 생식기 표피를 잘라내는 것이다. 이 의식이 상징하는 바는 하나님 백성이 되는 것은 인간의 생식 능력, 즉 자연적 혈통에 따른 것이 아니고 하나님의 택하심으로 말미암는다는 것이다. 따라서 하나님의 백성은 자기 힘으로 살지 않고 하나님을 신뢰하며 살아야 한다. 아브라함과 사라는 할례와 더불어 새 이름을 받는다. 아브라함은 '열국의 아버지'라는 뜻이며, 이 이름에 걸맞게 아브라함은 믿음으로 살아야 한다.

3. **천사를 영접하고 이삭을 약속받음**(18장) 하나님은 소돔과 고모라의 악을 심판하러 가시던 중 아브라함에게 들려 그에게 심판 계획을 말씀하시고 또 이삭에 대한 약속을 구체적으로 확인해 주신다. 아브라함은 심판에 있어서 하나님의 공의를 요구하고 하나님은 아브라함의 요구에 응하신다. 우리는 하나님이 공의로 세상을 심판하시리라는 것을 확신할 수 있다.

4. **소돔과 고모라의 멸망**(19장) 롯은 이미 경고를 받았음에도 계속 결단을 내리지 못하다가 큰 화를 자초하고 말았다. 롯은 자신의 가족에게 전혀 영향을 미치지 못했다. 롯의 사위들은 롯의 말을 농담으로 여겼고, 롯의 아내는 뒤를 돌아보다가 소금 기둥이 되었으며, 롯의 두 딸의 행실은 소돔 문화의 영향을 그대로 보여 준다. 롯은 신자가 세상과 단절하지 않을 때 처하는 영적 무기력과 위험을 보여 준다.

5. **아비멜렉과의 언약**(20장) 아브라함은 애굽에서 했던 실수를 여기서 다시 한 번 반복한다. 기질적인 약점은 극복하기가 쉽지 않으며, 성화는 기질적인 약

점을 극복하는 것을 포함한다. 결국 아브라함은 아비멜렉과 그의 부족에게 하나님과 동행하는 삶의 표본이 되었다(21:22 이하). 믿음의 사람은 세상을 향해 하나님의 실재(reality)를 증거한다.

6. 이삭의 탄생(21장) 마침내 이삭이 태어났다. 하나님은 모든 일을 그분의 때에 아름답게 이루신다. '이삭'은 '웃음'이란 뜻이다. 믿음의 결과는 웃음, 즉 기쁨이요 행복이다. 하나님은 아브라함에게 하갈과 이스마엘을 내보내라고 말씀하신다. 우리 육신(자아)의 열매는 하나님의 유업을 받지 못한다(갈 4:30). 하지만 이스마엘도 큰 민족을 이루게 된다. 하나님의 선택은 편애가 아니라 섭리와 관련된다(요셉의 예).

7. 이삭을 바침(22장) 하나님은 아브라함에게 가장 어려운 시험을 주신다. 이삭을 바치라고 하신 것이다. 하지만 아브라함은 이 시험에 합격했다. 아브라함은 마침내 믿음의 정상에 올라선 것이다. 그는 하나님이 어떤 분이신지(창조와 부활의 주) 참으로 알았고(지식), 불가능한 상황 속에서도 하나님을 온전히 신뢰했다(롬 4:17-21, 히 11:19). 그는 신뢰의 바탕 위에서 하나님께 자신의 전부를 드렸고(헌신), 순종했다. 그 결과 여호와 이레를 경험할 수 있었다. 믿음의 절정은 여호와 이레의 체험이다. 하나님께 모든 것을 드린 사람은 하나님이 모든 것을 예비하신 것을 깨닫게 된다.

교훈

아브라함의 이야기에서 어떤 믿음의 교훈을 배울 수 있는가? 믿음은 하나님의 인도를 따라가는 모험이며 매 순간 하나님의 말씀을 붙잡는 선택으로 나타난다. 또 믿음은 하나님과 바른 관계를 맺는 유일한 길이며 하나님을 신뢰하는 것이다. 믿음의 삶에는 굴곡이 있으며, 하나님은 내가 실패하더라도 끝까지 나를 인도하신다. 참 믿음이 있으면 시험을 통과한다. 믿음의 결과는 여호와 이레의 경험이다.

창세기 10과

이삭

성경 이야기 창 21-35장

아브라함은 아내 사라가 127세에 죽자 그 땅 거민에게 막벨라 밭을 사서 거기 있는 굴에 사라를 장사 지냈다. 그 후 아브라함은 자기 친척들이 있는 하란으로 종을 보내어 이삭의 아내를 구해 오게 했다. 그리고 자신도 후처를 맞아서 아들을 더 얻었으나 하나님의 뜻을 따라 이삭의 생전에 그들을 모두 내보냈다. 아브라함은 마침내 175세의 나이로 죽었다. 이스마엘과 이삭은 아버지 아브라함을 사라가 묻힌 막벨라 굴에 장사했다. 이삭의 생애는 아브라함 생애의 축소판 같았다. 그도 자식이 없어서 애를 태웠고, 가나안에서 흉년을 맞았으며, 아내를 누이라고 속였다. 하지만 이삭의 생애는 대체로 순탄했으며 그가 비교적 순종하는 삶을 살았다고 할 수 있다. 그는 말년에 자식을 축복하는 일에 잠시 영적으로 혼란을 겪지만 곧 하나님의 뜻을 깨닫고 받아들였다. 이삭은 180세의 나이로 죽었다.

본문 이해

하나님은 아브라함과 맺으신 언약(12:1-3, 22:17-18)을 그의 아들 이삭(26:4)과 그의 손자 야곱(28:13-14)과도 더불어 맺으셨다. 그러나 야곱의 아들 대에 가서는 다시 언약을 맺지 않으셨다. 이삭과 야곱 대에서는 이스마엘이 아닌 이삭을, 에서가 아닌 야곱을 택하는 선택의 갈림길이 있었지만, 야곱의 아들 대에서는 더는 선택의 갈림길이 없고 모든 아들이 다 언약의 자손에 포함되었기 때문이다. [이스마엘(25:12-18)과 에서(36장)는 각각 이삭과 야곱(요셉)의 이야기가 시작되기 전에 그들의 족보가 간략히 소개되고 사라진다.] 아브라함과 더불어 이삭, 야곱은 하나님이 그들과 맺으신 언약으로 하나님 백성의 조상이 되었으며, 그들의 삶의 여정 또한 아브라함의 삶과 마찬가지로 믿음의 본보기로 제시된다.

이삭 이야기의 서론

1. 구조
- 1) **출발**(창 21:1-25:11) 출생, 제물이 됨, 어머니(사라)의 죽음, 결혼, 아버지(아브라함)의 죽음
- 2) **전성기**(창 25:19-26:35) 득남, 대략적 사건(흉년/아내를 누이로 속임/우물 사건/아비멜렉과의 언약)
- 3) **말년**(창 27:1-28:5, 35:27-29) 자식을 축복함, 죽음

2. 주제

순종 이삭의 삶은 대체로 순종과 평화의 삶이었다. 물론 그의 성격 탓도 있었겠지만 이삭은 자기 힘으로 무언가를 이루기보다는 늘 하나님의 때를 기다렸고 하나님의 개입으로 문제가 해결되는 경험을 했다. 이삭은 아내를 얻을 때도, 자식을 얻을 때도, 흉년을 맞았을 때도 그리고 우물을 빼앗겼을 때도 늘 하나님을 기다리며 순종했다. 그의 이런 태도는 아버지 아브라함에게서 믿음의 삶을 배운 것과 특별히 자신이 제물이 되었을 때 아버지와 더불어 여호와 이레를 체험했던 것에 기인한다. 이삭의 순종은 자기 힘으로 모든 것을 성취하려 했던 야곱의 모습과 대조를 이루면서 우리에게 믿음의 교훈을 준다.

이삭 이야기

1. 출발(21:1-25:11) 이삭 이야기의 출발은 아브라함 이야기의 에필로그와 중복된다.
  - 1) **출생** 이삭의 출생은 약속의 성취로 이루어졌다. 이삭은 날 때부터 언약 안에 속했으며 하나님 은혜를 받는 입장에 있었다. 이런 특수한 삶의 모

습은 그의 평생 지속된 특징이었다.
2) **제물이 됨** 아브라함이 이삭을 바친 사건은 아브라함의 순종의 절정이었지만, 이삭에게도 귀중한 신앙의 체험이 되었다. 이 사건은 이삭이 청소년이었을 때 일어난 것으로, 이삭의 협조가 없었다면 아브라함은 그를 제물로 바칠 수 없었을 것이다. 이삭은 이 사건에서 그가 맡은 역할 덕분에 그리스도의 표상이 되었고, 순종하여 믿음의 체험을 하고 본이 되었다.
3) **결혼** 사라가 죽은 후에 아브라함이 종을 하란에 보내 이삭의 아내를 얻어 올 때까지 이삭은 들에서 묵상하는 삶을 살았다. 아브라함의 종은 신실한 마음으로 하나님의 인도를 따라 이 일을 완수했다.
4) **사라와 아브라함의 죽음** 아브라함은 사라가 죽자 그 땅 거민에게서 구입한 밭에 있는 굴에 사라를 장사했고 자신도 죽어서 거기에 장사되었다. 그들은 약속을 받았지만 그 성취를 보지는 못했다. 하지만 본향을 사모하면서 믿음으로 이 땅에서 나그네로 살았다. 그들의 삶은 믿음의 순례의 원형이 되었다(히 11장).

2. 전성기(25:19-26:35)

1) **득남** 이삭은 아내가 자식을 낳지 못하자 하나님께 기도했고, 하나님은 그들에게 쌍둥이를 주셨다. 그들이 엄마 배 속에서 다투자 이삭은 기도했고 하나님은 큰 자가 작은 자를 섬길 것이라는 말씀을 주셨다. 하지만 이런 말씀에도 이삭과 리브가는 자신의 취향대로 자식을 편애했다. 후에 이삭이 에서를 축복하려 했던 것으로 보아 그는 하나님의 말씀을 마음 깊이 새기지 않았던 것 같다. 이삭은 자식을 얻는 일에는 믿음을 따라 행했지만 양육은 실패했다.
2) **대략적 사건들** 이삭 생애의 대부분 사건은 26장에 나온다. 그의 삶은 아버지 아브라함의 삶의 축소판 같다. 이삭도 그 땅에서 흉년을 맞게 되는데 하나님은 애굽으로 내려가지 말고 그 땅에 거하라고 하시면서 아브라함에게 약속하셨던 언약의 복(땅, 자손, 복)을 그에게도 약속하셨다. 이삭은 순종했다. 하지만 그 땅에 거하면서도 종종 위기를 겪었다. 그는 아버

지처럼 자기 아내를 누이라 속였고, 그 결과 아내를 곤경에 빠뜨릴 뻔했다. 어쨌든 이삭은 그 땅에서 거부가 되었다. 그러자 다른 문제가 발생했다. 이삭은 아버지가 팠던 우물들을 다시 팠는데, 몇 번이나 그 땅 사람들 때문에 그 우물들을 포기하고 다른 곳을 찾아야 했다. 그는 매번 다투지 않고 새로운 우물을 찾았으며 마침내 더는 다툼이 없는 우물을 찾게 되었다. 그 땅에서의 삶은 풍요와 안정으로 이어졌다. 이삭은 그 땅 거민들에게서 하나님이 함께하시는 사람이라는 인정을 받고 그들과 평화 조약을 맺었다. 이삭은 자기 힘으로 무엇을 이루기보다는 하나님이 해결해 주실 때까지 기다리는 삶을 살았다. 그는 계속 여호와 이레를 체험하는 삶을 살았다.

3. 말년(27:1-28:5, 35:27-29)

1) **자식을 축복함** 이삭은 나이가 많아 눈이 흐려졌지만 영적으로도 많이 어두워져 있었다. 그는 자식이 모태에 있을 때 하나님이 주신 예언의 말씀을 잊어버리고 육신의 정을 좇아 에서를 축복하려고 했다. 하지만 결과적으로 야곱을 축복하게 되는데 그는 이를 믿음으로 받아들였다(히 11:20). 그리고 그 땅 거민이 아니라 친척 가운데 아내를 구하게 하려고 야곱을 하란으로 보냈다. 그는 야곱을 떠나보내기에 앞서 다시 한 번 그를 축복함으로써 하나님의 뜻에 순종했다.

2) **죽음** 이삭은 180세에 죽었다. 그는 죽기 전에 야곱의 귀환을 보았다. 야곱은 피난 생활 중 위기에 처했을 때 아버지 이삭이 하나님을 경외하던 모습을 기억하고 힘을 얻었다(31:42, 53).

교훈

믿음의 조상 중에서 이삭이 보여 주는 교훈은 기다림과 순종이다. 믿음은 하나님이 약속하신 것이 그분의 때에 그분의 방법으로 이루어질 것을 신뢰하면서 기다리고 순종하는 것이다.

창세기 11과

야곱

성경 이야기 <small>창 25-49장</small>

이삭의 쌍둥이 아들 가운데 언약의 계승자가 된 사람은 야곱이었다. 그는 형의 발꿈치를 잡고 태어났고 평생 남의 발꿈치를 잡아채는 삶을 살았다. 형의 장자권과 축복을 가로챘고, 하란으로 도망가서 삼촌을 속이고 큰 부를 이루고 돌아왔다. 야곱은 형과의 재회를 앞둔 절체절명의 위기를 맞아 얍복 나루에서 천사와 씨름했고, 그 결과 이스라엘로 새롭게 변화되었다. 야곱의 후반부 인생은 속이는 것이 아니라 속임을 당하고, 뺏는 것이 아니라 빼앗기는 삶이 되었다. 하나님은 자기중심적인 야곱을 바꾸셔서 하나님의 주권을 인정하고 살아가는 믿음의 사람이 되게 하셨다. 말년에 애굽으로 내려간 야곱은 잃었던 아들 요셉과 재회했다. 그리고 믿음으로 바로와 요셉의 두 아들, 자신의 열두 아들을 축복하고 죽었다.

본문 이해

야곱 이야기의 서론

1. 구조

1) **전반기**(창 25:21-32:23) 가나안(출생, 형의 장자권과 축복을 가로챔), 하란(벧엘, 삼촌과의 투쟁, 귀향)

2) **전환점**(창 32:24-32) 얍복 나루의 씨름(야곱에서 이스라엘로 바뀜)

3) **후반기**(창 33-35장, 42-49장) 가나안(형과의 해후, 세겜, 벧엘, 편애), 애굽(요셉과의 해후, 축복, 죽음)

2. 주제

자아 야곱의 가장 중요한 특성은 자아다. 그는 자기중심적인 사람이었다. 자기 힘으로 욕심을 이루려고 남을 속이고 빼앗는 사람이었다. 따라서 믿음의 삶에서 그가 보여 주는 교훈은, 어떻게 자아를 처리해 하나님의 주권을 인정하는 믿음의 사람이 될 수 있는가 하는 것이다. 야곱의 자아가 처리되는 과정은 두 단계로 이루어졌다. 첫째는 순간적인 것이다. 하나님은 얍복 나루의 씨름을 통해 결정적으로 야곱의 자아를 깨뜨리셨다. 둘째는 점진적인 것이다. 야곱의 후반부 인생에서 자아의 깨짐이 점진적으로 이루어졌다. 야곱은 얍복 나루 사건 이후로 빼앗기는 고난의 삶을 살게 되는데, 이런 과정을 통해 그의 자아는 계속 처리되었고, 마침내 그는 영적으로 성숙한 믿음의 자리에 서게 되었다.

야곱 이야기

1. 전반기(25:21-32:23)

1) 가나안

- **출생** 야곱은 쌍둥이로 태어났다. 형 에서의 발뒤꿈치를 잡고 나온 그는 야곱이란 이름을 얻었는데, 그 뜻은 찬탈자(supplanter)다. 이러한 모습은 야곱의 일생을 특징지었다.

- **형의 장자권과 축복을 가로챔** 야곱은 사냥에서 돌아온 에서가 허기졌을 때 팥죽 한 그릇에 장자권을 빼앗았다. 경거망동한 에서의 행동은 비난받아 마땅하지만(히 12:16) 남의 약점을 이용하여 자신의 욕심을 채우려 한 야곱의 태도는 절대 정당화될 수 없다. 이삭이 연로하여 눈이 어두워져 잘 볼 수 없을 때 야곱은 어머니 리브가와 함께 아버지를 속이고 형의 축복을 가로채 버렸다. 야곱이 부정한 수단을 쓰지 않아도 하나님이 그를 모태에서부터 택하셨기에 언약의 복을 받게 될 것이었다. 하지만 그는 믿음으로 행하지 않고 속임수를 사용하여 스스로 고난을 자초했다.

2) 하란

- **벧엘** 형의 분노를 피해 하란에 사는 삼촌에게 가던 야곱은 들에서 하나님을 만났다. 하나님은 야곱에게 공식적으로 언약을 확인해 주셨고, 야곱은 하나님을 만난 그곳을 벧엘(하나님의 집)이라 부르며, 조건을 걸고 하나님께 서원했다.
- **삼촌과의 투쟁** 하란의 삼촌 집에 도착한 야곱은 거기서 열심히 일하고 삼촌의 두 딸과 결혼하여 가정을 이루고 자식을 낳는다. 또 속임수를 써서 삼촌의 재산을 많이 빼앗기도 했다. 삼촌 라반은 수없이 야곱을 속이려 했지만 오히려 야곱에게 당하고 만다.
- **귀향** 삼촌의 안색이 변하자 야곱은 몰래 가족을 이끌고 도망쳤다. 라반은 야곱을 추격했지만 꿈속에서 하나님의 경고를 듣고 그와 평화 조약을 맺고 돌려보냈다. 야곱은 아버지 이삭이 경외하던 하나님이 자신을 지켜 주셨다고 고백한다.

2. 전환점(32:24-32)

얍복 나루의 씨름 가나안으로 돌아온 야곱은 형이 400명을 거느리고 자신을 맞으러 온다는 이야기를 듣고 겁에 질린다. 그래서 먼저 형에게 보낼 선물을 얍복 강 건너편으로 보내고 가족을 몇 그룹으로 나누어 그 뒤를 따르게 한다. 그리고 자신은 얍복 강 이쪽에 남아 밤새 천사와 씨름을 했다. 이것은 우리가 흔히 생각하는 것처럼 야곱이 밤새 철야기도를 하여 하나님께 축복을 얻어 낸 사건이 아니었다. 오히려 자신의 이기적인 축복을 구하던 야곱이 하나님을 새롭게 만남으로써 자아가 깨지고 변화되는 진정한 축복을 얻은 사건이다. 야곱은 이 씨름에서 세 가지 경험을 한다. 첫째, 그의 이름이 야곱에서 이스라엘로 바뀌었다. 이전까지 야곱은 자신의 이름 그대로 '타인의 발목을 잡는' 삶을 살아왔다. 하지만 이제 그는 새 이름 이스라엘의 뜻대로 '하나님이 싸우시는' 또는 '하나님이 다스리시는' 삶을 살게 되었다. 둘째, 그의 환도뼈가 부러졌다. 야곱은 더는 자기 마음대로 움직이지 못하고 하나님이 이끄시는 대로 살게 되었다. 셋째, 야곱은 그곳을 브니엘(하나님의 얼굴)이라고 불렀다. 하나님의 얼굴을 보고도 살았다면 형의 얼굴을 보고도 살 수 있을 것이다. 하나님이 지켜 주실 것이기 때문이다.

3. 후반기(33-35장, 42-49장)
1) 가나안
- 에서와의 해후 야곱과 에서는 진심으로 화해하는 분위기에서 재회했다. 야곱은 형에게 아첨이 아니라 진심으로 존경하는 모습을 보여 주었다.
- 세겜 가나안에 돌아온 야곱은 세겜에 정착했다. 그런데 야곱의 딸 디나가 그곳 추장의 아들에게 강간을 당하자 시므온과 레위가 속임수를 써서 그곳 사람들을 대학살하는 일이 벌어졌다. 야곱은 이 일에 크게 분노했고 자식들의 만행을 나무랐다.
- 벧엘 가나안에 돌아온 야곱은 다시 벧엘을 방문했다. 처음 벧엘에 갔을 때의 야곱과 두 번째 벧엘에 갔을 때의 야곱은 전혀 다른 사람이었다. 그는 하나님의 인도와 공급을 체험하고 자아가 깨졌으며 하나님을 인정하고 신뢰하는 삶을 살게 되었다. 하나님은 다시 그에게 나타나셔서 언약을 재확인해 주셨다.
- 요셉을 편애함 야곱은 여러 아들 중에서 요셉을 편애했다. 요셉을 시기한 형들은 그를 잡아 애굽으로 팔아넘겼고 요셉의 옷에 짐승의 피를 묻혀 야곱에게 가져왔다. 야곱은 요셉이 들짐승에게 찢겨 죽었다고 생각하고 통곡했다.

2) 애굽
- 요셉과의 해후 노년의 야곱은 애굽에서 총리가 된 요셉을 극적으로 만났다. 하나님은 야곱에게 애굽으로 가라고 명하시면서 함께하겠다고 약속하셨다.
- 축복 애굽으로 내려간 야곱은 바로에게 인사하면서 그를 축복했고, 요셉의 두 아들을 축복했으며, 마지막으로 죽기 전에 자신의 열두 아들을 축복했다. 그의 이런 축복은 예언의 성격을 띤 것으로, 깊은 영적 성숙과 통찰력을 보여 준다.
- 죽음 야곱은 죽어서 가나안 땅 막벨라 굴에 조상들과 함께 묻혔다.

교훈

믿음의 삶에서 우리가 반드시 통과해야 하는 과정은 자아의 처리다. 자아가 처리되지 않으면 믿음의 삶을 살 수 없고 하나님께 쓰임받을 수 없다. 그렇다면 자아가 처리된다는 말은 무슨 뜻인가? 첫째, 더는 자기를 위해 살지 않고 주님을 위해 사는 것이다(고후 5:15). 둘째, 자기 뜻, 자기 생각, 자기 힘으로 살지 않고 주님의 뜻을 좇아 주님의 힘만을 의지하며 사는 것이다. 끝으로, 자기 의를 추구하지 않고 하나님의 은혜를 의지하며 사는 것이다. 주님이 나의 목적, 나의 수단, 나의 의가 되셔야 한다. 자아의 처리는 성령님이 말씀과 고난을 통해 이루시는 일로, 우리는 믿음으로 그 과정을 따라가야 한다.

창세기 12과

요셉

성경 이야기 창 37–50장

요셉은 야곱의 열한 번째 아들이며, 야곱이 사랑한 라헬이 낳은 아들이다. 아버지의 편애를 받고 자란 요셉은 형들의 질시를 받아 애굽에 팔려 갔다. 요셉은 애굽에서 바로의 시위대장 보디발의 종이 되었고, 신임을 얻어 그 집의 가정 총무가 되었다. 하지만 보디발의 아내의 유혹을 거부한 대가로 모함을 받아 감옥에 갇혔다. 그곳에서 요셉은 바로의 술 관원장과 떡 관원장의 꿈을 해석해 주었고, 감옥에서 풀려난 뒤에는 바로의 꿈을 해석해 줌으로써 애굽의 총리가 되었다. 요셉이 7년 풍년의 결실을 저장하여 7년 흉년을 이겨 내고 있을 때 가나안에 살던 형들이 곡식을 사러 애굽에 왔다. 그는 형들을 용서하고 아버지 야곱과 온 가족을 애굽으로 모셔 왔다. 요셉은 자신에게 일어난 일이 하나님의 섭리에 따른 것임을 깨닫고 형들을 위로했으며, 훗날 후손이 애굽을 떠날 때 자신의 유골을 가나안으로 가져가 달라고 유언하고 죽었다.

본문 이해

요셉 이야기의 서론

1. 구조

1) **성장기**(창 37장) 야곱의 편애, 꿈 사건, 애굽으로 팔려 감(38장: 유다와 다말)

2) **고난기**(창 39–41장) 보디발의 집, 감옥, 애굽의 총리가 됨

3) **성취기**(창 42–50장) 형들과의 해후, 야곱과의 해후, 요셉의 말년과 죽음

2. 주제

섭리 흔히 요셉을 그의 꿈과 관련하여 비전의 사람으로 보면서 그를 본받아 비전을 추구하는 삶을 살아야 한다고 말한다. 하지만 이것은 요셉의 꿈과 그의 생애를 오해한 것이다. 요셉의 꿈은 그의 비전이 아니라 하나님이 그를 통해 이루고자 하신 그분의 계획을 보여 주신 것이다. 요셉은 자신의 비전을 따라 산 것이 아니라 순간순간 하나님과 동행하며 믿음으로 살았다. 하나님은 그런 요셉을 통해 그분의 섭리를 이루셨다. 요셉의 생애에서 알 수 있는 교훈은, 하나님이 어떻게 한 사람을 택하고 훈련하셔서 그분의 섭리의 도구로 쓰시는가 하는 것이다. 요셉은, 참된 복은 다른 사람에게 복을 전하는 통로가 되는 데 있음을 보여 주는 본보기로서 그리스도의 모형이다.

요셉 이야기

1. 성장기(37장)

1) **야곱의 편애** 요셉은 야곱이 사랑한 라헬이 낳은 아들로 야곱은 다른 아들보다 그를 더 사랑하여 그에게 채색옷을 입혔다. 그런데 요셉은 형들의 잘못을 아버지에게 고자질함으로써 형들의 시기와 미움을 더욱 받았다.

2) **꿈 사건** 요셉은 17세가 되던 해에 형들의 곡식 단이 자신의 곡식 단을 둘러싸고 절하는 꿈과, 해와 달과 열한 별이 자신에게 절하는 꿈을 꾸었다. 이 꿈은 하나님이 장차 그를 통해 이루실 일을 보여 주신 계시였다. 요셉은 이 꿈을 자랑하고 뽐냈지만 이 꿈을 추구하며 산 것은 아니었다. 훗날 형들이 애굽으로 양식을 사러 왔을 때 비로소 이 꿈을 기억해 냈다(42:9).

3) **애굽으로 팔려 감** 어느 날 야곱이 요셉을 형들이 양을 치고 있던 세겜으로 심부름을 보냈다. 그런데 형들이 도단으로 옮겨 갔다는 말을 듣고 요셉은 그곳까지 찾아갔다. 요셉을 본 형들은 그를 구덩이에 던져 놓았다가 나중에 애굽으로 가는 상인들에게 은 20세겔에 팔아 버렸다. 그리고 요셉의 옷에 숫염소의 피를 묻혀 야곱에게 보였다. 요셉이 들짐승에게 찢겨

죽은 것처럼 생각하게 만든 것이다. 요셉은 정직하고 성실했지만 성장기에 아버지의 편애를 받아 자기중심적인 성향이 강했다.

> **창세기 38장: 유다와 다말**
> 요셉 이야기 중간에 유다의 이야기가 등장하는 것은 그가 다윗과 그리스도의 조상이 되기 때문이다. 유다는 며느리 다말과 불륜 관계를 통해 베레스와 세라를 낳았는데, 베레스는 다윗과 그리스도의 조상이 된다.

2. 고난기(39-41장)

1) **보디발의 집** 애굽으로 팔려 간 요셉은 바로의 시위대장 보디발의 집에서 노예로 일하게 되었다. 그곳에서 하나님과 동행하는 삶을 산 요셉은 보디발의 신임을 얻어 가정 총무가 되었다. 그런데 보디발의 아내가 용모가 수려한 요셉을 유혹했고 요셉은 그녀를 피했다. 거절당한 그녀는 요셉을 모함하여 감옥에 보냈다.

2) **감옥** 요셉은 감옥에서도 간수의 신임을 얻어 그곳을 총괄하는 일을 맡았다. 그러던 어느 날, 바로의 술 관원장과 떡 관원장이 바로의 진노를 사서 감옥에 갇혔다. 두 사람은 동시에 비슷한 꿈을 꾸었다. 요셉이 그들의 꿈을 해몽해 주었는데, 해몽 그대로 이루어져서 술 관원장은 복직되고 떡 관원장은 사형을 당했다.

3) **애굽의 총리가 됨** 몇 해가 지나 바로가 이상한 꿈을 연달아 꾸었다. 요셉은 바로의 꿈을 해몽해 주고 애굽의 총리가 되었다. 마침내 기나긴 고난의 여정이 끝난 것이다. 요셉은 바로의 신임을 얻었다. 그리고 결혼하여 두 아들을 낳고 므낫세(잊게 하심)와 에브라임(창성하게 하심)이라고 이름 지었다. 하나님은 요셉과 함께하시며 범사에 그를 형통하게 해주셨다. 사실 이 시기는 하나님이 의도하신 인물이 되기 위해 요셉이 준비되는 기간이었다. 그는 보디발 집의 살림을 맡음으로써 국가를 경영할 기초를 쌓았으며 감옥에서 정부 각료들의 얼굴을 익힐 수 있었다. 바로가 "하나님이 이 모든 것을 네게 보이셨으니 너와 같이 명철하고 지혜 있는 자가 없도다"(41:39)라고 요셉에게 한 말은 조금도 과장이 아니었다. 요셉은 흉년 때

애굽인들에게서 사들인 토지를 소작료 오분의 일을 받고 임대해 주는 등 탁월한 국가 경영 능력을 발휘했다. 그 당시 애굽뿐 아니라 근동 지역 전체의 위기를 잘 극복해 나갔다.

3. 성취기(42-50장)

1) **형들과의 해후** 흉년이 계속되자 가나안에 살던 야곱의 형들이 곡식을 사러 애굽으로 왔다. 형들을 보았을 때 요셉은 자신이 예전에 꾼 꿈이 떠올랐다. 하지만 요셉은 원한이나 복수심을 보이지 않고 형들을 진심으로 용서해 주었다. 형들을 몇 번 시험해 보고 그들이 변화된 것을 확인한 요셉은 자신의 정체를 드러내고 대성통곡했다. 어렸을 때 아버지의 편애를 받으면서 모든 것을 자기중심적으로 보고 행동하던 요셉은 이제 막강한 힘이 있음에도 절대 그 힘을 함부로 휘두르지 않는 겸손하고 온유한 사람이 되었다.

2) **야곱과의 해후** 야곱은 요셉이 살아 있다는 말을 듣고 애굽으로 왔다. 야곱은 요셉은 물론이고 요셉의 두 아들까지 보았고, 애굽에서 17년을 더 살고 아들들에게 축복의 예언을 하고 죽었다. 요셉은 아버지의 유언에 따라 그를 가나안 땅 막벨라 굴에 장사했다.

3) **요셉의 말년과 죽음** 아버지 야곱이 죽자 형들은 요셉이 자신들에게 복수할까 염려하여 그에게 절하면서 용서해 줄 것을 간구했다. 요셉은 하나님의 섭리를 설명하면서 도리어 눈물을 흘리며 형들을 위로했다(50:19-21). 세월이 흘러 요셉도 늙었다. 그는 후손이 애굽을 떠날 때 자신의 유골을 가져가 달라고 명하고 눈을 감았다.

교훈

1. 비전과 섭리 성경적 의미에서 비전은 내가 스스로 꾸는 꿈이 아니라 하나님이 보여 주시는 계시다(잠 29:18). 내 나름으로 꿈을 꾸고 비전을 추구할 것이 아니라 하나님이 이미 나에게 보여 주신 일반적 사명에 따라 살아야 한다. 내

가 처한 상황에서 믿음으로 하나님과 동행하며 충성하면 하나님이 나를 인도해 주실 것이다. 이렇게 순종하는 삶을 살 때 하나님께 쓰임 받게 되며 하나님의 섭리의 도구요 복의 통로가 되는 삶을 살 수 있다. 하나님의 섭리를 처음에는 잘 알 수 없고, 연단과 순종을 통해 그 일이 이루어진 후에 깨닫고 감사하는 경우가 많다.

2. **용서** 자신의 삶을 하나님의 관점에서 볼 수 있는 사람은 다른 사람들이 자신에게 행한 불의까지도 용서하고 그들을 포용할 수 있다. 참된 복은 존재의 변화며, 용서는 가장 신기한 행위요 모습이다.

율법서

구약 이야기

율법서 1과

애굽

성경 이야기 출 1-10장

요셉이 죽은 후 애굽에 내려간 야곱의 자손은 급격히 불어났다. 그들의 수가 많아져서 애굽에 위협이 되자 바로는 히브리인(야곱의 자손)을 노예로 삼고 국고성을 짓도록 강제 노역을 시켰다. 그뿐 아니라 히브리 산파들에게 여아는 살리고 남아는 죽이라고 명했다. 하나님은 노예 생활을 하며 이런 억압을 당하는 이스라엘 백성의 부르짖음을 들으시고 그들의 조상과 맺은 언약을 기억하셨다. 하나님은 불타는 가시떨기에서 모세를 불러 백성의 지도자로 삼으시고, 그를 통하여 바로에게 그분의 능력을 보이셨다. 하지만 바로는 마음이 강퍅해져서 하나님의 명령을 듣지 않았고 결국 온갖 재앙을 겪었다.

본문 이해

율법서의 서론

1. **저자** 율법서(토라)는 모세오경(Pentateuch)이라고도 불리며 창세기, 출애굽기, 레위기, 민수기, 신명기의 다섯 책을 가리킨다. 전통적으로 모세를 저자로 보는데, 모세가 하나님께 받은 계시와 자신에게 전수된 자료들을 바탕으로 대부분을 기록했고, 후대 편집자들의 손을 거쳐 현재의 형태로 완성되었다고 보면 좋을 것이다.

2. **구조** 이스라엘의 역사는 출애굽 사건에서부터 본격적으로 시작된다. 창세기는 율법서 나머지 부분의 서론에 해당하며, 이스라엘 백성이 어떻게 애굽에서 살게 되었는지를 설명해 준다. 율법서의 구조는 이스라엘 백성의 출애굽과 이후의 경로를 따라 지역적으로 나눌 수 있다.

1) **서론**(창 1–50장) 인류의 시작과 이스라엘 조상의 이야기, 이스라엘이 애굽에 살게 된 사연을 설명함.

2) **애굽**(출 1–10장) 애굽에 내려간 야곱 자손의 노예 생활, 모세를 부르심, 애굽에 재앙을 내리심.

3) **출애굽**(출 11–18장) 마지막 재앙이 내리고 애굽을 떠남, 홍해를 건너고 시내 광야를 거쳐 시내 산에 도착함.

4) **시내 산**(출 19장–민 10장) 하나님과 언약(율법)을 맺고 성막을 세우며 제사 제도를 확립하고 지파들을 조직함.

5) **광야**(민 11–21장) 시내 산을 떠나 바란 광야, 신(Zin) 광야와 에돔을 거쳐 모압 평지에 이름.

6) **모압**(민 22장–신 34장) 모압 평지에서 모세는 율법을 두 번째로 강론하고 죽음.

애굽에서의 이스라엘

1. **이스라엘의 고역**(출 1장) 애굽에 내려간 야곱의 자손은 모두 70명이었다(창 46:27, 출 1:5). 애굽에서 이들은 "생육하고 불어나 번성하고 매우 강하여 온 땅에 가득하게 되었[다]"(출 1:7). 하나님이 아브라함에게 주신 자손에 대한 약속이 이루어진 것이다. 요셉을 모르는 애굽의 새 통치자 바로는 이스라엘의 번성을 두려워한 나머지 그들을 노예로 삼아 국고성을 짓게 하고 그들을 억압하고 핍박했다. 또 히브리 산파들에게 여아는 살리고 남아는 죽이라고 명했다. 하지만 산파들은 하나님을 두려워하여 그 명령에 복종하지 않았다. 이스라엘은 계속 번성했고 그들의 고역도 계속되었다.

2. **모세가 준비되는 과정**(출 2장) 모세는 부모의 믿음(히 11:23)과 하나님의 섭리

로 출생 직후 죽음의 위기에서 벗어날 수 있었다. 그 후 애굽의 궁정에서 바로의 공주의 아들로 성장하며 모든 학문과 문물을 배웠다. 그는 40세가 되었을 때 동족을 돌아보려고 나섰다가 히브리인을 괴롭히던 애굽인을 죽인 것이 탄로 나 미디안 광야로 피신하게 되었다. 그곳에서 40년 동안 양을 치며 지내다가 어느 날 하나님의 부르심을 받았다.

3. 하나님의 부르심(출 3-4장)

1) **모세를 부르심** 하나님은 "애굽에 있는 내 백성의 고통을 분명히 보고 그들이 그들의 감독자로 말미암아 부르짖음을 듣고 그 근심을 알고 내가 내려가서 그들을 애굽인의 손에서 건져내고 그들을 그 땅에서 인도하여 아름답고 광대한 땅, 젖과 꿀이 흐르는 땅…에 데려가려[고]"(3:7-8) 모세를 부르셨다. 모세는 가시떨기에 불이 붙었는데도 나무가 타지 않는 이상한 모습을 보고 가까이 가려다가 "이리로 가까이 오지 말라 네가 선 곳은 거룩한 땅이니 네 발에서 신을 벗으라"(5절)는 하나님의 음성을 듣게 되었다.

2) **하나님의 이름** 하나님은 모세에게 자신을 "아브라함의 하나님, 이삭의 하나님, 야곱의 하나님"(6절)으로 밝히셨고, 자신의 이름을 "스스로 있는 자"(I am that I am 또는 I will be what I will be, "나는 내가 되고자 하는 자다")라고 계시하셨다. 이 이름은 히브리어의 네 자음(YHWH)으로 이루어진 것으로서 하나님의 거룩한 언약의 이름이며, 하나님의 자존성과 자주성 그리고 은혜로우심을 나타낸다. 하나님의 자존성은 가시떨기가 불타면서도 소멸되지 않는 기이한 현상에서 확인된다. 하나님은 가시떨기를 연료로 삼아야 지속되는 불과 다르시다. 하나님은 자존하시는 분이다. 또 고대인들은 신들의 이름을 앎으로써 자신이 신을 조정할 수 있다고 생각했는데, 이름이 인간에게 알려졌음에도 하나님은 그들의 조정에 매이지 않으시고 초월성과 주권을 그대로 간직하셨다. 그러나 동시에 이 이름은 언약의 이름으로 하나님의 신실하심과 은혜 베푸심을 약속한다. 즉 이 이름에 이스라엘 백성이 처할 모든 상황에서 하나님이 그들의 필요를 채우는 분으로 계시겠다는 약속이 담겨 있는 것이다. 하나님 이름의 이러한 양면성은 그분

의 초월성과 내재성을 보여 준다. 하나님이 자신을 '야훼'로 나타내신 것이 여기서 처음이라기보다는 이 이름을 언약적으로 사용하면서 그 의미를 밝히신 것이 처음이라고 보는 편이 옳을 것이다.

3) **모세의 반응** 모세는 하나님이 자신을 바로에게 보내시려 하자 자신의 부족함을 이유로 계속해서 그 일을 사양했다. 이것은 그가 40년 전과 달리 진정으로 자신의 한계를 아는 겸손에 이르렀음을 보여 준다. 그러나 그는 하나님의 약속을 듣고도 고집을 부려 하나님의 책망을 들었다. 진정한 겸손은 결국 순종으로 나타난다(빌 2:5-11). 하나님은 모세에게 몇 가지 표적을 주시고, 그의 형 아론을 대변자로 삼게 하신 후에 그를 보내셨다.

4. **아홉 가지 재앙(출 5-10장)** 모세와 아론이 바로에게 가서 "내 백성을 보내라"는 하나님의 말씀을 전했을 때 바로는 콧방귀를 끼고 오히려 이스라엘 백성의 노역을 더욱 고되게 했다. 하지만 하나님은 바로의 강퍅함을 통해 능력을 나타내셨다. 모세는 피, 개구리, 이, 파리, 생축의 악질, 독종, 우박, 메뚜기, 흑암의 아홉 가지 재앙을 차례로 내렸다. 이런 재앙은 모두 애굽 사람들이 섬기던 신들의 세력을 꺾는 상징으로, 여호와 하나님의 전능하심을 보여 준다. 바로는 여러 번 마음을 바꿔 가며 변덕을 부리다가 결국 한 가지 결정적인 재앙을 당하고 항복한다. 하나님은 역사를 주관하고 다스리신다. 악조차도 하나님의 섭리 안에 있다. 이 말은 하나님이 악의 원인이 되시거나 악에 대해 책임을 지셔야 한다는 것이 아니라, 악까지도 사용하신다는 뜻이다.

교훈

1. **하나님** 출애굽 사건을 통해 살아 계시고 인격적이신 하나님을 보았다. 하나님은 언약을 지키시는 분이고, 고난당하는 자들을 구원하시는 분이며, 악을 심판하고 역사를 주관하시는 분이다. 그뿐 아니라 하나님은 초월(권능)적인 존재시며 동시에 내재(언약)하시는 분이다. 나는 이러한 하나님을 믿는가?

2. 하나님의 일꾼 하나님이 일꾼을 고르시는 첫째 요건은 자아가 처리됐는지 여부다. 모세가 광야생활에서 배운 교훈이 바로 그것이다. 그는 하나님 앞에서 신발을 벗어야 했다. 더는 자기 마음대로 다닐 수가 없었다.

율법서 2과

출애굽

성경 이야기 _{출 11-18장}

하나님은 마지막으로 한 가지 재앙을 애굽에 더 내리셨다. 애굽 사람과 가축의 모든 장자를 죽이신 것이다. 하지만 죽음의 사자는 양의 피를 좌우 문설주와 인방에 바른 이스라엘의 집은 그냥 넘어가셨다. 마침내 바로는 하나님께 항복하고 이스라엘의 출애굽을 허락했다. 그러나 곧 후회하고 군대를 휘몰아 이스라엘을 추격했고, 하나님이 가르신 홍해를 건너는 이스라엘을 뒤따라 바다로 들어갔다가 모두 몰사하고 말았다. 홍해를 건넌 이스라엘은 수르 광야와 신(Sin) 광야를 지나서 시내 산으로 향했다. 그들은 도중에 아말렉과 전쟁을 치렀고, 음식과 물 때문에 하나님과 모세를 원망했다. 모세는 그를 방문한 장인 이드로의 충고를 따라 백성의 지도자들을 세워 리더십을 분담했다.

본문 이해

출애굽(출 11:1-15:21)

1. 유월절

1) 마지막 재앙은 애굽의 사람과 가축의 모든 장자를 죽이는 것이었다. 이스라엘 백성은 그날 밤 양을 잡아 그 피를 좌우 문설주와 인방에 바르고 고기를 구워서 무교병과 쓴 나물과 함께 먹었다. 그들은 유월절을 시작으로 7일간 누룩 없는 떡을 먹는 무교절을 지켰다. 그날 밤 죽음의 사자는 애굽 전

역을 휩쓸고 가면서 피가 있는 집은 넘어갔다(유월, pass over). 하지만 바로를 비롯하여 모든 애굽 사람의 집에서는 사람과 가축의 장자가 죽었고 애곡하는 소리가 터져 나왔다.

2) 유월절이 보여 주는 것은 구속의 객관성이다. 일단 문설주와 인방에 피를 바르고 집 안에 머문 자들은 다 살았다. 중요한 것은 피였지 집 안에 머문 자들의 주관적 심리 상태가 아니었다. 죽음의 사자는 피를 보고 건너간 것이다. 유월절은 그리스도가 이루실 구속의 예표다. 그리스도는 유월절 어린양으로서 그분의 피로 하나님의 진노를 피할 수 있다. 나는 그리스도의 피 뿌림을 받았는가?

2. 홍해를 건넘

1) 바로는 다급한 나머지 밤중에 모세와 아론을 불러 애굽을 떠나라고 명했다. 이스라엘 백성은 애굽 사람들에게 많은 금은 패물을 얻어 모든 가축을 데리고 요셉의 유골을 메고, 구름기둥과 불기둥으로 인도하시는 하나님을 따라 드디어 애굽을 떠났다. 하나님은 이스라엘 백성이 전쟁을 겪으면 애굽으로 돌아갈까 봐 가까운 블레셋 쪽이 아닌 홍해의 광야 길로 인도하셨다.

2) 이스라엘이 떠난 지 얼마 되지 않아서 바로의 마음이 다시 강퍅해졌다. 그는 이스라엘 백성을 보낸 것을 후회하여 군대를 이끌고 추격했다. 이제 이스라엘 백성 앞은 홍해로 가로막혀 있고 뒤에는 바로의 군대가 쫓아오고 있었다. 왜 하나님은 이토록 극한 상황까지 이끌고 가시는 것일까? 바로 그분의 권능과 영광을 보이시기 위해서였다. 하나님은 홍해를 가르셔서 이스라엘 백성이 마른 땅을 건너듯 건너게 하셨다. 바로와 그의 군대는 멋모르고 그 뒤를 따라 홍해로 뛰어들었다. 그런데 이스라엘 백성이 모두 건너자 하나님이 홍해를 다시 합치셨다. 결국 바로의 군대는 몰살당하고 말았다.

3) 홍해를 건넌 이스라엘은 모세와 미리암의 인도 아래 하나님을 찬양한다(15장). 이 찬양은 성경에 기록된 최초의 찬양이다. 출애굽 사건에서 이스라엘이 경험한 하나님의 속성과 구원의 능력을 송축하는 내용을 담고 있다. 찬양은 하나님의 은혜를 경험한 자들이 하나님께 영광을 돌리는 것이다.

시내 산까지의 여정(출 15:22-18:27)

1. 이스라엘의 불평

1) **홍해를 건넌 이스라엘은 시내 산을 향해 행진했다.** 마라에 도착했을 때 그들은 물이 없다고 불평했고 하나님은 그 물을 고치심으로써 '치료하시는 하나님'이심을 보여 주셨다. 그들이 양식 때문에 불평하자 하나님은 만나와 메추라기를 보내 주셨다. 르비딤에 도착한 이스라엘 백성이 물 때문에 다시 하나님을 원망하고 시험하자 모세는 하나님의 명에 따라 반석을 쳐서 물을 내었다. 바울은 이스라엘의 광야생활을 우상 숭배, 음행, 시험, 원망(불평)으로 묘사한다(고전 10:5-10).

2) **만나 사건은 특히 중요하다.** 하나님은 초자연적 능력으로 이스라엘 백성에게 양식을 내려 주셨는데, 그것이 만나였다. 하나님은 매일 거둘 만나의 양을 정하시고, 또 안식일에는 만나를 내리지 않을 것이므로 거두러 나가지 말라고 명하셨다. 그러나 하나님의 명을 어긴 사람들이 있었다. 만나는 단지 양식의 의미에 그치는 것이 아니다. 그것은 하나님의 공급을 신뢰하며 하나님 말씀을 따라 살 것을 가르치기 위한 실물 교습이었다. 모세는 신명기에서 광야생활을 회고하며 만나의 의미를 "사람이 떡으로만 사는 것이 아니요 여호와의 입에서 나오는 모든 말씀으로 사는 줄을 네가 알게 하려 하심"(신 8:3)이라고 설명한다. 예수님도 광야에서 사탄에게 시험을 받으실 때 이 말씀을 인용하셨다.

2. 아말렉과의 싸움

1) **이스라엘은 광야에서 아말렉과 처음으로 전쟁을 치렀다.** 아말렉은 아직 진도 제대로 갖추지 못한 이스라엘을 뒤에서 공격함으로써 하나님의 진노를 샀고, 이후로 이스라엘의 제1 원수가 되었다. 아말렉과의 전쟁은 두 가지 형태로 이루어졌다. 들에서는 여호수아가 이끈 병사들이 실제로 아말렉과 싸움을 벌였고, 산에서는 모세가 두 손을 높이 들고 기도로 그들을 지원했다. 전쟁의 승패는 모세의 기도에 따라 달라졌다. 모세가 손을 높이 들

면 여호수아가 전쟁에서 이겼고, 모세가 힘들어서 손을 내리면 여호수아가 전쟁에서 패했다. 이 현상을 본 아론과 훌이 모세의 팔을 받들었고, 여호수아는 마침내 전쟁에서 승리했다.

2) **이 싸움은 영적 전쟁의 원리를 보여 준다.** 영적 전쟁의 최대 관건은 기도다. 기도로 깨어 있을 때 우리는 사탄의 유혹과 공격을 물리칠 수 있다. 주님은 십자가를 지시기 전에 이미 겟세마네 동산에서 영적 전쟁을 치르고 승리하셨다. 기도는 사탄이 싸우는 대상을 나(우리)에게서 하나님으로 바꾸는 일이다. 영적 전쟁은 또 공동체가 함께 치러야 한다. 여호수아와 병사들, 모세, 아론, 훌은 각자 역할을 담당함으로써 함께 이 전쟁을 치렀다. 어느 것도 소홀히 여겨서는 안 된다.

3. **리더십의 분담** 모세의 장인 이드로는 하나님이 이스라엘에게 행하신 놀라운 일을 듣고 모세를 찾아왔다. 그는 모세가 백성을 재판하는 모습을 보고 천부장, 백부장, 오십부장, 십부장을 세워 일을 분담하라는 지혜로운 충고를 했고, 모세는 그 충고를 따라서 백성을 조직했다. 믿음과 이성은 배타적이지 않다. 우리는 하나님 말씀의 원리를 따라 성령님의 음성에 귀 기울이며, 성화된 이성(sanctified reason)을 사용해야 한다. 또 합력하여 하나님의 일을 하는 법을 배워야 한다.

교훈

구원 출애굽 사건은 주님이 우리를 죄와 세상으로부터 건져 주시는 구원을 보여 준다(마 1:21). 애굽은 세상을 뜻한다. 유월절 어린양이신 그리스도를 통해 죄 사함을 받은 나는, 애굽에서 나온 이스라엘 백성이 홍해를 건널 때 모세와 합하여 세례를 받은 것처럼(고전 10:1-2), 세상에서 부름을 받은 후 세례를 통해 그리스도와 하나 되어 광야를 지나 가나안에 이른다. 나는 이 구원의 여정에 들어섰는가?

율법서 3과

시내 산 1

성경 이야기 _{출 19-40장}

이스라엘 백성은 마침내 시내 산에 도착했다. 하나님은 여기서 그들과 정식으로 언약을 체결하시고 율법을 주셨다. 언약은 하나님의 백성이 되는 길이고, 율법은 하나님의 백성이 사는 길이다. 또 이스라엘 백성은 하나님의 지시를 따라 성막을 세웠다. 하나님은 모세를 산으로 부르셔서 십계명을 돌판에 새겨 주시고 성막에 대한 지침을 말씀하셨다. 모세가 산에 머무는 동안 밑에서는 백성들이 아론을 충동하여 금송아지를 만들고, 그 앞에 절하며 하나님을 거역했다. 모세는 자신의 생명을 걸고 백성을 위해 중보했다. 그러자 하나님은 모세의 기도를 들으시고 그들의 죄를 사하셨다. 이스라엘 백성은 모세의 지시를 따라 성막을 위해 헌물을 가져왔고 브사렐과 오홀리압은 하나님이 주신 지혜와 재능으로 성막의 모든 기구를 만들었다.

본문 이해

언약과 율법(출 19-24장)

1. 독수리 날개 설교(19장) 이스라엘 백성은 애굽을 떠난 지 3개월(7주) 만에 시내 산에 도착했다. 하나님은 그들을 독수리 날개로 업어서 그곳까지 인도하셨음을 말씀하시고 그렇게 하신 목적을 밝히셨다. 하나님이 이스라엘을 부르신 것은, 그들을 하나님께 속한 거룩한 백성이 되고 제사장 나라가 되게

하시기 위해서였다. 즉 아브라함과 맺은 언약을 성취하시기 위해서였다. 그 목적이 이루어지려면 이스라엘이 하나님의 말씀을 청종해야 했다. 하나님은 그분의 뜻을 율법으로 그들에게 보여 주셨다. [이스라엘 역사를 보면 그들이 대체로 하나님의 율법을 지키지 못했음을 알 수 있다. 물론 그들 중에 신실한 자(남은 자)들이 있어서 하나님의 언약 백성의 줄기를 이어 온 것은 사실이나 전체적으로는 그렇지 못했다. 베드로는 그의 편지에서 하나님의 이 목적이 그리스도인, 즉 유대인이나 이방인 중에서 그리스도 안으로 들어온 자들에게 이루어졌음을 밝힌다(벧전 2:9).]

2. **율법**(20-23장) 모세가 시내 산에서 받은 율법은 십계명과 언약서로 구성된다. 십계명은 율법의 핵심으로 하나님의 백성이 지켜야 할 가장 중요한 열 가지 계명을 말한다. 언약서는 이스라엘 백성이 삶에서 지켜야 할 여러 규례를 담고 있다.

1) **구분** 율법은 형태적으로는 범주법(categorical law)과 사례법(case law)으로 나뉘고, 내용으로는 도덕법(moral law), 시민법(civil law), 의식법(ritual law)으로 나뉜다. 하지만 내용적인 구분은 서로 중복되는 경우가 많아 대부분 학자는 이 구분을 인정하지 않는다.

2) **십계명**(20:1-17) 십계명은 하나님의 백성이 지켜야 할 가장 중요한 계명으로 그 중심 사상은 하나님 사랑(1-4계명)과 이웃 사랑(5-10계명)이다. 4계명과 5계명 외에는 다 금령의 형태라는 점이 주목할 만하다. 십계명은 우리가 넘어가서는 안 될 한계를 보여 준다. 따라서 바리새인처럼 문자적인 준수에 만족할 것이 아니라, 그 근본 정신을 파악하고 실천해야 한다.

- 1계명 하나님 – 예배의 대상(하나님 사랑)
- 2계명 형상 – 예배의 방법(하나님 지식)
- 3계명 하나님의 이름 – 예배의 자세(하나님 경외)
- 4계명 안식일 – 예배의 시간(하나님 신뢰)
- 5계명 부모 – 권위와 질서(순복)
- 6계명 살인 – 생명 보호(사랑)
- 7계명 간음 – 결혼 보호(거룩)

- 8계명 도적질 – 재산 보호(선행)
- 9계명 거짓 증거 – 진실 보호(진실)
- 10계명 탐심 – 절제/자기 부인[십계명 전체 요약: 하나님 사랑과 이웃 사랑의 시금석(감사)]

3) **언약서**(20:22-23:33) 언약서(24:7의 표현)는 여러 가지 형사, 민사, 의식법을 모아 놓은 것으로 이스라엘 백성의 삶에 대한 다양한 율법을 담고 있다. 이러한 율법은 여기뿐 아니라 레위기, 민수기 특히 신명기 등에서 더 자세히 반복해서 나온다(율법에 대해서는 신명기에서 자세히 공부할 것이다).

3. **언약 체결(24장)** 모세는 하나님이 명하신 모든 율법을 백성에게 낭독했고 백성은 그 명령을 준행하겠다고 응답했다. 모세는 이스라엘의 열두 지파를 상징하는 열두 기둥을 세우고 소를 잡아 그 피 절반은 단에 뿌리고 절반은 이스라엘 백성에게 뿌림으로써 하나님과 언약을 맺었다.

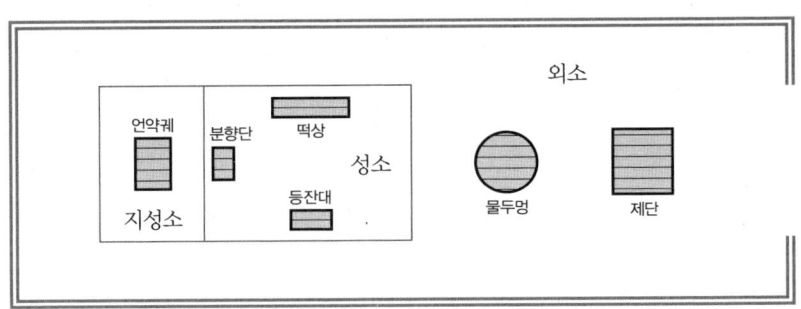

1. **준비**

   1) **식양** 하나님은 모세에게 성막의 식양을 자세히 지시하셨다. 성막의 구조 및 여러 부분은 나름대로 의미를 지니고 있기 때문에 인간의 생각대로 만들 수 없었다.

   2) **헌물** 이스라엘 백성은 하나님의 명을 따라 성막의 재료가 될 물품을 헌물로 가져왔다. 그 헌물에는 여러 종류의 털과 가죽, 금, 은, 동 그리고 각종

보석이 있었다. 그들은 자원하는 마음과 기쁜 마음으로 헌물을 가져왔다.
3) **기술자** 하나님은 브사렐과 오홀리압에게 지혜와 재능을 더하셔서 그들로 성막의 각종 기구를 만들게 하셨다.

2. 이스라엘의 우상 숭배 모세가 십계명 돌판과 성막의 식양을 받기 위해 산 위에 올라간 동안 밑에서는 백성이 아론을 충동하여 금송아지를 만들고 경배하는 소동을 벌였다. 하나님은 진노하셔서 그들을 멸하고 모세의 자손으로 새로운 백성을 삼겠다고 하셨다. 하지만 모세가 자기 생명을 걸고 그들을 위해 중보하여 하나님의 진노를 풀어드렸다. 그런데 산에서 내려와 백성의 타락한 실상을 본 모세는 십계명 돌판을 집어던질 만큼 분노했다. 그는 범죄한 자들을 모두 처단했다. 하나님은 상심한 모세의 소원을 들으시고 그분의 뒷모습을 보여 주는 은혜를 베풀어 주셨다.

3. 제조
1) **구조** 성막은 동쪽에 입구가 있고 그 입구로 들어가면 먼저 외소, 즉 바깥 뜰이 나온다. 외소에는 제단과 물두멍이 차례로 놓여 있다. 그 뒤에 성소가 있는데 바깥쪽을 성소, 휘장으로 가려 있는 안쪽을 지성소라 부른다. 성소에는 북쪽에 진설병을 올려놓는 떡상, 남쪽에 금으로 된 등잔대 그리고 서쪽으로 휘장 앞에 분향단이 놓여 있다. 휘장 뒤쪽은 지성소라 불리며 십계명이 새겨진 돌판이 들어 있는 언약궤가 놓여 있다. 언약궤 뚜껑은 속죄소라 불리며 하나님의 영광(쉐키나)이 그 위에 나타났다.
2) **세움** 마침내 출애굽 한 지 2년 정월 초하루에 성막을 세웠다. 하나님은 구름으로 성막을 덮으시고 영광을 드러내셨다.

교훈

한 나라의 기초가 되는 것은 무엇인가? 이스라엘은 신정 국가로, 하나님의 주권을 실제적으로 구현하기 위한 율법과 성막이 나라의 기초가 되었다. 율법은 하나님의 뜻을 보여 주는 이스라엘의 헌법이고, 성막은 하나님의 임재를 상징하는 성례적 제도였다. 특히 성막은 이스라엘이 하나님을 소유하고 조종하는 것이 아니라 하나님이 이스라엘을 이끌고 주관하시는 형식을 취하고 있었다. 나는 하나님의 임재 앞에서 하나님의 말씀을 따라 사는가? 교회 또한 하나님의 말씀을 따르고 있는가?

율법서 4과

시내 산 2

성경 이야기 레 1–15장

하나님은 성막에 거하시면서 그곳에서 이스라엘 백성을 만나 주셨다. 이제 그들 가운데 성막을 모시게 된 이스라엘 백성은 하나님께 나아가며 그분과 동행하는 특권을 누리게 되었다. 하나님께 나아가는 길은 제사였고, 그 일을 주관하는 사람은 제사장이었다. 하나님과 동행하는 길은 율법을 지키는 것이었는데, 그중에서도 정결법을 철저하게 지켜야 했다. 거룩하신 하나님께 용납되려면 그들도 거룩해야 했기 때문이다.

본문 이해

성막에 대한 다양한 해석

성막	세계	그리스도	교회	신자	신자의 삶
	히 8:5/9:22	요 2:21	고전 3:16	고전 6:19	히 4:16/10:22
외소	땅				
동문		양의 문(요 10:7)			믿음(그리스도 안)
번제단	칭의	우리의 의로움(고전 1:30)		몸	칭의
물두멍	성화	우리의 거룩함(고전 1:30)			성화
성소	하늘				
떡상	생명	생명의 떡(요 6:35)			하나님의 공급
금촛대	빛	세상의 빛(요 8:12)		혼	하나님의 인도
분향단	예배	중보기도(롬 8:32)			기도

성막	세계	그리스도	교회	신자	신자의 삶
지성소	하나님의 보좌				하나님 임재
휘장		주님의 몸(히 10:20)		영	
언약궤 (속죄소)	하나님 영광	화목 제물(롬 3:25)			하나님 말씀

제사 제도(레 1-10장)

1. 제사: 제사의 기본 의미는 속죄(expiation)와 헌신(consecration)이다.

  1) 제사의 종류

- **속죄제** 죄를 속하기 위해 드리는 제사로, 이 제사를 가장 먼저 드렸다. 속죄제는 자신이 알고 있는 특정한 죄, 특히 보상이 가능하지 않은 죄를 속하기 위해 드렸다. 속죄제와 속건제의 남은 고기는 지극히 거룩한 것으로서, 제사장이 피를 가지고 성소로 들어간 제물 외에는 제사장에게로 돌려졌다.
- **속건제** 속건제는 특별한 형태의 속죄제로 부지중에 지은 죄와 보상이 가능한 죄들(예: 성물을 범한 죄)을 속하기 위해 드리는 제사였다. 따라서 제물을 드릴 뿐 아니라 벌금도 같이 내야 했다. 속죄제가 금령을 범한 죄를 속하기 위한 제사라면, 속건제는 훈령을 실행하지 못한 죄를 속하기 위한 제사였다. 이사야는 그리스도가 자기 몸을 속건 제물로 드리셨다고 말한다(사 53:10).
- **번제** 속죄제가 특정한 죄를 속하기 위해 드리는 제사였다면, 번제는 하나님께 용납되기 위해 드리는 제사였다. 따라서 번제에는 일반적인 속죄의 의미도 있지만, 번제를 드리는 주된 목적은 자신을 온전히 드리는 헌신을 하기 위해서였다. 번제의 경우는 제물을 온전히 태우고, 남은 것이 없게 했다.
- **소제** 소제는 번제와 함께 드리는 곡식 제사로 역시 헌신의 의미가 있다. 특히 소제는 일부를 태우고 남은 몫은 제사장들의 양식으로 사용

했다. 소제에는 기름과 유향과 소금을 넣었고, 누룩과 꿀을 넣으면 안 되었다.
- **화목제** 번제를 제외한 제사들은 제물의 일부를 바치고 남은 것을 제사장들에게 돌렸다. 그러나 화목제는 드리는 사람이 다른 사람들과 함께 그 제물을 먹도록 제정된 제사였다. 화목제에는 감사제, 서원제, 자원제 등이 있었고, 그 의미는 하나님이 주신 은혜를 감사하고 함께 나누는 것이었다.

2) **제물** 소, 숫양, 양, 염소, 비둘기 등이 제물로 드려졌다. 제사의 중요성, 제물을 드리는 자의 신분, 경제적 능력 등에 따라 제물의 종류가 달랐다. 그러나 제물은 흠이 없는 것으로 드려야 했으며, 제물을 드리는 사람이 그 제물 위에 안수함으로써 자기 죄를 전가하거나 자신을 제물과 동일시했다. 제물은 제단 북편, 즉 여호와 앞에서 드리는 사람이 잡았고 제사장이 제단 위에 벌려 놓고 태웠다.

2. 제사장

1) **준비** 제사장들은 먼저 물로 몸을 씻은 후 제사장의 옷을 입고 관유를 발랐다. 대제사장의 의복은 속옷, 겉옷, 에봇, 견대, 띠, 판결 흉패(우림/둠밈), 관, 패("여호와께 성결") 등으로 이루어졌다. 양쪽 견대 위와 판결 흉패 앞에는 이스라엘 열두 지파의 이름을 새긴 보석들을 붙였다.

2) **위임식** 수송아지로 속죄제를 드리고 숫양으로 번제를 드렸다. 위임식 숫양을 잡아 그 피를 제사장들의 오른쪽 귓불, 오른손 엄지, 오른발 엄지에 발랐다. 그리고 위임식 숫양의 남은 고기를 삶아 회막에서 먹었다. 위임식은 7일 동안 계속되었다.

3) **나답과 아비후** 나답과 아비후가 하나님이 명하시지 않은 다른 불을 바치려 하자 제단에서 불이 나와 그들을 불살라 버렸다. 아론과 다른 형제들은 이 일을 슬퍼할 수 없었다. 엘르아살과 이다말이 그들의 뒤를 이어 제사장이 되었다.

정결법 (레 11-15장)

1. **음식 규례** 육지 짐승 가운데 굽이 갈라지고 새김질하는 짐승만 먹을 수 있었다. 물에 사는 것 가운데는 지느러미와 비늘이 있는 것만 먹을 수 있었다. 둘 중 하나가 부족해도 먹을 수 없었다. 새 중에서는 육식을 하는 것들은 먹을 수 없었고, 곤충과 땅에 기는 것들 중에서도 먹을 수 없는 것들의 종류를 밝히셨다. 음식 규례는 신약에 와서 폐지되었다(막 7:19, 행 10:15, 딤전 4:4-5).

2. **출산 규례** 남아를 낳으면 7일간 부정하고, 8일째 아이에게 할례를 행했으며, 33일이 지나야 산혈이 깨끗해졌다. 여아를 낳으면 14일간 부정하고, 66일이 지나야 산혈이 깨끗해졌다. 정결해지는 기간이 지나면 경제적 형편에 따라 번제와 속죄제를 드렸다.

3. **나병 규례** 여기서 나병은 전반적인 피부병을 뜻한다. 피부에 무언가가 생겼을 때, 색점이 나타났을 때, 옴이 생겼을 때, 의복이나 집에 색점이 생겼을 때는 일단 나병에 걸렸는지 의심했다. 제사장은 7일 간격으로 몇 차례 그 사람을 진찰했고, 다 나으면 적절한 정결 의식을 행하고 깨끗하다고 선언했다.

4. **유출병 규례** 몸에서 분비물이 나오는 것을 부정하게 여겼다. 비정상적인 유출뿐 아니라 정상적인 유출(남자: 설정, 여자: 생리)도 마찬가지였다. 유출이 있는 동안 그 사람이 접촉한 것은 다 부정했다. 유출병이 나으면 8일 만에 비둘기 두 마리를 각각 속죄제와 번제로 드리고 깨끗함을 얻었다.

교훈

거룩 제사와 정결법이 보여 주는 교훈은 하나님의 거룩하심이다. 하나님의 거룩하심은 창조주로서의 초월성과 도덕적 완전성으로 인한 구별을 뜻한다. 정결법은 하나님을 경외하고 그분 앞에 조심스럽게 행해야 함을 가르치며, 그로 말미암아 하나님의 구별되심을 깨닫게 하려는 것이었다. 나는 거룩함을 아는가?

율법서 5과

시내 산 3

성경 이야기 레 16장-민 10장

제사는 하나님께 나아가는 길이고, 율법은 하나님과 동행하는 길이다. 하나님과의 동행에서 가장 우선하는 요건은 하나님께 용납될 수 있어야 한다는 것이다. 이런 상태와 조건을 다루는 율법이 정결법이다. 레위기의 나머지 부분에서는 하나님이 이스라엘에게 주신 여러 율법을 다루는데, 그 핵심은 그들이 탈출한 애굽이나 그들이 앞으로 거하게 될 가나안의 풍속을 좇지 말라는 것이다(레 18:3-4). 이스라엘은 특히 여러 절기를 지킴으로써 하나님이 베푸신 은혜를 기억해야 했다. 그들은 시내 산을 떠나기 전에 인구 조사를 하고 지파들을 조직화했다. 그리고 광야를 지날 때 구름기둥을 따라 질서 있게 행진했다.

본문 이해

여러 규례(레 16-27장)

1. 절기 규례(23, 25장) 하나님은 이스라엘이 절기를 지킴으로 그분이 베푸신 은혜를 기억하고 이스라엘의 정체성과 삶의 궁극적인 지향점을 계속 상기하게 하셨다.

　1) **안식 절기** 이 절기들은 이스라엘로 하여금 하나님이 그들 삶의 근거와 보장이 되심을 신뢰하게 하고, 그들의 궁극적 지향점이 하나님 안에서의 안식임을 깨닫게 하려는 것이었다.

- 안식일 매 7일째 되는 날. 이날은 아무 일도 하지 말고 쉬어야 했다.
- 안식년 매 7년째 되는 해. 이 해에는 땅을 경작하지 않고 쉬었다. 이 해에 땅에서 난 소출은 그 땅의 주인뿐 아니라 종과 품꾼과 객들 그리고 심지어 육축과 들짐승까지 다 나눠 먹어야 했다. 또 히브리인으로서 종 되었던 자는 자유를 얻었다.
- 희년 매 50년째 되는 해. 이 해에는 모든 것이 원위치로 돌아가 회복되었다. 종들을 풀어 주고 빚은 탕감해 주며 땅은 원주인에게 돌려주어야 했다. 따라서 희년이 가까울 때는 서로 속이지 말고 그 남은 기간을 올바로 계산해서 모든 경제 관계를 정리해야 했다. "토지를 영구히 팔지 말 것은 토지는 다 내 것임이니라"(레 25:23).

> ● 안식 절기는 그리스도가 주시는 참되고 영원한 안식을 가리킨다. 주님은 요한복음에서 안식일에 병을 고치시면서 처음 안식이 죄로 인해 깨어진 것과 그분의 사역을 통해 참된 안식을 누릴 수 있음을 말씀하셨다. 또 히브리서에서는 여호수아가 이스라엘을 가나안으로 인도했지만 시편 95편에서 하나님이 또 다른 안식을 말씀하신 것을 지적하면서, 그 안식은 그리스도 안에서 이루어질 것임을 설명했다.

2) 연중 절기 이 절기들은 하나님이 베푸신 구속과 은혜를 기억하고 이스라엘의 정체성을 기억하게 하려는 것이었다.

- 유월절 1월 14일. 1월은 이스라엘의 종교적 달력이 시작되는 달. 이스라엘이 마지막 재앙에서 구원받고 출애굽 하게 된 사건을 기념함. 보리 추수가 시작됨.
- 무교절 1월 15일부터 7일간. 유월절부터 시작해서 7일간 무교병을 먹으며 하나님의 백성으로서 죄 없이 순결하고 거룩해야 할 정체성을 상기함.
- 초실절 무교절 중 안식일 다음 날. 곡물의 첫 이삭 단을 하나님께 바침.
- 오순절(칠칠절/맥추절) 초실절에서 50일째 되는 날. 하나님이 율법을 주신 날로 기념함. 밀과 보리 추수를 마침.
- 나팔절 7월 1일. 7월은 이스라엘의 시민적 달력이 시작되는 날. 나팔을 불어 온 백성을 소집하여 대속죄일 준비를 시작하게 함.

- **속죄일**(레 16장) 7월 10일. 온 백성의 죄를 속하는 날. 대제사장이 숫염소 한 마리를 죽여서 그 피를 가지고 지성소에 들어감. 그 후 다른 숫염소(아사셀)의 머리에 안수하고 광야로 내보내 온 백성의 죄를 지고 가게 함.
- **초막절**(장막절/수장절) 7월 15일부터 7일간. 이스라엘의 광야생활을 기념함. 모든 추수를 마침.

> ○ 연중 절기들에 대한 해석은, 전체를 그리스도의 구속 사역을 가리키는 것으로 보는 해석과, 봄의 세 절기는 성도의 신앙생활로 보는 해석으로 나뉜다.

시기	절기	해석 1(전체: 구속 사역)	해석 2(봄: 신앙생활)
가을(1월) (종교력 시작)	유월절(14일)	그리스도의 죽음	그리스도의 죽음
	무교절/초실절(15-21일)	그리스도의 부활	그리스도의 부활
	오순절(초실절 후 50일)	성령 강림/교회의 탄생	성령 강림/교회의 탄생
봄(7월) (시민력 시작)	나팔절(1일)	그리스도의 재림	하나님의 부르심
	속죄일(10일)	그리스도의 심판	회개와 죄 사함
	초막절(15-21일)	천년왕국 또는 천국	이 세상에서의 신앙생활

2. 기타 규례

1) **피**(레 17장) 짐승을 회막에서 잡아 그 피를 단에 쏟았다.
2) **사형죄**(18, 20장) 근친상간, 간음, 남색(男色), 수간(獸姦) 등을 행하는 성적으로 타락한 사람이나, 자식을 몰렉에게 바치는 사람이나, 부모를 저주하는 사람은 사형에 처했다.
3) **이웃 사랑**(19장) 십계명의 대부분을 다루면서 이웃 사랑의 정신으로 행할 것을 강조했다.
4) **제사장**(21, 22장) 제사장들은 특별히 몸을 정결하게 해야 했다. 그리고 성물은 오직 제사장만 먹을 수 있었다.
5) **상벌**(26장) 율법을 지키면 경제적 풍요, 정치적 안정, 하나님 임재의 복을 누리고, 어기면 재앙을 받는다.
6) **서원**(27장) 서원은 반드시 지켜야 하지만 지키지 못할 경우에는 벌금을 내야 했다.

인구 계수 및 진 배열 (민 1–10장)

1. **인구 계수** 레위 지파를 제외한, 20세 이상으로 싸움에 나갈 수 있는 남자의 총수는 603,550명이었다. 레위 지파는 1개월 이상 된 남자를 모두 포함해도 22,000명밖에 되지 않았다(다른 지파의 평균은 20세 이상이 50,000명이었다). 이로 보건대 출애굽한 이스라엘 백성 중에 이방인이 많이 포함된 것을 알 수 있다. 레위인은 혈통의 순수성을 따졌기에 이방인을 제외했던 것이다.

2. **진 배열** 성막을 중심으로 동편에는 유다, 잇사갈, 스불론이, 남편에는 르우벤, 시므온, 갓이, 서편에는 에브라임, 므낫세, 베냐민이 그리고 북쪽에는 단, 아셀, 납달리가 진을 쳤다. 그리고 성막 자체는 레위인들이 둘러서 진을 쳤다. 동편에는 아론과 제사장들이, 남편에는 고핫 자손이, 서편에는 게르손 자손이 그리고 북편에는 므라리 자손이 진을 쳤다.

3. **레위 지파의 역할 분담** 레위 지파는 전쟁에 나가지 않고 성막을 관리하는 일을 했다. 게르손 자손은 모든 막을, 므라리 자손은 성막의 골조를 그리고 고핫 자손은 성막 안의 기구들을 담당했다.

4. **출발 준비** 성막이 완성되자 족장들은 성막에서 쓸 그릇과 수레를 바쳤다. 레위인들은 이 기구들을 사용하여 성막 일을 하고 성막을 운반했다. 이스라엘은 시내 산을 떠나기 전에 두 번째 유월절을 지켰다. 그리고 나팔을 만들어 회중을 모으고 진을 움직이는 신호를 정했다. 그들은 구름기둥을 따라 행군하라는 지시를 받았다. 드디어 시내 산을 떠나 가나안으로 행군할 준비가 완료되었다.

교훈

이스라엘이 시내 산에서 한 일은 첫째, 언약을 체결하고 율법을 받은 것, 둘째, 성막을 세우고 제사 제도를 확립한 것, 셋째, 인구를 계수하고 진을 조직한 것이었다. 이는 각각 우리 신앙생활의 필수적 요소들을 보여 준다. 이스라엘의 광야생활은 우리 신앙생활을 보여 주는 예표기 때문이다. 언약은 하나님의 백성이요 그리스도의 제자로서의 정체성을, 율법은 말씀을, 성막은 내 안에 거하시는 성령님을, 진의 조직은 공동체로서 신앙생활을 하는 교회의 모습을 보여 준다. 우리는 지금 제자의 길을 가고 있다. 나는 말씀을 따라 사는가? 나는 성령님의 인도를 따라 사는가? 나는 교회의 지체들과 함께 이 길을 가고 있는가?

율법서 6과

광야

성경 이야기 _{민 10-21장}

드디어 한 국가로서 체제를 정비하고 모든 준비를 갖춘 이스라엘은 시내 산을 떠나 광야를 행진하기 시작했다. 하지만 광야에 접어들자 그들은 믿음으로 가나안 땅을 향해 가는 것이 아니라 눈앞의 상황을 두고 불평하고 원망했다. 물과 양식 때문에 하나님을 원망하고 모세의 지도력에 항거했다. 그 절정이었던 사건은 정탐꾼들이 가나안을 둘러보고 와서 보고한 내용을 듣고 이스라엘 백성이 일으킨 소요와 반항이었다. 가나안 정복이 불가능하다고 주장하며 심지어 애굽으로 돌아가자고 외치기까지 했다. 또 하나님을 시험하다가 불뱀에게 물려 죽게 된 사건도 있었다. 하나님은 이스라엘 백성에게 여러 번 진노하셨지만 끝까지 그들을 포기하지 않고 인도해 주셨다.

본문 이해

바울은 고린도전서 10장에서 이스라엘 조상의 광야생활 이야기는 말세를 사는 우리에게 경고로 주신 것이라고 하며, 그들의 잘못을 크게 우상 숭배, 간음, 하나님을 시험하고 원망함 등으로 지적한다. 바울이 말하는 광야생활은 이 과의 본문에서 다루는 시내 산에서 모압까지의 여정만이 아니라 출애굽 이후 가나안에 들어가기까지 전 기간을 포함한다. 우상 숭배는, 시내 산에 도착한 모세가 하나님을 뵈러 올라간 사이에 백성이 금송아지를 만들고 섬겼던 일과 나중에 모압에 도착해서 미디안 여인들과 간음하고 그들의 신을 섬겼던 일을 말한다. 간음은, 방금 언급한 대로 모압에서 발람의 계교로 미디안 여인들과 행음한 것을 말한다. 하나님을 시험하고 원망한 것은, 광야생활의 불편함과 어려움으로 인해 하나님께 불평하고 하나님이 세우신 지도자들의 권위에 복종하지 않은 것을 말한다. 이중 이 과에 집중적으로 나오는 모습은 하나님에 대한 원망과 하나님을 신뢰하지 않고 시험한 것이다.

1. **시내 산 출발**(10:11-36) 애굽을 떠난 지 2년 2개월 20일 만에, 시내 산에 머문 지 1여 년 후에, 이스라엘은 드디어 시내 산을 떠났다. 성막을 덮고 있던 구름이 떠오르자 그들은 동편 유다 진부터 시작하여 순서대로 움직이기 시작했다. 모세는 처남 호밥에게 길 안내를 부탁했다. 하지만 광야 행진의 주도권은 절대적으로 하나님께 있었다. 모세는 궤가 움직일 때와 머물 때 야훼의 이름을 부르면서 하나님을 따라가는 자신들의 신앙을 상기했다. 신앙생활은 철저히 하나님의 인도를 따르는 것이다.

2. **음식과 물에 대한 불평**

   1) **만나와 메추라기**(11장) 시내 산을 떠나자마자 백성은 또 하나님께 범죄했다. 그들은 하나님을 원망하다가 불의 심판을 받기도 하고(다베라), 음식에 대해 불평하다가 하나님의 진노를 샀다. 그들은 만나에 싫증을 냈고, 애굽에서 먹던 맛있는 음식들을 그리워하며 진에서 울기까지 했다. 모세는 백성의 불평을 견디지 못하고 하나님께 탄원했고 하나님은 두 가지로 응답해 주셨다. 첫째는 장로 70인에게 예언의 신을 내려 주신 것이고, 둘째는 엄청난 메추라기를 보내 주신 것이다. 나는 먹기 위해 사는가, 아니면 살기 위해 먹는가? 물질적 풍요는 목적인가, 아니면 수단인가?

   2) **불뱀 사건**(21장) 이스라엘이 광야생활을 한 지 40년이 지나고 있었다. 그런데도 음식과 물에 대해 불평했다. 하나님은 불뱀을 보내어 그들을 심판하셨고, 그들이 회개하고 잘못을 뉘우치자 놋뱀을 만들어 쳐다보게 하심으로써 구원해 주셨다. 불평은 교만과 불신의 증상이다. 놋뱀은 나중에 십자가에 달려 인류를 구원하실 그리스도를 예표한다. 나는 그리스도를 바라보고 있는가?

3. 모세에 대한 도전

1) **미리암과 아론**(12장) 모세의 누이 미리암과 형 아론은 모세가 구스 여인을 아내로 취한 일을 비판했다. 구스 여인은 모세가 새로 취한 아내를 말하는지(십보라가 죽은 후에?), 아니면 십보라를 그렇게 부른 것인지(그녀의 피부색을 과장해서?) 확실하지 않다. 진짜 문제는 미리암이 모세의 지도력에 반기를 들었다는 점이다. 미리암의 동기는 시기와 질투였다. 하나님의 일꾼이 갖추어야 할 가장 중요한 요건은 자아가 처리되었는지 여부다. 모세는 바로 그런 사람이었다. 그는 직접 항거하지 않고 하나님이 개입해 주시기를 기다렸다. 하나님은 모세를 대변하시며 미리암이 나병에 걸리게 하셨다.

2) **고라, 다단, 아비람**(16-17장) 고라, 다단, 아비람 등이 아론의 제사장 직분을 탐낸 나머지 족장 250인을 충동질하여 모세와 아론을 대적했다. 그들은 모세와 아론의 권위를 인정하지 않고 오히려 그들 때문에 가나안에 들어가지 못하게 되었다며 공격했다. 하나님은 땅을 갈라 고라 일당을 삼키게 하셨고, 불이 나와 족장 250인을 사르게 하셨다. 하지만 이런 하나님의 진노를 보고도 모세를 대적하는 자들이 있었는데, 이들은 염병의 심판을 받았다. 하나님의 사람(일)을 대적하는 것은 하나님을 대적하는 것이다. 하나님은 모세와 아론의 권위를 확실히 해주시고, 아론의 제사장 직분을 다른 사람들이 넘보지 못하도록 표적을 보여 주셨다. 열두 지파의 족장들이 자기 이름을 새긴 지팡이 하나씩을 증거막 안 여호와 앞에 놓아 두었는데, 그다음 날 아론의 지팡이에서만 싹이 나고 열매가 열렸다. 직분은 하나님이 주시는 것이지, 우리가 탐내거나 스스로 취할 수 있는 것이 아니다.

4. 가나안 정탐 사건(13-14장)

1) **정탐꾼의 보고와 백성의 반응** 가데스에 도착한 이스라엘은 가나안 땅에 들어가기에 앞서 각 지파에서 뽑은 정탐꾼 열두 명을 파송했다. 그들은 40일 동안 그 땅을 정탐한 후 풍성한 열매를 메고 돌아와서 그 땅의 비옥함을 증거했다. 하지만 그들은 그 땅 자손의 장대한 신장과 그들의 견고한 성읍에 질린 나머지 부정적인 보고를 했다. 그들은 그 땅을 "거주민을 삼

키는 땅"(13:32)이라고 평하는가 하면 그들 앞에서 자신들을 메뚜기에 비하며 위축되었다. 그러자 백성은 지도자를 세워 애굽으로 돌아가자는 소리까지 하게 되었다.

2) **여호수아와 갈렙** 이때 여호수아와 갈렙이 나서서 그 땅을 치자고 하면서 '그들은 우리의 밥'이라고 외쳤다. 믿음의 눈은 이렇게 다르다. 믿음은 보지 못하는 것을 본다. 여호수아와 갈렙은 하나님의 약속을 믿었고 하나님이 함께하심을 보았다. 당신은 자신을 메뚜기로 보는가? 아니면 세상을 당신의 밥으로 보는가? 하나님은 백성의 불신에 진노하셨지만 모세의 중보기도를 들으시고 그들의 죄를 다시 한 번 사해 주셨다. 하지만 20세 이상 된 자들은 여호수아와 갈렙을 제외하고 그 땅에 들어갈 수 없다고 하셨다. 그들은 가나안에서 정탐꾼들이 보낸 하루를 1년으로 계산해서 40년을 광야에서 지내야 했다. 이것은 벌인 동시에 훈련이기도 했다. 당황한 백성은 하나님의 허락 없이 그 땅을 치러 갔다가 패하고 말았다. 진정한 믿음은 순종이다. 자아의 충동을 따라 움직이는 것은 나아가든지 물러가든지 불순종일 뿐이다.

교훈

이스라엘의 광야생활은, 안락함과 물질적 측면에서는 애굽의 종살이보다 못했다. 예수님을 믿은 후 세상에서 살아가는 삶이 어떤 면에서는 더 힘들어질 수 있음을 알아야 한다. 이 세상은 우리의 영원한 집이 아니기 때문이다. 광야는 지나가는 곳이지 궁극적인 목적지가 아니다. 그리고 광야는 준비하는 곳이다. 우리는 광야 같은 세상에서 사는 동안 믿음의 훈련을 해야 한다. 첫째, 믿음으로 살아야 한다. 믿음은 말씀을 붙잡는 것이다. 보는 것으로 행하지 않고 믿음으로 행해야 한다(고후 5:7). 둘째, 나의 시선을 언제나 가나안에 맞추어야 한다. 그럴 때 어려움이 닥쳐도 불평하지 않고 승리할 수 있다. 목적 의식이 분명해야 한다. 나는 분명한 방향 감각을 갖고 사는가?

율법서 7과

모압 1

성경 이야기 <small>민 22-36장</small>

가데스에서 불순종하여 광야에서 40년을 지낸 이스라엘은 요단 동편 모압 평지에 이르렀다. 모압 왕 발락은 선지자 발람을 불러 이스라엘을 저주하려 했지만 하나님의 개입하심으로 그 일은 실패로 돌아가고 말았다. 그래서 발람은 모압 여인들로 하여금 이스라엘을 꾀어 행음하게 하는 계교를 썼고, 그 결과 이스라엘은 하나님께 범죄하게 되었다. 그러자 제사장 비느하스는 모압 여인을 자기 텐트에 끌어들여 행음한 이스라엘 족장을 그 여인과 함께 한 창에 꽂아 죽였다. 하나님은 비느하스를 칭찬하셨고 이스라엘에 내린 염병을 거두셨다. 민수기의 뒷부분은 가나안에 들어가서 행할 일들에 대한 지침을 다루고 있다.

본문 이해

모압에서의 사건들

1. 발락과 발람(22-24장) 모압 왕 발락은 이스라엘을 무찌르기 위해 선지자 발람을 불러서 이스라엘을 저주하려 했다. 발람은 하나님의 음성을 들었다는 점에서는 진짜 선지자였지만 하나님의 뜻을 좇아 행하지 않았다는 점에서는 거짓 선지자라고 할 수 있다. 그는 재물에 눈이 어두워서 하나님의 뜻이 아닌 줄 알면서도 발락이 보낸 자들을 따라나섰다. 발람을 태운 나귀가 칼을 든 천사를 보고 앞으로 나아가지 않자 그는 나귀와 언쟁을 벌였다. 이 미친 선지자는 탐심에 사로잡힌 나머지 나귀가 말하고 있다는 사실조차도 깨닫

지 못했다. 하나님은 발람이 가는 것을 허락하시며 그에게 오직 그분이 주시는 말씀만 하게 했다. 발람은 발락의 간청에도, "하나님이 저주하지 않으신 자를 내가 어찌 저주하며 여호와께서 꾸짖지 않으신 자를 내가 어찌 꾸짖으랴"(23:8)라고 말하면서 하나님의 신실하심을 웅변적으로 증거했다(23:19). 결국 발람은 이스라엘에 대해 "너를 축복하는 자마다 복을 받을 것이요 너를 저주하는 자마다 저주를 받을지로다"(24:9)라고 말할 수밖에 없었다.

2. **모압 여인들과의 행음**(25, 31장) 발람은 자신이 이스라엘을 저주할 수 없음을 알고 발락에게 한 가지 계책을 가르쳐 주었다(민 31:16, 계 2:14). 그는 모압(미디안) 여자들로 하여금 이스라엘 남자들을 꾀어 행음하게 했고, 그 결과 그들은 우상 숭배에 빠지게 되었다. 이 일로 진노하신 하나님은 이스라엘에 염병을 내리셨다. 그러나 이스라엘의 한 족장이 모압 여인을 데리고 자기 텐트로 들어가자 제사장 비느하스가 이들을 따라 들어가 두 남녀를 한 창에 꽂아 죽였다. 하나님은 비느하스가 하나님의 질투심으로 이 일을 행했다면서 그를 칭찬하시고 그와 평화의 언약을 맺으셨으며, 이스라엘에 내렸던 염병을 거두셨다. 비느하스는 대대로 하나님의 거룩하심과 영광에 대한 열정(zeal)의 표본이 되었다. 이스라엘은 미디안을 쳐서 진멸함으로써 이 일에 대한 복수를 하고 발람도 함께 죽였다.

3. **두 번째 인구 조사**(26장) 출애굽한 다음 해 시내 산에서 처음으로 인구를 계수했던 때로부터 40년이 지난 후 모세는 모압 평지에서 두 번째로 이스라엘의 인구를 계수했다. 결과(601,730명)는 처음 때(603,550명)와 비슷했다. 그토록 많은 범죄와 불순종에도 이스라엘의 인구가 줄어들지 않았다는 것은 하나님의 신실하심을 보여 준다. 하나님은 인간의 실패에도 그분의 목적을 이루신다.

4. **여호수아를 후계자로 세움**(27장) 모세는 자신의 후계자로 여호수아를 세웠다. 그가 죽은 후에 이스라엘 백성이 목자 없는 양처럼 유리할 것을 염려했던 것이다. 모세의 이런 마음은 주님을 닮았다(마 9:36-38). 여호수아는 그동안 모세의 시중을 들면서 지도자 훈련을 받았고, 하나님의 신이 충만했다. 비록 모세는 가나안에 들어갈 수 없었지만 최선을 다해 그 일을 준비했다.

> ○ 모압 평지는 가나안에 들어갈 준비를 한 곳이라는 점에서 의미가 있다. 이곳에서 일어난 가장 큰 일은 모세가 두 번째로 율법을 강론한 것(신명기)이었다. 가나안을 정복하는 것보다 더 중요한 일은 이스라엘이 그곳에서 하나님의 백성답게 사는 것이었다. 결국 이 모든 일은 하나님의 백성답게 사는 것에 초점을 두고 있기 때문이다.

가나안에 들어가서 행해야 할 일

1. 기업에 대한 지침

1) **슬로보핫의 딸들**(27, 36장) 므낫세 지파에 속한 슬로보핫의 딸들은 자신들의 아버지가 아들 없이 죽었기 때문에 자신들이 기업을 잇게 해 달라고 간청했다. 모세는 그들의 간청을 들어주었고, 이후로 이스라엘 대대로 이어질 규례로 삼았다. 단, 아들이 없어서 딸이 아버지의 기업을 이을 경우에 그 딸은 반드시 자기 지파의 남자에게 시집을 가야 한다는 조건이 있었다. 그렇게 해야 그 기업이 그 지파에 영원히 머물기 때문이다. 당신은 하나님이 주신 기업을 굳게 지키고 있는가?

2) **르우벤, 갓, 므낫세 반 지파**(32장) 이 두 지파 반은 요단 동편에 있는 땅, 곧 헤스본 왕 시혼과 바산 왕 옥의 땅을 기업으로 달라고 요청했다. 모세는 그들의 간청을 들어주었다. 단, 그들은 형제들보다 앞서 요단을 건너 가나안 정복에 참여해야 했다. 당신은 형제들에 대한 책임을 다하고 있는가?

3) **기업의 경계**(34장) 하나님은 모세에게 이스라엘이 들어가 차지하게 될 가나안 땅의 경계를 알려 주셨다. 그러나 하나님이 약속하신 땅은 이스라엘이 가만히 있어도 저절로 얻어지는 것이 아니었다. 그들이 직접 발로 밟고 정복해야 할 땅이었다. 이스라엘이 이 땅 대부분을 차지한 것은 오직 다윗과 솔로몬 때뿐이었다. 하나님의 약속은 또한 명령이며, 우리는 믿음과 순종으로 반응해야 한다(이 진리는 뒤집어도 통한다. 즉 하나님의 명령은 또한 약속이다).

2. 여러 규례

1) **예물**(28-29장) 매일 드리는 상번제와 안식일, 월삭 그리고 연중 절기들에 드리는 제물에 대한 규례를 주셨다. 절기의 목적이 하나님의 은혜를 기억하고 감사하는 것이라면 당연히 그에 합당한 예물을 드려야 할 것이다. 당신은 하나님의 은혜를 기억하고 그분께 구체적으로 감사를 표하는가?

2) **서원**(30장) 여자들이 서원할 때 그 유효성에 대한 규례를 주셨다. 시집을 가기 전에는 아버지가, 시집을 간 후에는 남편이 여자가 한 서원의 효력 여부를 결정할 수 있었다. 그들이 무효화하면 여자들은 자신의 서원에서 벗어나게 되고, 그들이 듣고도 아무 말하지 않으면 그 서원은 반드시 지켜야 한다.

3) **레위인의 성읍과 도피성**(35장) 하나님은 레위인에게는 땅을 주지 않으셨다. 그들은 성막을 섬기고 백성의 제사를 도우며 살아야 했지만 거할 곳이 필요했다. 그래서 하나님은 그들이 거할 성읍을 여러 지파의 땅에 정해 주셨다. 레위인은 이스라엘이 영적으로 부흥하여 종교 체제가 확고할 때(다윗과 솔로몬의 통치 기간)는 생활의 안정을 누렸지만 그렇지 않을 때는 몹시 어려운 처지에 놓였다. 그들은 오직 하나님만을 자신의 기업으로 삼아야 했다. 하나님은 그들에게 깊은 영적 체험을 허락하셨다. 도피성은 고의로 살인하지 않은 사람들을 보호하기 위한 것이었다. 하지만 고의로 살인한 사람은 반드시 사형에 처하게 하셨다. 하나님은 공정하신 분이다.

교훈

모압은 가나안에 들어갈 준비를 하는 장소였다. 여기에서도 하나님의 신실하심(발람 사건)과 이스라엘의 반역(모압 사건)이 뚜렷이 대조된다. 하나님의 인내와 신실하심이 아니었다면 이스라엘은 끝내 가나안에 들어갈 수 없었을 것이다. 하나님은 신실한 일꾼들(남은 자들)을 준비하심으로써 그분의 신실하심을 지키신다. 여호수아와 갈렙, 비느하스는 신실한 일꾼이었다. 나는 어떤가? 우리의 충성은 하나님의 충성으로 인한 것이다.

율법서 8과

모압 2

성경 이야기 _{신 1-5장}

모세는 광야생활이 거의 끝날 즈음에 모압 평지에서 이스라엘의 새로운 세대에게 두 번째로 율법을 강론했다. 가나안에 들어가기 위한 준비 중 가장 중요한 것은, 그들이 하나님의 언약 백성으로 사는 법, 즉 율법을 잘 익히는 것이었기 때문이다. 모세는 먼저 출애굽의 여정을 간단히 회고하고, 율법의 중심이 되는 십계명을 강론했다.

- **서론: 신명기의 구조**
1. **맹주속국 계약**(suzerainty-vassal treaty) 고대 근동의 강대국들이 주변 속국과 맺은 계약 형태는 맹주속국 계약이었다. 맹주는 속국에게 구체적으로 이행할 요구 사항을 제시하며 그것을 지킴으로써 충성을 다하라고 명령한다. 그리고 속국의 반응에 따라 어떤 상과 벌을 내릴 것인지 밝힌다. 신명기는 바로 이런 계약의 형태를 띠고 있다.
   - **계약의 전문**(1:1-5) 계약의 당사자들(여호와/이스라엘), 장소(아라바 광야), 시기(40년 11월 1일).
   - **역사적 서문**(1:6-3:29) 맹주(하나님)가 속국(이스라엘)에게 베푼 은혜를 회고한다.
   - **계약 규정**(4-26장) 맹주가 속국에게 요구하는 여러 규정(율법)을 밝힌다.
   - **계약의 비준**(27-30장) 계약 규정(율법)의 순종 여부에 따른 상과 벌(복과 저주)을 언급한다.
   - **후속 조치**(31-34장) 계약의 낭독, 보관, 증인의 소환 등을 담고 있다.
2. **모세의 설교** 신명기는 모세가 행한 네 편의 설교로 이루어져 있다.
   - **제1 설교**(1:1-4:43) 회고(호렙 산에서 가데스 바네아를 거쳐 모압까지 오게 된 경로)
   - **제2 설교**(4:44-28장) 율법(중심 되는 계명(4:44-11장)/여러 규례(12-26장)/복과 저주(27-28장))
   - **제3 설교**(29-30장) 언약 갱신(모압에서의 언약 갱신)
   - **제4 설교**(31-34장) 마지막 말들(모세의 유언과 죽음)

본문 이해

역사적 회고(신 1:1-4:43)

1. **백성의 재판장들을 세움** 모세는 먼저 백성의 두령과 재판장을 세운 일을 회고한다. 재판은 하나님께 속한 것이므로 결코 외모를 보지 말고 반드시 공정하게 행해야 했다. 이런 사법 정의의 확립은 이스라엘이 가나안에 들어가서 국가를 세울 때 그 기초에 해당하는 일이었다.

2. **가데스 바네아에서의 반역** 모세는 두 번째로 가데스 바네아에서의 반역을 회고한다. 이 일로 이스라엘은 광야에서 40년을 보내야 했다. 가데스 바네아 사건의 핵심은 이스라엘이 하나님을 믿지 않은 것이다(1:32). 광야생활 40년에는 하나님을 신뢰하고 순종하는 훈련을 받았다는 데 그 의미가 있다.

3. **광야에서의 진행** 이스라엘은 에돔, 모압, 암몬의 땅에는 발을 들여놓을 수 없었다. 하나님이 이스라엘에게 그 땅을 주지 않으셨기 때문이다. 하지만 헤스본 왕 시혼의 땅과 바산 왕 옥의 땅은 하나님이 허락하셨다. 그래서 그들과 싸워서 빼앗아 르우벤, 갓, 므낫세 반 지파에게 나눠 주었다. 모세는 하나님께 자신도 가나안에 들어갈 수 있게 해 달라고 다시 한 번 요청했지만 거절당했다. 광야에서 이스라엘의 나아감은 온전히 하나님의 뜻에 따라 이루어졌다.

4. **형상에 대한 경고** 모세는 이스라엘 백성에게 하나님을 청종할 것을 명하면서 호렙 산에서 율법을 받았던 때를 회고한다. 백성은 그때 하나님의 소리는 들을 수 있지만 형상은 볼 수 없었다. 따라서 그들은 어떤 형상을 만들어서 하나님을 섬기면 안 되었다. 모세의 경고는 예언의 형태를 띠고 있다(4:25-31).

십계명(신 5장)

1. **구조와 형태** 십계명은 율법의 핵심으로 하나님의 백성이 지켜야 할 가장 중요한 계명이다. 율법의 모든 계명과 규례는 십계명에 기초를 두고 있다. 처

음 네 계명은 하나님에 대한 의무를 명시하고, 뒤의 여섯 계명은 이웃에 대한 의무를 명시한다. 주님은 이것을 하나님 사랑과 이웃 사랑으로 요약하셨다(마 22:37-40). 십계명의 이런 구조는 영성이 도덕의 기초가 됨을 보여 준다. 즉 하나님과의 바른 관계가 전제될 때 바른 인간관계가 이루어질 수 있다. 또 십계명은 4계명과 5계명 외에는 다 금령의 형태다. 이것은 십계명이 넘어가서는 안 될 한계, 즉 최소한의 요구만 보여 줌을 뜻한다. 따라서 우리는 (바리새인처럼) 십계명의 문자적 준수에 만족할 것이 아니라, 그것의 근본 정신을 파악하고 실천해야 한다. 주님이 산상수훈에서 가르치시는 바가 바로 이 점이다.

2. 내용과 정신 각 계명의 내용과 정신은 다음과 같다.
- 1계명-예배의 대상: 하나님 사랑 우리는 하나님만 섬겨야 한다.
- 2계명-예배의 방법: 하나님 지식 우리는 하나님을 형상에 비해서 섬겨서는 안 된다. 어떤 형상도 하나님을 제대로 반영할 수 없으며, 인간이야말로 하나님의 형상으로서 다른 피조물에게 하나님을 대표해야 하기 때문이다. 참 예배는 하나님에 대한 바른 지식에 근거해야 한다(요 4:24).
- 3계명-예배의 자세: 하나님 경외 우리는 하나님의 이름을 함부로 사용해서는 안 된다. 하나님을 조종하려 하지 말고 하나님을 경외하고 존중하는 태도로, 하나님께 영광을 돌리며 살아야 한다.
- 4계명-예배의 시간: 하나님 신뢰 우리는 안식일을 거룩하게 지켜야 한다. 하나님이 우리의 필요를 채워 주심을 신뢰하고 그분 안에서 안식함으로써 삶의 궁극적인 목표를 항상 명확히 해야 한다.
- 5계명-순복 우리는 부모를 공경해야 한다. 하나님을 경외하는 것은 하나님이 세우신 권위에 순복하는 태도로 나타난다. 눈에 보이는 부모를 공경하지 않는 자는 눈에 보이지 않는 하나님께 순복할 수 없다.
- 6계명-사랑 우리는 살인하지 말아야 한다. 이웃에 대한 기본적인 태도는 적의가 아니라 사랑이며, 이웃 사랑의 첫걸음은 이웃의 인격과 생명을 존중하는 것이다. 생명은 하나님께 속한 것이다.

- 7계명-거룩 우리는 간음하지 말아야 한다. 성적으로 순결해야 한다. 또 이성 간의 일부일처제 결혼 제도는 하나님의 창조 규례므로 신성하게 지켜야 한다. 사랑은 이웃의 가정을 지킨다.
- 8계명-선행 우리는 도적질하지 말아야 한다. 이웃의 권리를 침해하지 말고 정당하지 않은 수입을 취하지 말아야 하며, 도리어 이웃에게 베풀어야 한다(엡 4:28). 사랑은 이웃의 권리와 재산을 지킨다.
- 9계명-진실 우리는 이웃에 대해 거짓 증거를 해서는 안 된다. 우리의 말은 거짓, 왜곡, 은폐, 과장이 아닌 진실한 것이어야 한다. 우리는 진실한 사람이 되어야 한다. 사랑은 이웃에게 진실히 행한다.
- 10계명-감사 우리는 이웃의 소유를 탐내지 말아야 한다. 탐심은 우상 숭배다(엡 5:5). 이 계명은 십계명 전체를 요약한다. 즉 하나님 사랑과 이웃 사랑의 시금석이 된다.

교훈

당신은 십계명의 정신을 바로 알고 있는가? 모든 일을 하나님 사랑, 이웃 사랑의 원리에 따라 행하는가?

율법서 9과

모압 3

성경 이야기 신 6-11장

모세는 십계명을 강론하고 다시금 그 중심 사상인 여호와 유일신앙을 가르쳤다. 그는 "이스라엘아, 들으라"로 시작하는 유명한 설교로 이스라엘에게 오직 하나님만 섬길 것을 강조했다. 또한 뒤를 돌아보면서 광야생활의 의미를 떠올리고, 앞을 내다보면서 가나안에 들어가 어떻게 해야 할지를 지시했다.

본문 이해

모세가 한 설교의 주제는, 이스라엘이 가나안에 들어가서 오직 하나님만을 섬겨야 한다는 것이다. 가나안 족속들은 여러 우상을 섬기므로 이스라엘이 여호와 유일신앙으로 철저히 무장하지 않으면 그들의 영향을 받게 될 터였다. 핵심은 다음과 같다. 첫째, 여호와는 유일하신 하나님이시며 우리는 마음과 성품과 힘을 다해 하나님을 사랑해야 한다. 둘째, 하나님이 이스라엘을 택하신 것은 그들이 잘나서가 아니었다. 그들은 수도 적고 무엇보다도 목이 곧은 백성이었다. 하나님이 그들을 택하신 것은 오직 그분의 사랑과 신실하심 때문이었다. 셋째, 광야생활은 하나님이 이스라엘의 신앙을 시험하고 연단하기 위한 곳이었다. 넷째, 가나안에 들어가면 그곳의 모든 우상을 훼파하고 그들을 진멸해야 하며 여호와를 잊지 말아야 한다. 끝으로, 이스라엘은 가나안에 들어가서 율법을 온전히 지켜야 한다. 율법을 지키면 복을 받게 될 것이고 지키지 않으면 저주를 받게 될 것이다.

1. 하나님

1) **유일하신 하나님** 신명기 6장 4-9절에는 "이스라엘아, 들으라"로 시작하는 가장 유명한 신앙 고백이 나온다. 이 고백이 주는 교훈은 다음과 같다.
   - **바른 신앙 고백** 하나님은 한 분이시다. 이 고백은 우리의 삶의 기초다.
   - **바른 삶의 태도** 나의 전 존재(마음, 성품, 힘)로 하나님을 사랑해야 한다.
   - **말씀의 중요성** 하나님을 사랑하려면 하나님의 말씀을 끊임없이 상기해야 한다.
   - **신앙 교육의 중요성** 우리는 이 신앙을 반드시 자녀에게 전해야 한다.

2) **질투하시는 하나님** 여호와는 홀로 하나님이시며 그분의 백성이 우상을 섬기는 것을 결코 용납하지 않으신다. 하나님의 질투는 유일신앙의 당연한 귀결이며 하나님에 대한 온전한 헌신의 기초가 된다.

3) **신실하신 하나님** 하나님은 이스라엘이 가나안에 들어갈 때 그들과 함께하시며 그 족속들을 몰아내겠다고 하셨다. 하나님이 그렇게 하시는 이유는 언약을 지키시기 위해서였다.

2. 이스라엘

1) **하나님의 성민** 이스라엘은 무엇보다도 하나님의 성민이었다. 그들은 하나님이 거룩하게 하시려고 특별히 택하신 자들이었다. 따라서 그들은 가나안에 들어가서 하나님 한 분 외에 다른 우상을 섬겨서는 안 되며 그들의 타락한 풍속을 따라서도 안 되었다.

2) **지극히 작은 무리** 하나님이 이스라엘을 택하신 것은 그들의 수가 많아서가 아니었다. 오히려 그들은 열국 중에서 가장 수가 적은 무리였다. 하나님의 선택 조건은 그 대상에게 있지 않다.

3) **목이 곧은 백성** 이스라엘은 단지 수가 적은 백성일 뿐 아니라 하나님의 말씀에 잘 순종하지 않는 목이 곧은 백성이었다. 그럼에도 하나님이 그들을 끝까지 포기하지 않으신 것은 전적으로 은혜였다. 이스라엘은 하나님이 가나안 족속을 그들 앞에서 쫓아내신 것이 자신들의 의로움 때문이 아니

라 악함 때문이라는 것을 분명히 알아야 했다.

3. 광야

1) **시험** 하나님은 광야에서 이스라엘을 시험하셨다. 시험의 목적은 그들이 과연 하나님만 섬기는 참된 아들이 되려는지 확인하기 위해서였다. 하나님이 그들에게 만나를 주신 것도 사람이 떡으로만 사는 것이 아니라 하나님의 말씀으로 사는 것임을 깨닫게 하기 위해서였다. 하지만 이스라엘은 시험에 합격하기는커녕 오히려 하나님을 시험했다. 실상을 말하자면, 그들은 하나님의 시험에 결코 합격했다고 말할 수 없다. 그럼에도 하나님은 그들을 용서하시고 가나안으로 인도해 주셨다. 먼 훗날, 하나님의 참 아들이 나타나서 똑같은 시험을 당하고 합격하심으로써 하나님의 새로운 백성을 삼는 일을 완성하신다.

2) **징계** 하나님은 이스라엘을 광야에서 징계하고 연단하셨다. 하나님의 징계는 사랑의 표현이며, 그 대상이 사생자가 아니라 하나님의 참 아들임을 증명하는 것이다(히 12:5-13).

4. 가나안

1) **우상을 훼파하라.** 이스라엘이 가나안에 들어가서 가장 먼저 할 일은 모든 우상을 철저히 훼파하는 것이었다. 그렇게 하지 않으면 이스라엘도 가나안 족속들과 마찬가지로 우상 숭배에 빠지게 될 것이기 때문이다.

2) **가나안 족속들을 진멸하라.** 하나님은 이스라엘에게 단순히 가나안 족속들의 우상만을 훼파하는 것이 아니라 그들과 통혼하지도 말고, 그들을 다 진멸하라고 하셨다. 이것은 그들의 악함으로 인해 하나님이 내리시는 심판이었다.

3) **여호와를 잊지 말라.** 가나안은 젖과 꿀이 흐르는 풍요의 땅이었다. 이스라엘은 그곳에 들어가서 자신들이 짓지 않은 집에 거하고, 자신들이 파지 않은 우물의 물을 마시며, 광야와는 비교할 수 없는 부요를 누리게 될 터였다. 그들은 그때 하나님을 잊지 않고 기억해야 했다.

5. 율법

1) **율법의 특성** 하나님이 이스라엘에게 율법을 지키라고 하신 것은 그들의 행복을 위해서였다. 인간은 하나님의 뜻에 따라 살 때 가장 행복하도록 창조되었고, 율법은 하나님의 뜻을 표현한 것이기 때문이다. 최초의 인간에게 거짓말을 해서 하나님을 불신하게 만든 사탄은 지금도 인간들이 하나님을 오해하도록 끊임없이 속이고 있다. 우리를 억압하는 것은 율법이 아니라 우리의 죄성이다.

2) **참된 순종** 율법을 지키는 자세는 마음의 중심에서 나오는 순종이다. 모세는 이스라엘에게 마음에 할례를 받으라고 명한다. 율법을 문자적으로 지키는 것만으로는 부족하다. 우리는 율법의 정신을 지켜야 한다. 그리고 율법의 정신을 지키려면 마음의 할례를 받아야 한다. 이 일은 신약 시대에 와서 하나님이 우리 안에 거하게 하신 성령님의 역사로 가능하다.

3) **복과 저주** 율법을 지키면 복을 얻고, 율법을 지키지 않으면 저주가 임할 것이다. 이것이 율법 종교의 핵심이다. 하나님은 그리스도의 사역을 통해 율법을 무시하신 것이 아니라 율법을 온전히 이루셨다. "율법이 육신으로 말미암아 연약하여 할 수 없는 그것을 하나님은 하시나니 곧 죄로 말미암아 자기 아들을 죄 있는 육신의 모양으로 보내어 육신에 죄를 정하사 육신을 따르지 않고 그 영을 따라 행하는 우리에게 율법의 요구가 이루어지게 하려 하심이니라"(롬 8:3-4, 갈 3:13 참고).

교훈

이 과에서 하나님에 대해, 나 자신에 대해 그리고 신앙생활에 대해 많은 것을 배우게 된다. 나는 유일하신 하나님을 믿고 있는가? 나의 전 존재로 하나님을 사랑하는가? 내가 하나님의 은혜로 구원받은 하나님의 성민임을 알고 있는가? 세상 풍속을 멀리하고 오직 하나님의 말씀에만 순종하며 사는가?

율법서 10과

모압 4

성경 이야기 신 12–28장

유일하신 여호와 하나님만 사랑하라는 중심 계명은 실제로 하나님이 구체적으로 주신 여러 규례를 지킴으로써 순종할 수 있다. 모세는 이스라엘이 가나안에 들어가서 해야 할 일과 지켜야 할 규례를 자세히 강론했다. 그리고 율법을 지킬 때 받게 될 복과 율법을 어길 때 받게 될 저주를 선포했다.

본문 이해

여러 규례(신 12–26장)

1. **제사** 가나안에 들어가서 제사드릴 때 지켜야 할 가장 중요한 사항은 "[하나님이 그] 이름을 두시려고 택하신 곳"(14:24)으로 가서 제사를 드리는 것이었다. 이처럼 제사 제도를 중앙 집중적 체제로 유지하려 한 이유는 여호와 신앙의 순수성을 지키고 제사의 우상 숭배적 타락과 오용을 막기 위해서였다. 하나님은 이스라엘의 제사가 이방인들의 우상 숭배를 따라가지 않도록 주의하셨다. 하지만 이스라엘 역사를 보면 이런 규례가 제대로 실행되지 않았고, 이스라엘의 신앙이 미신과 혼합주의에 빠지게 된 것을 알 수 있다(요시야의 개혁).

2. **우상** 가나안에 들어가서 이스라엘이 해야 할 첫 번째 일은 그곳 족속들의 모든 우상을 파괴하고 없애는 것이었다. 하나님은 다른 우상을 섬기자고 꾀는 자들을 돌로 쳐서 죽이라고 명하셨다. 특히 점 치는 자, 복술자, 거짓 예언하

는 자, 꿈꾸는 자 등 온갖 종류의 잡신과 교류하는 영매를 모두 없애라고 하셨다. 영적으로 혼잡한 것이야말로 하나님이 가장 가증히 여기시는 일이다.

3. **음식/정결** 레위기 11장에 나오는 음식 규례가 여기서도 반복된다. 음식 규례 외에도 여호와의 총회에 들어올 수 없는 사람, 전쟁 전에 진을 정결하게 하기 위해 몽설한 사람과 배설한 사람에 대한 규례도 말씀하셨다. 이 외에도 두 종자를 섞어 뿌리지 말 것과 양털과 베실을 섞어 옷을 짜지 말 것 그리고 소와 나귀를 겨리하여 갈지 말 것 등을 명하심으로써 구분의 중요성을 가르치셨다.

4. **십일조/레위인** 십일조에 대한 규례의 강조점은 이웃과 함께 나누라는 데 있다. 특히 매 3년마다 이웃을 위한 십일조를 성읍에 저축하여 레위인, 객이나 고아와 과부 등 어려운 사람들에게 주라고 하셨다. 특히 레위인들에게 성읍을 주고 그들을 돌보라고 여러 번 명하셨다. 그들은 이스라엘 중에서 기업을 받지 못했고 백성이 드리는 제물을 받아 살아야 했기 때문이다.

5. **절기** 매 7년마다 오는 안식년에는 땅을 쉬게 하고, 히브리인 종들을 풀어 주며, 빚을 탕감해 주라고 하셨다. 여기서는 안식년을 면제년으로 부르면서 특히 빚을 면제해 줄 것을 강조하셨다. 또 종들을 풀어 줄 때는 공수로 보내지 말라고 하셨고, 그들이 주인을 사랑하여 떠나지 않으려 할 때는 문지방에 대고 그의 귀를 뚫어서 영원히 그 집에 속한 자가 되게 하라고 하셨다. 또 매년 유월절(무교절), 칠칠절, 초막절에는 모든 남자에게 하나님이 그 이름을 두려고 택하신 곳에 가서 제사를 드리라고 하셨다.

6. **재판/도피성** 재판은 하나님께 속한 것이므로 절대 사람의 외모를 보거나 뇌물을 받고 재판을 굽게 해서는 안 되었다. 또 판결을 내리기 전에 두세 증인의 입을 통해 반드시 확증하게 하셨다. 백성 중 재판장을 세우고 또 레위인 제사장이 함께 재판을 담당하게 하셨으며 백성은 그들이 내린 판결에 순복해야 했다. 위증은 하나님이 가장 미워하시는 죄로 위증한 자는 그 위증의 내용대로 벌을 받도록 하셨다. 보응의 원칙은 눈에는 눈, 이에는 이로 갚으라는 것인데, 이는 복수를 허용하신 것이 아니라 보응의 공정한 한계를 보이

신 것이었다. 이스라엘은 고의로 살인하지 않은 사람이 복수를 당해 억울하게 죽는 일이 없도록 도피성을 마련해야 했다. 하지만 고의로 살인한 사람은 반드시 죽이라고 하셨다.

7. **전쟁** 전쟁은 하나님께 속한 것이며, 하나님이 이스라엘보다 앞서 나가서 싸워 주실 것이었다. 따라서 새로 장가 든 사람, 새 집을 지은 사람, 새로 농사를 지은 사람, 두려워하는 사람 등은 다 돌려보내라고 하셨다. 또 먼 데 있는 족속들은 남자들만 멸하고 가까운 데 있는 족속들은 모두 멸하라고 하셨다.

8. **왕과 선지자** 하나님은 앞으로 이스라엘이 왕을 달라고 요구할 것을 미리 아셨고, 그때를 대비해 왕에 대한 지침도 주셨다. 무엇보다도 왕은 늘 율법을 가까이하여 이스라엘의 참된 왕이신 하나님의 말씀을 듣고 순종해야 했다. 왕은 말, 아내, 재물을 많이 모으려고 하지 말아야 한다. 또 모세는 하나님이 자기와 같은 선지자 하나를 이스라엘에게 보내실 것이라고 예언했다. 참선지자의 표는 그의 말이 그대로 이루어지는 것이며, 거짓 선지자는 죽이라고 하셨다.

9. **이웃** 여러 인간관계에 대한 규례를 주셨는데 그 근본정신은 공정함과 사랑이다. 형제의 우양이 길을 잃은 것을 보았을 때는 그냥 지나치지 말고 반드시 주인을 찾아 주라고 하셨다. 이웃에게 전집물(담보)을 취하고 돈을 빌려줄 때는 직접 집에 들어가지 말고 이웃이 그것을 내와야 한다. 또 밤에는 그것을 돌려주어 그가 덮고 잘 수 있게 해야 한다. 그리고 아우가 형수를 취하여 형의 후사를 이어 주라고 하셨고, 그 의무를 다하지 않는 사람은 '신 벗긴 자'로 불리며 수치를 당했다. 여러 성적인 죄에 대해서도 단지 개인적 순결의 차원뿐 아니라 이웃에 대한 공정함과 사랑의 차원에서 다루셨다.

10. **신앙 고백** 이스라엘이 가나안에 들어가서 토지의 소산을 얻었을 때 그 만물을 바치면서 고백해야 할 내용(신 26:5-10)을 말씀하셨다. 이 신앙 고백은 역사적 사실에 근거하고, 하나님의 구원을 체험한 것을 내용으로 하며, 감사로 드리는 것이었다.

복과 저주 (신 27-28장)

1. **그리심 산과 에발 산** 이스라엘은 가나안에 들어가서 그리심 산과 에발 산 앞에 각각 여섯 지파씩 서서 율법이 제기하는 축복과 저주를 선포하라고 하셨다. 레위인이 율법의 핵심 조항에 관한 율법을 선포하고 그대로 행하지 못할 때 저주를 받을 것이라고 외치면 백성들은 그에 대해 아멘을 외치라고 하셨다.

2. **복과 저주** 이스라엘이 율법을 지키는 여부에 따라 받게 될 복과 저주를 말씀하셨다. 신약 시대를 사는 우리는 이러한 모세의 언약 안에 있지 않기에 본문의 내용이 직접 우리에게 적용되는 것은 아니다. 하지만 율법의 준행 여부에 따라 주어지는 복과 저주라는 언약의 차원을 떠나서 일반적으로 율법대로 행하면 모든 면에서 더 잘되는 것은 당연하다. 율법은 우리의 행복을 위해 주신 것이기 때문이다. 그러나 우리는 다음 두 가지를 기억해야 한다. 첫째, 세상의 질서가 타락하고 굽었기 때문에 말씀대로 사는 사람이 그렇지 않은 사람보다 반드시 더 잘되는 것은 아니다. 하나님의 공의는 마지막 날에 반드시 드러날 것이다. 그러나 지금은 그때가 아니다. 둘째, 여기에 열거된 복은 개인적 차원보다는 국가적 차원에 속한 것이다. 따라서 이 장을 읽고 자기 자녀가 머리가 되고 꼬리가 되지 않게 해 달라고 기도하는 것은 옳지 않다. 주님은 오히려 남을 섬기는 자가 되라고 하셨다.

교훈

여기 나오는 여러 규례는 이스라엘의 사회 체제를 하나님의 거룩하심을 좇아 유지하기 위해 필요했던 것이다. 율법의 근본정신이 그 당시 다양한 상황에 적용되어 표현된 것이다. 따라서 그런 구체적인 적용의 예는 지금 상황과는 맞지 않을 수도 있다. 우리는 각 규례의 밑바탕에 깔려 있는 정신을 찾아서 지금 상황에 맞게 재적용해야 한다. 율법의 근본정신은 하나님 사랑과 이웃 사랑이며, 그것은 각각 거룩함과 이웃과의 관계에서 공의와 사랑으로 드러난다.

율법서 11과

모압 5

성경 이야기 _{신 29-34장}

율법 강론을 마친 모세는 하나님이 시내 산에서 이스라엘과 맺으신 언약을 모압 평지에서 새로운 세대를 대상으로 바꾸었다. 언약의 내용은 하나님은 이스라엘의 하나님이 되시고 이스라엘은 하나님의 백성이 된다는 것이며, 언약의 조건은 이스라엘이 율법을 지키는 것이다. 모세는 율법을 지키지 못했을 때 일어날 일을 경고하는데, 그 어조는 예언으로 바뀌어 실제로 이스라엘의 역사는 그 예언대로 되었다. 언약의 갱신을 마친 모세는 이스라엘의 열두 지파를 축복하고 느보 산에서 가나안을 바라보면서 120세의 파란만장한 생을 마감한다. 성경은 그를 "여호와께서 대면하여 아시던 자"(34:10)라고 평한다.

본문 이해

언약 갱신(신 29-30장)

1. 역사적 회고 모세는 출애굽과 광야생활에서 하나님이 보여 주신 은혜를 먼저 되새긴다. 언약의 배경에는 언제나 하나님의 은혜로운 구원의 행위가 전제되어 있다. 하나님과의 언약은 인간 편에서 하나님께 다가감으로써가 아니라 하나님 편에서 주도권을 갖고 먼저 인간에게 다가오셔서 구원을 베풀고 은혜로 언약 관계에 들어가 주심으로써 맺어지는 것이다.

2. **언약의 내용** 야훼는 이스라엘의 하나님이 되시고 이스라엘은 그분의 백성이 되는 것이다. 이러한 언약의 기본 내용은 하나님이 아브라함, 이삭, 야곱 등 조상과 맺으신 언약에서부터 이어져 온 것이다. 하나님이 그분의 백성을 만들고 통치하시며 하나님의 나라를 이루시는 것을 언약의 목적으로 삼는다.

3. **경고와 약속** 모세는 이스라엘이 율법을 어겨 하나님과의 언약이 파기될 때 받게 될 저주에 대해 경고한다. 그 내용은 이스라엘이 하나님의 심판을 받아 열국으로 흩어졌다가 그곳에서 다시 하나님의 은혜로 본토로 돌아오게 되리라는 것이었다. 이 경고와 약속은 결국 예언이 되어 이스라엘 역사는 그대로 되었다.

4. **율법의 준행 권면** 모세는 이스라엘에게 율법을 지킬 것을 권면하면서 이 율법은 어려운 것도, 먼 것도 아니라고 말한다. 율법을 받기 위해 하늘로 올라갈 필요도 없고 바다 밖으로 가야 하는 것도 아니다. 율법은 이미 그들의 입과 마음에 주어져 있다. 이 율법을 지키면 생명과 복을 얻을 것이고, 지키지 못하면 사망과 저주를 받을 것이다. 모세는 오묘한 일은 하나님께 속한 것이므로 알려고 하지 말고 나타난 일, 즉 하나님이 계시로 이미 보여 준 이 율법을 전심으로 지키라고 권면한다.

5. **모세 언약의 특징** 하나님이 모세를 통하여 세우신 언약은 모두 세 차례에 걸쳐 비준되었다. 첫 번째는 시내 산에서였고, 두 번째는 모압에서였으며, 세 번째는 가나안 정복을 마치고 세겜에서 여호수아가 갱신할 것이다. 이 세 번의 비준은 같은 내용이 담긴 같은 언약의 반복이다. 그 특징은 하나님이 이스라엘에게 율법을 주셨지만 깨닫는 마음, 보는 눈, 듣는 귀는 주시지 않았다는 것이다. 즉 그들은 육체에 할례를 받고 외적으로는 하나님의 백성이 되었지만 마음의 할례는 받지 못하여 율법을 지키지 못했다. 따라서 내적으로는 하나님의 백성이 되는 일에 실패하고 말았다. 그렇다면 하나님의 시도는 실패로 끝나고 마는 것인가? 하나님은 예레미야(31장)와 에스겔(36장) 등의 선지자들을 통해 다시 새 언약을 맺으실 것을 약속하신다. 새 언약의 특징

은 성령을 주심으로써 마음으로부터 율법을 지킬 수 있게 해주시겠다는 것이다. 모세는 그 사실을 여기서 이미 밝히고 있다.

모세의 축복과 죽음(신 31-34장)

1. 모세의 준비(31-32장)

1) **여호수아를 세움** 율법을 강론한 모세는 여호수아를 후계자로 세우고 자신은 떠날 준비를 한다. 하나님은 모세와 여호수아를 회막으로 불러 함께 서게 한 후 여호수아가 모세의 뒤를 잇게 하셨다. 여호수아는 무엇보다도 강하고 담대해야 했다. 모세의 마지막 당부는, 율법을 잘 지키고 자손에게도 율법을 가르치라는 것이었다. 그들은 율법책을 잘 보관하여 매 칠 년 면제년 초막절에 낭독함으로써 후손에게 율법을 알려야 했다. 하나님은 이스라엘이 앞으로 율법을 어기고 언약을 저버릴 것을 아셨다. 그래서 모세에게 노래를 지어 증거를 삼으라고 하셨다.

2) **모세의 노래** 모세는 하나님의 명을 따라 노래를 지었다. 이 노래는 고대에 맹주들이 속국을 불러 계약을 이행하지 못했다고 추궁하던, '소송' (lawsuit)의 형태다.

- **서론**(32:1-4) 모세는 하늘과 땅을 증인으로 부르고 하나님의 성품을 선포한다.
- **심문과 고소**(5-6절) 이스라엘의 죄를 고발한다.
- **회고**(7-14절) 하나님이 이스라엘을 위해 행하신 놀라운 일들을 회고한다.
- **기소**(15-18절) 하나님의 은혜에 반하는 이스라엘의 배은망덕을 논한다.
- **판결**(19-25절) 하나님이 이스라엘에게 내리실 진노를 선포한다. (여수룬: '의로운 자' 곧 이스라엘을 가리킴). 하지만 모세의 노래는 여기서 그치지 않고 회복을 약속한다. 바로 이 점에서 하나님의 언약은 고대의 맹주속국 계약과 다르다. 하나님은 죄를 용서하고 회복시키시는 분이다. 모세의 노래는 이스라엘의 역사에서 그대로 이루어졌다.

2. 모세의 축복(33장) 모세는 하나님이 명하신 일을 다 마치고 마지막으로 이스라엘의 각 지파를 축복한다. 그의 축복은 단지 소망 사항이 아니었다. 하나님의 사람으로서 깊은 영적 통찰력을 가지고 미래의 일을 내다보는 예언의 성격을 띠고 있었다. 마치 야곱이 아들들을 축복했던 것과 같다(창 49장). 야곱의 축복과 차이가 있다면, 유다에 대한 축복이 간략하고 레위에 대한 축복이 길다는 것이다. 하지만 여기서도 요셉에 대한 축복은 다른 지파들에 비해 월등히 길다. 모세는 이스라엘 백성을 마음에 품고 그들의 앞날을 축복했던 진정한 지도자요 영적 아버지였다. 모세는 결론적으로 이스라엘이 하나님께 받은 은총으로 인해 행복한 존재임을 고백한다. "이스라엘이여 너는 행복한 사람이로다 여호와의 구원을 너같이 얻은 백성이 누구냐 그는 너를 돕는 방패시요 네 영광의 칼이시로다 네 대적이 네게 복종하리니 네가 그들의 높은 곳을 밟으리로다"(29절).

3. 모세의 죽음(34장) 모세의 최후 장면을 보여 준다. 모세는 끝내 가나안에 들어가지 못하고 느보 산에서 그곳을 바라보았다. 하지만 가나안에 들어가지 못했다고 해서 모세의 인생이 실패로 끝난 것은 아니다. 가나안 입성은 또 다른 사람에게 맡겨진 역할이었을 뿐이다. 우리를 가나안으로 이끄는 분은 모세(율법)가 아니라 여호수아(예수님)다. 모세(율법)는 우리를 그리스도께로 인도하는 초등 교사로 자기 사명을 다한 것이다. 모세에 대한 성경의 증언은, 그가 하나님이 대면해서 아시던 자라는 것이다.

교훈

본문을 읽으면서 안타까운 것은 경고가 어느덧 예언이 되어, 이스라엘이 결국 율법을 지키지 못할 거라는 사실이 정해졌다는 점이다. 이로 보건대 하나님은 이스라엘이 율법을 지킬 것이라고 기대하시지 않았음을 알 수 있다. 율법은 우리를 그리스도께로 인도하는 초등 교사다. 하지만 우리가 그리스도께로 가면 그분은 우리를 율법의 저주에서 속량하시고(갈 3:13), 성령을 주셔서 우리로 하여금 율법을 지키게 하신다. 율법, 즉 말씀을 좇아 살 수 있는 능력은 오직 성령님만이 주실 수 있다. 그리스도인은 이미 성령님을 모시고 있다. 하지만 나도 말씀을 들을 때 믿음을 더해야 한다. 그렇지 않으면 흘러 떠내려갈 수 있기 때문이다. 언제나 말씀을 단단히 붙잡고 살라.

율법서 12과

모세

성경 이야기 _{출애굽기-신명기}

모세는 이스라엘 백성을 애굽에서 이끌어 낸 지도자다. 히브리 노예 부모에게서 태어난 모세는 바로의 딸인 공주의 아들로 자라났고, 40세에 동족을 구하려고 시도했다가 실패하고 미디안 광야에서 목동으로 40년을 지냈다. 하나님은 모세가 80세가 되었을 때 불타는 가시떨기에서 그를 부르셔서 이스라엘 백성을 애굽에서 이끌어 내는 사명을 주셨다. 모세는 바로 앞에서 기적과 능력을 행하며 이스라엘의 출애굽을 이끌었다. 그는 이스라엘 백성이 광야를 지나 요단 건너편 모압 평지에 이르기까지 40년 동안 그들을 인도했고, "여호와의 종"으로 섬겼다. 모세는 120세에 여호수아를 자신의 후계자로 세우고, 느보 산에서 가나안 땅을 내려다보면서 하나님의 품으로 돌아갔다. 모세는 하나님이 대면하여 아신 위대한 지도자였다.

본문 이해

모세의 위대성

1. **그의 지도력** 모세는 이삼백만 명이나 되는 이스라엘 백성을 길도 없는 광야에서 40년 동안 이끌었다. 역사상 이런 지도력을 발휘한 사람은 없었다.
2. **이스라엘 역사에서 그의 위치** 모세는 이스라엘 국가의 건국자다. 아브라함이 혈통적으로 이스라엘 최초의 조상이었다면, 모세는 이스라엘을 하나의 국가로 조직한 건국자라고 할 수 있다.

3. 계시의 역사에서 그의 위치 그리스도가 오시기 전에 인류에게 하나님이 어떤 분이신지를 보여 준 계시의 최고봉은 모세다. 구약 선지자들은 모세의 계시를 좀 더 밝히 드러냈을 뿐이다. 인류 가운데 모세처럼 하나님을 깊이 알고 많이 체험한 사람이 그리스도 외에 누가 또 있겠는가?

4. 구속사에서 그의 위치 모세는 그리스도의 예표요 구주의 표상이다. 모세는 율법을 상징하며 복음이 복음 되기 위한 기초를 놓았다고 할 수 있다. 율법이 없다면 복음도 있을 수 없기 때문이다.

5. 세계 역사에서 그의 위치 모세는 아브라함의 신앙을 체계화한 사람이다. 오늘날 그의 신앙 체계를 따르는 사람들, 즉 인격적 창조주인 유일신을 따르는 사람들(유교, 기독교, 이슬람교의 신자들)은 세계 인구의 절반에 해당한다.

모세의 생애

모세의 생애는 정확히 셋으로 구분되는데, 그 각각은 정확히 40년씩이다.

1. 애굽의 왕자 모세는 히브리 노예 부모 밑에서 태어났다. 바로가 히브리인들을 학대하면서 남아들이 태어나면 모두 죽이라고 명했기 때문에 모세의 어머니는 그를 3달 동안 숨겨서 키웠다. 더 이상 숨길 수 없게 되자 그녀는 모세를 갈대상자에 담아 나일 강에 띄웠다. 모세의 누이 미리암이 사태의 추이를 지켜보았다. 나일 강에 목욕하러 나온 바로의 딸이 모세가 담긴 갈대상자를 발견하게 되었다. 공주는 유모를 데려오겠다는 미리암의 말을 따라 모세의 어머니에게 아이를 맡겼다. 이렇게 해서 모세는 애굽의 왕자로서 당시 최고의 학술을 배워 말과 행사가 능했다(행 7:22). 또 친어머니의 무릎에서 여호와 신앙과 민족에 대한 사랑을 배울 수 있었다(히 11:23). 모세는 40세가 되었을 때 동족을 구원하려고 나섰다가 일을 시도하기도 전에 애굽인을 쳐 죽인 사건이 발각되어 미디안 광야로 도망쳤다.

2. 미디안의 목동 미디안에서 모세는 제사장 이드로의 집에 거하게 되었다. 이드로의 딸 십보라와 결혼한 모세는 양을 치며 생활했다. 초야에 묻혀 40년

을 지내면서 모세는 자기의 지혜로 큰일을 해보겠다는 젊은 날의 포부와 자신감을 모두 잃어버렸다. 이 시간은 그의 자아가 처리되는 기간이었다.

3. **백성의 지도자** 모세가 80세가 되었을 때 하나님은 그를 불타는 가시떨기에서 부르셨다. 하나님은 그를 바로에게 보내시며 그분의 백성 이스라엘을 애굽에서 이끌어 내라고 명하셨다. 모세는 하나님의 말씀에 순종했고, 바로 앞에서 놀라운 기적과 능력을 행함으로써 이스라엘의 출애굽을 이끌었다. 이스라엘을 인도하여 홍해를 건너고, 시내 산에서 하나님의 율법을 받고 성막을 세웠으며, 40년 동안 그들을 이끌고 광야를 지났다. 120세 되던 해에 모세는 여호수아를 후계자로 세우고, 요단 동편 모압 평지의 느보 산에 올라 가나안을 내려다보며 파란만장한 생을 마감했다.

모세 이야기에서 얻는 교훈

1. **하나님의 은혜** 모세의 위대함은 일차적으로 그에게 있지 않다. 모세를 모세 되게 하신 하나님의 은혜에 있다. 모세에 대한 성경의 평가는 한마디로 "여호와께서 대면하여 아시던 자"(신 34:10)다. 이것은 하나님이 모세를 택하셔서 그분을 가장 친밀하게 보여 주는 은혜를 베푸셨음을 의미한다. 하나님이 택하시지 않았다면 모세는 결코 모세가 될 수 없었다. 그렇다면 하나님은 왜 모세를 택하셨을까? 모세에게 어떤 장점이 있어서일까? 은혜가 은혜 되기 위해서는 그 모든 원인이 은혜를 베푸는 분에게 있어야 한다. 따라서 모세의 장점은 하나님이 쓰시려고 그를 미리 준비시키셨다는 데 있다. 하지만 그 과정에서 모세가 보인 신실함과 순종은 칭찬할 만하다.

2. **모세의 믿음** 히브리서는 "믿음으로 모세는 장성하여 바로의 공주의 아들이라 칭함 받기를 거절하고 도리어 하나님의 백성과 함께 고난 받기를 잠시 죄악의 낙을 누리는 것보다 더 좋아하고 그리스도를 위하여 받는 수모를 애굽의 모든 보화보다 더 큰 재물로 여겼으니 이는 상 주심을 바라봄이라"(히 11:24-26)고 증거한다. 모세에게 믿음은 참된 가치를 위해 기꺼이 고난의 길을 가는 것이었다.

3. 하나님의 종 모세의 일반적인 칭호는 "여호와의 종"이었다. 그는 위대하신 하나님을 섬겼기에 위대한 인물이 되었다. 하나님의 종으로서 모세의 특징은 충성됨이었다(민 12:7). "그는 자기를 세우신 이에게 신실하시기를 모세가 하나님의 온 집에서 한 것과 같이 하셨으니…또한 모세는 장래에 말할 것을 증언하기 위하여 하나님의 온 집에서 종으로서 신실하였고"(히 3:2, 5). 모세는 이스라엘 백성에 대한 하나님의 진노를 막으려 했을 때도 하나님 이름의 영광을 지키려 했다(출 32:11-12, 민 14:16).

4. 백성의 지도자 백성의 지도자로서 모세의 특징은 한마디로 온유함이었다(민 12:3). 온유함(meakness)은 나약함(weakness)이 아니다. 힘이 있지만 그 힘을 절제함으로써 타인을 공격하지 않고 보호하려는 태도다. 모세의 온유함은 일차적으로 백성에 대한 희생적 사랑에서 드러난다. 그는 이스라엘 백성이 범죄하여 하나님의 진노를 받게 될 때마다 그들을 위해 자기 목숨을 걸고 간절히 중보했다(출 32:32, 민 14:19-20). 모세의 온유함은 또 다른 사람들을 시기하지 않고 그들이 더욱 많은 은사를 받기 바라는 마음(민 11:29)과 자신을 대적하는 사람들 앞에서 스스로 변호하지 않고 하나님의 개입을 기다리며 인내하는 모습에서도 잘 나타난다(민 12, 16-17장).

5. 모세의 한계 이렇듯 온유함으로 칭찬받은 모세조차도 혈기를 주체하지 못하여 하나님의 거룩함을 드러내지 못했다. 그 결과 모세는 가나안에 들어가지 못하는 벌을 받았다. 이스라엘 백성이 또다시 물 때문에 불평하자 하나님은 모세에게 반석에 명하여 물을 내라고 명하셨다. 그는 "우리가 너희를 위하여 이 반석에서 물을 내랴?"(민 20:10-12) 하고 혈기에 휩싸여 지팡이로 반석을 두 번 쳐서 물을 냈다. 이 사건의 구체적인 정황을 잘 알 수 없지만, 모세가 하나님의 영광을 가린 것은 분명하다. 모세는 하나님의 거룩하심을 누구보다도 깊이 알았기에, 아주 작은 실수로 이토록 큰 책망을 받은 것이다. 모세는 위대한 지도자였지만 하나님 앞에서는 그 역시 불완전한 한 명의 죄인이었다.

교훈

리더십을 발휘해야 하는 위치에서 나는 모세처럼 하나님께 충성하고 사람들에게 온유한가?

모세의 리더십

❶ **소명** 모세는 하나님의 부르심을 받고 이스라엘의 지도자가 되었다. 스스로 나선 것이 아니다.

❷ **비전** 모세는 이스라엘 백성을 어디로 이끌고 가야 할지 알았다. 지도자는 이끄는 자다. 이끄는 자는 어디로 가야 할지 알아야 한다.

❸ **훈련** 모세의 훈련은 두 부분으로 이루어진다.
- **자연적 훈련** 처음 40년 동안 애굽의 문물을 배웠다.
- **영적 훈련** 이후 40년 동안 광야에서 자아가 처리되었다.

❹ **순종** 모세는 범사에 하나님께 순종했다. 물론 그 순종이 불완전한 부분도 있었지만 그는 신실한 사람이었다(히 3:2, 5).

❺ **온유** 모세는 온유하고 이스라엘 백성을 오래 참았다. 그는 군림하지 않고 섬기는 지도자였다(민 12:3).

바울의 리더십

❶ **소명** 바울은 모태에서부터 자신이 택정함을 받았다고 말한다(갈 1장).

❷ **사명** 바울은 복음을 위해 사도로 택정함을 받았으며 복음을 전하는 일에 목숨을 걸었다.

❸ **준비** 바울의 준비 역시 두 부분으로 이루어진다.
- **믿기 전의 준비** 유대 신학자로서 학문과 경건의 훈련
- **믿은 후의 준비** 그리스도 사도로서 모든 사람에게 복음을 전하기 위해 모든 모양이 되고자 함

❹ **헌신** 바울은 사명을 완수하기 위해 최선을 다했다. 그는 희생적으로 일했으며, 모든 사람에게 모든 모양이 되고자 했다. 이는 주님의 성육신의 모범을 본받은 것이다.

성막

❶ 세계의 모형　외소 지구: 여기서 칭의와 성화가 이루어진다.
(에릭 사우어)
성소 하늘: 여기서 생명(떡상), 빛(등잔대), 예배가 이루어진다.

지성소 하나님의 보좌: 하나님의 영광의 빛이 광채를 발한다.

❷ 세상의 구속주　동문 "나는 양의 문이니"
(에릭 사우어)
번제단 그리스도의 칭의(고전 1:30) 물두멍 그리스도의 성화(고전 1:30)

성소 "하늘에 속한": 그리스도 안에서 떡상 "나는 생명의 떡이니"

금 등잔대 "나는 생명의 빛이니" 분향단 우리의 중보자 되신 그리스도

휘장 그리스도의 몸

지성소(속죄소) 화목 제물 되신 그리스도

❸ 인간의 몸　외소 몸 성소 혼 지성소 영
(워치만 니)

❹ 그리스도인의 삶　동문 믿음(그리스도 안으로 들어감)
(김현회)
번제단 칭의 물두멍 성화

떡상 하나님의 공급 금 등잔대 하나님의 인도 분향단 기도

지성소 하나님의 임재

❺ 게하더스 보스　예배의 장소 분향단(기도), 떡상(헌신), 금 등잔대(지식/거룩함/기쁨의 빛),

쉐키나(실제 존재함)/거룩한 장소

그리스도

교회

성막	세계	그리스도	교회	신자	신자의 삶
	히 8:5/9:22	요 2:21	고전 3:16	고전 6:19	히 4:16/10:22
외소	지구			몸	
동문		양의 문(요 10:7)			믿음(그리스도 안)
번제단	칭의	우리의 의로움(고전 1:30)			칭의
물두멍	성화	우리의 거룩함(고전 1:30)			성화

성막	세계	그리스도	교회	신자	신자의 삶
성소	하늘			혼	
떡상	생명	생명의 떡(요 6:35)			하나님의 공급
금 등잔대	빛	세상의 빛(요 8:12)			하나님의 인도
분향단	예배	중보기도(롬 8:32)			기도
지성소	하나님 보좌			영	하나님 임재
휘장		주님의 몸(히 10:20)			
언약궤(속죄소)	하나님 영광	화목 제물(롬 3:25)			하나님 말씀

제사

기본 의미 속죄(atonement)와 헌신(consecration)

종류	속죄제	속건제	번제	소제	화목제
의미	속죄	속죄	헌신	헌신	감사, 교제
경우	알고 지은 특정한 죄	모르고 지은 죄(성물)	일반적인 죄	번제와 함께 드림	감사제 / 서원제 / 자원제
특징	보상 불가능	보상 가능	다 태움	꿀, 누룩(X) 기름, 유향, 소금(O)	
남은 몫	제사장	제사장	없음	제사장	본인, 이웃
소제의 분량	수송아지	고운 가루 3/10 에바		기름 1/2 힌	
	수양(ram)	고운 가루 2/10 에바		기름 1/3 힌	
	양/염소	고운 가루 1/10 에바		기름 1/4 힌	

절기

❶ 안식과 관련된 절기

- 안식일 매 7일째 되는 날
- 안식년 매 7년째 되는 해
- 희년 매 50년째 되는 해 ➜ 회복

❷ 연중 절기

시기	절기	해석 1 (전체: 구속 사역)	해석 2 (봄: 신앙생활)
가을(1월) (종교력 시작)	유월절(14일)	그리스도의 죽음	그리스도의 죽음
	무교절/초실절(15-21일)	그리스도의 부활	그리스도의 부활
	오순절(초실절 후 50일)	성령 강림/교회의 탄생	성령 강림/교회의 탄생
봄(7월) (시민력 시작)	나팔절(1일)	그리스도의 재림	하나님의 부르심
	속죄일(10일)	그리스도의 심판	회개와 죄 사함
	초막절(15-21일)	천년왕국/천국	성도의 신앙생활

역사서

구약 이야기

역사서 1과

가나안 정복

성경 이야기 수 1-24장

모세의 뒤를 이은 여호수아는 마침내 이스라엘 백성을 이끌고 요단 강을 건너 가나안에 진입했다. 이스라엘은 요단 건너편 첫 성인 여리고를 무찌르고, 이어서 아이 성을 힘겹게 무찔렀다. 이스라엘은 가나안의 중부 지역을 먼저 쳐들어갔고, 이후 남쪽과 북쪽을 차례로 정복해 가는 전략을 취했다. 이와 아울러 여호수아는 각 지파에게 기업을 나눠 주었는데, 요단 동편에서 먼저 기업을 받은 르우벤, 갓, 므낫세 반 지파를 제외하고 나머지 지파에게 그 규모에 따라 제비를 뽑아 땅을 나눠 주었다. 여호수아는 이스라엘 백성에게 고별 설교를 하고 세겜에서 언약을 갱신하고 죽었다.

본문 이해

가나안 정복 이야기

1. 가나안 정복 준비(수 1-5장)

1) **여호수아에게 위임** 하나님은 모세의 뒤를 이어 여호수아를 이스라엘의 지도자로 세우시고 그에게 가나안 정복의 사명을 맡기셨다. 여호수아가 맡겨진 사명을 감당하려면 "마음을 강하게 하고 담대히 해야" 했다. 하나님은 그와 함께하겠다고 약속하셨고, 그분의 율법을 지키라는 명령을 주셨다. 또 이스라엘 백성은 여호수아를 따르겠다고 다짐했다.

2) **정탐꾼과 라합** 여호수아는 두 정탐꾼을 보내서 가나안을 살펴보라고 했다. 그들은 가나안 족속들이 이스라엘의 공격 소식을 듣고 간담이 내려앉았다는 사실을 알게 되었고, 여리고의 기생 라합의 도움으로 무사히 돌아올 수 있었다. 라합이 민족을 배신하고 거짓말하는 죄를 지었다고 비판하는 사람도 있지만 야고보서나 히브리서의 저자는 이 모든 것이 믿음의 행위였다고 말한다.

3) **요단을 건넘** 마침내 이스라엘은 요단 강을 건넌다. 언약궤를 멘 제사장들이 요단 강에 발을 들여놓자 흐르던 물이 멈추었고 백성은 마른 땅을 건너듯 요단 강을 건넜다. 이후 그들은 돌 열두 개를 취해 기념석을 쌓고 할례를 행하며 유월절을 지켰다. 그리고 여호수아는 여호와의 군대 장관을 만나 그 앞에 부복하며 앞으로 전쟁에서 하나님의 인도를 따르겠다고 결의했다.

2. 가나안 정복(6-12장)

1) **중부 지역** 요단 강을 건너고 최초로 정복한 성은 여리고였다. 이스라엘 백성이 매일 나팔을 불며 성을 한 바퀴씩 돌다가 칠 일째 되는 날은 일곱 바퀴를 돌고 함성을 지르자 성이 무너졌다. 이들은 라합의 가족을 제외한 모든 여리고 거민과 짐승을 죽여야 했다. 하지만 아간이 탐심을 품고 금과 은 덩어리와 고급 외투를 숨기는 범죄를 저질렀다. 아간의 범죄로 인해 두 번째 성 아이와의 전쟁에서 이스라엘은 패하고 말았다. 여호수아가 아간을 찾아내 벌한 후에야 비로소 아이 성을 무찌를 수 있었다. 그 후에 여호수아는 모세가 명한 대로 에발 산과 그리심 산 앞에 서서 율법을 낭독했다. 이 일은 고대의 '땅 하사 의식'(a divine land grant ceremony)으로, 가나안 땅은 이스라엘의 힘으로 얻은 것이 아니라 하나님이 베푸신 은혜의 기업임을 인정하는 것을 의미한다.

2) **남북부 지역** 여리고와 아이가 무너지고 가나안 족속들의 반응은 둘로 나뉘었다. 기브온은 가나안 족속이었지만 멀리서 온 족속인 것처럼 꾸미고 이스라엘과 화친을 맺었다. 그래서 이스라엘은 기브온을 전멸시킬 수 없게 되었고 그들을 종으로 부리는 수밖에 없었다. 반면 예루살렘 왕 아도

니세덱을 비롯한 남부의 다섯 왕은 연합 전선을 펴서 이스라엘을 대적하다가 크게 패했다. 여호수아는 먼저 남쪽을 정복하고 이후 북쪽의 여러 성읍까지 차례로 정복했다.

3. **가나안 분할**(13-22장) 이스라엘은 일단 전체적으로 가나안 족속들의 전투력을 약화시켰지만 구체적으로 그 땅을 차지하는 일은 그 후에 시작되었다. 여호수아는 각 지파에게 땅을 할당하면서 하나님이 주신 땅을 차지하라고 독려했다. 르우벤, 갓, 므낫세 반 지파는 요단 동편에서 기업을 이미 받았고, 나머지 지파는 각 지파의 규모대로 제비를 뽑아 기업을 받았다. 갈렙은 노장이었음에도 거인 아낙 자손들이 사는 헤브론을 일부러 자청해서 받음으로써 끝까지 믿음의 용사다운 모습을 보였다.

4. **여호수아의 고별 설교**(23-24장) 가나안 정복과 분할이 모두 끝나자 여호수아는 모세가 모압에서 했던 것처럼 세겜에 백성을 모으고 고별 설교를 했다. 설교의 요점은 그들이 하나님과 맺은 언약을 기억하고 오직 여호와만 섬기며 살라는 것이었다. 여호수아는 여호와만 섬기는 일이 얼마나 어려운지 경고하고, 그들에게 섬길 신을 정하라고 촉구했다. 다만 여호수아와 그의 가족은 여호와를 섬기겠다고 고백했다. 이스라엘은 기꺼이 여호와만 섬기겠다고 다짐함으로써 언약을 갱신했다.

가나안 정복의 신학적 의미

1. **언약의 성취** 가나안 정복은 전체 구속사에서 하나님이 아브라함과 맺으신 언약의 성취라는 의미를 지닌다. 하지만 이스라엘이 가나안을 자기 소유로 삼기까지 많은 시간이 걸렸다. 그들은 은혜로 그 땅을 받았지만 믿음으로 땅을 자기 소유로 삼아야 했다. 여호수아가 살아 있을 때와 여호수아와 함께한 장로들이 살아 있을 동안에는 믿음의 길을 걸으며 언약의 성취를 경험하면서 살았다. 하지만 이후 세대는 믿음으로 순종하지 못했고, 언약의 성취는 그만큼 지연될 수밖에 없었다. 결국 이스라엘이 가나안을 제대로 차지하게 된 것은 다윗 왕이 주변 민족을 모두 평정한 때였다.

2. **성전(聖戰)** 많은 사람이 여호수아의 정복 전쟁에 당혹감을 느낀다. 사랑의 하나님이 이러한 침략 전쟁과 인종 학살을 어떻게 명하실 수 있는지 의아해한다. 우리는 먼저 이 전쟁이 침략 전쟁 이전에 가나안 족속에 대한 하나님의 심판임을 기억해야 한다. 이미 하나님은 창세기 15장 16절에서 가나안 족속이 타락할 것과 그들에 대한 심판의 도구로 아브라함의 자손을 사용하실 것을 예언하셨다. 여리고를 함락할 때 그 성의 모든 것을 멸하고 개인적으로 전리품을 취하지 못하게 한 데서 이것이 침략 전쟁이 아니라 하나님의 심판임을 알 수 있다. 11장 19-20절에 보면, 가나안 족속들은 마음을 강퍅하게 하지 않고 기브온처럼 이스라엘과 화친을 맺는 길을 택할 수도 있었다. 사실 이런 심판은 이스라엘에게도 똑같이 일어났었다. 그들 역시 하나님 앞에 범죄했을 때 땅이 자신들을 토해 버리는 심판을 맛보아야 했다. 그러나 오늘날 교회는 과거 신정 국가였던 이스라엘의 특수한 상황과는 다르다. 더는 거룩한 사명을 띤 전쟁은 없다.

3. **안식** 여호수아가 준 안식은 완전한 것이 아니라 이후에 더 큰 여호수아(예수님)가 줄 영원한 참 안식을 예표하는 것이었다. 히브리서(4장)는 이미 여호수아를 따라 가나안에 들어가 안식을 누리고 있는 자들에게 하나님이 오늘이라고 새날을 정하시고 새로운 안식을 말씀하신 것(시 95편)을 인용하면서, 우리가 그리스도를 믿음으로 들어가 얻게 될 참 안식이 있음을 말한다.

교훈

지금 우리 앞에도 세상이라는 가나안이 있다. 우리는 그 세상을 정복해야 할 사명이 있다. 우리의 전쟁은 혈과 육에 대한 것이 아니라 영적 권세들에 대한 것이며, 우리의 무기는 칼과 창이 아니라 사랑과 복음 그리고 성령의 능력이다. 여호수아처럼 마음을 강하게 하고 담대히 해야 한다. 하나님이 나와 함께하실 것이기 때문이다. 또한 말씀을 묵상하고 따름으로써 하나님과 동행할 수 있다.

역사서 2과

사사 시대

성경 이야기 _{삿 1-21장}

여호수아가 죽고 그와 동시대를 살았던 장로들이 다 죽자 이스라엘은 지도력의 공백기를 맞았다. 이스라엘은 자신들이 분할받은 땅에 거하던 가나안 거민들을 다 쫓아내지 못했다. 그들과 동거하다가 가나안 풍속을 좇고 바알 숭배에 빠지게 되었다. 하나님은 이스라엘을 가나안 거민의 손에 붙이셨고 그들의 압제를 받게 하셨다. 그러다가 이스라엘이 고통 중에 회개하고 부르짖으면 사사들을 통해 그들을 구원하셨다. 하지만 이스라엘은 사사들이 산 기간에만 여호와 신앙으로 돌아왔을 뿐 다시 우상 숭배와 타락한 가나안 풍속을 좇는 삶에 빠져들었다. 이런 과정을 통해 이스라엘은 하나님이 직접 통치하시는 신정 국가에서 왕을 통해 간접적으로 통치하시는 왕정 국가로 바뀌었다.

본문 이해

사사 시대의 상태(삿 1:1-3:6)

1. 군사적 쇠퇴(1:1-2:5) 여호수아가 죽은 후에 이스라엘의 각 지파는 자신들에게 할당된 지역을 차지하기 위해 전쟁을 치렀다. 이스라엘은 부분적인 승리를 제외하고는 그 지역에 거하는 가나안 거민들을 온전히 쫓아내지 못하고 적당히 안주해 버렸다. 하나님은 사자를 보내어 그들이 하나님의 명을 따르지 않고 그 땅 거민들과 언약을 맺었으므로 하나님도 그 땅 거민들을 쫓아

내시지 않겠다고 선언하셨다.

2. 영적 쇠퇴(2:6-3:6) 여호수아와 그와 함께했던 장로들이 다 죽은 후의 세대는 여호와를 알지 못했다. 또 여호와가 이스라엘을 위해 행하신 일도 알지 못했다. 그들은 급격히 타락하여 여호와를 버리고 이방 신을 섬기기 시작했다. 하나님은 전쟁을 알지 못하는 이스라엘을 시험하려고 몇 족속을 남겨 놓으셨는데, 이것은 하나님이 열조에게 주신 명령을 이스라엘이 청종하는지 알기 위해서였다.

12명의 사사 이야기(삿 3:7-16장)

1. 사사들의 활약상(굵은 이름은 대사사)

본문	사사	출신	압제자	압제 기간	평화 기간
3:7-11	옷니엘(갈렙의 사위)	유다	메소보다미아	8년	40년
3:12-30	에훗(왼손잡이)	베냐민	모압(에글론)	18년	80년
3:31	삼갈(소 모는 막대기)	납달리?	블레셋		
4-5장	드보라(여성)/바락(군대 장관)	에브라임	가나안(야빈)	20년	40년
6-8장	기드온(용사 300명/왕권 거부)	므낫세	미디안	7년	40년
9장	아비멜렉(반사사/왕권 탈취)	므낫세			
10:1-2	돌라	잇사갈			23년
10:3-5	야일(아들 30명/성읍 30개)	길르앗			22년
10:6-12:7	입다(잡류/딸을 바침)	길르앗	암몬	18년	6년
12:8-10	입산(아들 30명/딸 30명)	베들레헴			7년
12:11-12	엘론	스블론			10년
12:13-15	압돈	에브라임(비라돈)			8년
13-16장	삼손(나실인/장사)	단	블레셋	40년	20년

2. 사사들 사사들은 하나님이 특별한 능력과 은사를 주셔서 이스라엘의 지도자로 세우신 사람들이었다. 그들은 무엇보다도 정치적, 군사적 지도자로서 이스라엘을 압제자의 손에서 건져 냈다. 또 이스라엘이 하나님만 섬기도록 여호와 신앙으로 이끈 영적 지도자들이었다. 그들은 백성의 크고 작은 문제

의 시비를 가리는 재판관의 역할도 했다. 사사들은 카리스마 있는 지도자로서 통치권은 세습되지 않았고 하나님의 카리스마(은사)만이 그들의 신적 권위를 뒷받침하는 근거가 되었다.

3. **사사 시대의 형태** 이스라엘 백성이 하나님 앞에 죄(sin)를 범하면 하나님은 그들을 압제자의 손에 붙여 고난을 당하게 하셨다(suffering). 그들이 고난 중에 부르짖으면(supplication), 하나님은 사사를 일으켜 그들을 구원하셨고 (salvation), 그 사사가 살아 있는 동안 땅은 평화(silence)로웠다. 그러나 이스라엘 백성은 다시 범죄했고 이 고난의 순환은 다시 반복되었다.

사사 시대의 타락상(삿 17-21장)

1. **영적 타락상(17-18장)** 에브라임 산지에 사는 미가가 어머니에게서 훔친 돈을 돌려주자 그녀는 은으로 된 신상을 만들어 주었다. 미가는 유다의 베들레헴에서 온 레위인 소년을 집에 들여 제사장으로 삼고 그에게 신상을 지키게 했다. 이때 아직까지 자기 땅을 얻지 못한 단 지파 사람들이 미가가 사는 지역 근처의 땅을 탐색하러 왔다가 이 레위인에게 갈 길을 물었고, 그의 지시를 따라 좋은 땅을 얻게 되었다. 그 뒤에 그들은 미가의 신상을 훔치고 이 레위인을 데려다가 제사장으로 삼았다. 이 이야기는 전형적으로 타락한 종교의 모습을 보여 준다. 첫째, 여호와 신앙이 이방인의 우상 숭배적인 풍습과 혼합되어 있다(혼합주의). 둘째, 종교를 자기 치부(致富)와 번영의 수단으로 삼고 있다(기복주의). 이것은 형태만 여호와 신앙이지 내용은 바알 종교를 답습한 것이다. 이런 종교는 인간의 이기심만 충족할 뿐 하나님에 대한 경외와 신앙의 열매인 거룩함이 없다.

2. **도덕적 타락상(18-21장)** 에브라임 산지에 사는 한 레위인이 베들레헴 여자를 첩으로 얻었는데, 이 여자가 행음하고 자기 아버지의 집으로 돌아갔다. 그는 장인의 집에 가서 여자를 데리고 돌아가는 길에 날이 저물어 기브아에 머물렀는데, 그 동네 불량배들이 와서 여자를 밤새 희롱하여 죽이고 말았다. 그 남편은 고향으로 돌아가 여자의 시체를 토막 내어 온 이스라엘에 보냈고, 이

스라엘의 모든 지파는 함께 모여 이 불량배들을 옹호하는 베냐민 지파와 싸워서 그들을 무참히 살육했다. 영적인 타락은 군사적인 실패를 낳았고, 그 결과 이방인의 풍속이 그대로 들어와서 이스라엘은 도덕적으로 타락했다. 이러한 타락의 악순환은 이스라엘 역사의 원형이다.

사사 시대의 의미

사사 시대는 가나안 정복 시대와 이후 왕정 시대를 잇는 중간기적 성격을 띤다. 이 시대는 부족 동맹체(amphictyony)를 유지하면서 하나님이 사사들을 통해 이스라엘을 직접 다스리신 신정 국가 체제였다. 이스라엘이 율법을 지키고 여호와 신앙을 유지했다면 가나안 정복 시대처럼 하나님의 인도와 보호, 공급을 받는 이상적인 사회를 이룰 수 있었을 것이다. 하지만 사사기의 마지막 구절에서 보듯이 "그때에 이스라엘에 왕이 없으므로 사람이 각기 자신의 소견에 옳은 대로 행하였[다]"(21:25). 사사 시대는 바른 영적 지도력의 부재로 우상 숭배에 빠지고 도덕적으로 타락하며, 군사적으로 이방인의 압제를 받은 영적 암흑기였다. 그래서 왕정 시대로 이행할 수밖에 없다.

교훈

1. **지도력의 결핍** 사사 시대에는 올바른 영적 지도자가 없었고, 백성은 갈 길을 알지 못하고 방황했다.
2. **은혜의 망각** 정복 이후의 세대는 하나님이나 그분이 하신 일을 알지 못하고, 그분의 은혜를 기억하지 못했다.
3. **안일과 타협** 안일에 빠져 영적 원수들을 온전히 물리치지 못하면 올무가 되어 나를 사로잡는다.
4. **주관적 신앙의 위험성** 말씀이 아니라 사람의 주관적 판단이 기준이 되면 혼돈에 빠지게 된다(잠 29:18).

역사서 3과

사무엘

성경 이야기 룻기/삼상 1-12장

사사 시대의 혼란은 이스라엘이 블레셋과의 전쟁에서 언약궤를 빼앗기면서 극에 달했다. 엘리 제사장은 늙었고 그의 아들들은 타락하여 제사장의 역할을 제대로 감당하지 못했다. 그러자 하나님은 사무엘을 불러 이스라엘의 지도자로 세우셨다. 마지막 사사인 사무엘에게 군사 지도력은 없었지만 그는 하나님의 말씀을 전하고 백성을 회개로 이끄는 등 신앙의 부흥을 추구했다. 사무엘은 이스라엘에 선지자적 영성 운동을 일으켰다. 하지만 사무엘의 아들들이 그와 같지 않음을 본 백성은 왕을 요구하기 시작했고, 사무엘은 하나님의 명을 좇아 사울을 왕으로 세웠다. 이스라엘은 이제 왕정 국가 시대로 접어들었다.

본문 이해

룻 이야기(룻 1-4장)

1. 줄거리 유다 베들레헴 사람 엘리멜렉과 그 아내 나오미 그리고 그들의 두 아들 말론과 기룐은 흉년을 피해 모압으로 갔다. 그 땅에서 엘리멜렉이 죽고 말론과 기룐은 각각 모압 여인 오르바와 룻을 아내로 맞아들였다. 이후 그들도 죽고 나오미와 두 며느리만 남게 되었다. 나오미의 강권으로 오르바는 자기 친족에게로 돌아갔으나, 룻은 시어머니와 생사를 같이하겠다며 함께 베들레헴으로 돌아왔다. 룻은 시어머니를 돌보기 위해 나오미의 친족 보

아스의 밭에 가서 곡식을 주웠다. 그러다가 보아스의 인애를 입었다. 보아스는 나오미와 룻의 딱한 처지를 알게 되었고, 기꺼이 나오미를 위해 기업을 물려주었다. 룻은 보아스의 아내가 되어 다윗의 할아버지 오벳을 낳았다.

2. 룻기의 교훈

1) **룻의 믿음과 인애** 룻은 모압 여인이지만 시어머니의 신앙을 좇아 여호와를 믿고 언약 백성이 되었다. 그녀는 나오미와 보아스에게 인애(hesed)를 베풀었으며, 라합과 더불어 이방 여인으로서 메시아의 조상이 되었다.

2) **보아스의 기업 물림** 기업 물림이란 어떤 사람이 상실한 기업(땅)을 그 친족이 되찾아 주는 것이다. 이것은 하나님이 주신 기업을 이스라엘의 각 지파와 가족이 영구히 보존할 수 있도록 하나님이 정하신 방법이었다. 기업 물림의 정신은 하나님이 이스라엘을 애굽에서 건지신 사건에서 그 원형을 찾을 수 있고, 그리스도가 우리를 죄와 사망에서 건지신 사건에서 그 완성을 볼 수 있다.

3) **다윗의 족보** 룻기는 사사 시대의 혼란을 극복하고 이스라엘의 황금 시대를 여는 다윗의 가계가 어떻게 이어지는지를 추적하는 한편, 나오미를 위한 보아스의 기업 물림이 이스라엘을 위한 다윗의 업적으로 확대될 것을 예견한다.

사무엘 이야기 (삼상 1-12장)

1. 사무엘의 준비(1-3장) 기도 응답으로 사무엘을 낳은 한나는 아이가 젖을 떼자 성막으로 데려가 엘리 제사장 밑에서 자라게 했다. 한나의 찬양(2:1-10)은 후에 예수님의 어머니인 마리아의 송가(눅 1:46-55)로 이어지는데, 그 주제는 하나님의 주권과 비천한 자를 돌보시는 하나님의 긍휼이다. 사무엘의 어린 시절에는 이스라엘에 하나님의 말씀과 이상이 희귀했고 영적으로 매우 어두웠다. 그때 하나님은 사무엘을 부르시고 엘리 집안을 심판할 거라고 경고하셨다. 이렇게 사무엘은 하나님의 음성을 들으며 영적 지도력의 근본인 경건 훈련을 쌓았다. 마침내 "사무엘이 자라매 여호와께서 그와 함께 계셔서

그의 말이 하나도 땅에 떨어지지 않게 하시니 단에서부터 브엘세바까지의 온 이스라엘이 사무엘은 여호와의 선지자로 세우심을 입은 줄을 알았[다]" (3:19-20).

2. 사무엘 당시의 시대상(4-6장)

1) **블레셋의 위협** 블레셋은 이스라엘이 가나안을 정복한 직후에 애굽에 밀려 가나안 동남쪽 해안 지역에 정착한 해양 민족이었다. 철기 문화를 바탕으로 한 블레셋은 매우 투쟁적인 민족으로서 유다를 압박하고 단을 쫓아냈다. 나중에 다윗이 그들을 정복할 때까지 블레셋은 이스라엘에게 가장 큰 위협이었다.

2) **종교 지도자의 부패** 늙은 엘리는 제사장 직분을 감당할 수 없었고, 그의 두 아들 홉니와 비느하스는 불량하여 제사를 업신여겼다. 블레셋과 전쟁이 벌어졌을 때 그들은 언약궤를 지고 나갔다가 패하여 죽고 궤도 뺏기고 말았다. 그들은 하나님과의 바른 관계는 도외시한 채 언약궤를 부적처럼 사용했다. 언약궤를 빼앗겼다는 소식을 들은 엘리는 의자에서 떨어져 목이 부러져 죽었고, 출산하던 비느하스의 아내는 남편의 사망 소식을 듣고 아기 이름을 이가봇(영광이 떠남)이라 부르며 숨을 거두었다. 하나님은 이렇게 엘리 집안을 심판하셨다.

3) **언약궤 사건** 언약궤를 탈취한 블레셋은 그로 인해 큰 재앙을 겪었다. 궤를 신전에 두자 그다음 날 모든 신상이 쓰러지고, 궤 안을 들여다본 사람들은 독종으로 죽었다. 블레셋인들은 적절한 제사와 의식을 거친 후에 언약궤를 벧세메스로 보냈다. 궤는 벧세메스를 거쳐 나중에 다윗이 예루살렘으로 가져가기까지 기럇여아림에 머물게 되었다. 이렇듯 하나님의 임재를 상징하는 언약궤의 상실은 하나님 백성으로서 이스라엘 정체성 위기와 그들의 타락한 영적 상태를 보여 준다.

3. 사무엘의 사역과 활동(7-12장)

1) **미스바의 회개 운동** 사무엘은 온 이스라엘 백성을 미스바로 모으고, 우상을 버리고 온전히 하나님 앞으로 돌아오라는 회개 운동을 일으켰다. 이때

블레셋이 이스라엘을 침략했는데, 사무엘이 간절히 기도하자 하나님이 블레셋에 우뢰를 내려 그들을 대파하셨다. 사무엘은 이 승리를 기념하여 돌을 세우고 그 이름을 에벤에셀('하나님이 우리를 여기까지 도우셨다')이라고 했다. 사무엘이 살아 있는 동안에는 블레셋이 이스라엘을 침략하지 못했다.

2) **사무엘의 사역** 사무엘은 해마다 벧엘, 길갈, 미스바로 순회하면서 백성을 가르치고 다스렸으며, 고향 라마에서 선지자들을 훈련했다. 사무엘이 시작한 이 선지자적 영성의 전통은 훗날 왕정 체제에서도 계속 이어져서 왕들이 언약에 충실하도록 촉구하고 경계하는 역할을 했다. 이렇듯 사무엘은 이스라엘을 영적으로 이끌어 주었다.

3) **왕정 체제로 전환** 사무엘의 아들들이 사무엘처럼 온전하게 행하지 못하자 백성은 사무엘에게 왕을 세워 달라고 요청했다. 하나님은 섭섭하게 여기는 사무엘에게 그들이 버린 것은 사무엘이 아니라 하나님 자신이라고 말씀하시면서 왕을 세우도록 허락하셨다. 하나님은 신명기(17:14-20)에서 이미 왕정 체제를 예언하셨다. 따라서 왕정 체제를 요구한 것 자체가 잘못은 아니었다. 문제는 이스라엘 백성이 하나님을 왕으로 인정하면서 그 언약 안에서 왕정 체제로 전환된 것이 아니라, 이방인의 풍속을 흉내 내려고 그렇게 한 것이다. 이후 이스라엘 역사에서 왕정 체제가 된 후 이스라엘이 하나님과의 언약을 저버리는 것을 목도하게 된다. 사무엘은 사울과 다윗을 이스라엘의 초대 왕으로 세우고, 사사 시대에서 왕정 시대로 전환을 이끌었던, 모세처럼 탁월한 영적 지도자였다(시 99:6, 렘 15:1).

교훈

1. **영적 지도력** 사무엘은 오직 하나님의 뜻만 추구했던 영성 깊은 사람이다. 그는 말씀으로 백성을 가르치고 그들을 위해 기도하기를 쉬지 않았다. 또한 그는 흠 없는 삶을 살았던 거룩한 사람이다. 우리에게도 이런 지도자들이 필요하다. 주님은 목자 없는 양같이 유리하는 백성을 보시고 추수할 일꾼들

을 보내 달라고 기도하라고 하셨다(마 9:36-38). 우리도 바른 영적 지도자들을 일으켜 달라고 기도해야 한다.

2. **자녀 교육** 나 자신의 신앙만큼이나 자녀의 신앙에 관심을 갖고 노력을 기울이는가?

역사서 4과

사울

성경 이야기 _{삼상 9–31장}

사무엘의 뒤를 이어 이스라엘의 지도자가 된 사람은 사울이었다. 그는 이스라엘의 초대 왕으로서 처음에는 겸손하여 하나님의 쓰임을 받았다. 하지만 곧 하나님께 불순종하여 왕의 자격을 상실하고 만다. 그는 하나님을 섬겨야 하는 본분을 잊어버리고 그분을 자기 왕권을 유지하기 위한 수단으로 대했다. 제사를 빙자한 두 번의 불순종이 이 사실을 잘 보여 준다. 결국 하나님은 사울을 버리셨다. 그리고 다윗을 택해 왕으로 삼고자 하셨다. 사울은 다윗에 대한 질투심에 불타 그를 추격하며 남은 생애를 보냈다. 그는 계속 쇠락의 길을 걷다가 마침내 길보아 산에서 블레셋과의 전투 중에 최후를 맞이한다.

본문 이해

1. 사울의 등장(9–10장) 사울은 베냐민 지파에 속한 기스의 아들이다. 아버지가 잃어버린 나귀 새끼들을 찾으러 집을 나섰다가 선지자 사무엘을 만나 기름 부음을 받고 왕이 되었다. 그는 키가 모든 백성보다 어깨 위가 더 크고, 이스라엘에서 가장 준수한 자라는 평을 들었다. 사울은 왕으로 택함 받았다는 말을 듣자 당황스러워하며 자신이 속한 지파와 가족의 미약함을 들어 자신은 자격이 없다고 말했다. 또 사무엘이 공적으로 사울의 왕 됨을 선포했을 때도 짐 보따리 뒤에 숨은 겸손한 사람이었다.

2. 사울의 전성기(11-12장) 사울이 왕이 된 후 암몬 사람 나하스가 길르앗 야베스를 침공했다. 사울은 이스라엘 전역에서 사람을 모아서 암몬을 무찔렀다. 하나님의 신이 사울에게 임했고 그는 크게 용맹을 떨쳤다. 왕정이 세습 제도로 정착하는 과정에서 사울 역시 하나님의 카리스마로 움직였던 사사 시대의 특성을 보여 준다. 사울이 승리를 거두자 그를 따르던 자들은 사울이 왕이 된 것을 빈정거렸던 자들을 혼내 주려 했다. 하지만 사울은 온유하게 그 일을 막았다. 사울은 나중에 아말렉과의 전쟁(14:47-48)에서 불순종하여 결정적으로 하나님께 버려지기 전에는 가는 곳마다 승리를 거두었다.

3. 사울의 넘어짐(13-15장)

1) **제사를 직접 드림**(13장) 사울의 좋은 출발은 오래가지 못했다. 그는 하나님의 은혜로 왕이 된 것을 곧 잊어버렸다. 자기 힘으로 왕위를 지키려고 애쓴 나머지 하나님의 법에 순종하지 못하는 사례를 연발했다. 블레셋과의 전쟁을 앞두고 하나님의 도우심을 구하는 제사를 드리려고 하는데, 사무엘이 제시간에 도착하지 않자 백성이 요동하고 흩어지는 상황이 벌어졌다. 사울은 사무엘을 기다리지 않고 직접 제사를 드렸다. 곧바로 도착한 사무엘은 사울을 크게 책망하며 그의 왕권이 오래가지 못할 거라고 경고했다.

2) **권위의 남용**(14장) 블레셋과의 전쟁 중 사울은 이스라엘 군사들에게 그날 승리를 거두기까지 아무것도 먹지 않겠다는 맹세를 시켰다. 그는 섣부른 판단으로 아들 요나단과 군사들을 곤경에 빠뜨렸다. 이 사실을 몰랐던 요나단은 블레셋을 기습하여 큰 승리를 거둔 후 땅에서 꿀을 발견하여 먹었다. 또 전쟁에서 승리한 군사들은 허기진 나머지 고기를 피 채로 먹었다. 사울은 요나단이 맹세를 범한 것을 알고 그를 죽이려 했다. 하지만 군사들이 승리한 요나단을 죽일 수는 없다고 말렸다. 사울은 신중하고 지혜로운 모습보다는 초조하고 충동적인 모습을 더 많이 드러냈다. 지도자로서 이런 불안정한 모습은, 권위의 중심을 잃고 자기 힘으로 모든 상황을 해결하려 할 때 발생하는 필연적인 결과다.

3) **아말렉과의 전쟁에서 불순종**(15장) 하나님은 이스라엘이 애굽을 나온 직후 그들을 뒤에서 공격한 아말렉을 전멸하라고 사울에게 명하셨다. 하지만 사울은 아말렉을 무찌르고서 좋은 가축들은 죽이지 않고 살려 두었다. 나중에 사무엘이 도착하여 가축 소리를 듣고 그 이유를 묻자 사울은 하나님께 제사를 드리기 위해 살려 두었다고 대답했다. 이때 사무엘은 "순종이 제사보다 낫고 듣는 것이 수양의 기름보다 나으니"(22절)라는 말로 그를 책망했다. 사울은 이 일로 하나님 앞에서 결정적으로 실격했다. 사무엘은 죽는 날까지 사울 때문에 슬퍼하며 다시 그를 보지 않았다.

4. 사울의 남은 생애(16-31장)

1) **다윗에 대한 질투** 하나님께 버림 받은 사울은 악신으로 고통을 받았다. 그는 다윗의 수금 연주를 들으면서 마음을 진정시키곤 했다. 그러던 어느 날 블레셋과의 전쟁에서 거인 장수 골리앗 때문에 어려움에 처했다. 그때 다윗이 나타나 용맹을 발휘하여 골리앗을 무찔렀다. 사울은 처음에는 다윗을 총애했지만 사람들이 다윗을 더 찬양하는 소리를 듣고 질투심에 사로잡혔다. 그는 여러 차례 다윗을 죽이려 했고, 다윗이 자기를 피해 광야로 숨어 버리자 그를 추격하는 일에 남은 생애를 바쳤다. 그 와중에도 사울은 몇 차례 다윗의 은혜를 입고 제정신을 차리는 듯했지만 다시 이성을 잃고 죽는 날까지 다윗을 추격했다.

2) **사울의 쇠락** 다윗에 대한 질투에 사로잡힌 사울은 점차 인격과 삶의 파탄을 경험하며 쇠락의 길을 걸었다. 다윗이 사울의 추격을 피해 제사장들의 성읍인 놉을 찾았을 때 다윗이 사울에게 쫓기는 것을 몰랐던 제사장 아히멜렉은 다윗 일행에게 진설병과 골리앗의 칼을 주었다. 이 사실을 알게 된 사울은 제사장 85인과 놉의 모든 사람과 가축을 죽이는 만행을 저질렀다. 또 블레셋과의 전쟁에서 하나님의 도움을 구하려 했지만 하나님의 음성을 들을 수 없자 영매를 찾아갔다. 신접하는 행위는 하나님이 가증하게 여기시는 일이었다. 사울도 일찍이 이스라엘 안에서 모든 신접하는 자와 박수를 멸했다. 하지만 초조함으로 분별력을 잃은 사울은 엔돌

에 사는 신접한 여인을 찾아가 죽은 사무엘의 영을 불러 달라고 부탁했다. 이러한 일들은 사울의 인격이 점점 더 망가지고 파괴되고 있음을 보여 준다.

3) **사울의 최후** 사울은 길보아 산에서 블레셋과 최후의 접전을 벌였다. 블레셋 군인이 쏜 화살에 맞자 자신의 병기를 든 소년에게 자신을 죽이라고 명하지만 소년이 두려워하며 어쩔 줄 몰라 하자 자신의 칼 위에 엎드림으로써 스스로 목숨을 끊었다. 이 전쟁에서 사울의 세 아들도 다 죽었다.

5. **사울의 의미** 사울은 이스라엘 최초의 왕으로서 왕정 체제의 초석을 놓은 인물이었다. 그는 카리스마 넘치는 지도자로서 그가 다스리던 중에는 중앙 집중적 정부를 세우지 않고 왕정 국가에서 필수인 세금 제도와 본격적인 상설 군대를 두지 않았다. (그의 군대는 규모가 크지 않았다.) 왕궁도 초라하기 그지없었다. 그의 시대는 옛 질서에서 크게 벗어나지 않았다. 본격적인 왕정 체제의 확립은 다윗 때 이루어진다. 사울은 후대의 왕정 체제에서 만연했던 부조리와 불의에 빠지지는 않았지만, 언약 안에서 하나님의 종으로서의 왕이라는 이스라엘의 이상에는 크게 벗어난 자였다.

교훈

1. **불순종** 사울이 실격한 가장 큰 이유는 불순종이었다. 이 사실은 그가 하나님을 왕으로 인정하지 않았으며, 따라서 하나님의 언약 백성인 이스라엘의 왕으로서 자격을 갖추지 못했음을 보여 준다. 특히 그가 하나님과의 바른 관계를 전제로 하는 제사 문제에서 넘어졌다는 것은, 그가 그만큼 하나님을 몰랐다는 것을 보여 준다. 하나님은 제사보다 순종을 원하신다(이 점에서 다윗은 달랐다. 시편 51편 참고).

2. **질투** 사울이 넘어진 또 다른 이유는 다윗에 대한 질투였다. 하나님을 중심에 두지 않은 사람은 끊임없이 경쟁하려 들고 타인을 시기한다. 참된 자기 부인과 하나님 중심의 모습은 '남을 자신보다 낫게 여기는 것'이다.

역사서 5과

다윗 1

성경 이야기 _{삼상 16-31장}

사울이 하나님께 불순종함으로 왕의 자격을 상실하자 사무엘은 하나님이 "내 마음에 맞는 사람"(행 13:22)이라고 말씀하신, 이새의 아들 다윗에게 기름을 부어 왕으로 세웠다. 다윗은 양을 치다가 사울의 음악 치료사 역할을 하게 되었고, 골리앗을 죽임으로써 이스라엘의 영웅으로 떠올랐다. 하지만 그를 총애하던 사울이 질투심과 경계심을 불태우기 시작하자 다윗은 사울을 피해 도망쳤다. 그는 이 기간에 자신과 생사고락을 같이하는 한 무리의 군사를 모았고, 심지어 블레셋에 몸을 의탁하는 등 위기를 넘기면서 사울의 추격을 피해 다녔다. 다윗이 블레셋 지경으로 들어가자 사울은 그를 추격하는 일을 멈추었다. 다윗은 사울의 죽음으로 긴 고난의 여정에 종지부를 찍었다.

본문 이해

다윗의 등장 (삼상 16-20장)

1. 준비 (16장)

1) **목양** 다윗은 역사의 무대에 본격적으로 등장하기 전에 양을 치고 있었다. 목양은 그가 왕의 역할을 할 때 좋은 경험이 되었을 것이다. 시편에서는 다윗이 목양 경험을 바탕으로 이스라엘 백성을 자기 마음의 완전함으로 기르고 그의 손의 능숙함으로 그들을 지도했다고 평한다(시 78:70-72). 또 다윗은 맹수들에서 양을 지키면서 용맹해지고 싸움 기술을 익혔다.

골리앗과의 싸움에서 그 덕을 톡톡히 보게 된다.

2) **기름 부음** 사무엘은 하나님의 명을 따라 이새의 아들 중 하나를 왕으로 세우고자 했다. 들에서 양을 치고 있던 다윗을 제외한 일곱 아들이 사무엘의 앞을 지나가는 동안 그는 그들의 외모를 보고 마음속으로 왕의 자격 여부를 생각했다. 하지만 하나님은 외모가 아니라 중심을 보신다고 말씀하시며 다윗을 불러 그 위에 기름을 붓게 하셨다. "이날 이후로 다윗이 여호와의 영에게 크게 감동되니라"(13절).

3) **음악 치료사** 사울이 하나님이 보내신 악신으로 인해 괴로워하자 주위 사람들이 다윗을 추천하여 음악을 연주하게 했다. 다윗의 연주는 악신을 쫓아내고 사울의 마음을 편하게 해주었다. 다윗은 찬양과 음악의 사람, 즉 영성과 예술성을 갖춘 사람이었다. 그는 시편의 절반 정도를 지었다.

2. **골리앗(17장)** 아버지의 심부름으로 전쟁터에 있는 형들을 찾아간 다윗은 블레셋의 용사 골리앗이 하나님과 이스라엘 군대를 모욕하는 것을 듣고 분노했다. 그래서 골리앗과 맞서 싸우게 해 달라고 사울에게 간청했다. 하지만 사울은 골리앗의 장대함과 다윗의 연소함을 생각하고 주저했다. 마침내 사울의 허락을 받은 다윗은 물매를 던져 골리앗을 쓰러뜨리고 이스라엘에 큰 승리를 가져왔다. 그는 이 일로 일약 이스라엘의 영웅이 되었다. 사울은 처음에는 그를 총애했지만 그가 자기보다 더 인기가 높아지자 위협을 느꼈고 질투심에 불타 여러 차례 그를 죽이려 했다.

3. **사울의 가족(18-20장)** 다윗은 사울의 아들 요나단과는 우정으로, 딸 미갈과는 애정으로 맺어졌다. 특히 요나단은 아버지 사울의 질투와는 대조적으로 다윗을 자기 생명처럼 사랑하면서 그를 자기보다 더 낮게 여겼다(삼상 23:17, 빌 2:4). 또 미갈은 다윗의 아내가 되었다. 다윗은 처음에는 왕의 사위가 되는 일을 주저했지만 블레셋 사람들을 죽여 공훈을 세우고 미갈을 아내로 맞았다. 하지만 이 모든 일을 했음에도 사울이 자신을 죽이려 했기 때문에 다윗은 어쩔 수 없이 그들과 작별하고 그들의 도움으로 사울의 위협에서 벗어나 피난길에 올랐다.

다윗의 피난(삼상 21-31장)

1. **초기**(21-22장) 다윗은 먼저 놉에 있는 제사장 아히멜렉을 찾아가서 떡과 무기를 얻었다. 그 후에는 가드 왕 아기스에게 몸을 의탁하려다가 골리앗을 죽인 자로서 오히려 생명의 위협을 느끼자 미치광이 흉내를 내며 그 위기를 벗어났다. 다윗이 아둘람 굴로 도망가자 가족들과 여러 어려움에 처한 400여 명(후에는 600명)이 그에게 몰려들었다. 이들은 다윗과 생사를 같이하면서 후에 다윗의 군대와 내각을 구성하게 된다. 다윗은 잠시 모압으로 피신했다가 선지자 갓의 충고를 따라 다시 유다 광야로 돌아온다.

2. **유대 광야**(23-26장) 유다로 돌아온 다윗은 그일라 거민들을 블레셋의 손에서 건져 주었다. 그때 아히멜렉의 아들 제사장 아비아달이 에봇을 가지고 다윗을 찾아왔다. 다윗은 아비아달을 통해 그일라 사람들이 자신을 사울의 손에 넘겨줄 것이라는 하나님의 음성을 듣고 그곳을 떠나 십 황무지, 마온 황무지 등을 전전했다. 다윗은 유다 광야에 머무는 동안 사울을 죽일 수 있는 기회를 두 번이나 얻었지만 그렇게 하지 않았다. 엔게디에서는 한 굴에 숨어 있다가 용변을 보기 위해 들어온 사울의 옷자락만 베고 그를 살려 주었고, 하길라 산에 숨어 있을 때도 사울을 죽일 수 있는 결정적 기회를 포기했다. 다윗은 마온의 부자 나발에게 도움을 청했다가 거절당하고 복수심에 불탔다. 하지만 나발의 아내 아비가일이 지혜롭게 일을 처리하여 피를 흘리지 않고 필요한 물자를 얻을 수 있었다.

3. **시글락**(27-31장) 유다에 머물러 있으면 사울의 추격을 피할 수 없음을 깨달은 다윗은 마침내 블레셋에 몸을 숨기기로 하고 아기스를 찾아갔다. 아기스는 다윗 일행을 시글락에 머물게 했다. 사울은 더는 다윗을 추격하지 않았다. 다윗은 시글락에서 1년 4개월을 머물렀고 그동안 아기스에게 충성을 다했다. 그 후에 아기스가 사울과 전쟁을 하게 되자 다윗은 자신도 그 전쟁에 참가하겠다고 나섰다. 하지만 다른 블레셋 군사들이 그의 참여를 꺼리자 아기스는 다윗을 제외했다. 다윗이 시글락을 비운 동안 아말렉이 쳐들어와서

가족과 물건들을 약탈해 갔다. 이 사실을 알고 다윗이 크게 낙심했지만 하나님을 신뢰함으로 다시 힘을 얻어 그들을 추격해 잃은 모든 것을 되찾아 올 수 있었다. 마침내 사울은 기브아 산에서 죽고, 다윗의 긴 피난 생활은 막을 내리게 되었다.

교훈

1. **선택된 다윗** 하나님이 다윗을 택하신 것은 은혜 때문인가? 아니면 다윗이 자격을 갖추었기 때문인가? 둘 다라고 봐야 할 것이다. 우리는 하나님의 택하심을 둘로 나누어 생각해 보아야 한다. 하나님의 선택은 구원의 선택과 사명의 선택이 있다. 구원의 선택은 전적으로 하나님의 은혜다. 하지만 사명의 선택은 택함을 받는 사람이 자격을 갖추었기 때문에 이루어지기도 한다. 이때 그 자격조차 하나님이 주신 것이라는 면에서는 이 선택도 은혜로 말미암은 것이다. 실상 모든 선택이 은혜다. 그러나 하나님이 맡기신 작은 것에 충성을 다함으로써 더 큰 것을 맡게 된다는 의미에서 사명의 선택은 택함을 받는 사람의 자격과도 관련이 있다. 다윗은 목동일 때부터 성실하게 맡은 일을 감당했고, 어려서부터 하나님을 믿는 믿음으로 살았기에 하나님의 마음에 합한 사람이 되었다. 무엇보다도 다윗은 중심이 하나님께 온전히 사로잡혀 있었다. 이런 마음은 하나님의 은혜면서 동시에 그의 영광이 된다. 하나님은 우리로 그분의 형상을 본받게 하시고 그 형상을 통해 그분의 영광을 드러내신다.

2. **다윗의 훈련** 다윗의 광야 피난 생활은 말할 수 없이 힘든 고난의 기간이었다. 하지만 왕으로 준비되는 더할 수 없이 유익하고 필요한 시간이었다. 다윗은 이 기간에 온전히 하나님만 의지하는 법을 배울 수 있었다. 그는 자기 힘으로 왕이 되기까지의 시간을 단축하지 않으려 했고, 하나님이 그분의 때에 그분의 방식으로 이루실 것을 확신했다. 이런 믿음이야말로 사울과 대조되는 모습이고 하나님이 다윗을 귀하게 보신 이유다.

역사서 6과

다윗 2

성경 이야기 <small>삼하 1장–왕상 2장/대상</small>

사울이 죽은 후에 다윗은 먼저 유다의 왕이 되어 7년 반을 다스렸다. 그 후 나머지 열 지파의 추대를 받고 온 이스라엘의 왕이 되어 33년을 다스렸다. 그는 예루살렘을 왕국의 수도로 삼고 그곳에 언약궤를 안치하여 내부적으로 왕권을 공고히 다졌다. 외부적으로는 블레셋을 비롯한 주변 이민족을 차례로 물리쳐 이스라엘에 황금시대를 열었다. 하나님이 그의 왕권을 영원히 세워 주겠다는 언약을 베푸셨을 때 그의 전성기는 절정에 이르렀다. 하지만 그는 범죄하여 쇠락의 길을 걸었다. 집안에서는 피비린내 나는 다툼이 그치지 않았고, 그는 말년에 아들의 반란을 피해 피난길에 올라야 했다. 다윗은 솔로몬을 왕으로 세우고 파란만장한 생애를 마감했다.

본문 이해

다윗의 전성기 <small>(삼하 1–10장)</small>

1. 다윗의 등극(1–5장) 사울이 죽자 아들 이스보셋이 사울의 군대 장관 아브넬의 호위 아래 이스라엘의 왕이 되었다. 다윗은 유다 지파의 왕이 되었다. 아브넬이 사울의 첩을 취한 것을 이스보셋이 책망하자 아브넬은 분노하여 이스라엘 열 지파를 다윗에게로 돌리려고 했다. 하지만 다윗을 만나고 돌아가는 길에 다윗의 군대 장관 요압에게 죽임을 당했다. 또 이스보셋은 자기 침

상에서 암살을 당했다. 이런 과정에서 사울 왕가는 완전히 몰락했고, 이스라엘의 나머지 지파들도 다윗을 왕으로 추대했다. 다윗은 유다의 왕이 된 지 7년 반 뒤에 온 이스라엘의 왕이 되어 33년을 다스렸다.

2. **예루살렘과 언약궤(5-6장)** 다윗은 왕이 된 후에 친위대를 이끌고 여부스 족속의 요새였던 예루살렘을 빼앗아 자기 소유로 삼고 온 이스라엘의 수도로 삼았다. 그리고 두로 왕 히람이 보내 준 물자와 인부들로 왕궁을 지었다. 그 후 여호와의 언약궤를 예루살렘에 안치했다. 궤는 그동안 변방 바알레유다에 있었다. 처음에 궤를 옮기려 하자 소가 날뛰어 궤가 흔들리는 것을 웃사가 손으로 붙잡았다가 하나님이 치셔서 그는 죽고 말았다. 다윗은 이 일로 마음이 상해서 궤를 오벳에돔의 집으로 옮겼다. 그러다가 그 집이 복을 받는 것을 보고 마침내 궤를 예루살렘으로 옮겨 왔다. 그는 궤가 들어올 때 기뻐 뛰놀며 옷이 벗겨질 정도로 춤을 추었다.

3. **나단의 신탁(7장)** 다윗이 하나님을 위해 전을 짓고 싶어 하자 하나님은 선지자 나단을 보내셨다. 나단은 다윗이 아니라 그의 아들이 전을 짓게 될 것과 하나님이 그의 집을 세워 주실 것을 말했다. 하나님은 다윗과 언약을 맺으셨다. 언약의 골자는 다윗의 가문이 영원히 이스라엘을 다스리는 왕이 되게 해주시겠다는 것과 그의 후손을 아들로 삼으시겠다는 것이었다. 이 언약은 솔로몬과 그의 후손을 통해 일차적으로 불완전하게 성취되지만, 궁극적으로는 그리스도가 오셔서 성취하실 약속이었다.

4. **다윗의 전쟁(8-10장)** 다윗은 수도를 정하고 언약궤를 모시고 왕권에 대한 하나님의 약속까지 받음으로써 내적으로 탄탄한 통치 기반을 다졌다. 다윗은 이제 외적으로 주변 이민족들을 평정함으로써 왕국의 경계를 확장하고 평화를 정착시켰다. 다윗의 부하들은 매우 용맹스러워서 블레셋을 비롯하여 암몬과 아람 등 주변 국가들과 싸울 때마다 큰 승리를 거두었다. 마침내 주변 국가들은 다윗과 이스라엘에 조공을 바치는 신하 국가로 자리매김하게 되었다. 한편 다윗은 요나단의 남은 아들 절뚝발이 므비보셋을 찾아내어 후대하고 왕의 상에서 먹게 하는 등 친구에 대한 예우와 사랑을 표현했다.

다윗의 쇠퇴기(삼하 11-20장)

1. **다윗의 범죄**(11-12장) 다윗의 신하들이 전쟁에 나가 싸울 때 다윗은 뒤에 남아 한가로운 시간을 보내고 있었다. 그러다가 밧세바가 목욕하는 것을 목격하고 그녀와 동침하여 잉태하게 했다. 다윗은 이 일을 덮고자 밧세바의 남편 우리야를 전쟁터에서 불러 집으로 가서 쉬게 하는 책략을 쓰다가 결국 그를 전쟁터에서 죽이는 추악한 죄를 범했다. 하나님은 선지자 나단을 보내 다윗을 책망하셨고, 다윗은 뼈를 깎는 고통의 회개를 하고 하나님께 죄 사함을 받았다. 하지만 밧세바가 난 아이는 하나님이 데려가셨다.

2. **다윗 집안의 환난**(13-14장) 이후 다윗의 집안에는 환난이 그치지 않았다. 장남 암논이 이복 누이 다말을 겁탈하자 이에 분노한 다말의 친오빠 압살롬이 계략을 써서 암논을 죽이고 피신했다. 그 후 요압이 나서서 중재했는데, 다윗은 압살롬이 돌아오는 것은 허락했지만 그를 보지는 않았다.

3. **압살롬의 반란**(15-19장) 압살롬은 사람들의 마음을 자기에게로 돌리는 등 오랜 기간 반역을 준비했다. 마침내 결정적인 순간에 그는 다윗의 모사 아히도벨을 자기 편으로 끌어들여 아버지에게 반기를 들고 쿠데타를 일으켰다. 다윗은 황급히 기드론 시내를 건너 피난길에 올랐다. 하지만 다윗의 심복 후새의 계략과 여러 신하들의 도움으로 마침내 압살롬을 몰아내고 다시 왕위를 찾을 수 있었다. 다윗은 압살롬이 요압의 창에 찔려 죽었다는 소식을 듣고 슬퍼하며 왕궁으로 돌아왔다. 그 와중에 베냐민 사람 시므이가 다윗을 저주하기도 하고, 요나단의 아들 므비보셋의 청지기 시바가 주인을 배반하고 다윗에게 므비보셋을 모함하기도 했다.

4. **세바의 반란**(20장) 베냐민 지파 비그리의 아들 세바가 반란을 일으켰다. 온 이스라엘의 민심이 다윗에게서 멀어지게 되었다. 하지만 이때에도 하나님은 다윗과 함께하셨다. 다윗은 반란을 진압하고 다시 왕위를 지킬 수 있었다. 이 일은 비록 다윗이 온 이스라엘의 왕으로 인정받았지만 항상 다윗의 집에 거리를 두고 경계심을 품는 반다윗의 정서가 이스라엘에 흐르고 있음을 보여 준다.

다윗의 퇴장(삼하 21-24장/왕상 1-2장)

1. **여러 에피소드(21-24장)** 다윗은 사울이 기브온 사람들을 죽인 일에 대해 그들이 사울의 자손에게 복수하는 일을 허락해 주었다. 그리고 사울과 요나단의 시신을 거두었던 길르앗 야베스 사람들에게는 고마움을 표시했다. 또 요압의 반대에도 인구를 계수했다가 하나님의 진노를 받아 온 백성이 사흘 동안 온역으로 고생하는 벌을 받기도 했다. 다윗의 노래가 시편 18편에 실려 있다.

2. **솔로몬에게 왕위를 물려줌(왕상 1-2장)** 다윗이 나이가 많아 기력이 쇠해지자 아들 아도니야가 군대 장관 요압과 제사장 아비아달 등 몇몇 중신의 도움을 받아 왕위에 오르려는 계략을 꾸몄다. 이를 먼저 눈치챈 선지자 나단은 밧세바와 함께 선수를 쳐서 다윗에게 밧세바의 아들 솔로몬의 왕위 계승을 승낙받았다. 마침내 솔로몬을 왕으로 세운 다윗은 평안히 열조에게로 돌아갔다.

교훈

다윗은 언약 체제 안에서 이상적인 왕의 모습을 보여 주었다. 물론 그는 흠이 많은 사람이었다. 하지만 장차 올 메시아의 전형이었고, 하나님을 대신하여 그분의 백성을 다스리는 영원한 왕권의 기초를 놓았다. 다윗의 가장 큰 장점은 모든 일에 하나님과 동행한 믿음과 하나님에 대한 친밀함이었다. 그가 지은 여러 시편은 그가 얼마나 하나님을 사모하고 하나님과 동행하기를 원했는지 잘 보여 준다. 특히 다윗은 시편 23편과 51편에서 하나님을 가장 친밀히 알았던 사람의 깊은 내면세계를 보여 줌으로써 영성의 표준을 제시했다.

역사서 7과

솔로몬

성경 이야기 _{왕상 1-11장/대하 1-9장}

다윗이 죽자 솔로몬은 그의 정적들을 모두 제거함으로써 왕권을 공고히 했다. 그 후 기브온 산당에서 하나님께 일천 번제를 드렸는데, 하나님이 꿈에 나타나셔서 그가 구한 지혜뿐 아니라 부귀도 함께 주겠다고 약속하셨다. 솔로몬은 20년에 걸쳐 성전과 자기 궁을 짓고, 병거와 말을 수없이 확보했다. 또 에시온 게벨의 항구를 비롯해 육로, 수로 등의 무역로를 개척하고, 바로의 딸을 비롯하여 주변 국가의 왕족 중에서 처와 첩을 많이 얻는 등 정치, 경제, 군사, 외교 각 방면에서 국가의 틀을 확고히 했다. 하지만 그는 다윗처럼 온전히 하나님을 섬기지 못했다. 하나님이 금하신 이방 민족들의 타락한 왕정 체제를 답습하여 하나님의 진노를 샀다. 하나님은 그의 당대에는 다윗을 보아 평화를 허락하셨지만 그의 후대에는 나라가 둘로 나뉠 것이라고 선언하셨다.

본문 이해

솔로몬의 즉위와 왕권의 강화

1. 즉위 암논과 압살롬이 죽은 후 다윗에게 큰아들은 학깃의 아들 아도니야였다. 그는 제사장 아비아달과 군대 장관 요압과 모의하여 자신을 왕으로 선포하고 자축연을 열었다. 그 사이 선지자 나단은 밧세바와 함께 다윗을 설득해 솔로몬을 왕으로 세웠고, 그 결과 아도니야의 모의는 수포로 돌아가고 말았다.

2. 왕권 강화 다윗이 죽은 뒤 아도니야는 밧세바를 통해 다윗의 첩 아비삭을 자기에게 달라고 솔로몬에게 청했다. 이에 진노한 솔로몬은 아도니야와 요압을 죽이고 모의에 가담했던 제사장 아비아달을 파면했다. 그리고 자기 충복들로 내각을 새롭게 구성했다. 또 전날 다윗이 압살롬을 피해 달아날 때 그를 저주했던 시므이도 지혜롭게 처치했다. 이로써 솔로몬은 자신의 왕권을 위협하던 자를 모두 없애고 왕권을 튼튼히 세웠다.

솔로몬의 치적과 번영

1. 그의 지혜와 부귀영화 솔로몬은 즉위하고 얼마 되지 않아서 기브온 산당에 가서 하나님께 일천 번제를 드렸다. 그날 밤 하나님은 솔로몬의 꿈에 나타나셔서 소원을 물으셨고, 지혜를 구하는 그의 간청을 기뻐하시며 지혜뿐 아니라 부와 귀도 약속해 주셨다. 솔로몬의 지혜는 당시 널리 알려진 지혜자들보다 훨씬 더 뛰어난 것으로 평가되었다. 그는 여러 잠언을 지었고 이스라엘의 지혜 전통의 선구자가 되었다. 하나님은 또 약속대로 솔로몬에게 지혜뿐 아니라 부귀도 주셨다. 성경은 "솔로몬 왕의 재산과 지혜가 세상의 그 어느 왕보다 큰지라"(왕상 10:23)고 말한다. 그의 시대에 예루살렘에는 은이 돌처럼 흔했고 백향목이 평지의 뽕나무처럼 많았다. 스바의 여왕은 그의 소문을 듣고 찾아와서 그 모든 것을 보고 정신이 현황해서 자신이 들은 것은 절반에도 미치지 못했다고 고백할 정도였다.

2. 건축 솔로몬은 두로 왕 히람의 도움을 받아 성전을 7년, 자신의 궁을 13년에 걸쳐 완공했다.

  1) **성전**
   - **건축** 솔로몬은 아버지 다윗이 그토록 염원했던 성전을 지었다. 다윗은 비록 자신이 성전을 짓지는 못했지만 그 준비는 철저히 해 두었다. 솔로몬은 다윗이 준비해 둔 물자와 자신이 새로 준비한 것 그리고 두로에서 실어 온 백향목 등으로 7년에 걸쳐 성전을 완공했다. 그동안 이곳저곳에서 제사드리던 이스라엘 사람들이 성전의 완성으로 한 곳에서 제사드

릴 수 있게 됨에 따라 한편으로는 여호와 신앙이 주변 이방인의 종교에 영향을 받아 혼합되는 것을 방지하게 되었고, 다른 한편으로는 종교가 통치권과 밀착됨으로써 어용화될 위험이 높아졌다. 이렇듯 여호와 신앙이 제도권의 권력 아래 놓였을 때 그 순수성을 유지하고 제도권을 평가하는 원래 역할을 하기 위해서 등장한 이스라엘의 독특한 신적 활동이 선지자였다.

- **봉헌 기도** 솔로몬은 성전 봉헌 기도를 드려 성전으로 하나님을 국지화할 수 있다거나 성전이 인간 편에서 하나님께 무엇을 해 드리는 치성 종교의 수단이 되지 못함을 분명히 밝힌다. 다시 말해, 성전은 하나님께 거하실 처소를 마련해 드리는 인간의 배려도 될 수 없고, 또 언제라도 하나님을 인간의 목적에 따라 접근하고 조종할 수 있도록 한곳에 고정해 두는 수단도 될 수 없는 것이다. 오히려 성전은 하나님이 인간에게 접근을 허락하시는 낮추심의 배려며, 하나님이 인간들 안에 거하시는 은혜의 수단이다. 한마디로 성전으로 결코 하나님을 제한할 수 없다. 솔로몬은 이스라엘 백성이 성전을 향해 기도할 때 하나님이 그 기도를 들어주실 것을 간청하면서 그런 하나님의 응답은 은혜임을 분명히 고백한다. 또 이스라엘 백성이 범죄했을 때 성전 자체가 그들의 방패가 되는 것이 아니라 그들이 회개하고 돌아올 때 하나님이 그 기도를 성전에서 들으신다고 말한다. 그는 심지어 성전을 향한 이방인의 기도도 들어 달라고 간구하면서 여호와 신앙이 궁극적으로 이스라엘에 국한되는 것이 아님을 밝힌다.

- **하나님의 응답** 하나님은 성전이 완공되자 그곳을 구름으로 가득 메우심으로써 그분의 영광과 임재를 나타내셨다. 그리고 그분의 이름을 그곳에 두며 눈과 마음이 항상 거기 있겠다고 약속하셨다. 하지만 이 약속은 솔로몬과 그의 후손이 다윗처럼 항상 하나님을 경외하고 율법을 지킬 것을 전제로 한 것이었다. 만일 그들이 돌이켜 하나님을 좇지 않고 율법을 범하면 이 성전은 천하 열방에 웃음거리가 될 것이라고 하나님

은 경고하셨다. 이런 성전 신학은 후에 예레미야가 반복해서 제시하고 스데반의 설교에서 다시 확인할 수 있지만 유대인들이 그러한 바른 관점을 깨닫지 못했음을 이스라엘 역사에서 알 수 있다.

2) **자신의 궁** 솔로몬은 성전에 이어 자신의 궁을 13년에 걸쳐 지었다. 그의 궁전의 규모는 성전보다 더 컸으며 이번에도 두로 왕의 도움을 받았다. 그는 바로의 딸을 위해 밀로에 궁을 지었다.

솔로몬의 범죄와 타락

1. **이방 여인들과의 결혼과 우상 숭배** 솔로몬은 정략적으로 바로의 딸을 비롯해 많은 이방 여인을 아내로 맞음으로써 율법을 어겼다. 그뿐 아니라 그들이 가져온 신상과 우상 숭배 풍습을 그대로 허용하고, 한 걸음 더 나아가 그들과 함께 우상 숭배에 참여했다.

2. **이방 왕정 체제를 답습함** 솔로몬은 또 말과 병거를 많이 두었는데 이는 신명기의 율법을 정면으로 어긴 것이다. 이스라엘의 왕은 군사적 힘을 의지하지 않고 오직 율법을 지키고 하나님만 의지해야 하는데, 솔로몬은 여호와 신앙만 좇지 않고 군사적, 외교적 노력으로 왕권과 국가의 안전, 번영을 지키려 했다. 그 과정에서 그는 건축 사업을 도와준 대가로 두로 왕에게 갈릴리의 성읍들을 넘겨주기도 했다. 이는 하나님이 주신 기업을 절대 팔거나 양도할 수 없다는 율법을 어긴 행위였다. 또 행정 구역을 인위적으로 재편성함으로써 지파별로 이스라엘 공동체를 구성하고 있던 자연스러운 체제를 자신의 행정 체제로 뜯어고치려 했다. 이런 과정에서 백성을 강제 노역에 동원시키는 등 이방의 왕정 체제를 그대로 답습하는 폐단을 보여 주었다.

교훈

솔로몬이 보여 준 모습은 반심(半心)이었다. 그는 아버지 다윗처럼 하나님을 전심으로 좇지 않고 적당히 섬겼다. 그의 이런 미온적 태도와 타협은 결국 이스

구약 이야기

라엘을 우상 숭배에 빠지게 했고, 사무엘이 그토록 염려했던 이방의 왕정 체제라는 그릇된 풍속이 이스라엘에 생겨났다. 이스라엘이 솔로몬의 후대에 가서 나뉘게 된 것은 그의 마음이 나뉘었기 때문이다. 이제 이스라엘은 순수한 하나님의 백성으로서 자기 정체성을 잃게 되는 위기에 처했다. 하나님을 섬기는 신앙에 결코 타협이 있을 수 없다.

역사서 8과

이스라엘 1

성경 이야기 _{왕상 12-22장}

솔로몬의 반심은 결국 그 아들 르호보암에 이르러 나라가 둘로 나뉘는 결과를 낳았다. 솔로몬의 공사 감독 여로보암이 반란을 일으켜 북쪽의 열 지파가 따로 떨어져 나가 이스라엘이 되었고, 유다와 베냐민 두 지파가 남쪽의 유다가 되었다. 여로보암은 벧엘과 단에 금송아지 단을 세워 이스라엘로 범죄하게 했고, 그의 뒤를 이은 모든 이스라엘 왕도 이 단들을 없애지 않고 여로보암의 죄에 동참했다. 이스라엘의 역대 왕 중 가장 악한 왕은 아합이었다. 그는 시돈 왕의 딸 이세벨을 아내로 맞아들이고, 이세벨은 바알 숭배를 이스라엘에 끌어들였다. 선지자 엘리야는 갈멜 산에서 바알 선지자들과 대결하여 여호와만이 참 신이심을 증거했다. 아합과 이세벨은 하나님의 심판을 받아 비참한 최후를 맞았다.

본문 이해

왕국의 분열

솔로몬이 죽고 그의 아들 르호보암이 왕이 되자 솔로몬의 공사 감독으로 그를 대적하고 애굽으로 피난했던 여로보암이 돌아왔다. 여로보암은 온 이스라엘과 함께 르호보암의 정책을 물었다. 르호보암은 아버지와 함께 일했던 늙은 대신들의 말을 듣지 않고 자기와 함께 자라난 젊은 신하들의 의견을 따라 아버지 솔로몬보다 더욱 가혹한 정책을 펴겠다고 답했다. 이에 실망하고 분노한 여로보암과 이스라엘은 다윗의 집에 반기를 들었고, 유다와 베냐민을 제외한 열 지파가 따로 떨어져 나가 북왕국 이스라엘을 세웠다. 다윗 가문은 이제 이스라엘에 비해 무척 왜소한 규모가 된 남왕국 유다만 다스리게 되었다. 왕국의 분열은 주전 930년에 일어났다.

북왕국 이스라엘

1. 역사 개관 북왕국 이스라엘은 200여 년 동안 아홉 왕조에 걸쳐 열아홉 왕이 다스렸다. 이중 긍정적인 평가를 받은 왕은 하나도 없었다. 그들은 모두 북왕국의 시조 여로보암의 길로 행했고 여호와 하나님을 바로 섬기지 못했다. 하나님은 계속해서 엘리야나 엘리사 같은 선지자들을 보내 경고하셨지만 그들은 그 말씀을 듣지 않았다. 끝내 반역의 길로 행하다가 마침내 주전 722년에 앗수르에게 멸망당했다. 결국 북왕국의 열 지파는 앗수르의 정책에 따라 흩어지게 되었고 역사의 무대에서 자취를 감추고 말았다. 그들의 후예는 주변 이민족과 섞여 살게 됨으로써 혼혈족이 되었고 나중에 유대인들이 멸시하고 상종하려 들지 않았던 사마리아인이 되었다(북왕국을 때로 사마리아로 부르는데, 이는 오므리 왕이 세멜에게서 사마리아 산을 사서 그 위에 성을 건축하고 그 성을 산 주인 세멜의 이름을 따서 사마리아로 부른 데서 연유한 것이다).

2. 이스라엘의 역대 왕조 및 왕들(괄호 안의 숫자는 통치 기간을 뜻함)

여로보암(22년)	바아사(24년)	오므리(12년)	예후(28년)	므나헴(10년)	베가(20년)	호세아(9년)
나답(2년)	엘라(2년)	아합(22년)	여호아하스(17년)	브가히야(2년)		
		아하시야(2년)	요아스(16년)			
	시므리(7일)	요람(12년)	여로보암2세(41년)			
			스가랴(6달)			
			살룸(1달)			

3. 여로보암 여로보암은 솔로몬의 공사 감독이었다. 그는 선지자 아히야로부터 하나님이 그를 북쪽 열 지파의 왕으로 세우실 것이라는 예언을 들었다. 솔로몬을 피해 애굽으로 피신했다가 그가 죽자 돌아와 북왕국 이스라엘의 시조

가 되었다. 여로보암은 왕이 되자 북왕국 이스라엘 백성이 유다에 있는 예루살렘으로 제사를 드리러 갈 경우 자신의 세력이 약화될 것을 우려한 나머지 단과 벧엘에 금송아지를 만들었다. 그 결과 이스라엘 백성은 이 금송아지를 섬김으로써 하나님 앞에 범죄하게 되었다. 하나님은 여로보암에게 진노하셔서 그를 심판하셨고, 이스라엘의 왕위는 다른 가문에게 넘어갔다. 여로보암의 범죄는 이스라엘의 모든 왕을 넘어지게 한 올무가 되었다. 역사에서는 그 왕들을 '이스라엘에게 죄를 범하게 한 여로보암의 길로 행했다'라고 평가한다.

4. **아합** 아합은 이스라엘의 역대 왕 중에서도 가장 악한 왕이었다. 그는 시돈 왕의 딸인 이세벨을 왕비로 맞았는데, 그녀 때문에 이스라엘에 바알 숭배가 크게 성행했다. 아합이 다스릴 때 일어난 중요한 일은 세 가지다.

1) **우상 숭배와 가뭄** 아합과 이세벨로 인해 이스라엘이 우상 숭배에 빠지자 하나님은 엘리야를 통해 이스라엘에 3년 6개월 동안 가뭄을 내리셨다. 후에 갈멜 산에서 영적 대결이 있은 후 여호와만이 참 신이라는 것이 밝혀지고 하나님이 비를 주셨음에도 이들은 회개하지 않고 도리어 엘리야를 죽이려 했다.

2) **아람과의 전쟁** 아합은 계속해서 아람 왕 벤하닷의 위협에 시달리다 마침내 유다 왕 여호사밧과 손잡고 그를 무찔렀다. 하지만 하나님의 뜻을 거슬러 벤하닷을 죽이지 않고 살려 준 것이 화근이 되어 나중에 그와의 전쟁에서 목숨을 잃게 된다.

3) **나봇의 포도원을 뺏음** 아합의 가장 유명한 악한 행위는 나봇의 포도원을 빼앗은 것이다. 아합은 자신의 궁 가까이 있는 나봇의 포도원을 탐내 그에게 팔라고 강요했는데, 나봇은 열조의 기업을 팔 수 없다고 거절했다. 이에 이세벨은 궤계를 써서 마을 사람들이 나봇을 죽이도록 만들고, 결국 그의 포도원을 갈취했다. 이것은 전형적인 권력형 범죄로 하나님을 섬기는 이스라엘에서 있어서는 안 되는 일이었다.

5. **엘리야** 이스라엘 역사의 최고 암흑기라고 할 수 있는 아합 왕권 시대에 홀연히 나타나 찬란한 여호와 신앙의 빛을 발한 선지자가 엘리야였다. 엘리야

는 아합과 이세벨의 영향으로 온 이스라엘이 바알 숭배에 빠져들자 하나님께 간구하여 3년 6개월 동안 비가 오지 않게 했고, 다시 기도하여 비를 내리게 한 강력한 기도의 사람이었다. 그리고 그 가뭄 중에 사르밧 과부의 집에 머물면서 그녀의 기름병이 마르지 않게 하는 이적과 그녀의 죽은 아들을 살리는 기적을 행했다. 그는 갈멜 산에서 바알과 아세라 선지자 850명과 더불어 바알과 여호와 중에 누가 참 신인지 제단에 불을 내리는 여부로 판가름하는 대결을 벌인다. 여기서 당당히 여호와 하나님의 살아 계심을 증거하고 승리를 거두지만, 곧이어 이세벨의 위협에 겁에 질려 자기 생명을 거두어 달라고 하나님께 간구했다. 하나님은 로뎀 나무 아래 앉아 탄식하는 엘리야에게 며칠 동안 쉼과 음식을 주시고 그 앞으로 바람, 지진, 불을 지나게 하신 후에 세밀한 음성으로 그를 위로하신다. 그리고 아합 집에 대한 심판과 바알에게 무릎을 꿇지 않은 7천 명이 있다고 말씀하셨다. 엘리야는 엘리사를 제자로 삼아 그에게 자신의 영감을 전하고 하나님이 보내신 불병거를 타고 홀연히 지상을 떠났다. 엘리야는 메시아의 선구자로 다시 오리라는 예언의 주인공이기도 하며 변화 산에서 주님과 모세와 더불어 주님의 수난을 이야기했던 구약의 위대한 영적 인물이다. 하지만 엘리야의 위대성은 그를 그 되게 하신 하나님께 있다.

교훈

여로보암은 솔로몬의 배교로 왕이 되면서 새로운 사명을 받은 사람이었다. 하지만 그는 사명을 망각하고 자신에게 주어진 권력을 유지하는 일에만 급급했다. 그래서 솔로몬보다도 더 심한 우상 숭배를 시작했고 후세의 모든 이스라엘 왕과 백성을 올무에 빠지게 한 원천 범죄자가 되었다. 한 사람의 본과 시작할 때의 기초가 얼마나 중요한지 그의 이야기에서 분명하게 배울 수 있다. 이스라엘과 유다의 모든 왕을 판단하는 기준은 다윗과 여로보암이다. 나는 다윗과 여로보암의 길 중 어느 길을 가고 있는가?

역사서 9과

이스라엘 2

성경 이야기 <small>왕하 1-17장</small>

아합이 죽은 후 이스라엘의 왕권은 예후의 집안으로 넘어가게 되고, 엘리야의 영권은 엘리사에게 전수되었다. 예후는 아합의 아내 이세벨과 그의 아들 요람을 비롯해서 아합에게 속한 모든 사람을 죽였다. 또 바알 선지자들도 모두 죽임으로써 하나님의 심판을 행했다. 예후의 집안은 5대에 걸쳐 이스라엘을 다스렸고 마지막 여로보암 2세 때는 꽤 강력한 국가를 이루었다. 하지만 북왕국 이스라엘은 시리아를 비롯한 주변 국가들과의 전쟁으로 인해 점차 쇠퇴하다 마침내 마지막 왕 호세아 때에 이르러 앗수르에게 멸망당했다. 앗수르는 이스라엘 백성을 다른 지역으로 옮기고 다른 지역 사람들을 사마리아로 옮기는 혼혈정책을 사용했고, 그 결과 사마리아에는 혈통적으로나 신앙적으로 혼합된 사람들이 거주하게 되었다.

본문 이해

이스라엘의 남은 역사

1. 아하시야 아합이 죽은 후 그의 아들 아하시야가 이스라엘의 왕이 되었다. 그는 다락방 난간에서 떨어져 발을 다쳤는데, 그 상처가 나을 수 있을지를 여호와 하나님께 여쭙지 않고 에그론의 신 바알세붑에게 물어 하나님의 진노를 샀다. 그는 결국 그 상처로 죽고 그의 동생 여호람(요람)이 그의 뒤를 이어 왕이 되었다.

2. 여호람

여호람의 시대에는 전쟁이 많이 있었다. 그는 예후에게 죽임을 당했다.

1) **모압과의 전쟁** 그는 유다 왕, 에돔 왕과 더불어 모압과 전쟁했는데, 하나님의 도우심으로 큰 승리를 거두었다. 엘리사의 예언대로 골짜기에 물이 가득 차오르자 해가 수면에 반사된 것을 보고 모압 왕은 이스라엘 연합군이 서로 싸워 흘린 피로 착각했다. 모압 왕은 성급히 이스라엘을 공격했다가 대패하고 말았다.

2) **아람과의 전쟁** 수년 후에 아람 왕 벤하닷이 이스라엘을 공격해 왔다. 그는 몇 번씩 몰래 이스라엘을 공격하려다가 엘리사가 그 사실을 이스라엘 왕에게 알려 주어 실패를 거듭했다. 하지만 그는 마침내 사마리아 성을 포위했다. 그 결과 성내에는 굶주림이 극심해져서 급기야 자식들을 서로 잡아먹는 지경에까지 이르게 되었다. 이를 본 여호람이 분노하여 엘리사를 원망하자 엘리사는 하나님의 기적적인 구원을 예언했다. 하나님이 아람 군대의 귀에 큰 군대 소리가 들리게 하셨고, 이에 아람 군대는 이스라엘이 구한 헷 사람들과 애굽의 용병이 쳐들어오는 것으로 착각하고 혼비백산 도망쳤다. 굶주림에 지친 나병 환자들이 아람 진영을 찾아갔다가 이 사실을 발견했다.

3. 엘리사 엘리사는 엘리야의 제자였다. 그는 하나님이 엘리야를 데려가시려 하자 그의 영감의 갑절을 구하고 그대로 받았다. 엘리사의 기적 이야기를 보면 그가 엘리야의 두 배에 해당하는 능력을 행한 것을 알 수 있다. 엘리야가 사르밧 과부의 아들을 살려 준 것처럼 그도 수넴 여인의 아들을 살려 주었다. 또 엘리야가 과부의 기름병이 마르지 않게 했던 것처럼 엘리사도 한 과부의 기름병에서 기름이 기적적으로 많이 나오게 했다. 엘리사의 기적 중 가장 유명한 것은 아람의 군대 장관 나아만의 나병을 치료해 준 것이다. 엘리사는 불병거를 타고 하늘로 올라가는 엘리야를 향해 "이스라엘의 병거와 마병이시여"라고 외쳤는데, 그도 죽을 때 이스라엘 왕 요아스에게 "이스라엘의 병거와 마병이여"라는 고백을 듣는다. 실로 이 선지자들은 그들의 믿음과 영성으로 이스라엘을 지킨 병거와 마병이었다.

4. 예후 예후는 아합의 군대 장관이었는데, 어느 날 엘리사가 보낸 소년 선지자에게 기름 부음을 받고, 그날로 아합의 집에 대항하여 쿠데타를 일으켜 왕권을 손에 넣었다. 그는 아합의 아들 여호람과 아내 이세벨을 나봇의 포도원에서 죽였고, 이스르엘에서 아합의 아들 70명을 죽이고, 사마리아에서 아합의 손자인 유다 왕 아하시야의 형제 42명을 죽임으로써 아합의 집에 대한 엘리야의 예언을 그대로 성취했다. 예후는 또 자신이 바알을 크게 섬기겠다고 거짓 꾀를 지어 바알 선지자들을 한곳에 모으고 그들을 모두 죽였다. 그는 아합의 집에 대한 하나님 심판의 도구였지만, 그 자신도 여호와 앞에 악을 행하고 여로보암의 길로 행했다. 예후는 긍정적인 평가도 어느 정도 받았지만 전체적으로는 하나님의 왕권을 대리하는 왕으로서 기본 조건에 부합하지는 못했다. 안타깝게도 북왕국 이스라엘의 역대 왕 중에는 다윗의 길로 간 사람이 하나도 없었다.

5. 그 후의 왕들 예후의 후손인 여호아하스, 요아스, 스가랴 그리고 그 뒤를 잇는 다른 왕들은 모두 여호와 보시기에 악을 행했다. 이들은 모두 이스라엘로 범죄하게 한 느밧의 아들 여로보암의 길로 행했다. 비록 여로보암 2세 때 이스라엘의 국운이 흥하는 듯했지만 아주 잠깐이었다. 이후 이스라엘은 계속 내리막길을 걸었고 마침내 베가의 통치 기간에 앗수르의 1차 침공이 있었다.

이스라엘의 멸망

1. 앗수르의 침공 이스라엘은 계속되는 우상 숭배와 영적 타락으로 하나님의 심판을 받고 멸망하고 말았다. 주전 722년, 이스라엘의 마지막 왕 호세아 9년에 앗수르 왕 살만에셀은 사마리아를 취하고 이스라엘 사람들을 사로잡아 앗수르로 끌어다가 고산 강가에 있는 할라와 하볼과 메데 사람의 여러 성읍에 두었다. 앗수르의 정복 정책은 점령한 지역 주민들을 다른 지역으로 옮겨 놓는 것이었다. 이러한 정책의 결과로 북왕국 이스라엘 백성은 여러 지역으로 흩어지게 되었다. 앗수르는 바벨론과 구다와 아와와 하맛과 스발와임에서 사람을 옮겨다가 이스라엘 자손을 대신하여 사마리아 여러 성읍에

거주시켰다(17:24). 이런 혼합 정책의 결과로 유대인이 그토록 멸시하고 상종하기를 꺼렸던 혈통적, 신앙적으로 혼합된 사마리아인이 생겨났다.

2. **이스라엘 멸망의 신학적 해석** 이스라엘의 멸망에 대해 성경에서는 "이 일은 이스라엘 자손이 자기를 애굽 땅에서 인도하여 내사 애굽의 왕 바로의 손에서 벗어나게 하신 그 하나님 여호와께 죄를 범하고 또 다른 신들을 경외하며 여호와께서 이스라엘 자손 앞에서 쫓아내신 이방 사람의 규례와 이스라엘 여러 왕이 세운 율례를 행하였음이라"(왕하 17:7-8)고 말한다. 구체적으로 그들의 잘못은 산당들을 세우고 우상을 숭배한 것, 하나님이 보내신 선지자들의 경고를 듣지 않고 이방 풍속을 본받은 것, 벧엘과 단에 금송아지 상을 세운 것 등이었다.

교훈

이스라엘의 역사에서 얻을 수 있는 교훈은 하나님의 선민으로서 그들이 어떻게 언약 백성의 신분에 합당한 국가적 체제와 영적 생활을 이루는 데 실패했는가 하는 것이다. 이스라엘의 문제를 정리하면 다음과 같다.

1. **영적 타락** 이스라엘 백성은 온전히 여호와 하나님만 섬기지 못했다. 그들은 바알 숭배에 빠졌고 여러 우상을 섬겼다. 한편으로는 여호와 신앙을 유지했지만 그 신앙은 혼합적인 것으로 변질되고 말았다.

2. **정치적 타협** 하나님만 온전히 섬기고 신뢰하지 못하면 어려움이 닥칠 때 자연히 주변 국가들의 도움을 받기 위해 동맹을 맺으려 할 것이다. 베가가 아람의 르신과 손잡고 유다를 친 경우가 그 한 예다.

3. **도덕적 타락** 아합이 보여 준 것처럼 영적 타락은 자연스럽게 도덕적 타락으로 이어진다. 하나님을 두려워하지 않을 때 인간관계에서 정의를 세우기란 불가능하다. 죄는 불경건과 불의다(롬 1:18).

역사서 10과

유다 1

성경 이야기 _{왕상 12장-왕하 20장/대하 10-32장}

솔로몬의 아들 르호보암의 그릇된 정책으로, 에브라임을 중심으로 북쪽 열 지파가 떨어져 나가고 남은 유다와 베냐민 두 지파는 남왕국 유다로서 존속했다. 이스라엘의 모든 왕이 여로보암의 길로 행함으로써 하나님 앞에 악한 왕으로 평가된 반면, 유다의 왕들은 하나님 보시기에 정직히 행했다고 평가받은 사람이 여러 명 있었다. 유다의 왕 중 하나님이 가장 기뻐하신 왕은 히스기야다. 그는 선지자 이사야의 충고를 따라 종교를 개혁하고, 앗수르의 위협을 극복했으며, 개인적으로도 불치의 병에서 고침받는 은혜를 체험했다.

본문 이해

1. 역대 왕들 유다의 역대 왕들은 '다윗의 길'로 행했느냐 여부로 평가받았다. 이스라엘의 왕들이 모두 '느밧의 아들 여로보암의 죄'를 짓고 하나님의 책망을 들은 것과는 달리 유다의 경우에는 모두 19명의 왕 가운데 하나님의 칭찬을 들은 사람이 8명이나 되었다. 하지만 그중에서도 가장 많은 칭찬을 들은 왕은 히스기야와 요시야였다(굵은 글씨로 표기된 왕은 모두 선한 왕이며, *로 표기된 사람은 이 책에서 왕으로 치지 않았음).

르호보암(17년)	나라가 나뉨/산당, 우상 숭배, 남창/애굽 왕 시삭에게 금 방패를 빼앗김
아비야(3년)	여로보암과 전쟁/부친의 길로 행하고 다윗의 길로 행하지 않음
아사(41년)	우상, 남창 제거/산당을 제거하지 못함/바아사의 공격에 아람 왕의 도움을 구함

166 / 167

여호사밧(25년)	아합과 친하게 지냄/남은 남창은 제했으나 산당은 제거하지 못함
여호람(8년)	아합의 딸 아달랴를 아내로 맞음/이스라엘 왕들의 길로 감/에돔의 반란
아하시야(1년)	아합의 아들 요람과 함께하다가 예후에게 죽음
아달랴*(6년)	아합과 이세벨의 딸, 아하시야의 모친/왕자(손자)들을 다 죽이고 정권을 찬탈함
요아스(40년)	여호세바, 여호야다가 살림/산당을 제거하지 못함/아람 왕의 위협/신하들에게 죽음
아마샤(29년)	다윗만큼은 못함/산당을 제거하지 못함/부친 살해범들을 죽임/요아스와 싸움
아사랴(52년)	웃시야라고도 함/산당을 제거하지 못함/제사를 드리려다 나병에 걸림
요담(16년)	산당을 제거하지 못함
아하스(16년)	우상 숭배, 아들을 제물로 바침/아람과 이스라엘의 침공, 앗수르와 손잡음
히스기야(29년)	우상 및 산당 제거/앗수르의 침공/이사야의 조언/불치병 고침 받음
므낫세(55년)	우상 숭배, 산당을 다시 세움, 성전에 우상을 둠/하나님의 심판 경고
아몬(2년)	아버지의 길로 행함/신하들에게 살해됨
요시야(31년)	율법책 발견, 종교 개혁/우상 및 산당 제거/벧엘 단 제거/예레미야의 조언
여호아하스(3달)	요시야의 아들/애굽에 인질로 잡혀감
여호야김(11년)	요시야의 아들/바벨론 침공
여호야긴(3달)	여호야김의 아들/바벨론에 포로로 끌려감
시드기야(11년)	요시야의 아들/유다의 멸망(주전 586년)/바벨론에 포로로 끌려감
그달리야*(7개월)	바벨론이 세운 유다의 총독/반란으로 죽음

2. 르호보암 르호보암은 아버지의 과실을 개선하기는커녕 더 악화시키는 정책을 택함으로써 결국 왕국을 분열시키고 말았다. 그는 아버지가 시작한 우상 숭배를 본격적으로 행했으며, 심지어 신전 남창까지 두었다. 특히 그의 시대에 애굽 왕 시삭이 쳐들어왔는데, 이를 막을 수 없었던 르호보암은 아버지 솔로몬이 만든 성전의 금 방패들을 다 뺏기고 그 대신 놋 방패들을 만들어 두었다. 다음 전도서 말씀은 그에게 그대로 적용된다. "내가 해 아래에서 내가 한 모든 수고를 미워하였노니 이는 내 뒤를 이을 이에게 남겨 주게 됨이라 그 사람이 지혜자일지, 우매자일지야 누가 알랴마는 내가 해 아래에서 내 지혜를 다하여 수고한 모든 결과를 그가 다 관리하리니 이것도 헛되도다"(전 2:18-19).

3. **여호사밧** 여호사밧은 다윗의 길과 아버지 아사의 길로 정직히 행했으며, 그 결과 부귀와 영광이 극에 달했다. 그는 아사가 다 제거하지 못한 남창들과 우상들을 제거했으며, 방백들을 두어 백성에게 율법을 가르치게 하고 여러 성을 건축했다. 또 각 고을마다 재판관을 두어 바르게 재판하게 함으로써 사법 정의를 세웠다. 하지만 그는 치명적인 잘못을 저질렀는데 바로 아합과 가까이 지낸 것이었다. 아합과 함께 전쟁에 나가기도 하고, 이세벨의 딸 아달랴를 며느리로 맞기도 했다. 이런 잘못된 교제로 유다는 큰 어려움을 겪는다. 마치 그녀의 어머니 이세벨이 시돈의 그릇된 풍습을 이스라엘에 끌어들였던 것처럼 아달랴도 친정의 그릇된 풍습을 유다에 끌어들였던 것이다. 그녀는 아들 아하시야가 죽자 손자를 모두 죽이고 왕권을 찬탈하는 등 악을 행하다가 하나님의 심판을 받았다. 여호사밧은 자신은 바로 살려고 하면서도 주변 사람들에게는 영향을 끼치지 못하는 반쪽 신자의 모습을 떠오르게 한다. 선행과 증거는 함께 가야 한다.

4. **히스기야** 히스기야는 유다의 여러 왕 가운데 가장 정직하게 다윗의 길로 행하여 하나님의 칭찬을 가장 많이 들었던 왕이다. 그는 선지자 이사야의 권고를 따랐고, 유다의 오랜 문제였던 산당을 제거했으며, 아세라 목상을 깨뜨리고, 모세가 만든 놋뱀을 부수는 종교 개혁을 단행했다. 히스기야에 관한 이야기 중 대표적인 사건은 다음 두 가지다.

   1) **앗수르의 침공** 북왕국 이스라엘을 무너뜨린 앗수르는 계속해서 남왕국 유다를 위협했다. 히스기야는 하나님만을 신뢰하며 앗수르 왕의 위협에 굴하지 않았다. 그는 앗수르의 침입에 대비해 예루살렘 성 밖의 기혼 샘의 물을 성 안의 실로암 못과 연결하는 지하 수로를 건설했다. 앗수르 왕 산헤립은 히스기야 14년에 유다를 공격했는데, 히스기야는 라기스를 포위하고 있는 산헤립에게 항복의 뜻을 비치면서 예루살렘의 모든 금과 은을 내주었다. 그러나 산헤립은 계속해서 여호와의 이름을 모독했고, 예루살렘에까지 진격해 들어왔다. 히스기야는 절망적인 상황에서 온전히 하나님만 의지했고, 선지자 이사야는 하나님의 구원을 선포했다. 결국 산헤립은

하나님 사자의 손에 18만 5천 명의 병력을 잃고 앗수르로 돌아가 그곳에서 신복의 손에 살해되었다.

2) **병의 치유** 히스기야는 병들어 죽게 되었을 때 벽을 향하고 하나님께 간절히 기도했다. 하나님은 그의 생명을 15년 더 연장시켜 주셨다. 하지만 그의 연장된 생애 중에 낳은 아들 므낫세는 유다의 역대 왕 중 가장 악한 왕이 되었다. 비록 히스기야의 기도는 응답받았지만, 그는 우리가 무엇이 우리에게 유익한지 잘 알지 못하는 유한한 존재임을 상기시켜 준다.

교훈

이스라엘은 유다보다 국력이 더 강했지만 더 먼저 무너졌다. 유다가 이스라엘보다 더 오래 존속했던 이유는 유다에 하나님 앞에 정직히 행했던 왕이 여러 명 있었기 때문이다. 그중에서도 히스기야는 전심으로 하나님을 섬겼다고 평가된다. 다윗이 위대했던 이유는 그의 인간적 장점 때문이 아니라 하나님에 대한 온전한 헌신 때문이었다. 히스기야는 바로 이 점에서 다윗의 길로 행했다. "여호와의 눈은 온 땅을 두루 감찰하사 전심으로 자기에게 향하는 자들을 위하여 능력을 베푸시나니"(대하 16:9).

역사서 11과

유다 2

성경 이야기 왕하 21-25장/대하 33-36장

히스기야의 개혁으로 한때 영적 부흥을 맞이했던 유다의 운명은 그의 아들 므낫세의 악행을 기점으로 계속 내리막길을 걸었다. 유다는 북이스라엘이 멸망하고서 한 세기 반을 더 지속하고 최후를 맞는데, 그에 앞서 등불의 마지막 반짝임이 있었다. 바로 요시야의 개혁이었다. 그는 성전에서 발견된 율법책을 따라 대대적인 개혁을 단행했다. 하지만 하나님은 이미 유다를 심판하실 것을 작정하셨고, 선지자 예레미야는 많은 어용 선지자의 핍박에 맞서 유다의 최후를 경고했다. 마침내 요시야의 아들 대에 가서 유다는 바벨론에 멸망당했고(주전 586년), 몇 차례에 걸쳐 바벨론 유수가 일어났다.

본문 이해

유다의 남은 왕들

1. 므낫세 므낫세는 히스기야가 하나님께 생명을 연장받은 후에 낳은 아들이었는데, 유다 역사상 그처럼 악한 왕이 없었다. 그는 다윗의 길을 떠나서 하늘의 일월성신을 섬기는 등 온갖 우상 숭배를 자행했으며, '이방 사람의 가증한 일'을 행했다. 므낫세의 배도는 히스기야의 개혁이 수포로 돌아갔고, 하나님이 유다를 심판하실 수밖에 없는 결정적 원인이 되었다.

2. 요시야

1) 생애
요시야는 히스기야와 더불어 가장 성실히 하나님을 따른 왕이었다. 왕위에 오른 그는 조부 므낫세와 부친 아몬의 죄에서 돌이켜 우상 숭배를 타파하고 전심으로 여호와 신앙을 회복하려 했다. 그의 재위 18년에 성전에서 율법서(아마도 신명기였을 것이다)가 발견되었는데, 요시야는 그 율법의 말씀을 듣고 울었으며, 율법대로 개혁을 단행했다. 온 백성으로 하여금 유월절을 지키게 하고, 모든 우상을 멸하고 쳐부수었다. 그의 전후에 그처럼 철저하게 우상을 타파하고 성실히 개혁을 준행한 자가 없었다. 하지만 요시야의 개혁조차도 멸망으로 치닫는 유다의 운명을 돌이킬 수는 없었다. 선지자 예레미야는 심지어 요시야가 개혁 정책을 펼치고 있을 때도 유다의 죄악상을 고발하고 다가오는 바벨론의 심판을 경고했다. 요시야의 개혁이 값진 것은 그가 하나님의 심판을 돌이킬 수 없음을 알았음에도 끝까지 개혁의 고삐를 늦추지 않았다는 것이다. 요시야는 자신의 당대에 끝까지 개혁에 힘쓰다가 앗수르를 도와 바벨론을 치러 올라오는 애굽 왕 바로 느고를 막기 위한 전투에서 전사했다. 요시야가 죽고 유다는 짧은 기간에 여러 왕이 교체되면서 신속히 바벨론의 손에 넘어가게 되었다.

2) 개혁
요시야 개혁의 원동력은 성전에서 발견된 율법책이었다. 율법책이 성전에 있으면서도 왕과 제사장들에게 알려지지 않았다는 사실이야말로 그 당시 유다의 영적 상태를 반영한다. 종교가 외적 의식에 치중된 채 내면의 정신을 상실할 때 그 신앙은 변질될 수밖에 없다. 예레미야는 요시야를 존경하고 지지했지만, 결국 요시야의 개혁조차도 예레미야가 요구했던 중심에서부터의 회개, 마음의 할례(렘 4:4)에는 미치지 못했고, 다가오는 바벨론의 침공을 막을 수 없었다.

유다의 최후

1. 여호아하스(주전 609) 주전 612년에 바벨론은 앗수르를 멸망시키고 애굽과 전쟁을 벌였다. 요시야는 주전 609년에 바벨론을 치기 위해 올라오는 애굽의

바로 느고를 막으려다 전사했다. 애굽은 이 전쟁에서 바벨론에게 패했고, 요시야의 둘째 아들 여호아하스(살룸)를 왕위에 앉혔다. 3개월 후에 여호아하스를 애굽에 포로로 끌고 가면서 그의 형 엘리아김을 대신 왕으로 세웠다.

2. **여호야김**(주전 609-598) 애굽은 엘리아김의 이름을 여호야김으로 바꾸었다. 여호와김은 왕이 되자 풍전등화와 같은 조국의 현실을 깨닫지 못하고 강제 노역을 동원해 왕궁을 새로 지었다. 선지자 예레미야는 화려한 왕궁에 거하는 것이 훌륭한 왕이 되는 길이 아니라고 그를 질타했지만, 여호야김은 예레미야의 말을 듣지 않고 오히려 그를 핍박했다. 주전 605년에 바벨론의 느부갓네살은 애굽과 전쟁을 벌이던 중 그의 부친 나보폴라살의 사망 소식을 듣고, 일단 돌아갔다. 그리고 그다음 해에 다시 쳐들어와서 블레셋의 아스글론을 초토화시켰고, 왕족과 귀족들을 포로로 끌고 갔다. 여호야김은 충성의 대상을 애굽에서 바벨론으로 바꾸었다. 주전 601년에 바벨론과 애굽의 싸움에서 바벨론이 애굽을 꺾지 못하고 돌아가자, 여호야김은 다시금 바벨론에 대항했다. 하지만 이 행동은 치명적인 결과를 낳았다. 주전 598년에 바벨론은 다시 팔레스타인으로 쳐들어왔고, 여호야김을 사로잡아 바벨론에 포로로 끌고 갔다. 여호야김의 최후는 선지자의 예언대로 나귀와 같이 죽임을 당했다고 하는데, 아마도 암살되었거나 전쟁에서 죽었을 것이다. 여호야김은 왕위에 11년 동안 있었다.

3. **여호야긴**(주전 598-597) 여호야김의 뒤를 이어 그의 아들 여호야긴(여고니아)이 왕이 되었다. 하지만 그는 주전 597년에 재위 3개월을 넘기지 못한 채 그의 모친과 유다의 여러 방백들과 함께 바벨론에 포로로 끌려가는 운명을 맞았다. 그의 삼촌, 즉 요시야의 또 다른 아들인 시드기야가 유다의 왕이 되었다.

4. **시드기야**(주전 597-586) 시드기야(맛다니야)와 유다의 남은 귀족들은 처음에는 바벨론의 지배를 받아들였다. 그러다가 바벨론에 대항하는 정책을 폈다. 어용 선지자 하나냐는 하나님이 2년 안에 여호야긴 왕과 유다의 포로들을 돌아오게 하실 것이라고 예언했다. 예레미야는 그를 거짓 선지자라고 부르면서

바벨론에 포로로 끌려간 사람들에게 그곳에 오래 머물 준비를 하라는 편지를 썼다. 주전 589년에 드디어 유다는 최후의 반란을 일으켰고, 바벨론은 유다의 도시들을 차례로 점령했다. 모든 희망이 사라진 듯한 주전 588년에 잠시 애굽이 바벨론의 전진을 막는 듯 보였지만 결국 바벨론은 애굽을 다시 몰아냈다. 주전 587년에 예루살렘은 바벨론의 손에 넘어갔다. 시드기야는 그의 아들들이 처형당하는 것을 직접 목격해야 했고, 그 자신도 눈을 뽑힌 채 바벨론으로 끌려가 그곳에서 처형당했다. 유다의 귀족들과 상류 인사들도 포로로 끌려갔다. 시드기야는 11년을 통치했다.

5. **그달랴**(주전 586) 바벨론은 그달랴를 유다의 총독으로 세웠다. 하지만 얼마 안 가서 유다 사람들이 반란을 일으켜 그달랴를 죽이고 애굽으로 도피했다. 그들은 예레미야를 애굽으로 끌고 갔다. 유다와 예루살렘은 이제 거의 폐허가 되었고, 아주 가난한 농부들만 남게 되었다.

6. **바벨론에 포로로 끌려감**
    - 1차 포로(주전 605) 유다의 소수 엘리트가 바벨론으로 끌려감(예: 다니엘과 그의 세 친구).
    - 2차 포로(주전 597) 여호야긴과 그의 모친 그리고 유다의 여러 방백이 끌려감
    - 3차 포로(주전 586) 예루살렘이 함락되고, 시드기야와 유다의 많은 백성이 끌려감
    - 4차 포로(주전 582) 많은 백성이 끌려감

유다의 바벨론 포로 기간은 주전 538년에 바사 왕 고레스의 칙령에 따라 그들이 본토로 귀환하기까지 모두 70여 년이었다.

교훈

유다 최후의 역사는 하나님이 택하신 언약 백성이 성전과 종교 체제를 갖추었음에도 참 신앙을 떠남으로써 하나님의 심판을 받고 이방인에게 멸망당하는 모습을 보여 준다. 예레미야는 성전이 있다고 하나님의 보호가 자동적으로 보

장되지 않는다고 외쳤고, 에스겔은 하나님의 영광이 성전을 떠나는 환상을 보았다. 참 종교, 진정한 신앙은 외적인 형식과 의식에 있지 않다. 그것은 내면의 정신과 실천적 행동에서 찾을 수 있다. 예레미야가 외친 마음의 할례가 바로 그것이다. 선지자들은 새 언약(성령)을 통해 이런 참된 영성이 가능하게 될 것을 대망했다. 나의 신앙은 과연 성령에 따른 내면적, 중심적 거룩함을 드러내고 있는가?

역사서 12과

귀환

성경 이야기 _{에스라/느헤미야/에스더}

주전 539년에 바벨론을 정복한 바사 왕 고레스는 포로로 끌려왔던 모든 민족이 본국으로 돌아가도록 허락해 주었다. 그뿐만 아니라 자신의 통치 아래 있는 민족들이 그들의 신을 섬기고 문화를 지킬 수 있도록 허용해 주었다. 그래서 유대인들은 모두 3차에 걸쳐 유다와 예루살렘으로 돌아올 수 있었다. 돌아온 유대인들은 먼저 스룹바벨의 지도 아래 성전을 재건하고, 그 후 학사 에스라의 율법 운동을 통해 공동체를 세웠으며, 느헤미야의 지도 아래 예루살렘 성벽을 재건했다. 반면 바사에 계속 남아 있던 유대인들은 아하수에로 왕 치하에서 몰살될 위기에 처했다가 왕후 에스더의 활약으로 극적으로 벗어날 수 있었다.

본문 이해

바벨론에서의 포로 생활

바벨론에서의 포로 생활은 그렇게 험난하지 않았다. 유대인들은 나름의 자치 조직을 이루었고, 농업, 상업, 건축 등에 참여하여 생활의 기반을 다질 수 있었다. 그중에는 유다에서는 생각할 수도 없었던 부를 획득한 사람도 있었고, 다니엘과 그의 세 친구처럼 바벨론 정부에서 일한 사람도 있었다. 포로 생활 중의 어려움은 물질적, 사회적 면보다는 영적인 면에서 컸다. 한편으로는 유다와 예루살렘을 잊지 못해 눈물을 흘리며 애통해하는 사람들(시 137편)이 있었는가

하면, 바벨론의 위용에 놀라 여호와 신앙에 근본적인 회의를 느낀 사람들도 있었다. 전체적으로, 바벨론 포로 기간은 유대인들이 자신들의 역사를 되새겨 보고 새롭게 여호와 신앙을 재정립하는 계기가 되었다. 그들은 율법을 어기고 우상을 섬겼기 때문에 이 모든 재앙이 임했음을 깨닫고, 철저한 유일신론에 입각한 여호와 신앙, 율법 중심의 신앙을 회복했다. 이방인과의 교류를 단절하고 순수 혈통과 문화를 지키는 선민주의 신앙으로 나아갔다. 이런 새로운 신앙 형태가 발전하여 유대교가 되었으며, 그 출발은 학사 에스라의 율법 운동이었다.

귀환

1. **1차 귀환: 스룹바벨과 성전 재건**(스 1-6장, 주전 538-515년) 주전 538년에 총독 세스바살과 그 후 여호야긴의 손자 스룹바벨과 대제사장 여호수아의 지도 아래 1차 귀환이 이루어졌다. 이때 돌아온 사람은 5만 명가량이었다. 예루살렘에 도착했을 때 이들은 주변 민족의 반대와 혹심한 가난에 부딪혀야 했다. 이러한 상황에서 예루살렘 성전의 재건을 시도했지만 공사는 제대로 진척되지 않았다. 사람들은 자기 집을 짓느라 급급했고, 또 당장 먹고살기가 어려워 성전 짓는 일을 소홀히 했기 때문이다. 이때 사람들을 일깨우고 독려한 선지자가 학개와 스가랴였다. 이들은 스룹바벨과 여호수아를 독려하여 성전 건축을 다시 시작했다. 마침내 유대인들은 주전 515년에 성전을 봉헌하고 유월절을 지킬 수 있게 되었다.

2. **2차 귀환: 에스라와 율법 운동**(스 7-10장, 주전 458년)

   1) **귀환** 성전 봉헌으로부터 60여 년이 지난 후에 아론의 자손 학사 에스라의 인도로 2차 귀환이 이루어졌다. 에스라는 모세의 율법을 깊이 연구하며 준행하기에 힘썼고 또 백성들에게 힘써 가르쳤다(스 7:10). 그는 아닥사스다 왕에게서 유사와 재판관을 임명할 수 있는 권한을 부여받았고, 성전 그릇들을 도로 가져왔다. 또 그와 함께한 레위인과 제사장들, 성전에서 일하는 자들은 면세의 특권을 받았다. 에스라와 그와 동행한 유대인들은 아하와 강에서 출발하여 예루살렘에 도착하기까지 긴 여정에서 자신들을

보호해 줄 호위병을 요청하지 않았다. 오직 하나님만 의지하고 행군했다. 마침내 그들은 하나님의 도우심으로 무사히 예루살렘에 도착했다.

2) **개혁** 에스라는 예루살렘에 도착하고 얼마 되지 않아 유대인들이 그 땅의 이민족들과 혼혈 관계에 빠졌음을 알게 되었다. 그는 이 일로 크게 애통하고 금식하며 하나님께 기도했고, 백성 중에 '하나님의 말씀을 인해 떠는 자들'이 앞장서서 이 문제를 바로잡기로 했다. 석 달에 걸쳐 세세히 찾아낸, 이민족과 결혼한 사람들은 평민, 레위인, 제사장을 포함해서 모두 114명이었다. 그중에는 심지어 스룹바벨과 함께 귀환한 여호수아의 자손도 있었다. 에스라는 그의 뒤에 귀환한 느헤미야와 더불어 하나님의 율법을 온전히 준행하고자 하는 율법 운동을 일으켰다. 이런 말씀을 통한 개혁 운동은 유대교로 발전했다.

3. 3차 귀환: 느헤미야와 성벽 재건(느 1-13장, 주전 445년)

1) **귀환** 느헤미야의 귀환은 에스라의 귀환 후 13년이 지난 다음에 이루어졌다. 술 관원이었던 그는 왕의 귀환 명령이 떨어지고 4개월 만에 예루살렘에 도착했다. 곧 성벽 재건에 착수하여 52일 만에 그 일을 완수했다. 그는 성벽을 재건하는 동안 여러 가지 장벽에 부딪혔다. 첫째, 산발랏과 도비야 등의 방해 공작과 위협이 있었다. 느헤미야는 사람들을 둘로 나누어 한쪽은 무기를 들고 방비를 서게 하고, 다른 쪽은 공사를 진행하게 함으로써 잠시도 일을 멈추지 않았다. 또 그들이 보낸 거짓 선지자의 유혹도 물리쳤다. 둘째, 동족들 사이에서 경제적 착취가 벌어졌다. 느헤미야는 백성의 관원과 부자에게 가난한 자의 빚을 탕감해 주라고 했다. 자신부터 총독의 녹을 전혀 받지 않고 도리어 여러 경비를 스스로 부담함으로써 솔선수범했다. 느헤미야는 뛰어난 영성과 리더십을 발휘하여 거의 불가능해 보이는 일을 이루어 냈다. 후에 백성의 여러 부패상을 목격했을 때도 그는 단호하게 잘못된 사람들을 처벌하고 유대 백성의 기강을 바로잡았다.

2) **지도력** 느헤미야는 뛰어난 영성과 지도력을 갖춘 사람이었다. 예루살렘의 성이 훼파되었다는 소식을 듣고 슬픔에 잠기는 애국심, 왕이 그에게

소원을 묻자 즉시 구체적인 재건 계획을 말한 주도면밀함, 주변의 방해에 굴하지 않고 짧은 시일 안에 성벽 재건을 완수하는 행동력, 에스라의 율법 운동을 지지함으로써 개혁을 내면적, 신앙적 차원으로 끌어올린 영적 안목, 동족 사이에서 벌어진 고리대금의 폐단을 자신부터 녹을 받지 않고 손해를 감수함으로써 척결하는 희생적 본보기 등은 영성을 바탕으로 한 그의 지도력을 잘 보여 준다.

4. 에스더: 남은 백성의 고난과 승리(에 1-10장, 주전 483년)

1) **사건** 에스더서는 귀환하지 않고 포로로 끌려간 곳에 남은 사람들에 대한 이야기다. 시기는 에스라 6장과 7장 사이, 즉 스룹바벨의 귀환과 에스라의 귀환 사이에 해당한다. 바사의 왕 아하수에로 때에 유대인들을 죽이기 위해 궤계를 세운 하만의 음모를 왕후 에스더와 그녀를 양육한 사촌 오빠 모르드개가 뒤엎었다. 유대인을 괴롭히던 자가 그들을 학살하려고 정해 놓은 날에 거꾸로 자신이 당했다는 이야기다. 유대인들은 그 후로 이 구원의 날을 부림절이라 부르고 절기로 정해 계속 지키고 있다.

2) **교훈** 에스더서에는 하나님이라는 말이 한 번도 나오지 않는다. 또 복수를 빙자한 대학살극이 유대인의 입장에서 정당화되는 등 윤리적인 비판을 받기도 한다. 그러나 하나님이라는 말이 나오지 않는다고 해도 하나님에 대한 신앙이 에스더서의 바탕을 이루고 있음을 부인할 수는 없다. 에스더서의 주제는 역사를 주관하시는 하나님의 섭리에 대한 신앙과, 민족과 자신을 동일시하며 온전히 하나님만을 신뢰하는, '죽으면 죽으리라'의 신앙이다.

교훈

이스라엘 민족은 우상 숭배와 도덕적 타락으로 하나님의 언약 백성의 위치를 지키지 못하고 결국 심판을 받아 쫓겨났지만 하나님은 이스라엘을 결코 버리지 않으셨다. 유다의 포로 생활과 귀환의 역사는 역사를 주관하시며 약속을 반드시 이루시는 하나님의 섭리와 신실하심을 보여 준다. 하나님은 유다와 예루살렘뿐 아니라 열국 어느 곳에서도 하나님이시다. 유다의 귀환은 장차 있을 더 큰 귀환인 우리의 구원을 예표한다. 나는 역사를 주관하시는 하나님, 열국의 주인 되신 하나님을 믿고 신뢰하고 있는가?

시가서 ╲ 선지서

구약 이야기

시가서 1과

시편 1

성경의 구분

히브리어 구약(타나크)					
율법(토라)	**선지자(네빔)**		**성문서(케투빔)**		
	전선지서	후선지서	시가서	다섯 두루마리	역사서
창세기	여호수아	이사야	시편	아가	다니엘
출애굽기	사사기	예레미야	잠언	룻기	에스라-느헤미야
레위기	사무엘상하	에스겔	욥기	애가	역대기상하
민수기	열왕기상하	소선지서(12권)		에스더	
신명기				전도서	

헬라어 구약(칠십인역)								
역사서(17권)				**시가서(5권)**	**예언서(17권)**			
5경(율법서)	역사서(12권)				대선지서	소선지서(The 12)		
창세기	여호수아	역대상하	욥기		이사야	호세아	요나	스바냐
출애굽기	사사기	에스라	시편		예레미야	요엘	미가	학개
레위기	룻기	느헤미야	잠언		애가	아모스	나훔	스가랴
민수기	사무엘상하	에스더	전도서		에스겔	오바댜	하박국	말라기
신명기	열왕기상하		아가		다니엘			

시편 개론

시편의 특성

1. 성경의 다른 책들은 우리에게 말하는 반면, 시편(히브리어 명칭: 테힐림-찬양)은 우리를 위해서 말한다.
2. 시편은 인간의 다양한 경험과 감정을 총망라하고 있다. 우리는 시편에서 우리 삶과 동일한 상황들을 보게 되며, 그 각각의 상황에서 믿는 사람이 어떻게 반응해야 하는지 배울 수 있다. 시편은 신앙생활의 사례 연구다.
3. 시편은 이스라엘의 찬송이요 예배서다. 시편을 통해 우리는 기도, 즉 하나님께 나아가는 법을 배울 수 있다. 시편으로 기도하는 것은 매우 좋은 기도 방법이다.

시편의 구분

1. **책별** 시편은 다섯 권[1권(1-41편), 2권(42-72편), 3권(73-89편), 4권(90-106편), 5권(107-150편)]의 책으로 구성되어 있다. 이러한 구분은 역사적으로 시편의 제작과 편집 과정을 통해 이루어졌으며, 모세의 오경에 맞추기 위한 것으로 보인다. 각 권의 마지막 시편은 하나님을 찬양하라는 권면으로 끝을 맺는다.
2. **저자/편집별** 시편은 저자별로 또는 특수한 목적으로 묶어 놓은 묶음별로도 구분할 수 있다.
    1) **저자** 다윗(총 72편), 고라 자손(42-49, 84-85, 87-88편), 아삽(50, 73-83편), 모세(90편), 솔로몬(72, 127편)
    2) **편집** 성전에 올라가는 노래(120-134편), 할렐루야(146-150편)
3. **장르별** 시편은 그 장르나 기능상 일곱 개의 유형으로 나뉘며 또 개인용과 공동체용으로 나뉜다.
    1) **탄식시** 개인: 3, 22, 31, 39, 42, 57, 71, 120, 139, 142편/공동체: 12, 44, 80, 94, 137편(회개: 6, 32, 51편)

2) **감사시** 개인: 18, 30, 32, 34, 40, 66, 92, 106, 118, 138편/공동체: 65, 67, 75, 107, 124, 136편

3) **찬양시** 창조: 8, 19, 104, 148편/구속: 66, 100, 111, 114, 149편/역사: 33, 103, 113, 117, 145-147편

4) **회상시** 78, 105, 106, 135, 136편

5) **축제시** 언약 갱신: 50, 81편/다윗의 언약: 89, 132편/제왕시: 2, 18, 20, 21, 45, 72, 101, 110, 144편/왕의 등극시: 24, 29, 47, 93, 95-99편/시온의 노래: 46, 48, 76, 84, 87, 122편

6) **지혜시** 1, 19, 36, 37, 49, 73, 112, 119, 127, 128, 133편(토라시 1, 19, 119편)

7) **신뢰시** 11, 16, 23, 27, 62, 63, 91, 121, 131편

시편의 해석

1. **대구법** 히브리시의 가장 독특한 특성은 대구법 또는 평행법(parallelism)이다. 보통 한 행이 두세 구로 이루어지며, 둘째 구와 셋째 구가 첫째 구를 반복하는 형태다. 이때 다른 용어와 표현을 사용하는 것은 다른 의미를 전달하려는 것이 아니라 앞의 의미를 더 풍성하게 표현하려는 것이다. 대구법에는 동의적(앞의 내용을 비슷한 표현으로 반복함), 반의적(앞의 내용을 대조를 통해 반복함), 점층적(앞의 내용을 더욱 발전시킴), 종합적(의미가 아니라 같은 리듬을 반복함) 대구법 등이 있다.

2. **비유법** 시편에는 비유적 표현이 많이 나온다. 대표적으로 직유법[…와 같다/"해는 그의 신방에서 나오는 신랑과 같고"(19:5)]과 은유법[…이다/"여호와는 나의 목자시니"(23:1)], 그리고 의인화[사물을 인간적으로 표현함/"물들이 주를 보고 두려워하며"(77:16)]를 들 수 있다. 비유적 표현은 이미지를 사용하여 독자들의 감정과 상상력에 더 직접적으로 다가가고 시적 감흥을 더 풍성하게 한다.

시편의 교훈

시편 저자들은 삶의 모든 정황을 하나님과 함께했다. 그들은 기쁨과 슬픔을 하나님과 나누었고, 즐거움과 고난 속을 하나님과 함께 지나갔다. 그들은 심지어 원수에 대한 보복까지 하나님께 탄원할 정도였다. 그리고 모든 일에 하나님의 주권을 인정하고 그분을 찬양했다. 즉 하나님과 동행하는 삶을 살았다. 모든 일을 하나님과 함께하고, 구체적으로 하나님과 대화하는 삶을 사는 것이 바로 믿음의 삶이다.

시편 묵상

시편 1편(지혜/토라) → 렘 17:5-10

1. **의인의 길** 여호와의 율법을 즐거워하고 주야로 묵상함/시냇가에 심은 나무/여호와께서 인정하심
2. **악인의 길** 악인의 꾀→죄인의 길→오만한 자의 자리/바람에 나는 겨/심판을 견디지 못하고 망함→인생은 길을 가는 것과 같으며, 길을 가는 것은 매순간 선택을 내리는 것이다. 우리는 무엇을 기준으로 선택을 내리는가? 우리 삶에 열매가 있는가? 우리 인생길의 궁극적 도착지는 어디라고 생각하는가?

시편 23편(신뢰)

1. **공급하시는 하나님** 하나님이 나의 목자이시므로 나는 부족함이 없다.
2. **인도하시는 하나님** 하나님은 나를 푸른 초장, 쉴 만한 물가뿐 아니라 의의 길로 인도하신다.
3. **보호하시는 하나님** 하나님은 내가 의의 길을 가다가 위험에 빠질 때 나를 보호해 주신다.
4. **승리를 주시는 하나님** 하나님은 나를 그분의 집으로 인도하시고 원수 앞에서 개가를 부르게 하신다.

시가서 1과: 시편 1

5. 확신과 헌신 하나님의 선하심과 인자하심을 맛본 나는 여호와의 집에 영원히 거할 것을 다짐한다.

> ○ 하나님은 내게 어떤 분이신가? 나는 하나님의 선하심과 인자하심을 맛보았는가? 하나님을 체험하는 길은 그분의 인도를 따라 사는 것이다. 그분은 우리를 의의 길로 인도하시고 최후 승리를 주신다.

시가서 2과

시편 2

시편 묵상

시편 51편(탄식/회개)

1. **회개**

   1) **내용**
      - **행위** 죄과(transgression, 하지 말아야 할 것을 함)와 죄(sin, 해야 할 것을 하지 못함)
      - **중심** 죄악(iniquity, 악한 본성). 다윗은 자신이 모태에서 출생할 때부터 죄인임을 고백한다.

   2) **자세**
      - **철저함** 다윗은 자신의 죄를 구체적으로(14절, 피 흘린 죄) 고백하고 온전히(죄과, 죄, 죄악) 인정했다.
      - **애통함** 다윗은 자신의 죄로 인해 뼈가 꺾이고 심령이 상하는 아픔을 느꼈다.
      - **믿음** 다윗은 하나님의 인자와 자비를 의지하며 하나님께 용서를 구했다.

2. **회복**

   1) **용서** 하나님은 다윗의 죄악을 말갛게 씻으시고 그의 죄를 깨끗이 제해 주셨다(1–2절).

   2) **성결** 하나님은 다윗 속에 정한 마음을 창조하시고 정직한 영을 새롭게 해주셨다(10절).

   3) **교제** 하나님은 성령을 거두지 않으시고 구원의 즐거움을 회복시켜 주셨

다(11-12절).

4) **증거** 다윗은 자신을 용서해 주신 하나님의 은혜와 의로우심을 널리 전파하겠다고 다짐한다(13-15절).

시편 103편(찬양)

1. 믿음으로 찬양함(1-2절)

1) 다윗은 자신의 영혼에게 하나님을 송축하라고 말한다. 찬양은 믿음으로 의지를 다해 드리는 것이다.

2) 찬양은 하나님의 은택을 기억하는 것이며, 하나님이 찬양받기에 합당하심을 인정하는 것이다.

2. 여호와의 은택을 찬양함(3-18절)

1) 개인적 은택(3-5절)

- 죄의 용서, 질병의 치유, 생명의 구속
- 인자와 긍휼로 관을 씌우시며, 좋은 것으로 소원을 만족하게 하심

2) 공동체적 은택(6-18절)

- 공의의 하나님(6-7절) 하나님은 출애굽 사건을 통해 그분의 의와 구원을 보이셨다.
- 인자의 하나님(8-18절) 하나님은 우리를 자식같이 긍휼히 여기시고 우리의 죄를 사하신다.

3. 여호와의 절대 주권을 찬양함(19절)
하나님은 그의 보좌를 하늘에 세우시고 그의 왕권으로 만유를 다스리신다.

4. 만물을 향해 찬양을 촉구함(20-22절)

1) 하나님의 은택과 주권을 노래한 다윗은 이제 모든 만물을 향해 하나님을 송축하라고 외친다.

2) 찬양과 증거는 함께 간다. 하나님을 경험한 사람은 그분을 높이고 증거하게 된다.

시편 110편(축제/제왕/메시아)

> ○ 이 시는 메시아 시편의 하나로서 신약에 가장 많이 인용되었으며, 시편 저자들이 자신들의 상황을 뛰어넘어 그리스도를 내다보고 예언했음을 보여 주는 좋은 본이 된다.

1. 다윗의 주(1-3절)

1) 주님은 질문 공세를 퍼붓는 유대 지도자들에게 대답하신 후, 이 질문으로 그들의 입을 막으셨다(마 22:41-46). 그리스도는 다윗의 후손인가, 아니면 다윗의 주인가?

2) 하나님은 그리스도에게 그의 모든 원수를 멸하시기까지 자기 오른쪽에 앉아 있으라고 말씀하신다. 또 권능의 규(지팡이)를 주셔서 그분의 백성을 다스리게 하신다.

2. 멜기세덱의 반차를 좇은 영원한 제사장(4-7절)

1) 멜기세덱은 롯을 구하고 돌아오는 아브라함을 축복한 하나님의 제사장이요 의의 왕이다(창 14장).
   - 멜기세덱은 아론보다 더 위대하다(아론의 조상 레위는 아브라함의 허리에서 그의 축복을 받았다).
   - 그는 하나님의 아들과 방불하다(부모도 없고, 족보도 없고, 시작한 날도 없고, 생명의 끝도 없다).

2) 그리스도는 멜기세덱의 반차를 좇은 대제사장으로서 아론의 제사장들보다 위대하다(히 5, 7-8장).
   - 그리스도는 맹세로 영원히 제사장이 되셨고, 제사장직을 완수하신 후 하나님 오른쪽에 앉으셨다.
   - 제사 직분이 바뀌면 율법과 언약도 바뀐다. 그리스도는 구약을 폐하시고 신약을 세우셨다.

시편 137편 (탄식/저주)

1. 그리스도인은 심판을 생각할 때 형사 재판을 생각하면서 피고의 입장에 서지만, 시편 저자들은 민사 재판을 생각하면서 원고의 입장에 섰다. 따라서 그리스도인은 자신의 죄를 용서해 주실 것을 탄원하는 반면, 시편 저자들은 자신의 억울함을 풀어 달라고 하소연한다(C. S. 루이스).
2. C. S. 루이스는 '우리가 바위에 메어쳐야 할 어린아이'는 우리 안에 있는 작은 죄악의 씨앗으로 볼 수 있다고 생각했다. 신약 시대를 사는 우리는 구약 시대의 전쟁과 복수를 영적 관점에서 재해석해야 한다. 왜냐하면 우리의 싸움은 혈과 육에 대한 것이 아니라 하늘의 악한 영들에 대한 것이기 때문이다(엡 6:12).
3. 악의 최대 희생자는 악인들 자신이다. 우리는 죄를 미워하되 사람을 미워해서는 안 된다. 오히려 원수를 사랑함으로써 악에게 지지 말고 선으로 악을 이겨야 한다. 아울러 우리가 하는 축복이나 저주가 그 대상에 합당하지 않을 때는 그대로 우리에게 돌아온다는 것을 기억해야 한다.

시편 139편 (종합-찬양/감사/탄식/신뢰)

1. 하나님을 아는 지식(1-22절)

신학은 추상적이고 이론적인 사유가 아니라 구체적이고 실존적인 믿음이어야 한다.

1) **전지**(1-6절) 나의 모든 것을 아시는 하나님(하나님을 아는 것은 하나님께 알려졌음을 아는 것이다).
2) **편재**(7-12절) 어디서나 나와 함께하시는 하나님(편재신앙은 안전감과 두려움을 동시에 준다).
3) **전능**(13-18절) 나를 심히 기묘하게 지으신 하나님(창조신앙은 자존감과 목적 의식을 준다).
4) **공의**(19-22절) 악인을 심판하시는 하나님(참 신앙은 하나님 편에 서는 것이다).

2. 나를 아는 지식(23-24절)

우리는 하나님을 알 때 비로소 자신을 알 수 있다.

  1) 하나님은 이미 나를 온전히 아신다. 다윗은 하나님께 자신의 실상을 깨닫게 해달라고 간구한다.

  2) 참된 자기 지식은 하나님이 나를 아시는 대로 자신을 아는 것이다.

시가서 3과

잠언

이스라엘의 지혜 전통

1. 이스라엘에는 세 가지 영적 전통이 내려오고 있었다(렘 18:18). 첫째는 율법이다. 율법은 하나님의 언약백성으로서 이스라엘 국가의 근간이 된다. 이스라엘은 모든 것을 율법에 비추어서 판단하고 행해야 했다. 둘째는 선지자다. 선지자는 이스라엘의 왕이나 백성이 율법을 좇아 사는지를 판단하는 역할을 했다. 그들은 하나님의 보내심을 받고 하나님이 주신 말씀을 선포했다. 선포의 내용은 이스라엘이 율법을 순종하느냐의 여부에 따른 심판의 경고와 회복의 약속이었다. 마지막은 지혜다. 지혜는 율법의 틀 안에서 실제로 어떻게 살아야 하는지를 다루는 삶의 방법이요 기술이다. 율법은 이스라엘이 해야 할 일과 해서는 안 되는 일의 큰 틀을 제공하지만 삶의 여러 국면을 구체적으로 세세히 다루지는 않는다. 지혜는 바로 이 공백을 채워 주는 지침으로서 율법이 삶에 적용되는 구체적인 방식이다. 이 세 전통은 율법, 선지자, 성문서(지혜문서 포함)로 되어 있는 히브리어 구약성경의 구성에도 반영되어 있다.

2. 이스라엘의 지혜는 솔로몬을 출발점으로 한다. 물론 솔로몬 이전에도 지혜의 말씀들[예: 속담. "악은 악인에게서 난다"(삼상 24:13)]이 있었고, 또 이스라엘 주변 국가들(이집트, 바벨론 등)에도 지혜의 전통이 있었다. 하지만 지혜가 이스라엘 백성의 삶에서 하나의 영적 전통으로 뚜렷한 위치를 차지하게 된 것은 솔로몬 시대였다. 이스라엘이 다윗과 솔로몬 대에 이르러서야 비로소 율법

과 성전 중심의 신정 국가 체제를 정비하게 되었고, 그에 따라 삶의 모든 영역에서 율법적 질서를 따를 수 있게 되었기 때문이다. (지혜는 율법의 통치가 제대로 이루어지는 이상적 신정국가 체제의 질서를 전제한다.) 솔로몬은 그러한 시대상을 반영하며, 특별히 하나님에게서 받은 지혜(왕상 3장)로 이스라엘 백성의 삶에 대한 전반적인 지침을 줄 수 있었다. 성경은 솔로몬이 지은 잠언이 삼천 가지나 된다고 말한다(왕상 4:32).

잠언의 구조

1-9장	지혜의 찬가
10-31장	여러 가지 잠언
10-29장	솔로몬의 잠언(22:17-24:34에 여러 지혜자의 잠언이 삽입되어 있음)
30장	아굴의 잠언
31장	르무엘 왕의 잠언[모친의 훈계/31:10-31 현숙한 여인(지혜의 의인화)]

잠언의 가르침

1. 지혜 잠언이 말하는 지혜는 이 세상에서 이롭게 살아가는 꾀가 아니다. 오히려 참된 지혜는 세상의 관점으로 볼 때 어리석어 보이고, 세상의 꾀와 반대가 된다(시 1:1). 지혜가 추구하는 것은 자기 이익이 아니라 하나님의 뜻이기 때문이다. 그렇기에 지혜 문서들은 한결같이 지혜의 근본을 "여호와를 경외하는 것"이라고 말한다(잠 1:7, 9:10, 욥 28:28, 전 12:13). 이 세상은 하나님이 지으셨으며 하나님이 다스리신다. 따라서 이 세상의 주인 되신 하나님의 뜻을 좇아 행하는 것이 이 세상을 바로 사는 길이다. 지금 당장은 악의 세력이 이 세대를 쥐고 흔드는 것처럼 보이기 때문에 하나님의 뜻대로 사는 것이 손해처럼 보일 수 있다. 하지만 궁극적으로는 오직 하나님의 뜻만이 설 것이다. 이러한 영원의 관점에서 이 세상을 바라보며 하나님의 뜻을 좇아 사는 것이 진정으로 현명한 길이 아니겠는가? 지혜는 지적 이해의 문제가 아니라

하나님을 경외하고자 하는 영적 태도의 문제다. 이러한 지혜의 태도를 잘 보여 주는 구절이 잠언 3장 5-7절이다. 참 지혜는 자기 명철을 의지하지 않고 오직 하나님만을 신뢰하고 따르는 것이다. 이런 점에서 지혜의 삶은 곧 믿음의 삶이다.

2. **질서** 잠언은 세 가지 질서를 가르친다. 첫째는 자연적 질서(natural order)다. 자연은 하나님의 일반 은총이 작용하는 영역이다. 자연적 질서는 "심는 대로 거둔다"는 원리로 설명될 수 있다. "손을 게으르게 놀리는 자는 가난하게 되고 손이 부지런한 자는 부하게 되느니라"(잠 10:4)와 같은 잠언이 여기에 속한다. 지혜는 하나님이 정하신 자연의 법칙을 따르는 것이다. 요행을 바라거나 자연의 법칙을 거스르며 목적하는 바를 손쉽게 이루려는 것은 악인의 꾀이지 결코 지혜가 아니다. 둘째는 도덕적 질서(moral order)다. 이 세상에는 자연적 질서뿐 아니라 도덕적 질서가 존재한다. 지혜로운 자는 부지런한 자일 뿐 아니라 의로운 자다. 도덕적 질서는 자연적 질서보다 규칙성이나 엄정성이 덜해 보이는 것이 사실이다. 때로는 악인이 의인보다 더 잘되는 것처럼 보이기도 한다. 하지만 궁극적으로는 도덕적 질서를 따르지 않고 거슬러 행하는 자들은 멸망할 수밖에 없다. 셋째는 영적 질서(spiritual order)다. 영적 질서는 자연적 질서나 도덕적 질서보다 상위에 속하며 이 두 질서의 근거가 된다. 영적 질서는 하나님과 바른 관계를 맺는 것을 말한다. 지혜가 세상을 살아가는 바른 길을 보여 주는 것이라면, 이 세상의 주인 되신 하나님과 바른 관계를 맺는 것이 지혜의 근본이 될 것은 당연하다. 그래서 하나님을 경외하는 것이 지혜의 근본인 것이다. 지혜는 하나님의 세상에서 하나님이 정하신 질서를 따라 사는 길을 말한다. 지혜는 먼저 하나님을 인정하고 경외함으로써 영적 질서를 따르고 하나님이 정하신 두 가지 질서, 즉 도덕적 질서와 자연적 질서를 따른다. 잠언 10장 1-4절은 이 세 질서를 잘 보여 준다. 하나님을 경외하면서 의롭고 부지런하게 사는 자가 지혜로운 자라면, 하나님을 무시하면서 악하고 게으르게 사는 자는 미련한 자다.

3. 회의 잠언을 읽으면서 사람들이 느끼는 곤란 중 하나는 잠언이 말하는 것과 현실에서 우리가 경험하는 것 사이에 간극이 있는 것이다. 잠언의 가르침을 일반화한다면 "의인은 흥하고 악인은 망한다"라고 할 수 있다. 대표적인 예로, "여호와를 경외하면 장수하느니라 그러나 악인의 수명은 짧아지느니라"(10:27)나 "의인에게는 어떤 재앙도 임하지 아니하려니와 악인에게는 앙화가 가득하리라"(12:21) 등을 들 수 있다. 하지만 실제로 우리가 경험하는 바로는 반드시 이 잠언들이 말하는 대로 되지 않을 때가 많다. 그래서 시인도 "악인의 형통함을 보고" 거의 실족할 뻔했다고 고백하지 않는가(시 73:1-3)? 무엇이 문제인가? 잠언은 하나님의 말씀이 아니란 말인가? (실제 이러한 문제는 잠언뿐 아니라 율법 전체에 해당된다.) 잠언의 가르침이 그대로 적용되려면 하나님이 창조하신 질서대로 세상이 유지되어야 한다. 세상이 창조의 질서에 가까울수록 잠언의 가르침은 그대로 적용될 수 있다. 깨끗한 사회일수록 정직한 사람이 잘살고, 부패한 사회일수록 악한 사람들이 판을 치지 않는가? 문제는 인간의 타락으로 인해 세상의 질서가 굽어졌다는 데 있다. 그래서 의인이 항상 잘되는 것도 아니고 악인이 항상 잘못되는 것도 아닌 경우가 생긴다. 이러한 예외가 많아질 경우, 잠언은 좋은 말씀이지만 현실성은 별로 없는 도덕 교과서 정도로 치부되고 말 것이다. 그래서 이스라엘의 지혜 전통은 잠언 외에 욥기와 전도서를 더 배출했던 것이다. 욥기는 의인도 고난받을 수 있음을 보여 주고, 전도서는 해 아래 사는 삶의 실상을 헛되다고 폭로한다. 이러한 지혜 전통의 발전을 지혜의 변증법[잠언(정)→욥기(반)→전도서(합)]으로 부를 수도 있을 것이다.

4. 확신 비록 세상이 타락하여 잠언의 약속이 그대로 성취되지 않을 때가 많다 하더라도 우리는 몇 가지 사항을 고려해야 한다. 첫째, 잠언의 가르침은 여전히 옳은 것이며 하나님의 뜻이다. 그리스도인의 기준은 '무엇이 내게 이로운가?'가 아니라 '무엇이 옳은가?' 또는 '무엇이 하나님의 뜻인가?'다. 둘째, 잠언의 약속이 그대로 성취되지 않고 예외가 많은 것은 사실이지만, 그래도 여전히 일반론으로서는 충분히 성립될 수 있다. 근면한 자가 게으른 자보다

잘 살고, 입을 함부로 놀리는 자가 화를 부르는 것은 당연한 이치 아니겠는가? 셋째, 눈에 보이는 이 세상이 전부가 아니라는 것을 기억해야 한다. 결국 잠언의 약속은 영원한 빛 아래서 볼 때, 즉 "해 위의 관점에서 볼 때" 모두 그대로 성취될 것이다. 그러한 궁극적인 관점에서 본다면 "의인들의 길은 여호와께서 인정하시나 악인들의 길은 망하리로다"(시 1:6).

5. **적용** 잠언에는 특히 혀에 대한 가르침이 많다. 하나님을 경외하는 삶의 태도가 내면화되어 있는 사람은 언어생활에서 드러나기 마련이다. 야고보도 혀에 대해 경고하면서 지혜의 온유함을 그 해결책으로 제시한다(약 3장). 우리는 혀를 어떻게 사용하는가? 또 아굴의 기도(잠 30:7-9)에서 우리는 재물에 대한 지혜로운 태도를 본다. 바울도 이와 비슷한 가르침을 준다(딤전 6:6-10). 재물에 대한 우리의 태도는 어떠한가?

시가서 4과

욥기

서론

1. 지혜문학에서 욥기의 위치 욥기는 잠언의 지혜를 그대로 이어받는다(욥 28:28). 하지만 지혜가 적용되고 드러나는 모습은 잠언과 많이 다르다. 잠언은 하나님을 경외하는 지혜로운 자, 즉 의인은 복을 받는다고 말하는 반면, 욥기는 그 공식이 이루어지지 않는 상황, 즉 의인이 고난받는 경우를 다룬다. 인생에는 많은 신비가 있으며, 우리는 하나님이 하시는 일을 다 알 수 없다는 것이다. 욥기가 잠언의 지혜 공식에 첨가한 것은 두 가지다. 첫째, 욥기는 공간적으로 천상의 차원이 있음을 보여 준다. 우리 눈에 보이는 것, 즉 지상의 차원이 실재(reality)의 전부가 아니다. 둘째, 시간적으로 현재가 실재의 전부가 아님을 보여 준다. 우리는 실재의 온전한 모습을 지금 다 알 수 없다. 지금은 기다림의 시간이다. "우리가 지금은 거울로 보는 것같이 희미하나 그때에는 얼굴과 얼굴을 대하여 볼 것이요 지금은 내가 부분적으로 아나 그때에는 주께서 나를 아신 것같이 내가 온전히 알리라"(고전 13:12). 참된 지혜는 현상에 좌우되지 않고 온전히 하나님을 신뢰하고 경외하면서 끝까지 믿음의 길을 가는 것이다.

2. 구조

1–2장	서론(Prologue): 욥의 고난	
3–41장	변론(Dialogue)	
	3–31장	욥과 친구들의 3차에 걸친 변론

	32-37장	엘리후의 변론
	38-41장	하나님의 변론
42장	결론(Epilogue): 욥의 회복	

3. 줄거리

1) **서론** 우스 땅에 살던 욥은 의인이고 많은 재산을 소유한 동방에서 가장 큰 자였다. 하루는 하나님의 모든 천사가 하나님 앞에 모였을 때 사탄도 그 가운데 있었다. 하나님이 욥의 의로움에 대해 자랑하시자 사탄은 하나님이 복을 주셨기 때문에 그가 하나님을 경외하는 것이라고 말했다. 하나님은 사탄에게 욥을 시험해도 좋다고 허락하셨고, 사탄은 하루아침에 욥의 재산과 자녀들을 빼앗아 버렸다. 하지만 욥은 전혀 불평하지 않았고 여전히 하나님을 경외했다. 사탄은 욥의 건강을 빼앗으면 그가 하나님을 원망하고 대적할 것이라고 도전했고, 하나님은 이번에도 그의 시험을 허락하셨다. 사탄은 욥에게 심한 피부병이 나게 했다. 하지만 이번에도 욥은 불평하지 않았다.

2) **변론** 욥의 불행에 대한 이야기를 들은 세 친구가 욥을 위로하고자 찾아왔다. 하지만 그들은 욥의 고난은 죄로 인한 것이므로 욥이 회개해야 한다고 권면했다. 하지만 욥은 자신의 의로움을 주장했다. 친구들은 결국 욥의 말을 반박하지 못했다. 이에 격분한 엘리후가 그들의 대화에 끼어들어 크고 의로우신 하나님을 비난하는 욥을 꾸짖었다. 인간의 모든 변론이 끝나자 폭풍 가운데 하나님이 나타나셨다. 하나님은 욥의 질문에 대답하시지 않고, 오히려 그가 대답할 수 없는 여러 질문을 하셨다.

3) **결론** 하나님이 말씀을 마치시자 욥은 입을 가리고 자신이 알지 못하는 말을 했다며 회개한다. 하나님은 욥을 용서해 주셨고, 욥의 친구들에게는 그들이 욥만큼 의롭지 못하다고 책망하셨다. 욥은 친구들을 위해 하나님께 제사를 드리며 용서를 빌었다. 마침내 하나님은 욥의 모든 건강과 재산은 물론이고 자녀들까지 회복시켜 주셨다.

밖에서 본 욥기

1. 관객의 입장
   1) 천상의 이야기를 앎
   2) 악과 고난의 문제에 대한 철학적 접근

2. 욥기에 드러난 여러 신학
   1) **욥** 나는 의로운데 하나님이 까닭 없이 나를 치셨다. 하나님은 공평하지 못하시다.
   2) **친구들** 하나님은 의로우시며 욥이 고난을 당한 것은 죄의 결과다. 욥은 회개해야 한다.
   3) **엘리후** 하나님은 크고 의로우시다. 욥이 불평해서는 안 된다.
   4) **하나님** 하나님은 우리의 질문에 답하시는 분이 아니라 도리어 우리에게 질문하시는 분이다.

3. 욥기가 보여 주는 두 가지 오해
   1) **사탄의 오해** 하나님이 복을 주시지 않으면 인간은 하나님을 경외하지 않는다.
      - 하나님은 그분이 복을 주지 않아도 하나님을 경외하는 사람이 있다는 것을 보이고 싶으셨다.
   2) **친구들의 오해** 하나님의 사랑과 복은 외적 번영으로 증명된다. 고난은 죄를 지은 사람에게 벌로 오는 것이다.
      - 욥도 전자의 관점을 갖고 있었다. 하지만 자신의 경험을 통해 후자가 사실이 아님을 알게 되었다. 그 결과 번영신학과 기복주의적 관점에 반발하게 되었다.

안에서 본 욥기

1. 욥의 입장
   1) 천상의 이야기를 모름

2) 악과 고난의 문제에 대한 실존적 접근

2. 욥의 회의

1) **욥의 신앙**　욥은 하나님을 인격적으로 알았다. 따라서 자신이 죄를 지어서 하나님이 벌하시는 것이 아니라고 생각했다. 그는 설혹 자신에게 죄가 있다고 해도 그것이 고난의 이유는 아니라고 주장했다.

2) **욥의 회의**　욥은 하나님이 갑자기 그를 향한 태도를 바꾸신 것과 그에게 얼굴을 숨기신 것을 이해할 수 없었다. 그래서 자신이 지금까지 알아 온 하나님에 대한 신뢰를 바탕으로 하나님께 따지고 싶었던 것이다. 그의 이러한 회의는 불신이 아니라 도리어 신앙의 표현인 것이다.

3. 욥의 확신

1) **내가 아는 것**(19:25-27) "나의 대속자가 살아 계신 것"

2) **하나님이 아시는 것**(23:10) "내가 가는 길"

욥기의 교훈

1. **고난**　모든 고난이 죄의 결과로 오는 것은 아니다. 이유를 알 수 없는 고난이 많다. 그러나 하나님의 자녀에게는 고난이 결코 나쁜 것이 아니다. 오히려 변장하고 찾아오는 축복이다. 고난은 우리로 하여금 성화에 이르게 한다. 이러한 고난관은 성경 전체를 관통하는 일관된 진리다(롬 8:28, 약 1:2-4).

2. **지혜**　지혜는 어떤 상황에서도 하나님을 경외하고 악에서 떠나는 것이다(욥 28:28). 지혜는 현상을 이해하는 데 있지 않고 그 현상을 주관하시는 하나님을 신뢰하고 경외하는 데 있다.

3. **믿음**　욥이 가진 믿음은 하나님을 인격적으로 알아 온 관계적 믿음이다. 욥의 친구들의 믿음이 관념적 차원의 정통적 신학에 머문 반면, 욥의 믿음은 하나님과 오랜 세월 동행한 경험적 신뢰 관계에 있었다. 하지만 욥은 자신의 이해와 경험을 초월하시는 하나님의 주권을 인정하는 법을 배워야 했다.

시가서 5과

전도서/아가서

전도서

서론

1. 지혜문학에서 전도서의 위치 전도서는 욥기보다 한층 더 질서가 혼란스러워진 세상의 실상을 다룬다. 욥기가 의인에게 닥치는 고난의 문제를 다루면서 잠언의 지혜가 말하는 질서에 예외가 있음을 보여 준다면, 전도서는 한 걸음 더 나아가 의인보다 악인이 더 잘되는 듯한 구부러진 질서, 즉 잠언의 질서가 전도된 듯한 세상의 현실을 다룬다. 전도서 기자는 이 현실을 "해 아래"의 세상으로 표현하면서 인간의 지혜로는 해 아래의 현실을 온전히 파악할 수 없음을 말한다. 잠언의 지혜가 전제하는 질서가 몹시 구부러졌기 때문이다. 하지만 전도서가 시종일관 부정적인 것은 아니다. 전도서는 해 위의 세계를 전제하면서 언젠가 모든 것을 아름답게 하실 하나님의 때가 있음을 확신한다(3:11). 따라서 우리는 해 아래의 세상이 전부인 것처럼 살지 말고, 언젠가 하나님 앞에 심판받을 것을 기억하면서 하나님을 경외하며 살아야 한다. 전도서의 결론 역시 욥기처럼 잠언의 지혜로 돌아간다.

2. 구조

1:1–11	서론: 전도자의 탄식—해 아래에서 이루어지는 인간의 모든 수고는 헛되다.
1:12–12:8	본론: 전도자의 탐구—해 아래에서 벌어지는 모든 일의 헛됨을 지혜를 가지고 살핀다.
12:9–14	결론: 전도자의 권면—하나님의 심판을 기억하고 하나님을 경외하며 그 명령을 지키라.

3. **지혜** 빛이 어둠보다 나은 것처럼 지혜가 우매보다 뛰어나다. 지혜는 바른 삶의 길에 대한 탐구로서 그러한 길을 전혀 모르거나 찾지 않는 우매와는 비교할 수 없이 고귀하다. 하지만 인간의 지혜에는 한계가 있다. 첫째, 인간은 장래 일을 알지 못한다. 장래 일은 오직 하나님만이 아신다. 따라서 우리는 하나님을 경외하고 그분의 명령을 지키며 살아야 한다. 둘째, 우리의 지혜로는 현세의 일을 다 알 수 없다. 해 아래의 세상에는 시기와 우연이 있고, 모든 일이 잠언이 약속한 질서대로 이루어지지 않는 경우가 너무 많기 때문이다. 따라서 전도서는 지혜의 가치를 말하면서 동시에 지혜의 한계를 말한다. 전도서의 지혜는 그만큼 더 겸손하다. 전도서 역시 욥기와 마찬가지로, 결국 인간의 지혜는 세상이 돌아가는 형편을 꿰뚫어 보는 데 있는 것이 아니라 하나님을 신뢰하고 그분을 경외하는 데 있다고 결론짓는다.

4. **허무** 전도서의 주제 중 하나는 허무(무의미, meaninglessness)다. 허무는 해 아래 사는 인생의 실상이다. 여기서 말하는 허무는 하나님의 존재를 부정함으로 근본적인 의미를 찾을 수 없다는 현대인들의 무신론적 사고방식과는 다르다. 전도서의 허무는 해 아래에서 사는 삶의 한계를 말할 뿐이다. 해 아래에서 사는 삶은 두 종류의 허무를 보여 준다. 첫째는 형이상학적 허무다. 만일 해 아래에서 사는 삶이 전부라면, 영원을 사모하는 마음을 가진 인간의 초월적 필요는 채워질 수 없을 것이다. 전도자는 해 아래에서 사는 삶이 전부가 아니며, 하나님이 하시는 일은 영원히 남을 것이라고 말한다. 둘째는 도덕적 허무다. 해 아래에서 사는 삶에는 불의와 부조리가 있다. 따라서 그러한 불의와 부조리를 해결할 수 있는 해 위의 세계가 반드시 존재해야 한다. 그렇지 않고 해 아래에서 사는 삶이 전부라면 그처럼 허무한 일이 어디 있겠는가? 이러한 허무의식은 비신앙적 사고방식이 아니라 오히려 현실을 직시하는 솔직한 태도요, 그로 말미암아 영원을 사모하고 하나님 앞에서 살게 하는 지혜의 깨달음이 도달한 결론이다. 신약의 저자들도 이와 같은 관점을 말한다. 요한은 이 세상을 사랑하지 말라고 말하면서 이 세상의 정욕은 다 지나간다고 지적했다(요일 2:15-16).

메시지

1. 분복

1) **해 아래에서** 전도자는 시종일관 해 아래에서 사는 삶을 말한다. 따라서 전도자가 헛되다고 말하는 것은 해 아래에서 사는 인생의 모습이지 실재(reality)의 전부를 가리키는 것이 아니다. 전도자는 철저히 눈에 보이는 세상만을 염두에 두고 자신의 논리를 전개한다. 그는 삶이 허락하는 모든 것을 누리고 다 시험해 보았다. 또 자신의 지혜를 가지고 삶의 모든 모습을 깊이 궁구했다. 그 결과 그가 얻은 결론은 허무였다. 해 아래는 불의와 악이 성행하고, 인간은 장래 일을 모르며, 시기와 우연이 모든 사람에게 미친다. 인간의 모든 수고는 헛되고 인간의 지혜로는 궁극적인 의미를 알 수 없다.

2) **분복** 전도자는 해 아래에서 가장 나은 삶은 자신의 분복을 누리는 것이라고 말한다. 먹고 마시고 자기 손으로 한 일에 만족하는 것이야말로 가장 나은 삶이며, 하나님이 기뻐하시는 자에게 베푸시는 분복이다(2:24-26, 3:13, 22, 5:18-20, 8:15). 우리의 삶 그리고 삶을 영위하는 데 필요한 모든 것은 하나님이 은혜로 주시는 것이다. 우리는 삶의 은혜를 깨닫고 겸손히 우리에게 주어진 몫에 감사하며 살아야 한다. 특히 우리에게 주신 재능과 은사를 가지고 하는 일, 즉 우리 손으로 하는 일에서 만족과 의미를 찾으며 살아야 한다. 자신의 주제를 넘어선 욕심과 허영을 좇지 말고, 자신에게 주어진 사명에 충실한 것이 바른 삶이요 지혜의 길이다.

2. 본분

1) **영원의 빛 아래에서** 하지만 전도자는 해 아래에서 사는 삶이 전부가 아님을 알고 있었다. 하나님은 인간에게 이 세상에서 때의 문제를 알려 주지 않으셨지만 영원을 사모하는 마음을 그 안에 주셨다(3:11). 따라서 우리는 현세를 다 이해하지 못하지만 그것이 전부가 아님을 본성적으로 안다. 언젠가 인간은 하나님의 심판대 앞에 서게 될 것이다. 이러한 영원의 관점에

서만 우리는 삶이 허무하지만은 않다는 것과 인간 세상의 모든 악과 불의에 대한 참된 해답이 주어질 것임을 알 수 있다.

2) **본문** 따라서 우리는 분복에 만족하는 삶에 그쳐서는 안 된다. 분복은 이 세상에서 우리가 누릴 수 있는 가장 좋은 것일 뿐이다. 하지만 우리는 이 세상뿐 아니라 영원의 빛 아래에서 우리 삶을 보아야 한다. 하나님이 하시는 일은 영원하다. 우리는 그 일에 더하거나 뺄 수 없다. 오직 그분을 경외하며 살 뿐이다(3:14). 영원의 관점으로 살 때 우리에게 가장 중요한 것은 분복이 아니라 본분이다. 그것은 하나님을 경외하고 그분의 명령에 순종하는 것이다(12:13-14).

아가서

아가서는 남녀 간의 사랑이라는 주제와 노골적인 성애의 표현으로 인해 다양한 해석을 불러일으켰다. 전통적으로는 우화적 해석이 주를 이루어 왔다. 랍비들은 솔로몬 왕을 하나님으로, 술람미 여인을 이스라엘로 해석하면서 아가서의 내용은 이스라엘 역사를 우화적으로 묘사한 것으로 보았다. 그런가 하면 많은 기독교 신비주의자들과 영성가들은 아가서가 하나님 또는 그리스도와의 깊은 영적 교통의 체험을 그리고 있는 것으로 보았다. 현대에는 이러한 우화적, 영적 해석을 지양하고 문자적으로 남녀 간의 사랑을 찬미하는 내용으로 보는 경향이 우세해졌다. 우리는 이중 어느 한쪽 해석만을 취할 필요는 없다. 일차적으로, 아가서가 창조 신앙에 근거하여 남녀 간 사랑의 교감을 찬미한다고 보는 것은 타당하고 적절한 해석이다. 우리는 남녀 간의 사랑을 하나님이 주신 귀한 선물로 알아 결혼이라는 적법한 틀 안에서 그 선물을 마음껏 향유할 수 있어야 한다. 하지만 여기 묘사된 남녀의 사랑을 하나님과 우리 사이의 영적 교통의 모습으로 승화하여 해석하는 것도 충분히 가능하고 유효하다. 성경은 인간관계를 빌어 하나님과 인간의 관계를 설명하기 때문이다. 즉 하나님은 우리의 아버지이시고 우리는 그분의 자녀라고 말하고, 또한 하나님은 우리의 남편이시고 우리는 그분의 신부라고 말한다. 실상 아가서가 묘사하는 연인의 숨막히는 사랑의 절정조차도 장차 완성될 천국에서 하나님과 그분의 백성 사이에 이루어질 사랑의 교감이 불러일으킬 감동과 매혹에 비할 수 없다. 그 감동의 순간이 우리를 기다리고 있다. 삶은 결국 사랑 이야기다. 하나님은 우리와 사랑을 나누기 위해 우리를 창조하셨다. 우리는 그 사랑을 추구하고 있는가?

선지서 1과

아모스

선지자

1. 선지자 직분의 기원과 역사

1) **선지자는 하나님의 말씀을 대언하는 자다.** 이런 넓은 의미에서 본다면, 아브라함도 모세도, 심지어 아벨(눅 11:50-51)도 선지자였다. 하지만 모세는 어느 한 직분에 국한되지 않는다. 하나님의 백성을 이끌었던 인물로서 후대에 선지자로 불리던 자들과는 구별된다. 모세는 이스라엘 종교의 기초가 되는 율법의 체계를 세웠다. 이후에 왕, 제사장, 선지자 등의 직분은 모두 이 율법에 근거하여 서 있다. 따라서 모세는 이스라엘 종교의 한 가지가 아니라 그 전체를 떠받드는 뿌리에 해당하며 그 이후 모든 선지자직의 근원이 된다. 모세는 장차 이스라엘 백성이 가나안에 들어간 후 하나님이 그들에게 자신과 같은 선지자를 보내 주실 것을 예언했다(신 18:9-22). 그들은 가나안의 신접한 자들을 찾아가면 안 되었고, 반드시 하나님이 세우신 참 선지자들에게 물어야 했다.

2) **본격적인 선지자 시대의 개막은 사무엘이다.** 사무엘 역시 모세처럼 이스라엘 백성을 전체적으로 이끌었으며, 제사장과 사사(왕)와 선지자의 역할을 겸했던 인물이다. 하지만 사무엘을 마지막으로 사사 시대는 막을 내렸다. 그 후 이스라엘이 왕정 시대로 들어가면서 왕, 제사장, 선지자의 직분으로 구별되었다. 선지자들은 제사장들과 더불어 이스라엘 백성을 하나님 앞에서 영적으로 이끄는 역할을 했다. 제사장들이 백성을 대표하여 하나

님께 나아갔다면, 선지자들은 하나님을 대표하여 백성에게 하나님의 말씀과 뜻을 전했다. 사무엘은 선지자 학교를 세워서 선지자를 양성했고, 이스라엘에 선지자 영성의 전통을 시작했다.

3) 선지자들은 백성에게 하나님의 뜻을 전했지만 무엇보다도 왕들에게 하나님의 뜻을 전했고, 그들이 하나님의 종으로서 책무를 다하도록 지도하고 견제하는 역할을 했다. 일례로 다윗은 피난 시절 선지자 갓의 도움을 받았고, 또 왕이 된 후에는 나단의 도움을 받았다. 하지만 모든 왕이 다윗처럼 선지자의 말을 경청했던 것은 아니다. 북이스라엘의 아합 왕 때 왕실의 후원 아래 바알 숭배가 본격화되면서 여호와 신앙이 멸절 위기를 맞았다. 이때 아합과 이세벨에게 맞서 영적 대결을 벌인 선지자가 엘리야였다. 그는 여호와 신앙을 버린 왕권에 목숨을 걸고 맞섰으며, 온몸으로 이스라엘의 배교를 막고자 했다. 엘리야와 그의 후계자 엘리사는 신정 체제를 수호하기 위해 권력과 맞서 싸우는 후대의 모든 고전적 선지자들의 표본이 되었다.

4) 8세기에 들어서면서 아모스를 필두로 본격적인 저술 선지자들이 등장한다. 이들은 엘리야나 엘리사처럼 능력을 행하지 않았고 하나님의 말씀, 특히 엄중한 심판의 경고를 전했다. 이들의 예언은 글로 기록되어 책으로 남았고, 이후 이스라엘 역사의 방향과 운명에 지대한 영향을 끼쳤다. 저술 선지자들은 저술의 길이에 따라 대선지서(이사야-다니엘)와 소선지서(호세아-말라기)로 구분되기도 하고, 그들의 활동 무대[북이스라엘(아모스/호세아), 니느웨(요나/나훔), 에돔(오바댜), 남유다(그 외)]와 시대[포로 전(이사야/예레미야/호세아-스바냐), 포로 중(에스겔/다니엘), 포로 후(학개-말라기)]에 따라 구분되기도 한다.

2. **선지서 읽기** 선지자들은 하나님의 영에 감동된 자들이다. 그들의 기이한 행동이나 극단을 달리는 감정의 기복은 하나님의 관점과 심정에 붙들린 결과였다. 그들은 하나님의 정의감과 진노로 악을 질타하고, 회개를 촉구했으며,

하나님의 불타는 사랑으로 회복을 약속했다. 우리가 선지서를 바로 읽고 이해하려면 하나님의 마음을 알고 느껴야 한다. 그러려면 성령님이 조명해 주시도록 간절히 기도하고 믿음으로 선지자들의 정신과 영적 세계에 들어가야 한다. 선지자들을 이해하고 공감하는 열쇠는 그들을 사로잡았던 영(Spirit)과 열정(passion)에 우리도 사로잡히는 것이다.

아모스

서론

1. **아모스** 본문에 나오는 약간의 정보 외에는 아모스에 대해 알려진 것이 없다. 그는 예루살렘에서 약간 남쪽에 위치한 드고아 출신의 목자였다. 뽕나무를 기르던 사람으로 전문적인 선지자는 아니었다(암 1:1, 7:14). 이 말은 그가 선지자 학교 출신이 아니라는 뜻이다. 어느 날 갑자기 그에게 임한 여호와의 말씀을 전했을 뿐이다. 참된 선지자의 유일한 자격은 바로 하나님 말씀의 임재다.

2. **시대적 배경** 아모스는 여로보암 2세가 북이스라엘을 다스리고, 웃시야가 남유다를 다스릴 때(주전 760년경) 활동했다. 강대국 앗수르가 이스라엘 북쪽의 아람을 초토화시키고 잠시 주춤거리는 바람에 이스라엘은 일시적으로 안정과 번영을 누릴 수 있었다. 지역적으로는 남북을 합치면 솔로몬 시대만큼 넓은 영토를 소유하게 되었고, 경제적으로는 번영하여 많은 부자가 생겨났다. 이 신흥 부자들은 가난한 사람들을 착취하고 학대했다. 그렇다고 종교가 쇠퇴한 것은 결코 아니었다. 신전마다 사람들이 넘쳐 났고, 제사와 온갖 종교적 행사가 그치지 않았다. 하지만 이러한 종교적 부흥은 참된 신앙과는 거리가 멀었고 온갖 불의와 부패가 횡행했다.

3. 구조

1-2장	열국에 대한 심판[다메섹/가사/두로/에돔/암몬(1장), 모압/유다/이스라엘(2장)]
3-6장	이스라엘의 죄악에 대한 질책
7:1-9:10	환상들[메뚜기/불/다림줄 환상/아마샤와의 충돌(7장), 여름 과일(8장), 무너진 성전(9장)]
9:11-15	회복의 메시지

4. 주제 아모스의 주제는 정의다. 이스라엘의 종교는 이방인의 기복적이고 무속적인 양태로 전락했고, 제사와 더불어 이웃을 학대하고 착취하는 일을 버젓이 행했다. 아모스는 온갖 불의를 자행하는 권력자들과 부자들을 향해 하나님의 심판을 선포했고, 사치와 향락에 젖은 귀부인들에게 재앙을 선언했다. 참된 신앙은 결코 윤리와 분리될 수 없고, 하나님께 드리는 제사는 이웃 사랑과 나뉠 수 없다. 하나님이 그들에게 원하시는 것은 "오직 정의를 물같이, 공의를 마르지 않는 강같이 흐르게 하는 것"(5:24)이었다.

교훈

1. **열방의 주 되신 하나님** 하나님은 언약 백성뿐 아니라 열방을 다스리고 심판하시는 주님이다. 아모스는 이스라엘뿐 아니라 주변 국가들에도 심판을 선언한다. 그들 역시 하나님 앞에서 자신들의 악과 불의, 즉 그들이 이웃나라에 행한 모든 흉포한 일에 대답해야 했다. 지금 우리는 세상의 악과 불의에 억눌려 있는가? 하나님이 반드시 심판하신다는 것을 믿고 기다리자.

2. **언약 백성의 책임** 하나님의 언약 백성이 되는 것은 특권뿐 아니라 책임과 의무가 수반된다. 이스라엘은 이것을 바로 깨닫지 못했고, 하나님이 자신들을 특별히 편애하신다고 오해했다. 하나님은 그들을 택하신 사실을 기꺼이 인정하신다. 그렇기에 더욱 수준 높은 도덕과 공의를 그들에게 요구하시는 것이다(3:2). 우리는 구원의 확신을 말하면서도 구원의 열매가 없는 모순에 빠져 있지는 않은가?

3. **바른 예배** 참된 종교(신앙)는 외적 형식이 아니라 내적 자세에 있다. 하나님을 경외하고 그분의 뜻에 순종하려는 마음이 결여된 예배는 하나님이 결코

받지 않으신다. 하나님의 뜻은 우리가 종교적 열심을 내는 것이 아니라 의를 행하는 것에 있다.

4. **여호와의 날** 이스라엘 백성은 여호와의 날을 구원의 날로 생각하고 고대했다. 하지만 악을 행하는 자들에게 그날은 빛이 아니라 어둠이요, 구원이 아니라 심판의 날이다. 우리는 재림을 고대하고 있는가?

5. **여호와의 말씀** 하나님의 심판은 하나님 말씀의 기근으로 나타난다. 하나님은 그분의 말씀을 거부하는 사람들에게는 말씀을 거두어 가신다. 나는 평소에 하나님 말씀을 소중히 여기고 사모하는가?

선지서 2과

호세아

서론

1. **호세아** 호세아 선지자에 대해서는 알려진 바가 거의 없다. 그는 아모스(주전 760년)와 동시대 사람으로 그보다 조금 늦게 활동을 시작했다(주전 750-725년). 브에리의 아들이었고, 고멜의 남편이었으며, 두 아들과 한 딸의 아버지였다. 그의 활동 무대는 이스라엘이었다. 그는 하나님의 명령에 따라 음란한 여인과 결혼하여 이스라엘과 하나님의 관계를 증거했다. 이스라엘이 멸망하기 직전에 활동했던 선지자로서 유다에서 예레미야와 같은 역할을 했다.

2. **시대적 배경**

   1) **정치적 상황** 호세아는 웃시야, 요담, 아하스, 히스기야가 유다의 왕으로 있을 때 그리고 여로보암 2세가 이스라엘의 왕으로 있을 때 활동하기 시작했다. 그가 활동을 시작하고 얼마 되지 않아 여로보암 2세가 죽자 이스라엘은 정치적으로 혼돈의 소용돌이에 빠지게 된다. 내부적으로는 짧은 시간에 왕들이 여러 차례 바뀌고, 외부적으로는 강대국 앗수르의 위협이 전면으로 부상하게 된다. 이스라엘은 아람과 손잡고 앗수르에 대항하지만 그 모든 시도는 물거품이 되고, 한 세대 안에 앗수르의 침공을 받아 초토화되고 만다(주전 722년).

   2) **종교적 상황** 아모스는 부와 권력을 쥔 자들의 불의와 부패를 성토했고, 호세아는 이스라엘의 종교적 타락을 집중적으로 성토했다. 이스라엘은 외적으로는 여전히 여호와 신앙의 형식을 견지한 것처럼 보였지만 실상은

우상 숭배, 특히 바알 숭배에 깊이 빠져 있었다. 백성을 이끌어야 할 제사장들은 이스라엘의 신앙을 혼합주의적 종교로 변질시켰다. 호세아는 이러한 이스라엘의 배교를 여호와와 맺은 결혼관계 파기에 비유하여 음란한 행위라고 질타했다.

3. 구조

1-3장	고멜에 대한 호세아의 사랑
4-14장	이스라엘에 대한 여호와의 사랑

4. 주제 아모스의 주제가 정의라면 호세아의 주제는 사랑이다. 하나님은 정의의 하나님이실 뿐 아니라 사랑의 하나님이시다. 이스라엘이 하나님과의 언약을 깨뜨리고 우상 숭배에 빠진 것에 대해 하나님은 배신당한 남편의 괴로움으로 아파하고 분노하셨다. 그러나 하나님의 궁극적인 반응은 사랑이다. 하나님은 이스라엘을 심판하고 원수의 손에 넘겨주시지만 또다시 회복과 구원을 약속하신다.

호세아의 결혼생활(1-3장)

1. 호세아는 하나님의 명령에 따라 음란한 여인 고멜과 결혼했다. 그녀는 아들, 딸, 아들을 낳았다. 하나님은 첫째 아들의 이름을 '이스르엘'로 지으라고 하셨다. 이 이름은 예후가 이스르엘에서 행한 죄를 심판하실 것임을 의미한다. 예후는 아합의 집에 대해 하나님의 심판을 행했지만 하나님의 마음이 아니라 자신의 잔인성과 야심을 따라 행했을 뿐이다. 그 역시 아합처럼 바알 숭배를 한 것에서 그 증거를 찾을 수 있다. 예후의 집은 여로보암 2세의 죽음 이후 급속도로 몰락한다. 하나님은 둘째 딸의 이름을 '로루하마'('긍휼히 여김을 받지 못하다')라고 지으라고 하셨다. 우상 숭배에 빠진 이스라엘을 더 이상 긍휼히 여기지 않으신다고 말씀하신 것이다. 하나님은 셋째 아들의 이름을 '로암미'('내 백성이 아니다')라고 지으라고 하셨다. 이스라엘은 더 이상 하나님의 백성이 아니라는 뜻이다.

2. 호세아의 결혼생활은 배역한 이스라엘에 대한 하나님의 심정을 보여 주기 위해 하나님이 특별히 명하신 행위 예언이었다. 고멜의 음란함은 하나님을 버리고 바알을 좇아간 이스라엘의 배역을 상징한다. 그리고 그러한 아내를 사랑하고 심지어 창기로 팔린 후에도 다시 찾아오는 호세아의 사랑은 이스라엘을 포기하지 않으시는 하나님의 사랑을 상징한다.

호세아의 메시지

1. 이스라엘의 죄악

  1) **영적 타락** 이스라엘의 가장 큰 죄는 우상 숭배였다. 그들은 아합/이세벨 때에 극성을 떨었던 바알 숭배를 결코 떨쳐버리지 못했고, 여호와 신앙마저 혼합주의적 신앙으로 변질시켰다. 이처럼 영적으로 타락하게 된 것은 하나님을 아는 지식이 없었기 때문이다. 하나님은 재판 용어[쟁변(히 rib), 4:1-3]를 사용하여 이스라엘의 죄악을 폭로하시면서 하나님을 아는 지식이 없기 때문이라고 지적하셨다. 하나님은 이스라엘이 하나님을 모른다는 것을 가장 한탄하셨다. 더욱이 백성에게 하나님이 누구신지 가르쳐야 할 제사장들부터 하나님을 몰랐다(4:6-9). 그 결과 예배의 형식만 갖추었지 생명이 되는 인애의 정신은 사라지고 말았다(6:6). 바울은 하나님을 하나님으로 인정하지 않는 자들은 하나님을 아는 지식을 상실하게 되고, 그 결과 거짓 하나님을 섬기게 된다고 말했다(롬 1:21-23).

  2) **도덕적/사회적 불의** 영적 타락은 사회적, 도덕적 타락으로 직결된다. 사람들은 자신들이 섬기는 신의 특성을 닮을 수밖에 없다. 하나님에 대한 참된 지식을 상실한 채 인간의 온갖 탐욕을 형상화한 바알을 숭배한 결과 그들은 음란과 강포, 살인과 도둑질 등에 빠지게 되었다(4:2).

  3) **정치적 타협** 하나님을 의뢰하지 않는 사람들이 외부의 적의 위협에 대비하는 길은 당연히 다른 국가와 동맹을 맺는 것이다(5:13). 이스라엘은 앗수르를 의지하기도 했고 애굽을 의지하기도 했다. 하지만 이러한 타협은 하나님에 대한 불신이며, 원수의 손에 떨어지는 첩경이다.

2. 하나님의 심판

1) **하나님의 진노** 하나님은 이스라엘의 배교와 타락에 대해 불같이 타는 심정으로 아파하고 괴로워하셨다. 하나님의 진노는 악에 대한 비인격적인 인과응보의 반응이 아니다. 그것은 언약 관계를 파괴하고 하나님의 사랑을 저버린 자들에 대한 인격적인 반응으로서 아내의 불륜과 배신으로 인해 상처받고 괴로워하는 남편의 심정으로 묘사된다. 하나님은 이스라엘이 돌아오기를 간절히 바라시고 애끓는 심정으로 호소하셨다. 하지만 이스라엘이 끝내 하나님의 호소를 외면한다면 하나님은 심판을 행하신다.

2) **하나님의 심판** 앗수르가 이스라엘을 멸망시킨 것으로 하나님의 심판이 이루어졌다. 앗수르 왕 디글랏-빌레셋 3세의 강력한 침공에 이어 살만에셀과 사르곤 2세의 대를 이은 공격에 이스라엘은 주전 722년에 멸망했다. 앗수르는 피정복자들을 다른 지역으로 이주하는 정책을 썼고, 그 결과 이스라엘은 여러 지역으로 흩어지고 이민족들과 피가 섞이게 되었다. 이렇게 혼혈이 된 자들의 후손은 유대인들이 그토록 멸시하는 사마리아인이다.

3. 이스라엘의 회복 심판은 이스라엘에 대한 하나님의 마지막 선언이 아니었다. 하나님은 이스라엘의 남편일 뿐 아니라 아버지가 되신다(2:16, 11:1). 하나님은 결코 이스라엘을 포기하지 않으신다. 긍휼이 풍성하신 하나님은 심판 뒤에 새로운 회복을 약속하셨다. 하지만 이 회복은 단순하지 않고 다중적이다. 일차적으로 이스라엘의 민족적 차원의 회복이 있지만, 그 차원을 넘어 메시아의 도래와 다른 모든 민족을 포함하는 전 세계적 구속의 사건으로 확대된 회복을 선지자들은 내다보았다. 마태는 11장 1절의 말씀을 예수님께 적용했고(마 2:15), 바울은 1장 10절과 2장 16절의 예언을 그리스도를 믿는 이방인들에게 적용했다(롬 9:25). 언약백성으로서 이스라엘의 반역과 실패 그리고 그 언약을 끝까지 이루시는 하나님의 신실하심과 언약의 성취 사이의 긴장 관계야말로 모든 선지자의 고뇌와 부담이었다. 바울도 이와 같은 문제로 고민했다(롬 9-11장). 그러나 하나님은 크신 지혜와 권능으로 구원과 회복을 이루신다.

선지서 3과

요나/하박국

요나

1. 요나 선지자 요나에 대해서는 열왕기하 14장 25절과 요나서 1장 1절에 간략히 소개된 것 외에는 알려진 것이 없다. 그는 가드헤벨 출신의 선지자로서 그의 아버지는 아밋대였다. 가드헤벨은 나사렛에서 북쪽으로 5킬로미터 정도 떨어진 지역이므로, 예수님과 요나는 출신지가 같다고 할 수 있다. 그래서인지 예수님은 요나의 예를 들어 자신의 부활을 예언하셨다. 요나는 북왕국 여로보암 2세 때 활동했으며, 아모스, 호세아와 동시대 사람이었다. 그는 여로보암이 하맛 어귀에서부터 아라바 바다까지 이스라엘의 지경을 회복할 것을 예언했다.

2. 내용

1) **요나의 1차 소명(1장)** 하나님은 요나에게 앗수르의 수도 니느웨에 가서 그들의 악독이 하나님 앞에 상달되었음을 예언하라고 명하셨다. 하지만 요나는 앗수르에 대한 미움으로 인해 하나님께 순종하지 않고 니느웨와는 반대 방향인 다시스(이베리아 반도에 위치함)로 가는 배를 탔다. 하나님은 풍랑을 보내서 그 배를 흔드셨고, 다른 사람들이 모두 자신이 섬기는 신에게 부르짖는 동안 요나는 선창 밑에 내려가 잠을 잤다. 사람들이 요나를 깨워 영문을 묻자 그는 자기를 들어 바다에 던지면 풍랑이 잠잠해질 것이라고 했다. 선원들은 끝까지 풍랑을 제어하려고 노력하다가 결국 요나를 들어 바다에 던졌고, 풍랑은 곧 잠잠해졌다. 요나는 하나님이 예비하신 큰 물고기의 뱃속에 들어갔다.

2) **요나의 기도**(2장) 요나는 물고기 뱃속에서 하나님의 구원을 노래한다. 그는 자신이 떨어진 처지[고난, 스올의 뱃속(깊은 물 속), 주의 목전에서 쫓겨남, 영혼이 피곤한 상태]를 돌아보고 그 자리에서 하나님을 향해 부르짖었고, 하나님은 그에게 구원을 베푸셨다.

3) **요나의 2차 소명**(3장) 하나님은 다시 요나에게 니느웨로 가서 외치라고 명하셨고, 이번에는 요나가 순종했다. 요나가 하루 동안 다니면서 "사십 일이 지나면 니느웨가 무너지리라"고 외치자 놀라운 일이 벌어졌다. 니느웨의 왕과 모든 신하, 모든 백성이 굵은 베옷을 입고 심지어 짐승까지도 금식하고 회개했다. 그러자 하나님이 뜻을 돌이키시고 니느웨를 멸하지 않으셨다.

4) **요나의 불평과 하나님의 반문**(4장) 요나는 니느웨 백성이 회개한 것도, 하나님이 그들을 용서하신 것도 기뻐하지 않았다. 요나는 일이 이렇게 될 것을 알았기에 니느웨로 가고 싶지 않았던 것이다. 하나님은 해변에 앉아 뜨거운 햇볕을 쪼이며 니느웨의 멸망을 기다리는 요나를 위해 박 넝쿨을 나게 하여 그늘을 마련해 주셨다가 곧 그 넝쿨이 말라죽게 하셨다. 요나가 불평하며 하나님을 원망하자, 하나님은 그가 박 넝쿨을 아낀 것처럼 하나님이 니느웨 백성을 아끼는 것이 마땅하지 않느냐고 요나에게 물으셨다.

3. 교훈

1) **열방을 품으시고 원수를 사랑하시는 하나님** 요나서가 보여 주는 하나님은 이스라엘을 넘어 이방 민족까지 품으시고, 심지어 하나님을 대적하는 원수까지도 사랑하시는 분이다. 요나는 하나님을 "은혜로우시며 자비로우시며 노하기를 더디 하시며 인애가 크시사 뜻을 돌이켜 재앙을 내리지 아니하시는"(4:2) 분으로 고백한다. 이러한 신관은 아브라함 언약(창 12:1-3)의 회복으로서 이스라엘의 편협한 선민의식과 민족주의를 넘어서는 것이다.

2) **두 번째 기회를 주시는 회복의 하나님** 하나님은 니느웨 사람들뿐 아니라 요나에게도 자비를 베푸셨다. 요나가 하나님의 명을 거역했을 때 하나님은 그를 포기하지 않고 끝까지 추적하셨고, 다시 기회를 주셔서 선지자의 책임을 감당하게 하셨다. 또 요나가 깨닫도록 인내하며 가르치셨다.

하박국

1. 하박국 선지자 하박국에 대해서는 성경이 보여 주는 것이 전혀 없다. 외경에서 그는 다니엘이 사자 굴에 갇혔을 때 음식을 날라다 준 것으로 언급되기도 하고 레위인으로 알려지기도 한다. 하지만 이것은 그다지 신빙성 있는 자료로 보기 어렵다. 하박국에 대해서는 알려진 바가 거의 없지만 하박국서의 내용을 통해 그가 활동했던 시대적 배경은 어느 정도 알 수 있다. 그는 7세기 말 바벨론(1:6, 갈대아로 명명됨)이 앗수르를 무너뜨리고 (주전 612년) 열국의 강자로 등장하기 직전에 본서를 기록했다. 하박국은 후에 바사의 등장으로 바벨론이 멸망하게 될 것을 내다보았다.

2. 내용

  1) **하박국과 하나님의 1차 문답**(1:1-11) 하박국은 하나님의 백성 가운데 악과 불의가 횡행하는 모습을 보고 하나님이 언제까지 이러한 상태를 방관하실 것인지 한탄한다. 그는 율법이 해이해지고 악인이 의인을 에워쌈으로 공의가 굽게 되었다고 부르짖는다. 하나님은 이에 대해 열국이 놀랄 엄청난 일이 일어날 것이라고 말씀하신다. 사납고 무서운 갈대아 사람들이 일어나 열국을 호령하고 또 유다를 치러 올 것이라고 말씀하신다. 이들은 강포를 행하고, 심판과 위령이 자기들로 말미암으며, 자기 힘으로 신을 삼는 자들이다.

  2) **하박국과 하나님의 2차 문답**(1:12-2:20) 하나님의 대답은 하박국의 고민을 풀어 준 것이 아니라 더욱 깊게 했다. 왜냐하면 비록 이스라엘이 악하지만 그렇다고 그들보다 더욱 악한 갈대아인을 들어 심판의 도구로 쓰시는 것은 더 큰 불의처럼 보였기 때문이다. 그는 "주께서는 눈이 정결하시므로 악을 차마 보지 못하시며 패역을 차마 보지 못하시거늘 어찌하여 거짓된 자들을 방관하시며 악인이 자기보다 의로운 사람을 삼키는데도 잠잠하시나이까"(1:13)라고 질문하고 하나님의 대답을 듣기 위해 성루에서 기다렸다. 그러자 하나님은 속히 이루어질 묵시를 주시면서 누구나 읽을 수 있도록 기록하라고 명하셨다. 그 내용은 바벨론의 악행에 대한 폭로와 그

들에게 임할 화다(2:6–20, 탐욕과 강포, 약탈과 보복, 폭력, 부도덕, 우상 숭배). 그리고 그러한 심판의 선언 사이에 매우 중요한 영적 교훈을 주신다. 첫째, 의인은 믿음으로 말미암아 살아야 한다는 것이다(2:4). 둘째, 언젠가 물이 바다를 덮음같이 여호와의 영광을 인정하는 것이 온 세상에 가득하게 될 날이 오리라는 것이다(2:14). 셋째, 오직 여호와는 그 성전에 계시니 온 천하는 그 앞에서 잠잠해야 한다는 것이다(2:20).

3) **하박국의 기도**(3장) 하박국은 하나님이 주신 묵시를 듣고 놀라면서 하나님의 일이 곧 부흥케 될 것과 하나님이 진노 중에도 긍휼을 잊지 마시기를 간구한다(2절). 그는 하나님의 권능과 영광을 노래하고, 이제 온전히 하나님을 신뢰하면서 어떤 역경 가운데서도 하나님으로 인해 기뻐하겠다고 다짐한다(17–19절). 이러한 하박국의 모습은 믿음으로 말미암아 사는 의인의 모습이다.

3. 교훈

1) **악의 문제/신정론** 전능하고 선하신 하나님에 대한 신앙과 이 세상에 존재하는 악에 대한 인식은 기독교 신앙에 만만치 않은 도전을 안겨 준다. 많은 사람이 이러한 갈등과 충돌로 인해 하나님의 존재를 부인하거나 하나님의 전능하심이나 선하심을 부인한다. 하박국은 하나님은 악을 간과하지 못하는 선하신 분임을 인정하면서(1:13), 온갖 불의와 모순 속에서도 의인은 하나님을 믿는 믿음으로 살아야 한다고 말한다(2:4). 하나님은 성전에 계시고(2:20), 언젠가 하나님의 심판이 임하고 공의가 서게 될 날이 올 것이며, 여호와의 영광을 인정하는 것이 온 세상에 가득하게 될 날이 올 것이기 때문이다(2:14). 신약 시대에 사는 우리는 신정론의 일차적 대답이 십자가에서 주어졌음을 믿고, 그 궁극적인 대답은 주님의 재림과 심판 때에 주어질 것임을 믿는다.

2) **믿음** 참 믿음은 보이는 상황이 아니라 보이지 않는 하나님을 온전히 신뢰하고, 하나님이 주시는 어떤 것이 아니라 그분으로 인해 기뻐하고 즐거워하는 것이다(3:17–19).

선지서 4과

이사야

서론

1. **이사야** 이사야는 아모스의 아들로서 유다 왕 웃시야, 요담, 아하스, 히스기야 시대에 선지자로 활동했다(1:1). 그는 궁전과 밀접한 관계를 지닌 유력한 집안 출신이었으며, 여선지자인 아내와의 사이에 스알야숩(7:3)과 마헬살랄하스바스(8:3) 두 아들을 두었고, 또 많은 제자와 함께 공동체를 이루어 살았다. 그는 수십 년에 걸쳐 예언 활동을 했으며, '남은 자'와 '고난의 종' 그리고 수많은 메시아 예언의 선포를 통해 역사와 민족들을 주관하시는 '이스라엘의 거룩한 자'를 증거했다.

2. **시대적 배경** 이사야의 배경은 선지자의 활동 기간과 예언 내용에 따라 구분되어야 한다. 이사야가 활동한 기간은 앗수르의 위협 앞에서 유다가 풍전등화 같은 위기를 몇 차례나 맞이한 시대였다. 아람과 이스라엘이 반 앗수르 동맹을 맺고 유다를 강제 동원하려고 벌인 전쟁(주전 733-732년), 앗수르의 살만에셀이 이스라엘을 멸망시킴(주전 722년), 블레셋을 중심으로 한 반 앗수르 동맹을 사르곤이 초토화시킨 일(주전 712년) 그리고 산헤립이 예루살렘을 포위한 사건(주전 701년) 등이다. 예언 내용에 따른 배경은 1-39장이 앞서 설명한 앗수르의 위협을 배경으로 하는 반면, 40-66장은 그보다 200여 년 뒤인 바벨론 포로에서의 귀환과 그 이후 시대를 배경으로 한다. 이와 같은 시대적 배경의 차이로 인해 많은 학자가 이사야서의 저자를 둘(1-39장/40-66장)이나 셋(40-55장/56-66장)으로 보기도 하지만, 본서의 통일성을 주장하는 학자도 많다.

3. 구조

1–39장	심판	40–66장	회복
1–12장	유다와 예루살렘에 대한 예언	40–48장	이스라엘의 구원
13–23장	열국에 대한 심판	49–55장	이스라엘의 구원자(여호와의 종)
24–27장	작은 묵시록	56–66장	이스라엘 미래의 영광
28–33장	앗수르의 지배 아래 예루살렘		
34–35장	두 편의 시(멸망과 소망)		
36–39장	역사적 소고		

주요 내용

1. **이사야의 소명(6장)** 이사야는 웃시야 왕이 죽던 해(주전 742년)에 성전에서 높이 들린 보좌에 앉으신 하나님과 그 앞에서 하나님을 모시고 선 여섯 날개의 스랍들을 보았다. 이사야는 즉시 자신과 백성들의 부정함을 깨닫고 "화로다, 나여, 망하게 되었도다"라는 절망의 탄식을 발했다. 이때 스랍 하나가 제단의 핀 숯을 가져다 그의 입에 대어 그를 정결케 해주었다. 그 후 하나님은 "누가 우리를 위하여 갈꼬"라고 말씀하셨고, 이사야는 "내가 여기 있나이다. 나를 보내소서"라고 대답했다. 이사야가 받은 소명은, 들어도 깨닫지 못하고 보아도 알지 못하는 자들에게 가서 심판의 경고를 전하는 것이었다. 이스라엘은 황무하고 백성들은 끌려가게 될 것이다. 하지만 그루터기, 즉 거룩한 씨가 남을 것이다.

2. **심판(1장)** 이사야는 여러 차례에 걸쳐 하나님의 심판의 선고를 전한다. 1장은 이러한 선고의 전형적인 형태를 보여 준다. 하나님은 하늘과 땅을 증인으로 불러 유다와 예루살렘에 대해 그분의 가슴앓이, 속상함을 하소연하신다. 이러한 하나님의 반응은 언약적 관계를 전제한다(2절). 이스라엘의 문제는 배은망덕하여 하나님의 은혜를 망각하고 하나님을 멀리 떠난 것이다. 그들은 여전히 형식적인 종교 의식을 행했지만 정작 하나님이 원하시는 공의를 저버렸다. 우상 숭배(29절)와 사회적 불의가 횡행했고, 권력자들의 횡포가 심했다. 하나님은 그들에게 돌아올 것을 호소하시면서 용서와 회복을 약속하신다.

3. 정치적 상황(7-11장) 이사야는 국제 정세를 신학적 관점에서 조망했다. 아람과 이스라엘이 앗수르에 대항하는 동맹을 맺고 유다에게도 가입할 것을 강요했기 때문에 아하스는 진퇴양난에 빠졌다. 이사야는 그들을 두려워하지 말라는 하나님의 말씀을 전했다. 하지만 아하스는 하나님을 신뢰하지 않았고 오히려 앗수르의 도움을 받고자 했다. 이런 상황에서 이사야는 두 아들의 이름[스알야숩(남은 자는 돌아오리라), 마할살렐하스바스(노략이 속히 이르리라)]을 통해 하나님의 메시지를 전했다. 즉 둘째 아들이 자라서 아빠, 엄마를 말할 때쯤 앗수르가 아람과 이스라엘을 침공하리라는 뜻이었다. 하지만 앗수르 역시 하나님의 진노를 받게 될 터인데, 이는 그가 하나님의 도구라는 역할을 지나 자신의 교만과 악으로 열국에 화를 끼쳤기 때문이다(10:5-19).

4. 남은 자(10:20-23) 이사야는 그의 예언 곳곳에서 남은 자(remnant)가 구원을 받게 될 것을 말했다. 하나님의 심판이 임하면 민족 전체가 망하겠지만, 그 중에서도 남은 자가 항상 있어서 그들이 역사를 이어 갈 것이고, 새로운 하나님의 백성이 될 것이다. 이러한 남은 자 예언은 이스라엘 역사를 통해 계속 이루어졌지만, 그 궁극적인 성취는 그리스도에 대한 이스라엘의 민족적 거부 가운데 이루어짐을 바울은 갈파했다. 바울은 유대인들이 그리스도를 거부한 사실에 대해 고민하다가 엘리야 시대와 이사야의 예언을 통해 남은 자만이 참된 하나님의 백성임을 깨달았던 것이다.

5. 회복(40-66장) 이사야는 앗수르의 위협이라는 눈앞의 현실뿐 아니라 장차 바벨론 포로에서의 귀환이라는 더 큰 구원과 회복을 예언한다. 이 회복은 하나님이 바사 왕 고레스를 택하여 그에게 기름을 부어 종으로 삼음으로써 이루어질 것이다. 고레스는 바벨론을 멸망시킨 후에 모든 민족이 본토로 돌아갈 수 있게 해주었고, 또 그들의 신을 섬길 수 있게 해주었다. 이사야는 광야를 지나 본토로 돌아오는 귀환을 제2의 출애굽으로 설명했고, 이 소식을 복음으로 부르면서 장차 그리스도를 통해 이루어질 신약의 구원을 내다보았다. 그뿐 아니라 한 걸음 더 나아가 역사의 종말에 온전히 이루어질 우주적 차원의 구원, 즉 새 하늘과 새 땅까지 내다보았다(65:17, 66:22).

6. **메시아 예언들** 이사야서에는 아주 많은 메시아 예언들이 담겨 있다. 구약의 모든 예언이 그러하듯 이 예언들도 다중적 성취를 내다본다. 일차적으로 그 당시 역사적 상황에서 성취되지만, 장차 올 메시아로 인해 더 깊은 의미의 성취가 이루어질 것이다.
   1) **임마누엘**(7:14) 이 예언의 일차적 성취는 아람과 이스라엘의 위협에서 건지심이었지만, 마태는 이를 그리스도의 동정녀 탄생에 적용했다(마 1:23).
   2) **한 아이**(9:6-7) 다윗의 후손으로 오셔서 하나님 나라를 세우실 그리스도에 대한 예언이다. 이 아이의 신분은 단순한 인간의 차원을 뛰어넘는다.
   3) **이새의 줄기에서 난 한 싹**(11:1-10) 이 역시 그리스도를 가리킨다. 그의 통치의 성격은 공의이고 결과는 평화다.
   4) **광야의 소리**(40:3) 신약은 바벨론에서의 귀환을 알리는 자의 소리를 그리스도의 선구자로서 그의 길을 예비하는 세례 요한에 적용했다(막 1:3).
   5) **기름 부음 받은 종**(61:1-2) 주님은 나사렛 회당에서 바로 이 본문을 자신에게 적용하셨다(눅 4:18-19).

7. **고난의 종** 이사야의 예언 중 가장 독특한 것은 여호와의 고난의 종에 대한 것이다.
   1) 그는 이스라엘뿐 아니라 이방의 빛이 되어 그들에게도 공의를 베풀 것이다(42:1-7).
   2) 모태로부터 택함을 받아 이스라엘을 하나님께로 돌아오게 하고 이방에 빛을 전할 것이다(49:1-6).
   3) 수욕과 고난을 당할 것이다(50:4-10).
   4) 자신의 고난으로 많은 사람을 속죄할 것이다(52:13-53:12). 이 종의 정체에 대해서는 이스라엘 국가로 볼 수 있는 면도 있지만, 이 모든 예언은 예수 그리스도의 신분과 사역을 통해서만 온전히 이루어진다.

8. **이스라엘의 거룩한 자** 이사야의 신관은 그 이전의 어떤 선지자보다도 높고 넓고 웅대하다. 하나님은 이스라엘뿐 아니라 모든 민족을 다스리시고 창조 세계와 역사를 섭리하고 주관하시는 분이다. 그뿐 아니라 새 하늘과 새 땅

을 창조하시는 구속의 하나님이시다. 하나님은 바로 이스라엘의 거룩한 자다. 하나님에 대한 바른 관점과 시각의 정립이야말로 모든 구원과 회복의 출발점이다.

선지서 5과

예레미야

서론

1. 예레미야 예레미야는 예루살렘 북쪽에 위치한 제사장들의 성읍 아나돗 출신으로 제사장 힐기야의 아들이다. 그는 주전 627년경에 20세 정도의 나이로 선지자로 부름 받았으며, 40여 년에 걸쳐 유다의 마지막 시기에 예언을 했다. 스바냐, 하박국, 나훔 등의 선지자들이 그와 동시대인들이다. 예레미야는 하나님의 명령을 따라 결혼하지 않았고, 바벨론이 예루살렘을 멸망시킨다는 반국가적 메시지를 전함으로써 안으로는 극한 슬픔을 견디고, 밖으로는 동족의 박해를 견뎌야 했다. '눈물의 선지자'로 불리는 예레미야는 여러 차례 왕들과 거짓 선지자들의 위협을 견뎌야 했으며, 예루살렘 멸망 이후 애굽으로 끌려가 삶을 마쳤다.

2. 시대적 배경

1) 유다의 멸망 히스기야의 개혁은 그의 아들 므낫세의 우상 숭배로 인해 수포로 돌아갔고 유다는 다시금 영적 암흑기를 맞이했다. 이때 8세에 왕이 된 므낫세의 손자 요시야가 유다의 종교를 개혁하기 시작했다. 주전 622년에 성전에서 발견된 율법(신명기)에 따라 성전 중심의 제사 제도를 강화하고 모든 우상과 산당들을 철폐하는 대대적 개혁을 단행했다. 하지만 기울어 가는 유다의 운명은 요시야의 개혁으로도 막을 수 없었다. 요시야는 주전 609년에 바벨론을 치러 올라오는 애굽의 바로 느고에 맞서 싸우다가 전사한다. 느고는 요시야의 둘째 아들 여호아하스를 왕으로 세웠다가 석 달 만에 폐위하고 애굽으로 데려가고 그 자리에 큰아들 여호야김을 왕으로

앉힌다. 여호야김은 아버지 요시야와는 달리 악하고 미련한 왕이었다. 그는 왕이 되자 화려한 왕궁을 건축하기 시작했고 예레미야에게 준열한 책망을 들었다. 그는 애굽과 바벨론 사이에서 충성의 대상을 바꾸다가 결국 느부갓네살에 의해 바벨론으로 끌려가 죽었다. 여호야김의 아들 여호야긴(여고냐)이 왕이 되지만 석 달 만에 바벨론에 포로로 끌려갔고, 그의 삼촌이자 요시야의 아들인 시드기야가 왕이 되었다. 시드기야는 바벨론에 순복하는 체하면서 거짓 선지자 하나냐의 말을 듣고 바벨론 포로들이 2년 안에 돌아오리라고 생각했다. 그는 결국 바벨론에 반기를 들었다. 바벨론은 주전 587년에 예루살렘을 초토화시키고, 시드기야가 보는 앞에서 그의 아들들을 죽였다. 시드기야의 눈을 뽑은 후 그를 바벨론으로 끌고 갔다.

2) **예레미야의 활동** 이러한 유다의 멸망 시기에 활동했던 선지자가 예레미야다. 히스기야의 개혁 뒤에 이사야가 있었다면, 요시야의 개혁 뒤에는 예레미야가 있었다. 예레미야는 요시야를 적극 지지했지만 그럼에도 불구하고 유다의 영적 상태에 대해서는 매우 비관적이었다. 그는 하나님이 이미 유다를 바벨론의 손에 넘기기로 작정하셨다고 선포했고, 그와 다르게 말하는 거짓 선지자들과 맞서 싸웠다. 예레미야는 바벨론에 순순히 포로로 끌려가라고 말했고, 또 이미 포로로 끌려간 자들에게는 그곳에서 70년이 지난 후에 돌아오게 될 것이므로 집을 짓고 땅을 경작하면서 정착하라고 편지를 썼다. 그는 성전이 있기 때문에 안전하다고 생각했던 거짓 선지자들의 그릇된 성전신학을 비판했고, 내면 중심에서의 진정한 회개(마음의 할례)만이 바른 신앙의 길임을 역설했다.

3. 구조

1장	서론: 예레미야의 소명		
2-45장	유다와 예루살렘에 대한 예언	2-25장	유다와 예루살렘에 임할 심판의 경고
		26-29장	유다의 거짓 선지자들
		30-33장	유다의 회복에 대한 약속
		34-45장	예루살렘 멸망을 둘러싼 사건들

| 46–51장 | 열국에 대한 예언 |
| 52장 | 결론: 예루살렘의 멸망 |

예레미야의 메시지

1. 유다의 범죄

1) **우상 숭배와 불의** 유다의 범죄는 무엇보다도 참 하나님을 버리고 우상을 섬긴 것이었다(2:13, 28). 우상 숭배는 어떤 죄보다도 악하고 심각한 죄인데, 그 이유는 하나님과의 언약 관계를 파괴하는 근본적인 죄일 뿐 아니라 다른 모든 죄의 근원이 되기 때문이다. 사람들은 자신들이 섬기는 신을 닮기 마련이다. 유다는 우상 숭배와 더불어 온갖 불의와 악을 행했다(5:1).

2) **지도자들의 타락** 유다 백성들의 죄도 문제지만 그들을 바른 길로 이끌지 못한 지도자들의 잘못은 더 컸다. 먼저 왕이 정치적인 이유로 이방 민족들과 연대를 맺은 잘못이 있는데, 그 결과 그들의 우상 숭배와 온갖 악한 풍습이 유다에 유입되었다. 므낫세가 그 대표적인 예다. 그리고 선지자들과 제사장들은 백성을 바른 길로 인도하지 못하고 거짓 평강을 외칠 뿐이었다(5:30–31, 6:13–14).

3) **그릇된 성전신학** 유다가 타락한 밑바닥에는 그릇된 성전신학과 형식적 종교 의식이 자리 잡고 있었다. 제사장들과 거짓 선지자들은, 하나님의 성전을 모신 예루살렘은 이방인들의 손에 결코 멸망당할 수 없다고 생각했다. 그러나 하나님은 제사보다 순종을 기뻐하신다. 하나님 말씀에 순종하지 않는 백성이 성전을 갖고 있으므로 하나님의 보호를 받을 수 있다고 생각한다면 그것이야말로 착각이었다. 에스겔은 하나님의 신이 성전을 떠나시는 환상을 보았다(겔 10–11장). 하나님은 거룩하신 분으로서 죄악을 결코 보실 수 없는 분이다. 하나님의 백성이라는 자들이 우상을 섬기고 온갖 불의를 행하면서 그들 중에 하나님이 계실 것이라고 생각했다면 그것은 오산이다(7:4, 11).

2. 하나님의 심판 하나님은 마침내 유다를 바벨론의 손에 붙이기로 하셨다. 바벨론은 수차례에 걸쳐 유다를 공격했고, 성전을 훼파했으며, 네 차례에 걸쳐 유다 백성을 바벨론에 포로로 끌고 갔다. 하나님은 칼과 기근과 염병으로 그분의 백성을 치셨다. 하지만 유다를 친 바벨론도 하나님의 심판을 받게 될 것이었다.

3. 하나님의 구원

   1) 포로 생활과 귀환 하나님은 유다를 영영히 버리지 않으셨다. 바벨론에 포로로 끌려간 자들이 그곳에서 안정된 삶을 살도록 길을 열어 주셨고, 또 포로 기간을 70년으로 정하고 때가 차면 본토로 귀환하게 해주실 것을 약속하셨다. 예레미야는 무화과가 담긴 두 광주리를 보여 주면서 썩은 무화과가 담긴 광주리는 유다에 남은 자들이고, 좋은 무화과가 담긴 광주리는 포로로 끌려간 자들이라고 말했다. 바벨론 유수는 심판이었지만, 다른 한편으로는 유대인의 신앙을 정화시키는 구원의 과정이었다.

   2) 새 언약(31:31-34) 예레미야가 내다본 구원은 단순한 포로 생활에서의 귀환 정도가 아니었다. 그는 외적인 구원을 넘어서 내적인 변화를 바라보았다. 유다는 결국 율법을 지키지 못했다. 율법이 돌판에 새겨져 있을 뿐이었기 때문이다. 참된 구원은 율법이 그들의 마음에 새겨짐으로써 율법을 지킬 수 있는 능력까지 함께 주는 언약이어야 했다. 예레미야는 이것을 새 언약이라고 불렀고 신약 시대를 내다보았다. 새 언약은 그리스도가 그분의 피로 세우셨다. 새 언약의 두 핵심 요소는 죄 사함과 성령이다. 율법을 지키지 못해 심판을 받아야 했던 유대인들에게 이제는 율법 외에 구원에 이를 수 있는 길인 복음이 제시된 것이다.

4. 예레미야의 고난과 영성

   1) 역할 예레미야는 왕과 백성들 앞에서 견고한 성읍, 쇠기둥, 놋 성벽 같은 존재가 되어야 했다. 그의 무기는 오직 하나님의 말씀뿐이었다. 하지만 그는 그 말씀으로 열방을 "뽑으며 파괴하며 파멸하며 넘어뜨리며 건설하며 심는"(1:10, 18) 역할을 했다.

2) **고난** 예레미야가 전해야 했던 메시지는 결코 듣기 좋은 것이 아니었다. 그는 멸망을 선포해야 했는데 자신의 메시지로 인해 그 누구보다도 자신이 괴로워했다(9:1). 또 그는 사람들로부터 오해와 따돌림, 핍박과 위협을 받아야 했다. 그는 하나님이 자기를 속이셨다고 생각했으며, 다시는 하나님의 말씀을 전하지 않겠다고 다짐했다. 하지만 중심이 불붙는 것 같아서 다시 말씀을 전하지 않을 수 없었다(20:7-9).

3) **영성** 예레미야는 누구보다도 하나님을 깊이 알았고, 하나님의 심정에 사로잡혔으며, 심령 중심에 참된 변화를 갈구하는 깊은 회개의 영성에 이르렀다. 예레미야가 체험한 하나님의 말씀과 그로 인한 심령 깊은 곳에서의 고뇌와 환희는 하나님을 깊이 아는 영성의 최고봉이었다(4:4, 17:9-10).

선지서 6과

에스겔

서론

1. **에스겔** 에스겔은 부시의 아들로서 제사장이었다. 그는 요시야가 성전에서 율법책을 발견한 해(주전 622년)에 태어났고, 여호야긴 왕과 더불어 바벨론에 포로로 끌려간 것으로 보인다(주전 597). 그는 예레미야보다는 조금 늦게 그리고 다니엘과는 동시대에 살았다. 그에게 하나님의 말씀이 처음 임한 것은 포로로 끌려간 지 5년 되던 해, 그의 나이 30세였다(1:1, 주전 592년). 그는 바벨론에 끌려온 유대인들에게 메시지를 전했으며, 예루살렘이 멸망한 후에도 계속 선지자로 활동했다(주전 571년까지).

2. **시대적 배경** 유다의 바벨론 포로는 모두 네 차례에 걸쳐 이루어졌다. 첫 번째는 주전 605년에 다니엘과 세 친구를 포함한 소수의 엘리트들이 끌려갔고, 두 번째는 주전 597년에 여호야긴 왕과 유다의 귀족들이 끌려갔다. 세 번째는 주전 587-586년에 예루살렘이 멸망하면서 시드기야 왕과 백성들이 끌려갔고, 마지막은 주전 582년에 많은 백성이 끌려갔다. 여호야긴 왕과 함께 끌려간 유다의 백성들은 바벨론이 곧 망하고 자신들이 본국으로 돌아갈 날이 속히 이를 것으로 기대했다. 하지만 예레미야는 포로 생활이 70년 동안 지속될 것이라고 예언했다. 에스겔 역시 예레미야와 동일한 말씀을 전했다. 예레미야는 예루살렘에 남아 있는 자들이 아니라 포로로 끌려간 자들이 하나님의 새로운 백성이 될 것이며, 하나님이 그곳에서 성소가 되어 주신다고 외쳤다. 실제로 여호야긴-유다에 남아 있던 시드기야가 아니라-은 포

로로 끌려간 후에도 유다의 진정한 왕으로 여겨졌고, 바벨론의 새 왕 에윌메로닥이 즉위하던 해에 옥에서 나와 그의 식탁에 함께 앉는 위치로 승격되었다.

3. **에스겔의 메시지** 에스겔의 메시지는 여러 면에서 예레미야와 상통한다. 에스겔도 바벨론에 항복하고 포로로 끌려가는 것이 하나님의 뜻이라고 전했고, 그릇된 성전신학을 비판했다. 그는 환상을 통해 하나님의 영광이 성전을 떠나시는 것을 보았다. 하나님의 영광이 거하시지 않는 성전은 더 이상 성전이 아니다. 또 그는 예레미야처럼 평강이 없는데도 평강하다고 외친 이스라엘의 거짓 선지자들을 비판했다. 에스겔이 고토로 돌아오게 될 이스라엘의 회복을 예언한 내용은 예레미야의 새 언약을 연상하게 할 만큼 그 내용이 흡사하다. 에스겔 역시 참된 회복은 새 마음과 새 영을 받고 내면이 변화됨으로 이루어진다고 외쳤다(11:19-20, 36:24-26). 그런가 하면 에스겔은 이스라엘과 유다의 우상 숭배를 호세아처럼 음행으로 묘사하고 규탄한다. 그들은 어렸을 때 광야에서 하나님이 그들을 돌보아 주신 것을 잊고 창기처럼 주변 국가들과 그들의 우상과 더불어 음행을 저질렀다. 호세아가 음란한 아내를 취해야 했다면, 에스겔은 유다에 임할 심판의 표적으로 사랑하는 아내의 죽음을 목도해야 했다. 에스겔은 이사야가 성전에서 본 하나님의 영광을 그발 강가에서 보았다. 하나님은 성전에만 국한되신 분이 아니며, 바벨론에도 거하시는 만유의 주님이시다. 에스겔의 독특한 점은 이스라엘의 회복을 새로운 성전의 환상으로 제시하는 것이다. 이는 그가 제사장 출신이라는 점과 무관하지 않을 것이다.

4. **구조**

1-24장	에스겔의 초기 사역(심판)	1-3장	에스겔의 소명
		4-7장	예루살렘의 멸망에 대한 표적과 예언
		8-11장	에스겔이 예루살렘에 대해 본 환상들
		12-24장	심판에 대한 표적과 비유와 메시지들
25-32장	열국에 대한 심판		

33-48장	에스겔의 후기 사역(회복)	33-39장	약속의 땅으로의 회복
		40-48장	새 예루살렘과 새 성전

주요 내용

1. **그발 강가에 나타난 하나님의 영광**(1장) 에스겔은 그발 강가에서 하나님의 영광이 나타나는 것을 보았다. 북쪽에서 폭풍과 구름이 몰려오는데 그 가운데 불이 번쩍거리고, 그 안에 네 생물의 모양이 보였다. 이들은 그룹 천사들이다. 이 생물들은 각각 사람, 사자, 소, 독수리 모양의 네 얼굴을 가졌고, 네 날개와 네 바퀴를 가졌다. 이들 위에 궁창이 펼쳐져 있었고, 그 위에 보좌 위에 앉으신 하나님의 모습이 보였다. 예루살렘 성전의 지성소 안에서 그룹 위에 좌정하셨던 하나님의 영광(shekina)이 그발 강가에도 계셨던 것이다. 하나님은 어디에나 계시는 만유의 주님이시다.

2. **파수꾼의 사명**(2-3, 33장) 하나님은 에스겔을 불러 선지자로 세우시면서 그에게 파수꾼의 사명을 맡기셨다. 그리고 에스겔도 이사야나 예레미야처럼 목이 곧고 완악하여 말씀을 듣지 않는 백성에게로 보내셨다. 그가 심판의 경고를 전했는데도 사람들이 듣지 않으면 그들의 피에 대해 그는 책임을 면한다. 하지만 그가 전하지 않음으로 그들이 악을 행하면 그들은 자기 죄로 멸망하지만 에스겔도 파수꾼의 책임을 면할 수 없을 것이다. 하나님은 의인이라도 악을 행하면 벌하시고, 악인이라도 돌이켜 의를 행하면 용서하신다. 하나님은 결코 악인의 멸망을 기뻐하시는 분이 아니다(33:11).

3. **예루살렘의 타락**(8-11장) 에스겔은 하나님의 권능에 이끌려 예루살렘으로 옮겨가 성전 안에서 벌어지는 끔찍한 악들을 보았다. 성전 북편에는 투기의 우상이 있었고, 성전 안 은밀한 방에는 각종 우상이 사면 벽에 그려져 있었으며, 이스라엘의 장로 70인이 손에 향로를 들고 있었다. 또 여인들은 담무스를 위해 애곡했고, 다른 사람들은 동방 태양에 경배하고 있었다. 하나님은 이 모든 가증한 일로 진노하셨고, 이 일들을 두고 탄식하며 우는 자들의 이

마 위에 표하신 후 그 표가 없는 모든 자에게 살육하는 기계를 든 자들을 보내 분노를 쏟으셨다. 그 후 에스겔은 그룹 위에 좌정하신 여호와의 영광이 성전 문지방을 넘어가시고, 예루살렘 성읍 동편 산으로 떠나가시는 것을 보았다.

4. 거짓 선지자와 자기만 먹이는 목자(13, 34장) 이스라엘의 선지자들은 이 모든 우상 숭배와 죄악의 현장에서 하나님의 진노와 심판을 외치기는커녕 평강하다고 거짓 예언을 하고 있었다. 그들은 하나님의 백성을 사냥하는 자들이요 거짓말함으로써 죽지 아니할 영혼을 죽이고 살지 못할 영혼을 살리는 자들이었다. 그런가 하면 이스라엘의 목자들(통치자들)은 자기 몸만 먹이는 자들로서 "살진 양을 잡아 그 기름을 먹으며 그 털을 입되 양의 무리는 먹이지 아니하는" 자들이었다. 하나님은 친히 이스라엘의 목자가 되겠다고 하셨고, 또 그분의 종 다윗을 세워 그들의 목자로 삼겠다고 하셨다. 이 예언은 선한 목자 되신 주님에게서 성취된다(요 10장).

5. 고토로의 회복(36장) 하나님은 이스라엘을 고토로 돌아가게 해주겠다고 약속하신다. 이것은 그들로 인해 더럽혀진 그분의 이름을 거룩하게 하시기 위함이었다. 하나님은 그들에게 새 마음과 새 영을 주겠다고 약속하셨다. 이것은 예레미야의 새 언약과 같은 약속이다. 주님은 니고데모와의 대화에서 물과 성령으로 다시 나야 함을 말씀하실 때 이 예언의 성취를 의미하셨다(요 3:3, 5).

6. 마른 뼈의 환상(37장) 하나님은 에스겔에게 마른 뼈들을 보여 주시고, 그에게 대언하여 그들을 살게 하라고 명하셨다. 에스겔이 그 뼈들을 향해 "생기야, 살게 하라"고 외치자 그들은 살아 움직이는 하나님의 큰 군대가 되었다. 하나님은 유다와 요셉의 이름이 적힌 두 막대기를 하나로 합쳐 쥐라고 하시면서 이들이 한 나라가 되어 다윗 왕의 통치를 받는 영원한 하나님의 백성 나라가 될 것을 예언하셨다.

7. 새 성전의 환상(40-48장) 에스겔이 본 새 성전의 환상에 대해서는 영적, 문자적 해석 여부를 놓고 논란이 있다. 영적으로 볼 경우 그 세세한 내용의 의

미를 알기가 어렵고, 문자적으로 볼 경우 그리스도의 희생이 영단번에 제사를 완성함으로써 다시 제사가 없다는 히브리서의 논리와 상충된다. 여기에서는 영적으로 본다. 옛 성전을 떠났던 하나님의 영광은 동편 문을 통해 새 성전으로 들어오신다. 이 성전에서 물이 나와 주변을 적시고 생명을 주는 모습은 주님에게 이르러 성취된다(요 7:37-39).

선지서 7과

다니엘

서론

1. 다니엘 다니엘은 여호야김 3년(주전 605년)에 느부갓네살에 의해 바벨론으로 끌려가 바사 왕 고레스의 원년[또는 3년(10:1), 주전 537년]까지 살았던 것으로 기록되어 있다(1:1, 21). 다니엘은 에스겔과 동시대 사람이었다. 그는 바벨론에서 왕들의 꿈이나 환상을 해석해 주었고, 그의 총명함과 영감을 인정받아 가장 높은 지위까지 올라갔다. 다니엘은 이방 국가에서 자신의 신앙을 타협하지 않음으로 세상에서 그리스도의 증인으로 살아야 할 우리에게 귀한 본을 보여 주었다. 하나님은 에스겔에게 주신 말씀에서 다니엘을 그분이 가장 의롭게 여기시는 세 사람 중 하나라고 밝히셨다(겔 14:14). 나머지 두 사람은 노아와 욥이다.

2. 저작 시기 다니엘서는 히브리 성경에는 선지서가 아닌 성문서에 포함되어 있다. 성경학자 중에는 다니엘서에 담긴 예언의 내용을 그 역사적 사건들이 이미 일어난 후에 쓰인 것으로 보면서 다니엘서를 주전 2세기의 작품으로 보는 이들도 있다. 하지만 그 관점은 초자연적 예언의 가능성을 부인하는 전제적 문제점을 갖고 있다. 또 2장과 7장에 나타나는 세계사를 주도하는 패권 국가에 대한 묘사에서 로마를 포함하는 해석이 매우 타당하고 유력해 보인다. 그렇다면 주전 2세기경에 기록되었다 해도 아직 역사의 무대에 본격적으로 등장하지 않은 로마를 언급한 것은 본서의 예언적 성격을 증명하는 것이다.

3. 시대적 배경 다니엘은 바벨론에서 시작하여 메대를 거쳐 바사에 이르기까지 급변하는 국제 정세의 소용돌이 속에서 활동했다. 그는 바벨론에 1차 포로로 끌려가 에스겔과 동시대를 살았으며, 하나님이 예레미야에게 말씀하신 70년 포로기의 의미를 깨달았다. 하지만 다니엘이 본 이상과 깨달은 메시지는 자신의 시대에 국한되지 않았고, 인간 왕국의 성쇠를 주관하시는 하나님의 나라가 온전히 서게 될 그날을 바라보는, 역사의 전체적 조망을 포함한다. 그는 바사 뒤에 헬라의 등장과 알렉산더 사후에 제국이 넷으로 나뉘고 다시 수리아와 애굽의 패권 경쟁으로 이어지는 역사를 자세히 기록하고 있다. 특히 수리아의 안티오쿠스 4세(에피파네스)의 무도한 통치와 이스라엘 신앙에 대한 박해를 자세히 언급하고 있다(8:9-14, 23-25).

4. 구조

1-6장	다니엘의 이야기	1장	다니엘의 준비와 등용
		2장	느부갓네살의 신상 환상
		3장	풀무불에 던져진 다니엘의 친구들
		4장	느부갓네살의 나무 환상
		5장	벨사살의 손 환상
		6장	사자 굴에 들어간 다니엘
7-12장	다니엘의 환상들	7장	네 짐승의 환상
		8장	수양과 수염소의 환상
		9장	70이레의 환상
		10-12장	남북 왕의 전쟁의 환상

내용

1. 다니엘의 준비와 등용(1장) 다니엘과 세 친구는 바벨론에 끌려간 후 왕을 섬기는 관리의 후보로 발탁된다. 그들은 3년의 준비 기간 동안 왕이 내려 주는 진찬을 먹고 영양 상태를 잘 관리해야 했다. 하지만 그들은 부정한 음식으로 자신들을 더럽히지 않기 위해 채식을 고집했고, 환관장의 도움으로 자신들의 신념을 지킬 수 있었다. 그들은 하나님이 주신 지혜와 총명으로 가장

우수한 신하들이 되었다.

2. **느부갓네살의 신상 환상**(2장) 느부갓네살이 꿈에서 본 환상은 머리는 금, 가슴과 팔은 은, 배와 넓적다리는 놋 그리고 종아리는 철, 발은 철과 진흙으로 된 커다란 신상이었다. 이 신상은 장차 일어날 패권국들로서 각각 바벨론, 메대/바사, 헬라, 로마를 가리킨다. 또 사람의 손으로 하지 않고 뜨인 돌이 이 신상을 파괴하여 가루로 만들어 날려 버리고 그 돌은 큰 산을 이루는데, 이는 인간 왕국을 무너뜨리고 훗날 굳게 설 하나님의 나라를 가리킨다(44절). 역사를 주관하시는 분은 하나님이시다.

3. **풀무불에 던져진 다니엘의 친구들**(3장) 느부갓네살은 자신의 신상을 만들고 모든 사람에게 절하도록 명했다. 하지만 다니엘의 친구들은 이 명령을 거부했다. 그들은 왕의 위협에도 불구하고 하나님이 자신들을 구원해 주실 것을 믿었고, "그리 아니하실지라도" 신상에 절할 수 없음을 밝혔다. 그 결과 그들은 일곱 배나 뜨거운 풀무불에 던져졌는데, 그 불 속에는 신들의 아들 같은 이가 그들과 함께 있었으며, 그들은 머리털 하나 그슬리지 않고 무사했다.

4. **느부갓네살의 나무 환상**(4장) 느부갓네살은 온갖 들짐승들과 새들이 와서 깃들 만큼 커다란 나무의 환상을 보았다. 이 나무는 베어졌고 그루터기는 남아서 이슬에 젖고 들짐승과 함께 7년을 지냈다. 자신의 힘으로 왕국을 일으켰다고 교만했던 느부갓네살은 어느 날 인간의 총기를 잃고 이 환상대로 권좌에서 쫓겨나 들짐승처럼 7년을 보낸 후에 제정신이 돌아와 권좌에 복귀했다. 그는 하늘의 왕이신 하나님을 찬양하면서 그분은 교만한 자를 낮추시는 분임을 고백했다.

5. **벨사살의 손 환상**(5장) 느부갓네살의 아들 벨사살은 연회를 베풀고 예루살렘 성전에서 가져온 기명으로 술을 마시다가 갑자기 손이 나타나 벽에 글씨를 쓰는 환상을 보게 되었다. 다니엘은 그 글씨를 "메네 메네 데겔 우바르신"이라고 읽고 "메네는 하나님이 이미 왕의 나라의 시대를 세어서 그것을 끝나게 하셨다 함이요 데겔은 왕을 저울에 달아 보니 부족함이 보였다 함이

요"라고 해석했다. 하나님은 그분의 주권을 인정하지 않는 왕의 교만을 책망하셨고, 그날 밤 벨사살은 메대 왕 다리오에게 죽임을 당했다.

6. 사자 굴에 들어간 다니엘(6장) 다리오는 다니엘을 아꼈지만 그를 시기한 신하들이 그를 넘어뜨리기 위해 책략을 썼다. 그들은 30일 동안 다리오 왕 외에 다른 신에게 기도하지 못하도록 하는 법령을 만들었는데, 다니엘은 그들의 책략을 알고도 여전히 예루살렘을 향해 문을 열고 하루 세 번씩 기도했다. 다리오는 어쩔 수 없이 다니엘을 사자 굴에 넣었지만 그는 조금도 다치지 않고 그 다음 날 사자 굴에서 나왔다. 다리오는 다니엘을 모함했던 신하들을 사자 굴에 넣었고, 그들은 곧 찢겨져 죽었다.

7. 네 짐승의 환상(7장) 다니엘은 꿈에 사자, 곰, 표범 그리고 매우 무서운 짐승의 환상을 차례로 보았다. 이들은 2장에 나오는 느부갓네살의 신상의 환상과 일치하며, 각각 바벨론, 메대/바사, 헬라, 로마를 의미한다. 이후 다니엘은 "인자 같은 이가 하늘 구름을 타고 와서 옛적부터 항상 계신 이에게 나아가 그 앞에 인도되는" 환상을 보았다. 이는 장차 오실 그리스도가 하나님의 백성을 모아 하나님의 나라를 세우실 것을 보여 주는 것이다. 주님은 자신을 "인자"라고 부르시면서 다니엘의 이 환상을 성취하셨다.

8. 수양과 수염소의 환상(8장)**/남북왕의 전쟁의 환상**(10-12장) 수양은 메대/바사를, 수염소는 헬라를 가리키고 수염소의 큰 뿔은 알렉산더를, 그 후에 난 네 뿔은 그 뒤를 이은 네 왕국을 가리킨다. 그 뒤에 나는 작은 뿔은 안티오커스 4세를 가리킨다. 그는 유대인들의 신앙을 말할 수 없이 혹독하게 탄압했고 성전을 모독했다(8:9-14, 23-25). 남북왕은 알렉산더 사후 네 왕국 중 수리아와 애굽을 가리키며, 그들이 팔레스타인의 주권을 계속 다툴 것임을 보여 준다. 이 모든 일의 결국은 최후의 심판과 영원한 수욕 그리고 구원이다(12:1-3).

9. 70이레의 환상(9장) 다니엘이 예레미야가 예언한 70년의 의미를 깨닫고 금식하며 회개의 기도를 드리자 하나님은 그에게 장차 일어날 일을 보여 주셨다.

선지서 7과: **다니엘**

그 예언은 이스라엘의 회복을 위해 하나님이 70이레를 정하셨다는 것이다. 예루살렘 성읍을 중건하라는 영이 날 때부터 69이레가 지나면 한 왕이 기름 부음을 받고 죽임을 당하고 이스라엘의 죄가 영속되리라는 것이었다. 이는 물론 그리스도를 가리킨다.

복음서

신약 이야기

복음서 1과

중간 시대

구약의 마지막 선지자 말라기로부터 하나님의 말씀을 새롭게 선포한 세례 요한에 이르기까지 400여 년의 기간을 중간 시대라고 부른다. (이 표현은 물론 하나님 말씀이 예수 그리스도를 통해 마지막으로 온전히 주어졌다는 기독교 신앙의 입장, 즉 신약을 인정하는 입장에서 사용하는 것이다. 신약을 인정하지 않는 유대인들은 이 시기를 제2성전 시대라고 부른다.) 이 기간 중 신약의 배경을 이루는 여러 중요한 사건과 운동, 변화 등이 있었다. 이러한 중간 시대의 변화를 알아야 우리는 신약의 세계를 알 수 있고, 예수님과 사도들의 메시지를 제대로 이해할 수 있다.

정치적 변화

1. **헬라의 지배** 페르시아의 고레스 칙령으로 본토로 귀환한 유대인들은 예루살렘을 중심으로 어느 정도 자치적인 체제를 이루고 살았다. 그들은 스룹바벨의 영도 아래 재건한 성전에서 제사를 드리며 나름대로 종교의 자유를 누릴 수 있었다. 그 후 페르시아는 헬라 연합군과의 전쟁에서 패했고, 마게도냐 출신의 강력한 지도자 알렉산더의 등장으로 헬라가 전 세계를 지배하게 되었다. 알렉산더의 사후 그의 통치 영역은 그의 부하 네 사람이 분할하여 다스렸다. 그중 시리아를 다스렸던 셀류시드 왕조와 이집트를 다스렸던 프톨레미 왕조가 팔레스타인 지역을 놓고 패권을 다투게 되었다.

2. **마카비 독립 시대** 팔레스타인의 지배권은 최종적으로 셀류시드 왕조에게로 돌아갔다. 그들의 통치 기간 중 에피파네스라는 별칭을 가진 안티오커스 4세는 극에 달하는 종교 탄압 정책을 펼쳤다. 그는 유대인들이 가장 신성시

하던 지성소에까지 침범해 들어갔고, 심지어 성전 안에 제우스의 신상을 세우고 유대인들이 가증히 여기는 돼지를 잡아 제사드리는 악을 행했다. 이에 반발한 유대인들은 제사장 맛다디아와 그의 아들들의 지도 아래 반란(주전 175-142년)을 일으켰다. 이 반란 운동을 이끌었던 지도자는 셋째 아들 유다로서, 그의 별명 마카비를 따서 이 반란을 마카비 독립운동으로 부른다. 이 반란 운동은 성공을 거두었고, 유대인들은 잠시나마 제한된 독립을 누리게 되었다(주전 142-63년).

3. 로마의 지배 주전 63년에 로마의 장군 폼페이가 유다를 다시 점령하여 로마의 식민 지배에 들어가게 되었다. 당시 로마는 마침내 전 세계를 통일했고, 주전 27년에 시저의 양아들 옥타비아누스가 스스로 황제에 오르면서 '로마의 평화'(Pax Romana) 시대를 열었다. 유다는 예수님 당시 로마의 철권통치 밑에서 신음하면서 끊임없는 메시아 운동과 무력 항쟁으로 들끓고 있었다. 주후 66년에 유다는 로마에 반역하여 최후의 항전을 벌였고, 마침내 70년에 디도에게 예루살렘을 함락당하면서 국가로서 막을 내렸다. 그 후 유대인들은 나라 없는 백성이 되어 전 세계로 흩어지게 되었다.

종교적 변화

에스라의 율법 운동은 이전의 이스라엘 신앙과는 매우 다른 영성 운동을 일으켰고, 이러한 율법 중심의 신앙은 유대교로 발전했다. 한편 정치적 변화는 종교적 변화를 수반했는데, 하스몬 왕조(마카비 가문) 시대 이후로 몇 가지 유대교의 분파가 나타나게 되었다.

1. 유대교의 분파 먼저 성전 중심의 종교 제도를 장악하여 기득권을 누리는 사두개파가 형성되었다. 이들은 로마의 식민 정부에 야합하면서 제한된 종교의 자유를 유지하려고 했다. 사두개인들은 모세오경만 받아들였고, 영혼, 천사, 부활 등 초자연적인 세계를 믿지 않는 현실주의자들이었다. 반면 마카비 전쟁 때 율법과 안식일 준수를 위해 생명을 걸고 싸웠던 하시딤과 그 후예로 여겨지는 바리새파가 있었는데, 이들은 구약 전체와 장로들의 유전까

지 받아들였고, 부활, 영혼, 천사를 모두 믿는 초자연주의자들이었다. 타협주의를 견지한 사두개인들과 투쟁주의를 견지한 바리새인들 외에 도피주의를 표방했던 에세네파가 있었다. 이들은 현실 상황을 너무 비관한 나머지 따로 세상과 분리되어 공동체를 형성하여 살아가면서 새로운 시대가 오기를 기다렸다. (사해 근처에서 발견된 쿰란 공동체는 대표적 에세네파다.) 그 외에도 성경을 손으로 베끼면서 전문적으로 연구하는 서기관들과 율법학자들이 있었고, 게릴라전을 통해 유대의 독립을 꾀하려 했던 열혈당도 있었다.

2. **종교 문서** 말라기 선지자 이후에도 많은 종교 문서가 등장했다. 하지만 이들은 영감성에서 성경에 미치지 못하므로 하나님 말씀으로 받아들여지지는 않았다. 현실 상황의 영적 배경을 상징적인 언어로 표현하여 하나님 나라의 도래를 설명하고자 했던 묵시문학이 있었고, 구약의 지혜 전통을 좇은 지혜 문서도 있었다. 특히 주전 200년경에 알렉산드리아에서 히브리어로 쓰인 구약 성경을 헬라어로 번역한 70인역이 등장했다. 이 70인역에 앞서 언급한 종교 문서들이 포함되었기 때문에 이들을 외경이라고 부른다. 70인역은 신약의 저자들이 가장 많이 인용한 성경이었으며, 유대교와 그 후 기독교의 전파와 확산에 지대하게 공헌했다.

3. **회당** 바벨론 포로 때부터 전 세계로 흩어져 살기 시작한 유대인들(디아스포라)은 가는 곳마다 회당을 세웠다. 유대인 성인 남자 열 명이 모여 토라(모세오경)를 갖추면 회당을 세울 수 있었다. 더 이상 성전 중심의 종교를 유지할 수 없었던 흩어진 유대인들에게는 회당에서 율법 중심의 종교가 새로운 신앙 형태로 자리 잡게 되었다. 이 회당은 헬라와 로마 시대에 유대교를 이방 세계에 널리 전파하는 전진 기지가 되었고, 유대교의 가르침을 받아들이면서도 할례를 받지 않아 온전한 유대인으로 귀화하지 못했던 많은 경건한 자를 만들어 냈다. 또한 회당은 사도 바울 등의 복음 전도자들을 위한 기독교 선교의 발판이 되었다. 기독교의 예배 형식은 회당의 예배 형식에서 많은 영향을 받았다.

문화적 변화

고대 세계에서 가장 중요한 문화적 유산을 꼽는다면 단연 헬라의 언어와 문화, 로마의 법과 도로를 들 수 있다. 알렉산더가 헬레니즘을 전파하자 당시 알려진 문명 세계는 모두 헬라어를 쓰게 되었다. 헬라의 철학, 문학, 예술 등의 영향이 골고루 퍼져 갔다. 또 헬라의 뒤를 이은 로마는 "모든 길은 로마로 통한다"고 말할 만큼 발달된 도로망을 구축했고, 또 팍스 로마나(로마의 평화)라고 불리는 법에 의한 질서를 만들어냈다. 이러한 고대의 문화적 성취는 후에 기독교가 전 세계로 뻗어나갈 수 있는 기틀이 되었다. 바울과 같은 복음 전도자들은 로마법의 보호 아래 로마의 도로를 이용하여 헬라 언어로 헬라 문화권에 복음을 전할 수 있었다.

이렇게 정치적, 종교적, 문화적으로 전 세계가 복음을 위한 토양으로 무르익었을 때 이 땅에 그리스도가 오셨다. 바울은 이 사실을 "때가 차매 하나님이 그 아들을 보내사 여자에게서 나게 하시고"(갈 4:4)라고 말한다.

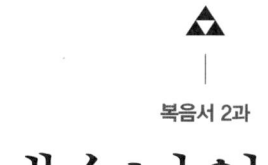

복음서 2과

예수님의 준비

성경 이야기 _{마 1-3장/막 1장/눅 1-3장/요 1장}

바울은 "때가 차매 하나님이 그 아들을 보내사 여자에게서 나게 하시고"(갈 4:4) 라고 말함으로 예수님의 오심과 새 시대의 시작을 묘사했다. 새 시대의 개막을 알린 사람, 예수님의 선구자로 온 사람이 세례 요한이었다. 그의 사역을 신호탄으로 주님은 사역을 시작하셨다. 예수님은 선재(先在)하셨고, 다윗의 후손으로 오셨으며, 동정녀 마리아에게서 나셨고, 하나님의 은혜 속에서 어려서부터 하나님과의 특별한 관계를 의식하면서 정상적인 성장 과정을 거치셨다.

본문 이해

세례 요한

구약은 그리스도가 오시기 전에 먼저 그의 길을 예비하는 사자가 올 것을 예고했다(사 40:3, 말 3:1, 4:4-5). 이 예언의 성취로 온 사람이 바로 세례 요한이다. 그는 그리스도의 선구자로서 사람들이 그분을 맞이할 준비를 하게 했고, 그리스도 사역의 신호탄을 올렸으며, 그리스도를 소개하고 홀연히 무대 뒤로 사라졌다.

1. 생애

　1) **탄생과 성장** 사가랴와 엘리사벳은 기도 응답으로 세례 요한을 낳았다. 그는 "엘리야의 심령과 능력으로 주 앞에 앞서 가서 주의 백성을 예비할 자"라는 천사 가브리엘의 말씀을 듣고 태어났으며, 모태로부터 성령으로

충만했다. 그 후 심령이 강하여지며 이스라엘에게 나타날 때까지 빈들에 있었다.

2) **사역** 마침내 때가 되었을 때 하나님의 말씀이 빈들에 있는 요한에게 임했다. 그는 낙타 털옷을 입고, 허리에는 가죽 띠를 둘렀으며(왕하 1:8), 메뚜기와 석청을 먹었다. 그는 백성에게 회개의 세례를 줌으로써 메시아의 오심을 준비했고, 예수님께 세례를 베풀었으며, 그의 제자들 가운데 몇 사람이 예수님의 초기 제자가 되었다(요 1:35–51). 다시 말해 예수님의 천국 운동은 세례 요한으로부터 시작되었다.

3) **최후** 그는 헤롯의 잘못된 결혼을 비판하여 감옥에 갇혔고, 감옥에 있을 때 사람을 보내 예수님의 메시아 되심을 확인하는 질문을 했으며, 헤롯의 생일 때 목 베임을 당했다.

2. 메시지

1) **하나님 나라** 요한의 가장 유명한 선포는 "회개하라, 천국이 가까웠느니라"였다. 그의 메시지는 이스라엘 민족의 역사에 흐르고 있는 소망에 깊이 뿌리박은 것이었다. 즉 하나님의 통치가 온전히 이루어질 때가 가까웠으므로 회개하고 그 나라 백성으로 준비하라는 것이었다. 요한은 하나님 나라에 합당한 자가 되는 것은 아브라함의 육신적 후손으로 태어나는 데 있지 않고 그 나라의 백성다운 삶을 사는 데 있음을 지적하면서, 그 준비로 회개를 강조했다. 요한이 요구한 회개는 합당한 열매를 맺는 삶이었다. 또 그가 촉구한 회개는 심판을 전제로 한 것이었다. 그는 도끼가 이미 나무 뿌리에 놓여 있으며, 회개에 합당한 열매를 맺지 않는 자들은 찍혀 불에 던져질 것이라고 심판을 경고했다.

2) **자신에 대한 증언** 요한은 자신의 정체를 분명히 밝혔다. 자신이 메시아가 아닌 것과 메시아를 세상에 알리기 위해 보내심을 받은 것을 항상 분명히 했다. 그가 자신을 엘리야가 아니라고 말한 것은 아마도 이스라엘 백성의 잘못된 종말론에 동조하지 않기 위함이었을 것이다(요 1장). 그러나 예수님은 사람들이 받고자 하면 요한이 엘리야라고 말씀하셨다. 요한은 "그(예수

님)는 흥하여야 하겠고 나는 쇠하여야 하리라"고 말하면서 자신의 위치와 역할을 분명히 했고, 자신은 서서 신랑의 음성을 듣고 기뻐하는 신랑의 친구라고 밝혔다.

3) **그리스도에 대한 증언** 요한은 그리스도를 증거한 최초의 증인이었다. 그는 메시아가 비록 자신보다 뒤에 오시지만 자신보다 앞선 것은 자신보다 먼저 계신 분이기 때문이라고 밝히고, 자신은 그분의 신발 끈을 푸는 것도 감당할 수 없다고 말함으로 예수님의 위대성을 드러냈다. 또 그리스도가 성령과 불로 세례를 베푸시는 분이라고 말했다. 요한은 예수님을 보면서 "세상 죄를 지고 가는 하나님의 어린양"이라고 증거하고, 예수님이 위로부터 오시는 분이며, 하나님께 예수님께 성령을 한량없이 주신다고 말했다.

예수님의 준비

1. **선재(先在)** 세례 요한은 "내 뒤에 오는 사람이 있는데 나보다 앞선 것은 그가 나보다 먼저 계심이라"(요 1:30)고 증거했다. 예수님 자신도 "인자가 온 것은"(막 10:45)이라고 말씀하심으로 자신이 지상 생애 이전에 존재했음을 밝히셨다. 특히 요한복음은 그리스도의 선재를 강력히 증거한다. 그분은 태초부터 하나님과 함께 계신 말씀(로고스)이시면서 동시에 하나님이시다(요 1:1). 로고스는 구약적 배경과 헬라적 배경을 둘 다 지닌 개념으로 하나님의 창조 대행자인 말씀과 지혜를 가리키고, 우주의 이성적 원리를 가리키기도 한다. 예수님은 독생하신 하나님으로서 오직 그분만이 하나님이 어떤 분인지를 보여 주신다(요 1:18). 예수님은 또 유대인들과 대화중에 "아브라함이 나기 전부터 내가 있느니라"(요 8:58)고 말씀하셨고, 잡히시기 직전의 기도에서도 "창세 전에 내가 아버지와 함께 가졌던 영화로써 지금도 아버지와 함께 나를 영화롭게 하옵소서"(요 17:5)라고 하셨다. 예수님의 선재에 대한 복음서들의 여러 증거는 그분의 신성을 보여 준다.

2. **족보** 예수님의 족보는 마태복음 1장과 누가복음 3장에 나온다. 마태는 아브라함부터 시작해 다윗을 거쳐 예수님의 법적 아버지 요셉에게로 내려오는

족보를 기록했고, 누가는 어머니 마리아를 거쳐 다윗, 아브라함 그리고 아담(하나님)에까지 소급해 올라가는 족보를 기록했다. 마태는 예수님이 다윗의 후손임을 강조하면서, 특히 아브라함과 다윗의 언약의 성취로 오신 분임을 밝히고자 했고, 누가는 아담에까지 소급해 올라감으로써 예수님이 진정한 아담의 후손, 즉 인간으로 오셨음을 강조했다. 이 두 족보는 공통점과 차이점을 모두 갖고 있는데, 공통점은 다윗 이전의 조상들이고, 차이점은 다윗 이후의 조상들이다. 마태는 예수님이 다윗의 아들 중 솔로몬의 계열임을 말하고, 누가는 다윗의 아들 중 나단의 계열임을 말한다. 이 차이에 대해 대부분 학자는 누가가 예수님의 어머니 마리아의 혈통을 따랐다고 해석한다.

3. **탄생** 요한복음은 예수님의 탄생을 "말씀이 육신이 되어 우리 가운데 거하시매"(요 1:14)라고 기록함으로써 하나님이 인간으로 오신 사실에 초점을 맞추는 반면, 마태복음과 누가복음은 예수님이 성령으로 말미암아 동정녀에게서 나신 사실에 초점을 맞춘다. 마태는 요셉이, 누가는 마리아가 천사에게서 이 사실을 예고받았다고 증거한다. 일부 학자들은 주님의 동정녀 탄생 사실 자체나 그 중요성을 부인한다. 하지만 동정녀 탄생은 그것이 예언의 성취(창 3:15, 사 7:14)라는 것과, 예수님은 인류의 구주로서 죄 없는 인간으로 나셔야 했다는 점에 그 중요성이 있다. 예수님은 베들레헴에서 탄생하셨는데, 이 또한 구약 예언의 성취였다(미 5:2). 예수님의 탄생과 관련해서 목자들과 동방박사들의 이야기가 나온다. 목자들은 주님의 탄생 소식을 최초로 들은 자들로서 복음의 우선적 대상이 유대인들, 특히 그중에서도 가난한 자들임을 보여 주고(눅 4:18), 동방박사들은 주님이 유대인뿐 아니라 이방인의 구주로 오신 분임을 보여 준다.

4. **성장** 예수님의 유년 시절에 대해서는, 마태복음에 예수님이 어렸을 때 애굽으로 피난하신 이야기가 나오고, 누가복음에 예수님이 열두 살 되던 해에 예루살렘 성전을 방문했던 사건이 기록되어 있는 것 외에는 알려진 것이 없다. 누가복음의 기록에서 우리는 예수님의 성장 과정이 일반적인 어린아이와 같았다는 것을 알게 된다. 예수님은 정신적, 신체적, 영적, 사회적 영역에

서 균형 잡힌 성장을 하셨다(눅 2:52). 그리고 예수님은 열두 살 때 이미 자신의 신분에 대해 분명한 자각을 하셨다. 유대인 아이들이 율법의 아들(바 미츠바)이 되는 나이에 예루살렘을 방문하신 예수님은 성전에서 자신을 찾는 부모님께 자신이 아버지의 집에 있는 것을 알지 못하느냐고 물으심으로써 하나님과의 특별한 관계를 자각하고 계심을 드러내셨다. 예수님의 이러한 자각의 과정에 성경 말씀의 묵상이 중요한 몫을 차지했다.

교훈

1. **나 자신에 대해** 세례 요한처럼 자신의 존재와 사명이 무엇인지를 밝히 알고 행했던 사람도 없을 것이다(요 1장). 나는 자신의 정체성과 삶의 목적을 분명히 알고 있는가? 나는 사명을 좇아 살고 있는가?

2. **예수님에 대해** 예수님의 선재와 동정녀 탄생에 대한 성경의 증거는 위인을 미화하기 위해서 꾸며낸 전설이나 신화가 아니다. 예수님의 자의식과 예수님 주변 사람들의 경험이 증거하는 진리다. 예수님은 우리 신앙의 본이 되실 뿐 아니라 대상이 되신다. 우리는 예수님을 성경의 증거대로 믿고 있는가?

복음서 3과

사역의 시작

성경 이야기   마 3-4장/막 1장/눅 3-6장

예수님은 세례 요한에게 세례를 받으심으로써 공생애(사역)를 시작하셨다. 예수님이 세례를 받고 물에서 올라오시자 하늘에서 아버지의 음성이 들렸고, 성령이 비둘기의 형체로 예수님 위에 임하셨다. 이후 예수님은 성령의 인도를 따라 광야로 가서서 40일을 금식하신 후 사탄의 시험을 받으셨다. 그리고 요한이 잡힌 후 예수님은 갈릴리로 오셔서 제자들을 택하셨고 복음을 전파하기 시작하셨다.

본문 이해

예수님의 세례

1. 세례 요한이 베푼 세례는 사람들이 죄를 회개하고 하나님의 통치를 받아들이는 믿음의 표시로서 행한 의식이었다. 따라서 죄가 없으신 예수님은 세례를 받으실 필요가 없었다. 예수님이 자기에게 나아오셨을 때 요한이 주저했던 것은 그러한 세례의 의미 때문이었다. 요한의 말대로, 예수님의 정체에 비추어 볼 때 정작 세례를 받아야 할 사람은 요한 자신이었던 것이다. 그렇다면 예수님은 왜 세례를 받으셨는가? 예수님의 세례는 자신을 죄인들과 동일시한 사건이었으며, 죄인들을 위해 십자가를 지는 길을 가시겠다는 결단의 표시였다. 즉 예수님은 기꺼이 죄인의 자리에 서시고자 했던 것이다. 후에

예수님은 십자가를 지기 위해 예루살렘으로 올라가시는 길에 십자가를 가리켜 당신이 받으셔야 할 세례라고 말씀하셨다(눅 12:50). 이러한 예수님의 결단과 순종은 하나님의 모든 의를 이루는 행동이었다.

2. 예수님이 세례를 받으시고 물에서 올라오시자 하늘이 열리고 성령이 비둘기같이 그 위에 임하셨다. 또 하늘에서 "너는 내 사랑하는 아들이라 내가 너를 기뻐하노라"는 아버지의 음성이 들렸다. 아버지 하나님은 예수님의 순종을 기뻐하셨고, 그분이 당신의 아들 되심을 친히 확언해 주셨다. 이 말씀은 메시아 예언 가운데 하나인 시편 2편 7절을 인용한 것으로서 예수님의 메시아 되심을 보여 준다. 또 성령이 예수님께 임하신 것은 이제부터 시작될 사역을 위해 권능을 주시기 위함이었다. 예수님은 세례를 받으심으로 본격적으로 구속의 길을 걷기 시작하셨다.

예수님의 시험

1. 예수님은 세례를 받으신 후에 성령의 인도를 따라 광야로 나가 40일을 금식하시고 사탄의 시험을 받으셨다. 40일이 지났을 때 사탄은 예수님께 와서 세 가지 시험을 던진다. 첫째는 돌로 떡을 만들라는 것이었고, 둘째는 성전 꼭대기에서 뛰어내리라는 것이었으며, 셋째는 자기에게 절하면 세상의 모든 영광과 권능을 주겠다는 것이었다. 이에 대해 예수님은 세 번 다 성경 말씀을 인용하며 시험을 물리치셨다. 첫째 시험에 대해서는 사람이 떡으로만 아니라 하나님의 입에서 나오는 말씀으로 살 것이라고 답하셨고, 둘째 시험에 대해서는 하나님을 시험하지 말라고 답하셨으며, 셋째 시험에 대해서는 오직 하나님만 경배하고 섬기라고 답하셨다. 이 시험 후에 사탄은 잠시 예수님 곁에서 물러났다.

2. 예수님의 시험은 성령님의 인도로 이루어진 것으로, 세례 때 보여 주신 순종의 진정성 여부를 확인하는 절차였다. 시험의 내용은 하나님의 아들 됨에 관한 것, 즉 예수님께 참으로 하나님 아들의 자격이 있느냐 하는 것이었다. 사탄은 세 번 다 "네가 만일 하나님의 아들이라면"이라는 말로 시험을 시작

한다. 하나님의 아들 됨의 참된 표지는 무엇인가? 그것은 돌로 떡을 만드는 기적의 능력도, 성전 꼭대기에서 떨어져도 결코 다치지 않게 해주시는 하나님의 초자연적 보호의 특권도, 또 세상의 모든 영광과 권세를 획득하는 것도 아니었다. 하나님의 아들 됨의 유일한 표지는 하나님에 대한 온전한 신뢰와 순종이다. 예수님은 자신의 생존의 근거를 당장 눈앞에 보이는 물질적 자원이 아닌 눈에 보이지 않는 하나님 약속의 말씀에 두셨다. 또 하나님의 아들 됨을 하나님의 보호의 약속을 마음껏 주장하는 특권이 아니라 오히려 하나님을 시험하지 않고 온전히 신뢰하는 데 두셨다. 마지막으로 하나님의 아들은 세상의 권세와 영광을 스스로 취하지 않고, 오직 모든 영광을 아버지께 돌리고 아버지만 경배하는 자임을 보여 주셨다.

3. 예수님의 시험은 이스라엘 백성의 광야 시험을 반복한 것이었다. 그렇게 보는 이유는 예수님이 사탄의 시험을 받으신 곳이 광야였으며, 또 시험을 물리치실 때 인용하신 모든 말씀이 이스라엘의 광야 생활을 회고하는 신명기에서 왔기 때문이다. 이스라엘 백성은 애굽에서 나와 광야를 지나면서 하나님의 아들, 즉 하나님 백성의 자격을 시험받았는데 그들은 이 시험에 불합격했다. 그들은 떡 문제로 끊임없이 불평했고, 맛사에서 하나님을 시험했으며, 가나안에 들어가 살게 되었을 때 그 땅 신들을 섬기지 말고 오직 하나님만 섬기고 경배하라는 경고를 들었지만 순종하지 않았다. 예수님은 자신이 대표가 되는 새로운 하나님의 백성, 새 이스라엘을 창조하려고 오셨으며, 순종으로 말미암아 그러한 백성을 만들 수 있는 자격을 확보하셨다.

4. 이 광야 시험을 예수님의 메시아 사역의 방향이 설정된 의미로 보는 학자들도 있다. 그렇다면 예수님은 메시아 사역을 물질적인 필요를 채워 주고, 기적을 통해 돌풍을 일으키며, 세상과 타협하여 세상의 지지를 얻는 것이 아니라, 오직 하나님 말씀을 신뢰하면서 하나님을 시험하지 않고 하나님만 섬기는 길을 가는 것으로 이해하신 것으로 볼 수 있다. 또 이 시험을 이스라엘 백성의 광야 시험이 아니라 인류의 조상 아담과 하와가 에덴동산에서 뱀(사탄)에게 받은 시험과 비교하는 관점도 있다. 이 경우 이 시험을 요한이 말

한 세상의 유혹, 즉 육신의 정욕, 안목의 정욕, 이생의 자랑과 비교할 수 있다(요일 2:15-16). 예수님이 둘째 아담으로 오신 것을 생각해 볼 때 이 해석에도 타당성이 있다. 우리는 이 해석들 중 어느 하나만을 취할 필요는 없고, 다 포함된다고 볼 수 있다. 하지만 첫째 해석이 가장 중심적이다.

사역의 시작

1. **갈릴리로 오심** 세례 요한이 잡힌 후에 예수님은 갈릴리로 오셔서 가버나움을 중심으로 사역을 시작하셨다. 예수님의 첫 복음 선포는 "때가 찼고 하나님의 나라가 가까이 왔으니 회개하고 복음을 믿으라"(막 1:15)는 것이었다. 누가는 예수님이 세례를 받으신 후 고향인 나사렛에서 사역을 시작하신 것으로 쓰고 있지만(4:14-30), 나사렛 사건은 갈릴리 사역이 어느 정도 진행된 후의 일이었다. 누가는 시간적인 순서가 아니라 논리적인 순서를 따라 예수님의 사역을 소개한 것이다. 예수님은 나사렛에서 안식일에 회당에 들어가 이사야 61장 1-2절을 읽으시고 그 말씀이 자신에게서 성취되었다고 하셨다. 처음에 그분 말씀을 경청했던 청중은 예수님이 이스라엘이 아닌 이방인에게 베푸신 하나님의 은총에 대해 말씀하시자 그분을 배척했다. 이 일은 유대인들이 메시아를 거부하게 될 것을 보여 주는 상징적 사건이었다.

2. **제자들을 부르심** 갈릴리에 오셔서 예수님이 가장 먼저 하신 일은 제자들을 부르신 일이다. 이들은 예수님이 앞으로 새롭게 이루실 새 이스라엘의 대표로 뽑혔으며, 예수님이 떠나신 후에도 예수님의 사역, 즉 하나님 나라 운동을 이어갈 자들이었다. 예수님은 열두 명의 제자를 택하신 후 그들을 "사도"라 칭하셨고(눅 6:12-13), "자기와 함께 있게 하시고 또 보내사 전도도 하며 귀신을 내쫓는 권세도 주셨다"(막 3:14-15). 이후 예수님의 사역은 무리를 대상으로 하는 공적 사역과 제자들을 훈련하고 준비시키시는 사적 사역으로 진행된다.

교훈

하나님의 아들이신 예수님은 우리를 하나님의 아들로 만드시고자 이 땅에 오셨다. 그분이 받으신 세례는 자신을 우리와 동일시하신 사건이었고, 그분이 받으신 시험은 우리를 대표하여 하나님의 아들 됨의 자격을 확보하신 사건이었다. 그분은 우리를 품으셨고 하나님께 순종하심으로 우리에게 하나님 백성의 자격을 주셨다. 나는 하나님 아들의 참 모습을 보고 있는가? 지금 내가 추구하는 것은 물질적 안정과 사람들의 인기 그리고 세상의 권세인가? 아니면 하나님을 온전히 신뢰하면서 그분의 뜻에 철저히 순종하고자 하는가?

복음서 4과

갈릴리 사역

성경 이야기 마 4-16장/막 1-8장/눅 4-9장

예수님은 처음에 갈릴리를 중심으로 사역을 시작하셨다. "예수께서 온 갈릴리에 두루 다니사 그들의 회당에서 가르치시며 천국 복음을 전파하시며 백성 중의 모든 병과 모든 약한 것을 고치시니"(마 4:23). 예수님의 갈릴리 사역은 그분의 기적의 능력과 말씀의 권세로 인해 가는 곳마다 큰 반향을 불러일으켰고, 많은 무리가 주님을 따르게 되었다. 하지만 유대교 당국자들은 예수님의 인기에 위협을 느꼈고, 그분의 가르침에 의혹의 눈초리를 보내면서 그분을 잡고자 기회를 엿보았다.

본문 이해

공관복음과 요한복음

1. 공관복음(마태복음, 마가복음, 누가복음)은 예수님의 사역을 갈릴리 사역과 유대 사역의 간단한 구조로 소개한다. 예수님은 먼저 갈릴리에서 사역하시다가 가이사랴 빌립보에서 제자들이 그분에 대한 분명한 신앙 고백을 하자 그곳을 떠나 유대와 예루살렘으로 가서서 그곳에서 죽임을 당하신다. 공관복음은 대체로 가장 먼저 쓰인 마가복음의 이러한 순서를 그대로 따르고 있다. 마태복음은 마가복음과 거의 같은 순서를 따르면서 군데군데 예수님의 설교를 모아 놓는 반면, 누가복음은 예수님이 갈릴리를 떠나 유대로 가실 때 사

마리아인들의 통행 거부로 인해 요단 동편 베레아 지역을 통과하면서 행하신 일들을 좀 더 소개하고 있다. 따라서 공관복음을 바탕으로 예수님의 사역을 정리해 보면, 갈릴리 사역→(가이사랴 빌립보에서 제자들의 신앙 고백)→베레아 사역→유대/예루살렘 사역→십자가 처형과 부활의 순서로 요약할 수 있다. (누가의 베레아 사역에는 갈릴리 사역과 유대 사역의 내용이 많이 포함되어 있다.)

마태복음 개요	마가복음 개요	누가복음 개요
사역의 준비(1:1-4:11)	사역의 준비(1:1-13)	사역의 준비(1:1-4:13)
갈릴리 사역(4:12-18:35)	갈릴리 사역(1:14-9:50)	갈릴리 사역(4:14-9:50)
[가이사랴 빌립보(16:13-28)]	[가이사랴 빌립보(8:27-38)]	[가이사랴 빌립보(9:18-27)]
유대/예루살렘(19:1-26:35)	유대/예루살렘(10:1-14:31)	베레아 사역(9:51-19:27)
십자가/부활(26:36-28:20)	십자가/부활(14:32-16:8)	예루살렘 사역(19:28-22:38)
		십자가/부활/승천(22:39-34:53)

2. 제4복음서로 불리는 요한복음은 맨 나중에 쓰였으며, 공관복음의 내용을 보완하는 방식을 취한다. 따라서 공관복음이 다루지 않는 내용이 많이 소개되고 또 사건의 순서도 조금씩 다르다. 요한복음은 예수님이 갈릴리 사역 중간에 유대와 예루살렘을 몇 차례 방문하신 것을 보여 준다. 복음서들의 이러한 차이는 저자들이 연대적 순서에만 집착하지 않고 신학적 의미를 따라 사건들을 자유롭게 배열했기 때문이다. (이 책에서는 공관복음의 순서를 따라 주님의 사역을 살펴보고, 요한복음의 내용은 11-12과에서 살펴보기로 하자.)

갈릴리 사역 (마 4:23, 9:35)

예수님의 갈릴리 사역은 가는 곳마다 큰 호응을 불러일으켰고, 많은 사람이 따랐다. 하지만 예수님은 능력을 행하신 후 그 일을 말하지 말도록 당부하시는 등 자신이 알려지시는 것을 극히 꺼리셨다. 사람들이 메시아에 대해 그릇된 기대를 품고 있음을 아셨기 때문이다. 예수님 사역의 초점은 대중을 끌어 모으는 데 있지 않고 하나님의 백성으로 준비된 자들에게 자신의 정체를 바로 알리시는 데 있었다.

1. 가버나움에서의 사역

1) **회당에서 귀신을 쫓아내심** 주님이 안식일에 회당에 들어가서 가르치시자 그곳에 있던 귀신들린 사람이 주님을 알아보고 소리를 질렀다. 주님은 귀신을 꾸짖으시고 그 사람에게서 내보셨다. 사람들은 주님의 권세 있는 가르침에 놀랐다.

2) **병자들을 고치심** 주님은 회당에서 나오신 후 시몬의 집에 들어가 장모의 열병을 고쳐 주셨다. 또 다른 많은 병자를 고쳐 주셨다. 특히 한 나병 환자에게 손을 대어 고쳐 주신 후 아무에게도 말하지 말라고 엄히 명하셨다. 주님이 이렇게 자신에 대한 소문을 극도로 경계하신 것은 백성들이 메시야에 대해 가진 그릇된 기대를 아셨고, 그로 인해 자신의 메시아 사역이 방해를 받지 않기 위함이었다.

3) **기도하고 전도하는 삶의 방식** 주님은 바쁜 사역 일정 가운데서도 항상 홀로 기도하는 시간을 가지셨다. 주님은 기도를 통해 사역의 방향을 정하셨고 사역에 필요한 능력을 받으셨다.

2. 여러 논쟁
주님은 가시는 곳마다 유대교 지도자들과 충돌하셨다. 그중 대표적인 논쟁은 다음과 같다.

1) **죄 사함의 권세** 중풍병자를 고치실 때 "소자야, 네 죄 사함을 받았느니라"고 말씀하시자, 그곳에 있던 유대교 지도자들은 주님의 신성 모독적 발언에 경악했다. 하지만 주님은 땅 위에서 죄를 사하는 권세를 가지셨음을 보여 주기 위해 그렇게 말씀하신 것이다.

2) **죄인들과의 교제** 주님이 세리 레위를 제자로 부르신 후 그의 집에서 세리를 비롯해 죄인들과 함께 식사를 하시자 바리새인들은 죄인들과 접촉한 주님을 비난했다. 하지만 주님은 "병든 자에게라야 의원이 쓸 데 있다. 나는 의인이 아니라 죄인을 부르러 왔다"고 말씀하셨다.

3) **금식** 요한과 바리새인의 제자들은 금식하는데 주님의 제자들은 금식하지 않는다고 사람들이 비난하자 주님은 혼인집 손님들이 신랑과 함께 있을 때는 금식할 수 없지만 신랑을 빼앗기는 날이 오면 금식하게 될 것이라고 하

셨다. 금식은 영적 훈련으로 유용하지만 그 훈련이 지향하는 바 주님의 임재 체험이 완성될 때는 불필요할 수밖에 없다. 따라서 천국의 그림은 금식이 아니라 잔치이며, 복음의 새 포도주는 새 부대에 담아야 한다.

4) **안식일** 주님은 안식일에 제자들이 밀밭을 지나면서 밀알을 따 먹은 것에 대해 사람들이 비난하자 사람이 안식일을 위해 있지 않고 안식일이 사람을 위해 있다고 하시면서 당신이 안식일의 주인이라고 주장하셨다. 또 안식일에 병자를 고치신 것에 대해 비난을 받으시자 안식일에 선을 행하는 것이 옳다고 말씀하셨다. 주님은 단지 안식일을 어겼다는 비난에 대한 변명을 하신 것이 아니라 안식일의 참 의미를 밝히신 것이다.

5) **바알세불** 바리새인들은 주님이 바알세불의 힘을 빌어 귀신을 쫓아낸다고 비아냥거렸다. 이에 대해 주님은 사탄이 사탄을 대적할 수 있느냐고 반문하시면서 주님이 행하신 능력은 성령의 권세로 말미암은 것으로서 성령을 거스르는 자는 결코 용서받을 수 없다고 엄히 경고하셨다.

6) **정결 의식** 바리새인들이 주님의 제자들이 씻지 않은 손으로 음식을 먹는다고 비난하자, 주님은 참된 정결은 내면의 문제라고 지적하시면서 제사가 아닌 자비를 원하시는 하나님의 마음과 인간의 내면의 악에 대해 말씀하셨다. 바리새인들은 접촉을 통한 부정을 두려워했던 반면, 주님은 접촉을 통해 다른 사람을 거룩하고 온전하게 해주셨다(예: 혈루증 여인, 요한복음에 자세히 기록된 '생명의 떡' 논쟁은 유대교 지도자들이 아니라 일반 백성과의 사이에서 벌어졌다).

3. **예수님의 능력** 예수님이 행하신 능력을 정리하면 다음과 같다.

    1) **병을 고치심**(disease) 중풍병자, 나병 환자, 소경, 귀머거리/벙어리, 앉은뱅이 등을 고치심

    2) **자연을 다스리심**(disaster) 풍랑을 잔잔케 하심, 물 위를 걸으심, 오천 명을 먹이심 등

    3) **귀신을 쫓으심**(demon) 가버나움 회당에서, 거라사인 땅에서, 변화산에서 내려오신 후 등

4) **죽은 자를 살리심**(death) 회당장 야이로의 딸, 나인성 과부의 아들, 나사로를 살리심

교훈

"예수님은 누구신가?" 복음서를 공부하는 목적은 바로 이 질문에 대한 답을 찾기 위함이다. 갈릴리 사역을 통해 드러난 주님의 모습은 초자연적인 능력을 행하시고, 천국 복음을 전파하시면서 외적 경건에 치우친 유대교적 사고방식을 뒤집어엎으시며, 주님의 권세와 신성을 주장하시고, 새 시대의 도래를 알리시는, 가히 영적 혁명을 일으키시는 모습이다. 주님은 사람들이 흔히 생각하듯 어떤 사람도 환영하고 존경할 만한 부드럽고 인자한 성인의 모습이 아니셨다. 그분은 자신의 정체를 주장하시면서 모든 사람에게 선택의 결단을 강요하시는 매우 불편한 모습으로 다가오신다. 나는 예수님에 대해 분명한 입장을 취하고 있는가?

복음서 5과

예수님의 가르침 1

성경 이야기 마 5-7장

마태는 예수님의 가르침을 다섯 곳[5-7장(산상수훈)/10장(제자 파송)/13장(천국 비유)/18장(교회)/24-25장(종말)]에 모아놓았다. 이는 유대인 독자를 대상으로 주님의 가르침을 토라(율법, 오경)에 상응하는 방식으로 제시하고자 함이었다. 그중 가장 유명한 가르침은 단연 산상수훈이다. 예수님은 이 설교에서 하늘나라 백성은 어떤 사람인지, 그 제자의 초상을 그리신다. 그리스도의 제자는 무엇보다도 하나님 나라와 그 의를 구하는 자다. 하나님 나라를 구하는 것은 그분의 통치를 받는 것이며, 하나님의 의를 구하는 것은 그분의 뜻에 온전히 순종하는 것이다. 그리스도의 제자는 신분의 칭의뿐 아니라 실제 성품과 삶에서 의를 이루어 가는 사람이다.

본문 이해

산상수훈의 구조

마 5:1-2	설교의 세팅: 산에 올라가 앉으시니 제자들이 나아옴		
마 5:3-7:27	설교의 내용	서론(5:3-12)	그리스도인의 품성(Character/Being): 8복
		본론(5:13-7:12)	그리스도인의 품행(Conduct/Doing): 세상/율법/경건/재물/이웃
		결론(7:13-27)	그리스도인의 선택(Choice/Obedience): 두 길/두 나무/두 집
마 7:28-29	설교의 결과: 청중이 주님의 가르침에 놀람		

산상수훈의 주제

산상수훈의 주제는 "너희는 먼저 그의 나라와 그의 의를 구하라"(6:33)는 것이다. 산상수훈은 하나님 나라 백성의 초상인 팔복("천국이 그들의 것임이라")으로 시작하며, 하나님의 통치를 받는 자들이 실제 이루어 가야 할 의에 대해 가르친다. 하나님의 백성은 의에 주리고 목마르며(5:6), 의를 위해 핍박받고(5:10), 바리새인보다 더 나은 의를 추구하며(5:20), 사람 앞에서가 아니라 은밀히 보시는 하나님 앞에서 의를 행하고(6:1), 먹고사는 문제보다 하나님 나라와 의를 더 앞세우며(6:33), 하늘에 계신 아버지의 뜻대로 행하는 자다(7:21). 여기서 의는 칭의를 넘어선 정의를 가리키며, 천국 백성은 바로 하나님의 아들을 가리킨다(5:45).

산상수훈의 가르침

1. 팔복(의인이 되는 과정)

1-4복: 비우는 과정(자기 의를 버림)	5-8복: 채우는 과정(참된 의로 채움 받음)
1복: 심령이 가난한 자 →	5복: 긍휼히 여기는 자
2복: 애통하는 자 →	6복: 마음이 청결한 자
3복: 온유한 자 →	7복: 화평케 하는 자
4복: 의에 주리고 목마른 자 →	8복: 의를 위하여 핍박받는 자

심령이 가난한 것은 자기 의가 하나도 없음을 깨닫는 것, 즉 성령의 감화로 죄를 깨닫고 회개하는 것을 말한다(눅 18장-세리). 이렇게 구원의 길에 들어선 자는 계속해서 죄에 대해 애통하는 마음을 갖게 되고(롬 7장-바울), 자신에 대한 타인의 비판을 온유하게 받아들이게 되며(벧전 2장-주님), 더 이상 자기 의가 아닌 참된 의에 주리고 목마르게 된다. 일단 철저히 자기 의를 비운 사람은 참된 의로 채워진다. 비로소 남을 긍휼히 여길 수 있게 되고, 죄와 악에서 떠난 거룩한 마음 상태를 유지하게 되며, 하나님의 사랑과 평화를 널리 전하는 삶을 살게 되고, 마침내 기꺼이 의를 위해 핍박받는 자리에까지 서게 된다. 자기 의를 버리고 참된 의를 사모하며, 그 의를 위해 살고 핍박받는 자가 주님의 제자다.

2. 소금과 빛(세상에 대한 태도, 5:13-16) 그리스도인은 이 세상에서 소금과 빛으로 살아야 한다. 주님은 여기서 "소금이 되라, 빛이 되라"고 명령하시지 않고 "소금이니라, 빛이니라"고 서술하셨다. 다시 말해 그리스도인은 이미 세상의 소금이요 빛이라는 것이다. 어떻게 그 일이 가능한가? 바로 앞에서 말씀하신 팔복의 성품이 이루어질 때 가능하다. 그리스도인은 존재 자체에 혁명적 변화를 겪은 사람들로서 구원의 체험으로 인해 의인으로 변화되는 길에 들어섰으며, 그 결과 세상에서 소금과 빛이 될 수밖에 없다. 소금은 부패를 방지하는 역할을 하며, 우리가 불의와 싸워야 함을 가리킨다. 빛은 착한 행실을 통해 하나님의 영광을 드러내는 것을 말한다. 우리는 세상에서 이 두 사명을 감당해야 한다.

3. 마음의 의(율법에 대한 태도, 5:17-48) 주님은 율법을 폐하러 오신 것이 아니라 완전케 하기 위해 오셨다. (주님은 바울이 그랬던 것처럼 율법을 폐하는 자로 오해를 받으셨다.) 율법은 구원의 길은 아니지만 여전히 하나님의 성품과 뜻의 반영이며, 그리스도인의 삶의 길이다. 주님은 어떻게 율법을 완전케 하셨는가? 먼저 자신이 온전히 지키셨다. 둘째, 주님이 율법의 형벌을 받으심으로써 주님을 믿는 자들을 의롭다 칭할 수 있는 정당한 근거를 마련하셨다. 셋째, 율법의 바른 정신을 온전히 드러내셨다. 여기서는 세 번째 의미로 말씀하셨다. 주님은 율법의 문자를 넘어 정신을 주장하셨다. 따라서 살인이라는 행위 이전에 미움을, 간음이라는 행위 이전에 음욕을 경계해야 하는 것이다. 주님은 율법의 외적 준수로 만족했던 바리새인들의 외식적 의가 아니라, 마음 중심에서 나오는 진정한 의를 요구하셨다. 주님이 원하시는 의는 하나님의 성품에 온전히 부합하는 순종으로서 바로 하나님 아들의 모습이다(5:45, 48).

4. 참된 경건(경건에 대한 태도, 6:1-18) 우리는 사람들에게 보이려고 구제, 기도, 금식 등의 의를 행해서는 안 된다. 그런 자들은 사람들의 인정을 받는 순간 자신이 받을 상을 다 받은 것이다. 하나님은 은밀히 행하는 자들을 지켜보시며 그러한 자들에게 상을 베푸신다. 우리는 남에게 보이려고 기도하는 바리새인의 외식적 기도나 말을 많이 해야 들어주시리라 생각해서 중언부언하는

이방인들의 기복적, 무속적 기도를 피해야 한다. 우리는 먼저 하나님이 우리 아버지이시며 우리가 구하기 전에 우리의 필요를 다 아시는 분임을 믿고 하나님이 중심이 되시는 기도를 드려야 한다. 주기도문은 아버지께 드리는 믿음의 기도이고, 함께 드리는 공동체적 기도이며, 먼저 하나님의 나라와 의를 구하는 하나님 중심적 기도다. 주님은 끝으로 용서에 대해 부연 설명하시면서 하나님과의 수직적 관계는 이웃과의 수평적 관계와 분리될 수 없음을 강조하셨다.

5. **우선순위**(재물에 대한 태도, 6:19-34) 재물에 대한 주님의 가르침은 두 가지다. 첫째는 보물을 땅에 쌓아두지 말고 하늘에 쌓아두라는 것이고, 둘째는 물질적 필요에 대해 염려하지 말고 먼저 하나님 나라와 의를 구하라는 것이다. 전자에 대해서는 우리가 두 주인을 섬길 수 없음을 기억해야 한다. 눈이 밝아야 한다는 말은 바른 가치관을 가져야 한다는 뜻이다. 땅에 쌓아둔 보물은 사라질 수밖에 없다. 여기서 하늘은 장소적 개념이 아니라 질적 개념이다. 즉 영원히 변할 수 없는 가치를 뜻한다. 바울은 로마서에서 그 보물을 영광과 존귀와 썩지 아니함, 즉 영생이라고 말한다(2:7, 10). 또 우리가 육신의 필요에 대해 염려할 필요가 없는 것은 하나님이 다 아시고 책임져 주시기 때문이다. 몸을 주신 분이 의복을 주시지 않겠는가? 목숨을 주신 분이 음식을 주시지 않겠는가? 따라서 우리는 우리 필요에 대해 염려하지 말고 먼저 하나님 나라와 의를 구하며 살아야 한다.

6. **황금률**(이웃에 대한 태도, 7:1-12) 비판과 분별, 기도에 대한 가르침을 모두 관통하는 진리는 결론 부분에 주어진 황금률이다. 우리가 비판해서는 안 되는 이유는 우리 자신의 교만(들보)으로 인해 우리가 바로 보지 못하고, 또 우리가 비판하는 대로 우리도 비판받을 것이기 때문이다. 하지만 들보를 제거했을 때 우리는 바로 볼 수 있고 분별할 수 있다. 또 기도는 이웃과의 관계에서 제한된 자원으로 인해 다투고 싸우는 일을 피할 수 있는 길이다(약 4:1-3). 우리는 이웃을 내 몸처럼 사랑해야 한다.

7. 선택의 초청(순종의 중요성, 7:13-27) 주님은 설교의 결론으로 선택의 중요성을 말씀하신다. 인생에는 좁은 문과 좁은 길 그리고 넓은 문과 넓은 길이 있다. 한쪽은 영원한 멸망으로 다른 한쪽은 영원한 생명으로 이끈다. 진리의 길, 영생의 길은 좁다. 또 두 종류의 나무가 있는데, 그 차이는 말에 있지 않고 열매에 있다. 능력에 있지 않고 순종에 있다. (거짓 선지자는 좁은 길로 인도하지 않는다.) 마지막으로 두 종류의 집이 있다. 주님의 말씀을 듣고 행하는 자는 반석 위에 집을 지은 자와 같고, 행하지 않는 자는 모래 위에 집을 지은 자와 같다. 평상시에는 알 수 없지만 시험의 때, 심판의 때 그 실상이 드러날 것이다.

복음서 6과

예수님의 가르침 2

성경 이야기 _{사복음서}

예수님은 무엇보다도 하나님 나라를 가르치셨다. 아울러 그 나라의 주인이신 하나님과 그 나라를 구현하기 위해 온 자신에 대해서 그리고 그 나라에 들어가기 위해 사람들이 자신과 맺어야 할 관계, 즉 제자도에 대해 가르치셨다. 예수님의 가르침은 하나님 나라, 하나님, 자신, 제자도의 네 주제로 요약할 수 있다.

본문 이해

하나님 나라

1. **중심 주제** 예수님의 가르침의 중심 주제는 하나님 나라였다. 주님은 공생애를 시작하시면서 "때가 찼고 하나님의 나라가 가까이 왔으니 회개하고 복음을 믿으라"(막 1:15)는 말씀으로 첫 복음을 선포하셨고, 또 부활하고 승천하시기까지 40일을 지상에서 더 머무시는 동안에도 제자들에게 하나님 나라의 일을 말씀하셨다(행 1:3). 이와 같이 주님은 사역의 시작과 끝에 하나님 나라에 대해 말씀하셨고, 그 사이의 모든 가르침-산상수훈이나 여러 천국 비유-도 하나님 나라가 그 주제였다.

2. **그 나라의 의미** '나라'[말쿤(히), 바실레이아(헬)]는 장소나 백성의 뜻이기보다는 통치를 뜻하는 역동적 개념이다(예: 일제시대). 따라서 하나님 나라는 하나님이 온 우주의 왕으로서 모든 것을 그분의 뜻대로 다스리시는 하나님의 통치

를 말한다. 하나님의 절대적인 주권은 언제나 변함 없지만, 일부 피조물이 하나님의 통치에 반기를 듦으로써 현재 인격적 통치는 온전히 이루어지지 못하고 있다. 예수님은 하나님의 통치를 거부하는 적대 세력을 물리치시고 하나님의 온전한 통치를 회복하시러 오셨다.

3. 그 나라의 도래

1) 유대인들의 종말론 유대인들은 역사가 '이 세대'(this age)와 '오는 세대'(the age to come)로 이루어졌다고 믿었다. 이 세대는 악이 지배하고 하나님의 원수들이 활개를 치는 고난의 시대이며 메시아가 오심으로써 끝이 난다. 그 후에는 메시아가 다스리시는 오는 세대가 시작된다. 유대인들은 이렇듯 역사를 한 선으로 보면서 그 중간에 메시아의 도래가 있고, 그 양쪽에 각각 이 세대와 오는 세대가 양분되어 있다고 보았다.

2) 그리스도의 가르침과 사역 주님은 자신의 초림으로 하나님 나라가 이미 임했다고 말씀하셨다(막 1:15). 그러나 많은 사람의 기대처럼 주님의 초림은 왕권을 발휘하는 때가 아니었고, 오히려 종의 모양으로 오셔서 섬김과 희생의 죽음을 통해 하나님 나라의 백성을 만드시는 때였다. 따라서 하나님 나라는 시작되었지만 감추어진 모습(밭에 감추어진 보화 비유)으로 나타나며, 남이 모르는 사이에 자라서(씨 비유), 그 시작은 미약하지만 결국 속속들이 스며들어(누룩 비유), 후에는 거대하게 발전할 것이다(겨자씨 비유). 주님은 비유를 통해 하나님 나라를 설명하셨고, 주님이 행하신 기적들은 바로 하나님 나라의 표적이었다. 주님은 결정적으로 십자가와 부활을 통해 하나님 나라의 대적인 사탄의 세력을 꺾으셨고(요일 3:8), 이제 다시 오셔서 심판을 통해 그 나라를 완성하실 것이다. 그때까지 주님은 그분의 몸인 교회에 복음 전파의 사명을 맡기셨고, 성령을 통해 교회와 함께하겠다고 약속하셨다.

3) 그 나라의 이중적 구조(현재성과 미래성) 하나님 나라는 주님의 초림으로 이미 시작되었고, 주님의 재림으로 완성될 것이다. 주님의 두 번의 오심은 하나님 나라가 이중적 구조를 가지고 있음을 보여 준다. 즉 초림으로 '이

미'(already) 시작되었지만 재림 때까지는 '아직'(not yet) 완성된 것이 아니라는 말이다. 하나님 나라의 현재성을 가장 잘 보여 주는 사건은 바알세불 논쟁이다. 주님은 자신이 귀신을 쫓아내는 것은 성령의 능력을 힘입은 것으로서 하나님 나라가 이미 임했음을 보여 주는 것이라고 말씀하셨다 (눅 11:20). 하나님 나라의 미래성은 왕위를 받아오기 위해 종들에게 므나를 나누어 주고 먼 나라로 떠난 귀인의 비유가 잘 보여 준다(눅 19:11-27). 이 귀인은 예수님이고, 예수님이 왕위를 받고 다시 오실 때 하나님 나라는 완성될 것이다. 하나님 나라는 주님의 초림으로 시작되었고, 재림으로 완성된다. 그때까지 이 세대와 오는 세대는 함께 간다. 이 이중적 구조를 오스카 쿨만은 2차 대전 때 연합군의 승리가 D-Day와 V-Day의 두 단계에 걸쳐 이루어진 것에 비유하여 설명한다.

4) **그 나라 백성의 삶** 그리스도인은 오는 세대에 속한 사람들, 즉 하늘의 시민들로서 이 세상에서 사는 자들이다. 이러한 삶에는 고난이 필연적으로 따른다. 그리스도인의 삶은 바로 '이미'와 '아직'의 긴장 속에서 소망을 갖고 인내하며 믿음으로 사는 것이다.

그 외 주제들

1. **하나님** 예수님은 편협한 선민주의에 빠져 이방인들을 멸시했던 유대인들에게 하나님은 선인과 악인 모두에게 해와 비를 주시는 사랑의 하나님이라고 가르치셨다. 하지만 하나님은 현대인들의 오해와는 달리 또한 심판하시는 분으로서 우리 몸과 영혼을 지옥에 던지실 수 있는 두려운 분이다. 예수님은 무엇보다도 하나님을 아버지로 가르쳐 주셨다. 하나님의 아버지 되심은 모든 사람에 대한 것이 아니고 예수님을 따르는 자들에 대한 것이다. 아

버지이신 하나님은 우리의 모든 필요를 아시고 채워 주시며, 우리를 돌보는 분이시다. 그뿐 아니라 회개하고 돌아오는 자를 반겨 맞아 주시는 용서의 아버지이시다(눅 15장). 따라서 우리는 하나님을 신뢰하고 온전히 하나님의 영광과 나라를 위해서 살아야 한다.

2. 자기 자신

1) **신분** 예수님은 하나님을 아빠라고 부르시면서 하나님과의 특별한 관계를 주장하셨다. 예수님은 영원 전부터 하나님과 함께 계셨고, 하나님의 보내심을 받아 하나님의 뜻을 이루려고 이 세상에 오셨으며, 자신이 하는 일은 모두 아버지가 하시는 일을 보고 그대로 따라하는 것이고, 자신의 말은 아버지가 주셔서 하시는 말씀이라고 주장하셨다. 또 자신을 본 자는 아버지를 본 것이고, 자신만이 아버지께로 가는 유일한 길이라고 말씀하셨다. 예수님은 자신이 세상에서 죄를 사할 수 있는 권세를 가지셨다고 주장하셨고, 사람들에게 자신을 믿고 따를 것을 요구하셨으며, 자신에 대한 태도가 하나님 나라에 들어가는 여부를 결정짓는다고 말씀하셨다. 예수님이 자신을 부르신 칭호인 인자는 인성을 뜻하는 표현이 아니라 종말에 하나님께 권세를 부여받아 하나님의 백성을 창조하는 신성을 뜻한다(단 7장). 결론적으로 예수님은 자신이 하나님의 특별한 아들이시고(신성), 죄가 없으시며, 세상의 구주(그리스도)가 되신다고 주장하셨다.

2) **사역** 예수님은 자신이 이 세상에 오신 목적을 섬김과 대속의 죽음이라고 요약하여 말씀하셨다(막 10:45). 예수님은 이사야 선지자의 예언에 나오는 고난의 종을 자신의 역할로 이해하셨으며, 십자가를 자신의 사역의 핵심으로 말씀하셨다. 예수님은 자신의 희생의 죽음이 새 언약을 이루는 근거가 된다고 말씀하셨고, 부활과 재림에 대해서도 예언하셨다.

3. 제자도

예수님의 제자로 사는 것은 자기를 부인하고 자기 십자가를 지고 사는 삶이요, 역설적으로 자기 목숨을 잃음으로 얻게 되는 삶이다(눅 9:23-24). 예수님의 제자도는 세상적 가치관이 완전히 전도된 삶으로서, 큰 자가 도리어 섬기는 자가 되는 것이다(막 10:43-44). 제자도의 중요한 요건은 말씀에 거하는 것(요 8:31), 서로 사랑하는 것(요 13:34-34) 그리고 주님과의 연합으로 열매 맺는 것(요 15:8) 등이다.

> **ㅇ 예수님의 자기중심적 가르침과 희생의 삶**
>
> 예수님은 자신에 대해 자기중심적으로 가르치셨다. 자신만이 하나님께 나아가는 유일한 길이고, 자신보다 다른 사람을 더 사랑해서는 안 되며, 또 자신은 마음이 온유하고 겸손하다고 가르치셨다. 반면에 예수님의 삶은 온전히 남을 위해 사신 비이기적 삶이었다. 우리는 이 수수께끼를 예수님의 주장을 그대로 받아들일 때만 풀 수 있다. 즉 그분은 자신에 대해 터무니없는 과대망상증을 가진 자가 아니라 자신이 주장한 그대로 사신 분이다. 따라서 그분의 자기중심적인 주장과 타인을 위한 희생의 삶은 모순이 아니라 오히려 통일성과 조화를 이루며, 하나님의 아들로서의 완전하신 신분과 삶을 드러낸 것이었다. 예수님에 대한 우리의 반응은 그분의 말씀을 그대로 받아들이고 그분을 주님으로 모시든지, 아니면 그분의 말씀을 거부하고 그분을 사기꾼이나 정신병자로 취급하든지 하는 양자택일뿐이다. 그 외의 입장은 있을 수 없다.

복음서 7과

예수님의 가르침 3

성경 이야기 공관복음

예수님은 자주 비유를 들어 가르치셨다. 그것은 하나님 나라의 비밀을 들을 준비가 안 된 사람들에게는 숨기고, 그 나라 백성으로 부름 받은 자들에게는 더 잘 드러내어 그들이 쉽게 이해하도록 하기 위함이었다.

본문 이해

예수님이 드신 비유

1. **하나님 나라**
    1) 씨 뿌리는 자 비유(마 13장/막 4장/눅 8장)
    2) 밭의 가라지 비유(마 13장)
    3) 겨자씨 비유(마 13장/막 4장/눅 13장)
    4) 누룩 비유(마 13장/눅 13장)
    5) 밭에 감추인 보화 비유(마 13장)
    6) 진주 비유(마 13장)
    7) 그물 비유(마 13장)
    8) 씨 비유(막 4장)
    9) 왕의 잔치 비유(마 22장/눅 14장)

2. 이스라엘

   1) 장터의 아이들 비유(마 11장/눅 7장)

   2) 악한 농부들 비유(마 21장/막 12장/눅 20장)

   3) 열매 없는 무화과나무 비유(눅 13장)

3. 하나님

   1) 잃은 양 비유(눅 15장)

   2) 잃은 동전 비유(눅 15장)

   3) 탕자 비유(눅 15장)

4. 제자도

   1) **대가** 망대와 전쟁 비유(눅 14장)

   2) **탐심** 어리석은 부자 비유(눅 12장)

      부자와 나사로 비유(눅 16장)

   3) **용서** 두 빚진 자 비유(눅 7장)

      용서하지 않은 종 비유(마 18장)

   4) **기도** 밤에 찾아온 친구 비유(눅 11장)

      불의한 재판관 비유(눅 18장)

   5) **순종** 두 아들 비유(마 21장)

      무익한 종 비유(눅 17장)

   6) **은혜** 포도원 품꾼 비유(마 20장)

      바리새인과 세리 비유(눅 18장)

   7) **사랑** 선한 사마리아인 비유(눅 10장)

   8) **지혜** 불의한 청지기 비유(눅 16장)

5. 심판

   1) 열 처녀 비유(마 25장)

   2) 달란트 비유(마 25장)

   3) 양과 염소의 심판 비유(마 25장)

   4) 므나 비유(눅 19장)

비유 해설

1. 씨 뿌리는 자 비유(마 13장/막 4장/눅 8장) 이 비유는 하나님 나라가 어떻게 전파되고 확장되는지를 보여 준다. 하나님 나라는 씨가 뿌려지고 자라나 열매를 맺듯이 퍼져 간다. 가장 중요한 것은 씨다. 씨가 살아 있을 때 열매를 맺을 수 있다. 씨는 말씀이다. 우리가 전하는 복음이 생명의 말씀이라면 그 복음은 반드시 생명의 열매를 맺는다. 또 씨가 열매를 맺으려면 밭도 좋아야 한다. 밭은 말씀을 듣는 사람들을 가리킨다. 길가는 사탄의 방해로 인해 말씀을 제대로 듣지 못하는 사람이고, 돌밭은 말씀을 듣되 믿음으로 마음에 깊이 새기지 못함으로 환난과 핍박이 오면 포기하는 사람이다. 그리고 가시떨기는 세상의 유혹과 염려로 인해 말씀에 온전히 순종하지 못하는 사람이고, 좋은 밭은 말씀을 듣고 깨닫는 사람으로서 오직 이 사람만 열매를 맺는다. 하나님 나라의 비밀은 무엇인가? 그것은 다름 아닌 씨 뿌리는 자의 정체로서 예수님에 관한 것이다. 사람들이 예수님의 정체를 깨닫는다면 예수님의 말씀을 이해하고 받아들였을 것이다. 그러나 예수님의 정체를 깨닫지 못한 자들은 이 비유를 이해할 수 없었다. 이 비유는 예수님이 말씀하시는 바로 그 순간 청중에게 적용되고 있었다.

2. 탕자 비유(눅 15장) 이 비유는 '사랑의 아버지의 비유'로 불러야 옳다. 초점이 탕자가 아니라 하나님 아버지께 맞춰져 있기 때문이다. 이 비유는 죄인을 사랑하시는 하나님을 보여 준다. 하나님은 바리새인들이 생각했던 것처럼 죄인을 미워하고 멀리하시는 분이 아니다. 오히려 그분은 죄인들이 돌아오기만을 고대하시는 사랑의 아버지시다. 바리새인들은 이 점을 이해하지 못했다. 그들은 한 번도 집을 나간 적은 없지만 마음으로는 탕자 못지않게 아버지로부터 멀리 있는 맏아들과 같은 자들이었다. 주님은 탕자를 찾으러 이 세상에 오심으로써 맏아들이 어떠해야 하는지를 친히 보여 주셨다.

3. 어리석은 부자 비유(눅 12장) 이 부자는 좋은 점이 많은 사람이었다. 그는 요행이나 부정한 방법이 아닌 근면하게 농사를 지어 재물을 모은 정직한 부자

였다. 또 모은 재물을 낭비하지 않고 적절히 관리할 줄 아는 지혜로운 사람이었다. 도대체 이 부자의 문제는 무엇인가? 주님은 그가 자기를 위해 재물을 쌓아 두었지만 하나님께 대해 부요하지 못했다고 말씀하신다. 그는 하나님을 계산에 넣지 않았다. 자기 목숨이 자기 것이 아니라 하나님의 주관하심에 달려 있음을 몰랐다. 그는 마땅히 자기 생명의 주인 되신 하나님을 위해 살아야 했건만, 하나님께는 관심조차 두지 않고 오로지 자신만을 위해 살았다. "어리석은 자는 그의 마음에 이르기를 하나님이 없다 하는도다"(시 14:1).

4. 용서하지 않은 종 비유(마 18장) 한 달란트는 6천 데나리온이다. 따라서 왕에게 1만 달란트 탕감받은 사람은 자기에게 1백 데나리온 빚진 자의 60만 배에 해당하는 빚을 용서받은 것이다. 그런데도 자기에게 빚진 자를 탕감해 주지 않았다는 것은 얼마나 사악한 일인가? 우리가 다른 사람을 용서해야 하는 이유는 바로 우리가 하나님께 비교할 수 없이 큰 죄를 용서받았기 때문이다. 우리는 이 말씀을 심각하게 들어야 한다. 이 말씀을 무시하는 그 어떤 구원의 교리도 옳지 않다.

5. 무익한 종 비유(눅 17장) 이 종은 밭에 나가 온종일 일하고 돌아와 주인의 음식을 준비하고 주인이 식사를 마치기까지 그 옆에서 시종을 든 후에야 비로소 먹고 쉴 수 있었다. 그런데도 자신을 무익한 종이라고 고백한다. 만일 이 비유를 듣고 심하다고 생각한다면 그것은 우리가 종이 어떤 존재인지 모르기 때문이다. 주님은 "명한 대로 하였다고 종에게 사례하겠느냐"고 물으신다. 놀라운 사실은 이것이 종의 실상임에도 불구하고 우리 하나님은 거꾸로 우리를 섬겨 주시는 사랑의 주인이시라는 것이다.

6. 포도원 품꾼 비유(마 20장) 이 비유는 바로 그 앞에 나오는 "그러나 먼저 된 자로서 나중 되고 나중 된 자로서 먼저 될 자가 많으니라"(19:30)는 말씀을 설명하기 위해 주신 비유다. 주님은 제자들이 모든 것을 버리고 주님을 따른 것에 대해 장차 받게 될 상급을 언급하신 후 이 말씀을 하셨다. 따라서 이 비유의 요점은 천국은 전적으로 하나님의 은혜로 주어진다는 것이다. 먼

저 된 자가 나중 되는 것은 자기 의를 내세우기 때문이고, 나중 된 자가 먼저 되는 것은 겸손히 은혜에만 의존하기 때문이다.

7. 선한 사마리아인 비유(눅 10장) 주님은 하나님 사랑과 이웃 사랑이 가장 큰 계명이라고 말씀하신 후 "그렇다면 내 이웃은 누구냐"는 질문에 이 비유로 답변하셨다. 유대인들은 이웃을 동족에 국한시켰고, 사마리아인이나 이방인들을 사랑할 대상으로 인정하지 않았다. 하지만 주님은 모든 장벽을 뛰어넘어 도움이 필요한 모든 사람을 이웃으로 사랑해야 할 것을 가르치셨다. 이 선한 사마리아인은 다름 아닌 주님이시다. 사마리아인들에게서 배척당하셨음에도 주님은 이 비유의 주인공을 사마리아인으로 삼으셨다. 하나님께 대한 종교적 행위는 이웃에 대한 사랑이 없다면 아무 의미가 없다.

8. 양과 염소의 심판 비유(마 25장) 이 비유는 몇몇 요소를 제외하면 비유가 아니라 실제로 벌어질 장면에 대한 사실적 묘사다. 주님의 모든 가르침은 언제나 최후의 심판이라는 관점에서 주어졌다. 최후의 심판은 사람들이 주님과 맺은 관계를 기준으로 이루어질 것이다. 여기서 주님의 칭찬을 듣는 양들은, 흔히 생각하는 것처럼, 단지 불쌍한 자들을 많이 도움으로써 그들의 선행과 구제에 대해 상을 받는 것이 아니다. 주님은 "너희가 여기 내 형제 중에 지극히 작은 자 하나에게 한 것이 곧 내게 한 것이니라"고 말씀하셨다. "여기 내 형제 중 지극히 작은 자"는 그리스도의 제자들을 가리키며, 그들을 영접하고 돌보는 것은 곧 주님을 영접하고 돌보는 것이 된다(10:42, 18:6, 10, 14). 따라서 이 양들은 주님을 영접한 그리스도인들이다. 최후의 심판은 주님에 대한 우리 각자의 반응에 따라 내려진다. 그리고 주님에 대한 반응은 우리가 주님의 증인들에 대해 어떻게 반응했는지로 결정된다.

복음서 8과

예루살렘 사역

성경 이야기 <small>마 16-25장 / 막 8-13장 / 눅 9-21장</small>

갈릴리 사역이 어느 정도 진행된 후 예수님은 가이사랴 빌립보에서 제자들의 신앙을 점검하셨다. 예수님은 제자들이 그분의 신분을 바로 알고 있음을 확인하신 후 비로소 자신이 당할 수난을 예고하셨다. 그 후 주님은 제자들을 데리고 예루살렘으로 올라가셨다. 그곳에서 예수님은 유대교 지도자들과 충돌을 일으키셨고, 이러한 긴장 관계는 곧바로 예수님의 처형으로 이어졌다.

본문 이해

가이사랴 빌립보

1. 베드로의 신앙 고백 가이사랴 빌립보에서 주님은 제자들에게 "너희는 나를 누구라 하느냐?"는 질문을 던지셨고, 베드로는 "주는 그리스도시요 살아 계신 하나님의 아들이시니이다"라는 바른 신앙 고백을 했다. 주님은 베드로의 대답을 칭찬하셨고, 이어서 자신이 예루살렘에 올라가 고난을 받게 될 것을 말씀하셨다. 베드로는 주님의 신분은 올바로 깨달았지만 여전히 주님의 사명에 대해서는 오해하고 있었기에 주님의 말씀을 반박했다가 주님께 호된 책망을 받았다. 이어서 주님은 자신뿐 아니라 자신을 따르는 제자들도 십자가의 길을 가야 한다고 말씀하셨다.

2. 변화산 체험 주님은 며칠 후 베드로, 야고보, 요한을 데리고 산에 올라가셔서 그들이 보는 앞에서 변형되셨다. 이때 모세와 엘리야가 나타나 주님이 예루살렘에서 당하실 고난에 대해 주님과 함께 이야기를 나누었다. 하나님은 주님이 세례받으실 때처럼 주님에 대해 확증하는 말씀을 하늘에서 음성으로 들려주셨고, 주님은 제자들에게 이 체험을 당신이 부활하시기까지 비밀로 할 것을 명령하셨다. 주님이 제자들에게 이 체험을 하게 하신 것은 십자가 사건을 보고 그들의 믿음이 흔들리지 않도록 하기 위함이었다. 제자들은 십자가가 메시아 사역의 실패로 보일지라도 흔들리지 말고 주님에 대한 신앙을 굳게 지켜야 했다.

3. 예루살렘으로 올라가는 길

1) **탐심** 한 부자 청년이 예수님을 찾아와 영생의 길을 물었다. 주님은 그에게 율법을 지키라고 하셨고, 그가 다 지켰다고 답하자 그의 재물을 팔아 가난한 자들에게 나눠 주고 주님을 따르라고 말씀하셨다. 그는 재물이 많았기 때문에 실망하고 돌아갔다. 주님은 제자들에게 탐심을 버리지 않고서는 하나님 나라에 들어갈 수 없음과 하나님 구원의 능력은 인간의 모든 탐심을 극복하게 하신다는 것을 가르치셨다.

2) **종의 도** 예수님은 예루살렘에 죽으러 가시는 길이었는데도 제자들은 그 사실을 미처 깨닫지 못했고 오히려 "누가 크냐"는 논쟁을 벌였다. 주님은 그분을 따르는 제자들이 지녀야 할 가치관과 세상의 가치관을 대조하여 설명하시면서 하나님 나라에서는 큰 자가 작은 자를 섬기고, 으뜸이 되고자 하는 자는 모든 사람의 종이 되어야 한다고 말씀하셨다.

예루살렘

1. 도착

1) **입성** 마침내 예루살렘에 도착하신 주님은 나귀를 타고 입성하셨다. 이는 스가랴의 예언(9:9)을 이루시는 행동으로서 주님이 평화의 왕이신 것과 그분의 겸손을 보여 준다. 군중은 종려나무 가지를 꺾어 들고 "호산나, 다윗

의 자손이여, 찬송하리로다"를 외치며 주님을 환영했다. 하지만 이 사람들은 며칠 후 주님을 십자가에 못 박으라고 외친다.

2) **성전 청결** 예루살렘에 입성하신 주님은 먼저 성전에 들어가셨고, 그곳에서 장사하는 자들을 채찍으로 쫓아내셨다. 그 당시 성전 운영은 대제사장 일가가 맡고 있었는데 그들은 성전 제사를 타락시키며 온갖 부정한 방법으로 돈을 모으는 데 혈안이 되어 있었다. 요한은 이 사건을 성전 청결을 넘어 새로운 성전 시대의 개막을 알리는 것으로 소개한다. 주님은 더 이상 돌로 된 건물이 아니라 그분의 몸이 참된 성전인 것을 말씀하셨다.

2. 유대교 지도자들과의 충돌

1) 논쟁

- **예수님의 권세 논쟁** 예수님의 강경한 태도에 놀란 유대교 지도자들은 예수님께 무슨 권세로 이런 일을 하느냐고 물었다. 이에 대해 주님은 그들이 먼저 요한의 세례의 근원을 말하면 답하겠다고 응수하셨다. 그들은 자신들은 세례 요한을 받아들이지 않았지만 백성의 눈이 두려워 모른다고 답했고, 주님도 자신의 권세에 대해 말씀하지 않았다.

- **가이사의 세(稅) 논쟁** 바리새인들은 예수님을 책잡기 위해 가이사에게 세를 바치는 것이 가하냐는 질문을 던졌다. 이 질문은 어느 쪽으로 답해도 올무에 걸릴 수밖에 없는 교묘한 것이었지만, 주님은 가이사의 화상이 새겨진 동전을 보이시면서 가이사의 것은 가이사에게, 하나님의 것은 하나님께 바치라고 말씀하셨다. 주님은 며칠 후 빌라도 앞에서 주님의 나라는 이 세상에 속한 것이 아니라고 말씀하셨다. 주님의 나라는 이 세상의 정치권력과 충돌을 일으키지 않는다. 오히려 그 나라는 누룩처럼 은밀히 내면에 퍼져서 하나님의 통치를 확장해 간다. 물론 주님이 다시 오셔서 그 나라를 완성하실 때는 이 세상 모든 권력이 심판을 받게 될 것이다. 그러나 그때까지 우리는 외적인 권력 체계를 전복함으로써 하나님 나라를 세워 가는 것이 아니다. 우리는 이 세상에 사는 동안 세상의 권력 체계에 순복하며 살아야 한다. 그것이 하나님 말씀에 위배

되지 않는 한 그렇게 해야 한다. 따라서 그리스도인은 이 세상에서 세금도 내고 시민의 의무도 다해야 한다. 하지만 더욱 중요한 것은 이 세상에서 하나님의 백성으로 사는 것이다. 즉 하나님의 것을 하나님께 돌려드려야 한다.

- **부활 논쟁** 사두개인들은 영도, 천사도, 부활도 없다고 하는 자들로서 예수님께 부활의 부조리함을 보여 주는 예화로 예수님을 시험했다. 일곱 형제가 차례로 한 아내를 취했을 경우, 부활 때 그 여인은 누구의 아내인지를 물었다. 예수님은 이에 대해 부활 때는 우리가 하늘의 천사와 같아 시집가고 장가가는 일이 없다는 것과, 부활에 대해서는 모세가 불타는 가시떨기에서 하나님을 만났을 때 하나님이 자신을 "아브라함과 이삭과 야곱의 하나님"으로 계시하신 것을 근거로 논증하셨다. 즉 그 조상들은 하나님 앞에 여전히 살아 있는 자들이라는 것이다. 사두개인들은 성경도 하나님의 능력도 모르기 때문에 오해한 것이라는 예수님의 책망을 들어야 했다.

- **주님의 반론** 주님은 지금껏 묻는 말에 답변하시던 입장에서 거꾸로 질문하시는 입장으로 돌아서셨다. 메시아는 다윗의 후손으로 온다고 모든 사람이 알고 있지만 다윗은 시편에서 오히려 메시아를 자신의 주로 고백하고 있는데 이것을 어떻게 설명할 수 있는지를 물으셨다. 바리새인들은 이에 대해 한마디도 대답할 수 없었고, 이후로는 예수님께 논쟁을 걸어오는 일이 없었다.

2) **책망** 유대교 지도자들과 충돌하신 후 주님은 바리새인들과 서기관들에게 "화 있을진저"를 외치시면서 그들을 질타하셨다. 주님은 대체로 사두개인들에 대해서는 많이 언급하지 않으셨다. 그것은 그들의 신앙이 성경의 가르침에서 동떨어져 있고, 또 그들의 세속적이고 현실 타협적인 면모를 주님이 인정하지 않으셨기 때문인 것 같다. 주님은 바리새인들과 서기관들의 가르침 자체는 반대하지 않으셨다. 주님이 미워하셨고 준엄하게 책망하신 것은 그들의 교만과 위선이었다. 한마디로 그들은 자신들이 가

르치는 대로 살지 않았고, 사람의 칭찬을 받기 위해 겉만 꾸미는 자들이었다.

3. **감람산 설교** 제자들이 성전의 위용과 화려함에 감탄하자 주님은 다가올 환난에 대해 말씀하셨다. 언젠가 이 성전이 돌 하나도 돌 위에 놓이지 못하고 다 무너져 내릴 날이 오리라는 것이었다. 주님이 예고하신 환난은 두 가지 성취를 내다본다. 첫 번째는 주후 70년에 예루살렘이 로마의 장군 디도에게 멸망할 때 이루어지고, 두 번째는 주님의 재림 때 이루어질 것이다. 전자는 이미 지나갔으므로 우리는 후자에 집중해야 한다.

1) **경고** 앞으로 올 환난은 첫째, 종교적 혼란(거짓 그리스도들의 출현)과 핍박(사람들이 그리스도인들을 공회에 넘겨주고 회당에서 매질함, 가족이 서로 대적함)이고, 둘째, 정치적 소요(민족과 나라들이 서로 대적함)와 전쟁(난리와 난리의 소문)이며, 셋째, 자연적 이상 현상(해, 달, 별들의 흔들림)과 재난(지진과 기근)이다.

2) **권면** 주님은 이런 일이 있을 것을 미리 말씀하시면서 몇 가지를 권면하신다. 첫째, 우리는 사람의 미혹을 받지 않도록 주의해야 한다. 거짓 그리스도가 많이 나타날 것이기 때문이다. 둘째, 우리는 끝까지 인내해야 한다. 참 믿음은 환난을 이긴다. 셋째, 우리는 무엇보다도 깨어 있어야 한다. 주님은 도적같이 다시 오실 것이다. 마지막으로 우리는 복음 전파의 사명을 다해야 한다.

복음서 9과

예수님의 죽음

성경 이야기 마 26-27장/막 14-15장/눅 22-23장/요 18-19장

예수님의 죽음은 한 여인이 그분의 발에 향유를 부은 사건에서부터 초읽기에 들어갔다. 유다는 이 일 직후 대제사장에게 가서 예수님을 넘겨주기로 약속했고, 예수님은 제자들과 최후의 만찬을 나누신 후 기도하러 겟세마네 동산에 가셨다. 거기서 체포되어 대제사장과 헤롯 그리고 빌라도에게 재판을 받으셨다. 빌라도는 예수님의 무죄를 알았지만 민란을 두려워하여 그분을 채찍질하고 십자가에 못 박았다. 예수님은 골고다 언덕에서 두 강도와 함께 십자가에 못 박혀 죽으셨고, 아리마대 요셉의 묘에 장사되셨다.

본문 이해

예수님의 죽음의 사건

1. **향유 사건과 유다의 배반** 예수님이 베다니 문둥이 시몬의 집에 계실 때 한 여인이 주님께 다가와 옥합을 깨뜨려 그분의 발에 향유를 부어 드렸다. 제자들은 이 여인의 행동을 지나친 낭비라고 비판하면서 분개했다. 하지만 예수님은 여인의 행동을 칭찬하시면서 그것이 자신의 장사를 예비한 것이라고 말씀하셨다. 이러한 광경을 본 가룟 유다는 곧 대제사장들에게 가서 예수님을 넘겨주기로 약속하고 은 30냥에 주님을 팔았다. 제자들이 여인의 행동에 분개한 이유는 그 돈을 가난한 자들을 위해 쓰는 것이 더 가치 있는 일이라

고 생각했기 때문이다. 하지만 예수님은 가난한 자들은 언제라도 도울 수 있지만 자신은 그들과 항상 함께 계신 것이 아니라고 말씀하셨다. 우리는 주님에 대한 헌신과 이웃에 대한 사랑을 함께 실천해야 한다.

2. **유월절 만찬** 예수님은 제자들과 마지막으로 유월절 만찬을 나누시면서 자신의 죽음과 부활에 대해 다시 한 번 말씀하셨다. 주님은 떡을 떼어 제자들에게 주시면서 그것을 자신의 몸이라고 하셨고, 포도주를 따라 제자들에게 주시면서 그것을 많은 사람의 죄 사함을 위하여 흘리는 피, 즉 새 언약을 세우기 위해 흘리는 자신의 피라고 말씀하셨다. 새 언약은 일찍이 하나님이 예레미야를 통해 주신 약속(렘 31:31-34)으로, 돌에 새긴 율법을 따라 제정된 옛 언약이 이룰 수 없었던 것을 하나님이 그분의 능력으로 이루기 위해 베푸신 은혜의 언약이다. 새 언약의 두 약속은 용서와 성령이며, 그리스도의 죽음은 이 약속의 성취를 위한 근거가 된다. 주님이 제정하신 성례는 세례와 성찬이다. 그리스도인은 단회적인 세례를 통해 그리스도와 연합하고 그 후 반복하여 성찬을 받음으로 그리스도와 동행하는 삶을 산다.

3. **겟세마네 동산** 유월절 만찬을 마치신 예수님은 제자들과 함께 감람산으로 가셨다. 그리고 겟세마네 동산에서 특별히 베드로, 야고보, 요한 세 제자만 데리시고 따로 떨어진 곳으로 가서서 기도하셨다. 주님의 기도는 하나님의 뜻에 온전히 순종하시기 위한 자신과의 싸움이었다. 주님은 "할 수 있거든 이 잔을 내게서 옮겨 주옵소서"라고 기도했는데, 그것은 인류의 구속을 이루기 위해서 하나님도 하실 수 없는 일이었다. "내 원대로 마옵시고 아버지의 원대로 하옵소서"라는 주님의 기도는 모든 기도의 원형이다. 바른 기도는 내 소원의 성취나 내 뜻의 관철이 아니라 하나님의 소원과 뜻을 좇는 것이다. 또 주님은 큰 소리로 통곡하며 기도하셨고, 땀이 핏방울처럼 떨어질 정도로 기도하셨다. 참된 기도는 이러한 간절함과 진지함이 수반된다. 기도가 끝났을 때 주님은 자신과의 싸움에서 승리하셨고, 아버지의 뜻을 받들 준비가 되셨다. 그래서 유다를 앞세우고 그를 잡으러 온 사람들 앞에서 자기를 보호하려고 하는 제자들을 만류하시면서 아버지가 주시는 잔을 마셔야

한다고 말씀하실 수 있었다. 그 순간 제자들은 모두 예수님을 버리고 도망갔고, 최후의 만찬에서 예수님을 버리지 않겠다고 장담했던 베드로도 결국 예수님의 예언대로 그분을 세 번이나 부인하고 말았다.

4. **재판** 예수님은 먼저 대제사장 안나스에게 끌려갔다 다시 그 해의 대제사장인 가야바에게로 끌려가셨다. 이들은 예수님을 신문하면서 그분이 그리스도인지 물었다. 주님은 그들의 질문에 긍정하시면서 자신을 다니엘 7장에 나오는 인자라고 말씀하셨다. 이 대답은 주님이 신성을 주장하신 것이었으며, 이를 깨달은 대제사장들은 신성 모독죄로 판단하여 예수님을 죽이기로 결의했다. 그 후 예수님은 빌라도에게 끌려가셨고, 거기서 헤롯에게로 보내졌다가 다시 빌라도에게로 돌아와 그에게 재판을 받으셨다. 빌라도는 예수님께 아무 잘못도 찾을 수 없었고, 백성의 지도자들이 시기 때문에 그분을 넘긴 것을 알았기에 처음에는 예수님을 놓아주려고 했다. 하지만 민란을 두려워하여 예수님 대신 바라바를 택했고, 예수님은 채찍질하고 처형하도록 병사들에게 넘겨주었다.

5. **십자가 처형과 장사** 로마 병사들은 예수님을 채찍질하고, 침 뱉고, 가시 면류관을 씌우고, 조롱과 모욕의 말을 퍼부었다. 그 후 주님은 십자가를 지고 골고다 언덕으로 끌려가 십자가에 못 박히셨다. 주님의 좌우로 두 강도가 함께 처형을 당했는데, 이들은 온 인류를 상징한다. 모든 인간은 죄인이며 예수님을 믿고 용서를 받았느냐의 여부만 다를 뿐이다. 주님이 십자가에서 돌아가신 것은 우연한 일이 아니다. 십자가형의 구체적인 모습이 구약(시 22:16, 18, 사 53:5)에 예언되어 있으며, 베드로와 바울의 표현처럼 주님은 하나님께 저주받은 죽음을 당하시려고 "나무"에 달리신 것이다(신 21:23, 행 5:30, 갈 3:13). 주님은 십자가에서 하나님께 버림받으심으로("엘리 엘리 라마사박다니", 하늘이 정오부터 3시까지 캄캄해짐) 우리의 구속을 위한 모든 사역을 완수하셨다. 주님의 몸이 십자가에서 찢기셨을 때 성전의 휘장이 갈라졌는데, 이것은 하나님께 나아가는 길이 열렸음을 보여 준다(히 10:19-20). 주님은 운명하신 후 아리마대 요셉이라는 부자의 묘에 묻히셨다(사 53:9).

예수님의 죽음의 의미

예수님의 죽음에 대한 대표적인 설명은 '사탄에게 속전을 지불함', '도덕적 영향을 끼침', '본을 보임', '하나님의 공의의 통치를 보임' 등이다. 이 이론들의 문제점은 주님의 죽음이 인간들에게 미치는 영향인 주관적 효용성에 초점을 맞추고 있다는 것이다. 주님의 죽음은 먼저 하나님의 의의 요구를 만족시키기 위한 것이었다. 주님은 죄인인 인간을 대신해 하나님의 형벌을 받으셨고, 그 결과 하나님의 진노가 사라지고 인간과 하나님 사이에 화해가 이루어진 것이다. 이를 형벌대속론(penal substitution)이라고 한다. 먼저 속죄의 객관적 측면이 확실히 정립된 후 주관적 측면을 말해야 한다. 베드로는 그의 첫 번째 서신에서 주님의 죽음에 담긴 두 측면을 잘 보여 주고 있다.

1. **속죄**(벧전 2:24/3:18) 속죄의 두 측면은 '만족'(satisfaction)과 '대속'(substitution)이다. 주님은 우리 죄를 대신 지시고 죽으심으로 죄에 대한 하나님의 심판을 받으셨고, 하나님의 공의를 만족시키셨다.

    1) **제사**(sacrifice) 예수님의 죽음은 우리 죄를 대신 담당하신 제사였다.

    2) **화목 제물**(propitiation) 예수님의 죽음은 우리 죄에 대한 하나님의 진노를 풀기 위한 것이었다.

    3) **화해**(reconciliation) 예수님의 죽음은 우리를 하나님과 화해하게 하기 위한 것이었다.

    4) **구속**(redemption) 예수님의 죽음은 우리를 죄와 사망에서 건지기 위해 지불하신 속전이었다. 형벌대속론에 대한 반발은 무죄한 제3자에게 대신 형벌을 받게 하는 것이 공의로운 일인가 하는 것이다. 이에 대해 그리스도는 제3자가 아니라 바로 하나님 자신이시라는 것과 오직 신인(神人)만이 인간을 구원하실 수 있음을 기억해야 한다.

2. **본**(벧전 2:21) 예수님의 죽음은 그분을 믿는 자들도 같은 길을 따라오게 하려고 보이신 본이다. 주님은 그분을 따르는 자들에게 자기 십자가를 지고 따르라고 말씀하셨다. 그리스도를 따르는 것은 영광과 부활과 생명에 이르는 길

이지만, 이 길은 고난과 십자가와 죽음을 통해서만 갈 수 있다.

교훈

올바른 신앙의 시금석은 십자가다. 먼저 우리는 구원을 위해 오직 그리스도의 십자가만을 의지해야 한다. 그 후 구원받은 자의 삶을 위해 자기 십자가를 져야 한다. 구원을 위해 주님의 십자가에 무엇을 더하는 것은 율법주의에 빠지는 것이고, 제자의 삶에서 자기 십자가를 제하는 것은 반율법주의에 빠지는 것이다. 그리스도인이란 주님의 십자가로 구원받고, 그 결과 자기 십자가를 지고 주님을 따르는 자다.

복음서 10과

예수님의 부활

성경 이야기 마 28장/막 16장/눅 24장/요 20장

안식 후 첫날 이른 새벽에 막달라 마리아와 다른 여인들은 예수님의 시신에 향품을 넣기 위해 무덤에 갔다가 예수님이 부활하신 사실을 알게 되었다. 그들은 이 일을 제자들에게 알렸고, 베드로와 요한은 곧 예수님의 무덤으로 뛰어가 이 사실을 확인했다. 그 후 주님은 엠마오로 가던 두 제자에게 나타나셨고, 열 제자가 함께 있을 때에도 나타나셨다. 그 자리에 없었던 도마는 다른 제자들의 증거를 믿지 못하다가 주님이 그 앞에 직접 나타나시자 믿게 되었다. 예수님의 부활은 그분의 신성과 우리 구원을 확증해 준다.

본문 이해

예수님의 부활 사건

1. 부활의 목격자

1) **여인들의 목격** 안식 후 첫날 새벽에 막달라 마리아, 야고보의 어머니 마리아, 살로메가 예수님의 시신에 향품을 넣고자 무덤에 찾아갔다. 그들은 큰 지진으로 인해 무덤 입구를 막은 돌이 굴려져 있는 것을 발견했다. 그 때 천사가 나타나 예수님이 부활하셨다고 말했다. 막달라 마리아는 그 일을 제자들에게 전하러 가는 길에 예수님을 뵈었다. 유대 당국은 무덤을 지키던 자들이 그 일을 보고하자 그들에게 돈을 건네며 제자들이 와서

시체를 훔쳐갔다고 말하게 했다.

2) **베드로와 요한의 목격** 여인들의 말을 듣고 베드로와 요한은 무덤으로 달려갔다. 그들은 예수님의 시신을 감쌌던 베옷이 그대로 감겨 있는 것과 머리를 감쌌던 두건이 베옷과 떨어진 채 놓여 있는 것을 보았다. 즉 시신을 감쌌던 옷은 그 모양 그대로 있는데 몸만 사라진 것이다.

3) **엠마오로 가던 두 제자의 목격** 그날 글로바와 또 한 제자가 예루살렘에서 25리 떨어진 엠마오라 하는 촌으로 내려가다가 한 사람과 동행하게 되었다. 그는 제자들이 예수님의 죽음과 부활 소문에 대해 말하는 것을 듣고 성경을 들어 부활을 설명했다. 그들은 저물 때에 집에 들어가 함께 떡을 떼다가 그분이 주님이셨다는 사실을 깨달았고, 예루살렘으로 돌아가 다른 제자들에게 그 경험을 알렸다.

4) **열 제자의 목격** 그날 밤 도마를 제외한 열 제자가 함께 있을 때 주님이 나타나셨다. 주님은 그들에게 세상으로 나아가도록 지상사명을 주셨고, 그들에게 숨을 내쉬시면서 성령을 받으라고 하셨다.

5) **도마의 목격** 열 제자가 모인 자리에 없었던 도마는 주님이 나타나셨다는 그들의 말을 믿지 않았다. 주님은 그에게 특별히 나타나셔서 손의 못 자국을 보이셨다. 도마는 그 앞에 엎드려 "나의 주, 나의 하나님"이라고 고백했고, 주님은 보고 믿는 것보다 보지 않고 믿는 것이 더 복되다고 하셨다.

6) **바울의 증언** 바울은 죽은 자의 부활을 부인하던 고린도 교회의 일부 신자들에게 그리스도의 부활을 근거로 죽은 자의 부활을 강론하면서 주님의 부활을 목격한 증인들의 목록을 제시한다. 그에 따르면 주님은 게바, 열두 제자, 5백여 형제, 주의 동생 야고보, 모든 사도 그리고 바울에게 보이셨다.

2. 부활의 성격

1) **역사적 사건** 예수님의 부활은 역사적으로 일어난 일이다. 단지 예수님의 정신이 제자들에게 계승된 것이라든지, 부활 사건은 없었지만 초대 교회가 그렇게 믿고 선포했다(케리그마)든지 하는 식의 설명은 부활에 대한 성

경의 증거와 어긋난다. 부활은 시공간 안에서 일어난 역사적 사건이다.

2) **몸의 부활** 예수님은 영으로 다시 돌아오신 것이 아니다. 죽임당하신 그분의 몸이 다시 살아난 것이다. 주님은 이 사실을 명확히 보여 주시려고 제자들에게 생선을 달라고 하셔서 그 앞에서 잡수셨고, 또 영은 살과 뼈가 없지만 자신은 있다고 주장하셨다.

3) **소생이나 윤회가 아님** 예수님은 살아났다가 또다시 죽는 소생(회생, resuscitation)이나 자기 몸이 아닌 다른 몸으로 돌아오는 윤회(reincarnation)를 하신 것이 아니다. 소생은 단지 죽음의 시간을 연장할 따름이고, 윤회는 몸이 살아나는 것이 아니다. 주님은 다시는 죽지 않고 썩지 않는 불멸의 몸이 되어 살아나셨다. 역사상 부활(resurrection)하신 분은 오직 예수님뿐이다.

예수님의 부활 증거

1. **목격자들의 증언** 부활의 첫째 증거는 당연히 목격자들의 증언이다. 목격자들의 수는 매우 많았으며, 바울이 고린도전서를 기록할 당시에도 많은 수가 생존해 있었다. 특히 복음서가 여인들을 최초의 증인으로 내세우는 것은 당시 여인들의 증거를 채택하지 않았던 시대상으로 보아 이 증언들이 꾸며낸 이야기가 아님을 보여 준다. 증언의 사실 여부는 증인들의 동기와 진실성에 달려 있다. 제자들이나 여인들은 부활 이야기를 꾸며 낼 아무런 동기가 없었다. 그들이 부활을 전함으로 얻을 수 있는 유익은 아무것도 없었다. 오히려 고난을, 심지어 죽음까지 각오해야 했다. 또 그들은 모두 예수님이 가르쳐 주신 진리의 길, 선한 길을 갔던 역사상 가장 진실했던 사람들이다. 그들의 증언을 받아들인 사람들은 부활하신 주님의 생명을 자신도 체험할 수 있었다. 그들의 증언은 참된 것이었다.

2. **빈 무덤** 예수님의 무덤이 비어 있던 것은 유대 당국자들도 인정한 사실이다. 문제는 무덤이 왜 비어 있었는가 하는 것인데, 오직 부활만이 만족할 만한 대답을 제공한다. 흔히 빈 무덤에 대한 설명으로 제자들이 예수님의 시

체를 훔쳐갔다거나 예수님이 완전히 죽지 않고 기절하셨다가 서늘한 무덤에서 다시 깨어나 도피했다는 설이 있는데, 이러한 설명들은 오히려 부활보다 더 무리한 것이다. 제자들이 시체를 훔쳐갔다면 그 동기가 설명되지 않는다. 누가 거짓말을 꾸미고 그것을 위해 순교하겠는가? 또 그들의 심리 상태로 보나 로마 병정들이 지키고 있던 정황으로 보나 이것은 애초에 무리한 설명이다. 예수님의 기절설도 향료 백 근을 넣고 수의로 감긴 상태를 고려해 볼 때 불가능한 설명이다. 오직 부활만이 빈 무덤에 대한 유일한 설명이 된다.

3. **헝클어지지 않은 수의** 요한이 수의를 보고 곧 믿게 된 것은 단지 시체가 없어졌기 때문이 아니라 수의가 헝클어지지 않은 채 그대로 사라졌기 때문이다. 이 현상은 부활로만 설명이 가능하다.

4. **제자들의 변화** 예수님이 잡히셨을 때 겁에 질려 도망갔던 제자들이 후에 그분의 부활을 목숨 걸고 증거하게 된 것은 부활 외에는 설명할 길이 없다. 특히 교회를 핍박하던 사울(바울)의 변화는 그의 말대로 그가 부활하신 주님을 만났기 때문이라고밖에는 설명할 수 없다.

이 외에도 교회의 탄생이라든지 안식일이 주일로 바뀐 일 등은 부활이라는 천지개벽적 사건이 아니었다면 달리 설명하기가 어렵다.

예수님의 부활의 의미

1. 예수님에 대해

1) **예수님의 신성을 확증함** 예수님은 자신의 부활을 예고하셨다. 따라서 부활이 사실이라면 그분의 가르침과 주장이 진리였다는 것이 증명된다. 그러므로 부활만으로 예수님의 신성이 확증되는 것은 아니지만 부활이 사실이라면 예수님이 자신의 신성을 주장하신 것 역시 사실이라는 것이 충분히 입증된다.

2) **예수님의 높아지심** 하나님은 예수님을 다시 살리심으로써 그분에 대한 인간의 판결을 뒤집으셨다. 즉 예수님은 자신의 죄로 인해 하나님의 저주를 받으신 것이 아님을 보여 주신 것이다. 예수님은 부활을 통해 주와 그리

스도로 인정되셨고(행 2:36), 하나님의 능력의 아들로 인정되셨다(롬 1:3-4). 하나님은 예수님을 만유의 주로 삼으셨다(빌 2:9-11).

2. 구속에 대해

1) **우리 구원의 근거와 소망** 예수님의 부활은 우리의 칭의의 근거가 된다(롬 4:25). 또한 우리의 구원은 예수님의 부활에 동참하는 것을 의미한다. 이것은 우선적으로 부활하신 주님이 성령을 통해 우리 안에 거하시며 그분의 생명을 나타내시는 것으로 이루어지고, 궁극적으로는 주님이 다시 오실 때 우리 몸이 부활함으로써 그분의 영광스러운 몸처럼 변화되는 것을 의미한다(빌 3:20-21, 골 3:1-4).

2) **온 우주의 회복** 예수님의 부활은 사망을 이기신 사건으로 그 뒤에 따라올 인간의 구속과 함께 모든 피조물의 회복을 이끈다. 현재 썩어짐의 종노릇하면서 탄식하고 있는 피조물들은 하나님의 아들들, 즉 구속받은 인간들이 몸의 구속을 받고 영광의 자유에 이르게 될 때를 고대하고 있다. 하나님이 최후의 심판에서 마지막에 불못에 던지실 원수는 사망이다. 그때가 되면 더 이상 사망이 없을 것이다. 주님은 부활로 이러한 우주적 구속(생명)의 새 길을 여신 것이다.

복음서 11과

요한복음 1

성경 이야기 요 1-12장

공관복음이 갈릴리 사역에 집중하면서 하나님 나라의 복음을 선포하시는 예수님을 보여 준다면, 요한복음은 유대와 갈릴리를 오가면서 사역하시고 영생이라는 개념으로 복음을 선포하시는 예수님을 보여 준다. 특히 요한복음은 예수님의 일곱 가지 기적을 표적으로 부르면서 긴 강론들을 통해 그 의미를 설명한다. 또한 일곱 번의 "나는…이다"라는 예수님의 자기주장들과 연결하여 예수님의 정체를 밝힌다.

본문 이해

서론

1. 개요

1:1-18	서론(Prologue)
1:19-12장	공적 사역(자신을 이스라엘에 드러내심)
13-20장	사적 사역(자신을 제자들에게 드러내심)
21장	후기(Epilogue)

2. 목적 "오직 이것을 기록함은 너희로 예수께서 하나님의 아들 그리스도이심을 믿게 하려 함이요 또 너희로 믿고 그 이름을 힘입어 생명을 얻게 하려 함이니라"(20:31).

강해

- 1–12장은 '표적의 책'이라고도 불린다. 요한은 주님이 행하신 기적 중 일곱 가지(물로 포도주를 만드심/왕의 신하의 아들을 고치심/안식일에 38년 된 병자를 고치심/5천 명을 먹이심/물 위를 걸으심/소경의 눈을 뜨게 하심/죽은 나사로를 살리심)를 선별하여 표적으로 제시함으로 주님이 어떤 분인지를 증거한다.
- 요한복음에는 주님의 "나는…이다"라는 말씀이 절대적 용법으로 세 번(8:24, 28, 58), 보어와 함께 일곱 번[생명의 떡(6:35), 세상의 빛(8:12), 양의 문(10:7), 선한 목자(10:11), 부활/생명(11:25), 길/진리/생명(14:6), 참 포도나무(15:1)] 나온다. 이 표현은 자존하신 하나님이 밝히신 그분의 이름으로서 그분의 신성을 보여 준다. 요한은 예수님의 표적들과 "나는…이다"라는 표현을 항상은 아니지만 여러 차례 서로 연결시켜 설명하고 있다(예: 5천 명을 먹이심–생명의 떡, 소경의 눈을 뜨게 하심–생명의 빛, 나사로를 살리심–부활이요 생명).

1. **서론**(1:1–18) 예수님이 누구신지를 전체적으로 조망한다.
    1) **말씀** 우주의 이성적 원리(헬라적 배경)이자 구약의 말씀과 지혜(히브리적 배경)
    2) **신성과 선재** 예수님은 태초에 하나님과 함께 계신 하나님, 아버지 품속의 독생하신 하나님이시다.
    3) **창조/구속/계시의 사역** 예수님은 창조(3절), 구속(4, 9–13절), 계시(14, 18절)의 신적 사역을 행하신다.
    4) **성육신** 예수님은 말씀이 육신을 입고 오신 분이다(14절).
    5) **요한/모세보다 크심** 요한은 빛을 증거하는 자이고, 모세의 율법은 주님의 은혜와 진리로 대치된다.

2. **세례 요한의 증거**(1:19–51) 세례 요한은 예수님의 선구자로서 그분을 역사의 무대에 소개하고 사라진다.
    1) 요한은 예수님을 세상 죄를 지고 가는 어린양, 성령으로 세례를 주시는 분으로 소개한다.
    2) 예수님의 최초의 제자들은 세례 요한의 제자들이었다.

3. **초기 사역**(2–4장) 예수님의 초기 사역은 유대교의 낡은 체제를 뛰어넘는 그분의 능력을 보여 준다.

1) **가나의 기적**(2장 전반부) 주님은 갈릴리 가나의 혼인 잔치에서 물로 포도주를 만드셨다. 여기에 사용된 돌항아리들은 유대교의 결례를 위해 준비된 것들로서 유대교의 낡은 체제가 갖는 한계를 상징한다. 주님은 포도주로 상징되는 새 시대의 구원을 가져다주시는 분이다.

2) **성전 청결**(2장 후반부) 유대교는 성전 체제를 근간으로 서 있었다. 따라서 성전 체제의 타락은 유대교의 종말이 이르렀음을 보여 준다. 주님은 단지 성전을 청결케 하신 것이 아니라 대체하셨다. 성전은 하나님을 만나는 곳인데, 주님은 자신의 죽음과 부활로 하나님께 나아가는 길을 여신 진정한 성전이시다.

3) **니고데모와의 대화**(3장) 니고데모는 유대교의 최고봉에 있는 자였지만 그의 관점은 아래, 즉 땅과 육신에 매여 있었다. 주님은 그에게 위로부터, 즉 성령으로 나야 함을 말씀하셨다. 또 주님이 위로부터 오신 것과 모세가 광야에서 뱀을 든 것처럼 위로 들려야 함을 말씀하셨다.

4) **사마리아 여인과의 대화**(4장) 사마리아 여인은 니고데모와는 모든 면에서 반대 상황에 있는 사람이었다. 그녀의 다섯 남편은 사마리아의 종교적 혼합주의를 상징한다. 그녀 역시 야곱의 물을 대체하는 주님의 생수를 이해하지 못했고, 그리심산의 성전 체제를 의지하고자 했다. 주님은 사마리아에 대한 유대의 종교적 우월성을 인정하시면서도 참된 예배는 장소나 종교적 체제의 정통성 문제가 아니라 성령과 진리에 의한 것임을 강조하셨다. 복음은 육적 세계에서의 높낮이를 뛰어넘는다.

4. 논쟁과 강론(5-11장)

1) **안식일**(5장) 예수님은 안식일에 38년 된 병자를 고치셨다. 이로 인해 유대인들이 예수님을 공박하자 그분은 "내 아버지께서 이제까지 일하시니 나도 일한다"고 답하셨다. 하나님은 창조의 일을 마치시고 제7일에 안식하셨지만, 인간의 타락 이후 구속의 일을 계속하고 계신다. 하나님의 구속에 들어오지 않은 자들에게는 참된 안식이 없으며, 예수님은 참된 안식을 주기 위해 오셨다. 특히 이 장에서 예수님은 아버지와 아들의 관계에 대

해 자세히 말씀하셨다.

2) **생명의 떡**(6장) 예수님이 유월절이 가까운 때에 오병이어로 5천 명을 먹이신 후 사람들이 예수님을 왕으로 삼기 위해 찾아왔다. 그들은 모세가 광야에서 만나를 주었던 것을 기억하면서 예수님을 모세가 예언한 "그 선지자"(신 18:15)로 생각하고 다시 그들에게 출애굽의 구원을 베풀어 줄 것을 요구했다. 예수님은 자신이 하늘에서 내려온 생명의 떡으로서 육신의 양식이 아닌 영의 양식, 즉 영생을 주는 분임을 강조하셨다. 이 말이 걸림이 되어 많은 사람이 예수님을 떠났지만 제자들은 영생의 말씀이 주님께 있음을 고백했다.

3) **그리스도**(7장) 초막절에 예수님은 형제들의 불신 속에서 예루살렘에 올라가셨다. 사람들은 예수님이 그리스도인지에 대해 논쟁을 벌였다. 그들은 예수님에 대한 오해와 편견으로 가득 차 있었고, 특히 당국자들은 그를 잡아 죽이고자 했다. 예수님의 형제들도, 군중도, 유대교 지도자들도 모두 예수님을 몰랐고 오해했다. [간음하다 현장에서 잡힌 여인의 이야기(7:53-8:12)는 오래된 사본들에는 없는 '떠돌이 전승'이다. 하지만 예수님의 진정한 전승으로서 그 교훈은 의미심장하다.]

4) **세상의 빛**(8-9장) 유대인들은 초막절에 실로암에서 물을 길어다 성전 제단에 부음으로 하나님이 광야(므리바)에서 물을 주신 일을 기념했다. 주님은 이 일을 빗대어 그분을 믿는 자는 그 배에서 생수(성령)의 강이 흘러나리라고 말씀하셨다. 또 광야에서 불기둥이 조상들을 인도했던 것과 관련해서 주님이야말로 세상의 빛이라고 말씀하셨다. 주님이 소경의 눈을 뜨게 하신 것은 그분이 세상의 빛이 되심을 표적을 통해 보여 주신 사건이다.

5) **선한 목자**(10장) 주님은 양들을 해치고 죽이는 거짓 목자이자, 삯꾼 목자인 유대교 지도자들을 비판하셨고, 그분이 양의 문이요 양들을 위해 목숨을 버리는 선한 목자라고 말씀하셨다. 여기서 주님이 약속하신 풍성한 삶은 기복주의적인 것이 아니라 하늘에 속한 생명, 곧 영생(신적인 삶)을 말한다.

6) **부활/생명**(11장) 주님은 나사로의 누이 마르다에게 주님이 부활이요 생명이며 그분을 믿는 자는 죽음을 이길 수 있음을 말씀하셨고, 죽은 지 나흘이 된 나사로를 무덤에서 살려내심으로 생명의 능력을 보이셨다. 예수님을 믿는 자는 영생을 얻고 사망에서 생명으로 옮겨진다(5:24).

5. 공적 사역을 마치심(12장) 마침내 주님은 예루살렘에 입성하셨다. 요한은 헬라인 몇 사람이 주님을 만나기 위해 찾아온 사실을 밝히면서 유대인들의 배척과 이방인들의 믿음을 대조한다. 이때 주님은 한 알의 밀알이 죽어야 많은 열매를 맺는다는 비유를 통해 그분의 죽음이 뜻하는 바를 밝히셨다.

복음서 12과

요한복음 2

성경 이야기 요 13-21장

예수님은 마지막 만찬 자리에서 손수 제자들의 발을 씻기심으로 종의 도를 가르치셨고 서로 사랑하라는 새 계명을 주셨다. 또 '다락방 강화'로 알려진 긴 고별 설교를 통해 당신이 떠나신 후 뒤에 남을 제자들을 준비시키시려고 여러 중요한 약속과 진리를 말씀하셨다. 이어서 주님은 '대제사장의 기도'에서 자신을 위해, 제자들을 위해 그리고 제자들의 증거를 통해 앞으로 주님을 믿게 될 자들을 위해 아버지께 간구하셨다. 그 후 주님은 십자가에서 죽임을 당하셨고 사흘 후 부활하셨다. 부활하신 주님은 다시 베드로를 만나 그를 회복시키고 선교의 사명을 맡기셨다.

본문 이해

1. 마지막 만찬(13장)

1) **상황** 예수님은 아버지께로 돌아가실 때가 되자 세상에 있는 자기 사람들, 즉 제자들을 끝까지 사랑하셨다.

2) **제자들의 발을 씻기심**

- 구속 발 씻음은 죄를 씻는 주님의 속죄 행위를 상징한다. 주님은 베드로에게 목욕한 자는 온 몸이 깨끗하다고 하시면서 발 씻음의 의미가 육체의 위생을 위한 것이 아님을 밝히셨다. 목욕(구원)과 대조되는 발 씻음은 매일 죄를 자백하는 삶을 통해 계속해서 주님과의 풍성한 교제

속에 살아가야 함을 보여 준다(요일 1:9).
- **본** 주님은 제자들의 주(主)요 선생이라고 하시면서 그들에게 본을 보이기 위해 그들의 발을 씻겼다고 말씀하셨다. 이는 뒤에 나오는 새 계명과 일맥상통하는 가르침이다.
- **창조적 사랑** 더러운 발을 깨끗이 씻어 주는 것은 사랑스럽지 않은 사람을 사랑하여 사랑스러운 자로 만들어 주는 창조적 사랑을 보여 준다.

3) **새 계명** 유다가 주님을 배신하기 위해 나간 후 주님은 남은 제자들에게 그분이 그들을 사랑하신 것처럼 그들도 서로 사랑하라는 새 계명을 주셨다. 새 계명은 사랑의 계명이라는 점에서는 옛 계명과 같지만, 그 동력과 기준 그리고 대상에 있어서 의미의 승화가 있다. 첫째, 주님이 제자들에게 주신 사랑이 새 계명을 지킬 수 있는 동력이 된다. 둘째, 제자들이 서로 사랑할 때 그 기준은 주님의 사랑이다. 셋째, 제자들은 모든 이웃을 사랑해야 하지만 먼저 서로 사랑해야 한다.

2. 다락방 강화(14-16장)
주님은 이 설교를 통해 자신이 떠나신 후 뒤에 남을 제자들을 준비시키신다.

1) **자신을 계시하심** 먼저 주님은 하나님 아버지와 자신의 관계를 밝히신다. 예수님은 하나님처럼 우리 믿음의 대상이 되신다(14:1). 예수님은 아버지로부터 오셨다가 이제 아버지께로 돌아가신다. 예수님은 아버지께로 가셔서 우리를 위해 거처를 예비하시고 다시 오셔서 우리를 영접하실 것이다. 예수님은 우리를 아버지께로 인도하는 유일한 길이시다. 예수님은 진리(아버지를 우리에게 보여 주심)가 되시고 생명(아버지의 생명을 우리에게 주심)이 되심으로 우리를 아버지께로 인도하시는 길이 되신다. 예수님을 아는 자는 아버지를 아는 것이고, 예수님을 본 자는 아버지를 본 것이다. 예수님은 아버지와 상호 내주하신다. 이렇듯 예수님은 아버지와 온전히 하나가 되신다.

2) **기도의 응답을 약속하심** 예수님은 자신이 아버지와 하나이심을 밝히신 후 아버지가 하시는 일을 자신이 직접 제자들에게 해주겠다고 약속하셨다. 예수님은 제자들에게 그분의 이름으로 아버지께 구하라고 말씀하셨을 뿐

아니라 그분이 직접 제자들의 기도에 응답해 주겠다고 약속하셨다.
3) **자신의 계명에 순종할 것을 명하심** 예수님은 또 제자들에게 자신의 계명에 순종하라고 말씀하시면서 자신의 계명은 서로 사랑하는 것이라고 하셨다. 예수님은 아버지의 계명에 순종함으로써 아버지의 사랑에 거한다고 말씀하셨고, 제자들에게도 그분이 아버지와 맺고 계신 관계를 그분과 맺으라고 명령하셨다.
4) **참포도나무 되심** 제자들이 예수님과 맺는 이러한 순종과 사랑의 관계는 바로 하나의 생명을 공유하는 관계를 보여 준다. 예수님은 자신이야말로 열매 맺지 못해 찍힘당한 구약의 포도나무인 이스라엘을 대신하여 자신 안에 참 하나님의 백성을 창조하시는 진정한 포도나무 되심을 밝히시면서 제자들이 그분께 붙어 있을 때 비로소 생명을 얻고 열매를 맺을 수 있다고 말씀하셨다.
5) **세상에서 미움당할 것을 경고하심** 예수님은 제자들이 예수님과 하나가 되었기 때문에 예수님이 세상에서 버림받고 미움당하신 것처럼 제자들도 같은 고난을 받게 될 것을 경고하셨다.
6) **성령을 보내실 것을 약속하심** 예수님은 자신이 아버지께로 가면 또 다른 보혜사(Paraclete)를 보내주겠다고 약속하셨다.
   • 예수님과의 관계에서 성령님은 예수님이 어떤 분인지를 드러내심으로 예수님을 영화롭게 하시고 예수님의 말씀을 기억나게 하실 것이다.
   • 제자들과의 관계에서 성령님은 영원히 우리와 함께하시면서 우리를 모든 진리 가운데로 인도하실 것이다.
   • 세상과의 관계에서 성령님은 죄와 의와 심판에 대해 세상을 책망하실 것이다. 죄에 대한 책망은 그들이 예수님을 믿지 않는 것을 말하고, 의에 대한 책망은 십자가에서 세상의 정죄를 받으신 예수님이 실상은 아버지로부터 와서 아버지께로 가는 의로운 분이라는 것을 말하며, 심판에 대한 책망은 예수님에 대한 세상의 심판이 잘못된 것임을 말한다. 예수님을 정죄한 이 세상은 거꾸로 그 임금(사탄)이 정죄를 받고 말았다.

- **부활을 예고하시고 평안을 끼치심** 예수님은 제자들이 그분의 수난으로 인해 잠시 슬퍼하고 근심하겠지만 곧 그 슬픔과 근심이 예수님의 부활로 인해 기쁨으로 바뀔 것이라고 말씀하셨다. 또 제자들에게 평안을 비시면서 주님이 주시는 평안은 세상이 주는 것과 같지 않다고, 주님이 세상을 이기셨으니 염려하지 말고 담대하라고 제자들을 위로하고 격려하셨다.

3. 대제사장의 기도(17장)

1) **자신을 위해**(1-5절) 주님은 아버지께 자신을 영화롭게 해달라고 간구하셨다. 영광은 하나님의 본질이 드러나는 것으로서 예수님의 십자가는 예수님의 본질, 즉 예수님이 어떤 분인지를 드러내는 사건이다. 예수님은 십자가에서 세상의 구주로 오신 자신의 정체를 드러내심으로 아버지의 거룩하심과 공의 그리고 사랑을 드러내신다.

2) **제자들을 위해**(6-19절) 예수님은 자신이 떠나신 후 세상에 남을 제자들을 위해 기도하시면서 그들을 세상에서 데려가는 것이 아니라 보존해 달라고 간구하셨다. 제자들은 세상에서 살지만 세상에 속한 자들이 아니다. 따라서 악에 빠지지 않게 진리, 즉 아버지의 말씀으로 거룩하게 해달라고 간구하셨다.

3) **이후의 제자들을 위해**(20-26절) 예수님은 제자들의 증거를 통해 이후에 새로 제자가 될 자들을 위해서도 간구하셨다. 주님은 자신이 아버지와 하나이신 것처럼 주님을 믿는 모든 자도 서로 사랑함으로 하나 되어 아버지와 자신의 하나 됨에 동참하게 해달라고 간구하셨다. 요한은 그의 첫 번째 서신에서도 이러한 신적 교제를 말하고 있다(요일 1:1-4). 우리가 사랑 안에서 하나 되어 삼위 하나님의 교제에 동참할 때 세상은 우리 안에 넘쳐나는 하나님의 영광과 신적 생명을 보고 예수님이 하나님에게서 오신 분임을 알게 된다.

4. 십자가와 부활(18-20장)
예수님의 십자가 죽음과 부활에 대해서는 요한의 증거와 공관복음의 증거 사이에 큰 차이가 없다. 다만 한 가지 두드러진 차이는 공관복음에서는 예수님이 금요일에 죽임을 당하시는 것으로 되어 있는 반면, 요한복음에서는 예수님이 그 전날 죽임을 당하시는 것으로 되어 있다. 요한은 예수님이 유월절 어린양이 죽임을 당하는 바로 그 시간에 죽임을 당하셨다고 기록함으로 예수님의 죽음을 출애굽 때 죽음의 사자를 비켜 가게 만든 유월절 양의 죽음으로 설명한다. 예수님의 죽음에 대한 이러한 시간적 차이는 사건의 서술이라는 측면에서는 공관복음과의 조화가 문제될 수도 있지만, 신학적 해석에서는 그 본질을 명확히 드러낸 것이라고 할 수 있다. 예수님의 죽음은 세례 요한이 증거한 것처럼 "세상 죄를 지고 가는 하나님의 어린양"(1:29)의 대속의 죽음이었다.

5. **후기(21장)** 요한복음의 본론은 20장으로 끝난다. 21장은 일종의 후기로서 공관복음의 지상사명을 나중에 교회의 수장으로 활약하게 될 베드로에게 초점을 맞추어 재진술하는 내용이다. 베드로가 부활하신 예수님을 만나는 장면은 그가 최초로 주님의 부르심을 받던 장면을 연상케 한다(눅 5장). 이번에도 베드로는 예수님의 초자연적인 능력으로 엄청나게 많은 물고기를 잡음으로 부활하신 예수님의 정체를 깨닫는다. 예수님은 베드로가 그분을 부인했던 장면과 흡사하게 불을 지피시고, 그에게 사랑을 세 번 확인하심으로써 그가 세 번 부인했던 것을 만회하게 해주신다. 베드로의 사랑 고백을 들으신 예수님은 그에게 주님의 어린양을 먹이라는 명령을 주셨다. 이는 나중에 그가 교회의 수장으로서 어떤 역할을 하게 될 것인지를 예고하신 것이다. 물고기 153마리는 구체적인 숫자가 아니라 제자들이 많은 선교의 열매를 맺게 될 것을 상징하는 것이다.

사 도 행 전 ╱ 공 동 서 신

신약 이야기

사도행전 1과

승천/성령 강림

성경 이야기 행 1-2장

예수님은 부활하신 후 여러 차례 제자들에게 나타나셔서 하나님 나라의 일을 말씀하셨고, 40일이 되었을 때 모든 사람에게 복음을 전하라는 명령을 제자들에게 남기시고 그들이 보는 앞에서 승천하셨다. 그 후 제자들은 함께 모여 기도에 힘쓰면서 주님이 약속하신 성령이 오시길 기다렸다. 마침내 오순절이 되자 성령이 그들 위에 강림하셨고, 그들은 각기 다른 방언으로 말하기 시작했다. 베드로는 요엘의 예언을 인용하면서 이 일을 십자가에 못 박히신 예수님이 부활 승천하셔서 하나님 우편에서 성령을 보내 주신 결과라고 설명했다. 그 설교를 들은 사람들 중 3천 명이 예수님을 믿고 세례를 받음으로 교회가 시작되었다.

본문 이해

승천

1. 승천 직전

1) **부활 후 40일** 주님은 부활하신 후 40일을 더 지상에 계셨다. 이 기간 동안 주님은 여러 차례 제자들에게 나타나셔서 부활에 대한 확실한 증거를 주셨고, 또 하나님 나라의 일을 말씀하셨다. 하지만 제자들은 여전히 하나님 나라의 관점을 이해하지 못했고, 이스라엘을 중심으로 하는 사고방식에 사로잡혀 있었다.

2) **지상사명** 주님은 그들에게 성령을 보내 주실 것을 약속하셨고, 그들이 땅 끝까지 이르러 주님의 증인이 될 것이라고 말씀하셨다. 이 지상사명은 명령인 동시에 약속이었다. 주님의 증인이 되는 것은 성령 강림의 자연스런 결과이지만, 동시에 증인으로 살기 위해서는 제자들의 온전한 헌신과 충성이 요구되기 때문이다.

2. 승천

1) **승천** 마침내 부활하신 후 40일이 되었을 때 주님은 감람원이라는 산에서 제자들이 보는 앞에서 하늘로 올라가셨다. 예수님의 승천은 가시적으로는 대기권으로의 상승이었지만, 영적으로는 하늘, 즉 하나님 우편으로 올라가신 사건이었다.

2) **좌정**(坐定, session) 승천하신 주님은 하나님 우편에 앉아 계신다. 이것은 주님의 구속 사역이 끝났음을 의미하며(히 10:11-14), 주님이 영광을 얻으셨음을 보여 준다.

3. 승천 이후

1) **성령을 보내심** 승천과 좌정은 주님이 영광을 얻으신 사건이다. 주님은 그 영광의 자리에서 오순절에 약속하신 성령을 보내셨다. 주님은 낮아지신 상태에서 십자가를 통한 구속 사역을 완수하셨고, 높아지신 상태에서 성령을 보내심으로 그 구속의 적용을 가능케 하셨다. 이로 볼 때 성령을 보내신 일은 초림하신 주님의 마지막 사역이었다.

2) **중보기도** 주님은 지금 우리를 위해 아버지 하나님께 간구하시면서 모든 원수들이 온전히 굴복하게 될 날을 기다리신다.

3) **재림** 이제 주님은 때가 되면 다시 오실 것이다. 승천하신 주님을 멍하니 바라보고 있던 제자들에게 흰옷 입은 두 천사는 주님이 가신 모습 그대로 다시 오실 것이라고 말했다. 주님의 재림은 갑자기(unexpectedly), 친히(personal), 몸을 입으시고(physical), 볼 수 있게(visible), 승리와 영광의 모습으로(triumphantly & gloriously) 이루어질 것이다.

성령 강림

1. 준비

1) **기도** 주님이 승천하신 후 제자들은 마가의 다락에 모여 열심히 기도했다. 오순절까지 그들이 기도한 기간은 열흘 정도 되었다. 이 기간 동안 그들은 합심하여 온전히 기도에 힘썼다.

2) **사도 보궐 선거** 가룟 유다가 예수님을 팔고 나서 자살했기 때문에 사도들은 그 빈자리를 메우려고 두 사람을 추천한 후 기도하며 제비 뽑아 맛디아를 사도로 세웠다. 사도의 자격은 주님의 지상 생애에 함께하고, 주님의 부활을 목격한 자로서 주님께 직접 임명되고 파송되는 것이었다. 바울은 처음 조건이 부족하고, 맛디아는 마지막 조건이 부족하지만, 이 둘은 그리스도의 사도로 보아야 한다.

2. 사건

1) **오순절** 마침내 오순절에 성령이 강림하셨다. 유대인들은 오순절을 하나님이 율법을 주신 날로 기념했는데, 성령이 오순절에 임하신 것은 신자들의 마음에 새긴 율법으로 오셨음을 보여 준다. 이것은 새 언약(렘 31:31-34, 겔 36:26-28)의 성취로 이루어진 사건이다.

2) **현상** 누가는 성령이 임하신 모습을 급하고 강한 바람의 소리, 불의 혀같이 갈라지는 것, 사도들이 각각 다른 방언을 말하는 것으로 묘사한다. 이 때 각 지방에서 오순절을 지키기 위해 예루살렘으로 온 유대인들은 자신들의 '난 곳 방언'을 듣고 모두 놀란다. 성령 강림의 이러한 현상은 바벨탑 사건 때 하나님이 언어를 혼잡하게 하신 것을 역전시키는 것으로서, 성령이 오신 것은 '그리스도 안에서 만유를 통일하시는 구속'의 가시적인 전환점의 하나이고, 또 선교의 동력이 됨을 보여 준다.

3. 설교

1) **요엘의 예언 성취** 사도들 위에 성령이 강림하신 현상을 보고 사람들은 그들이 술에 취했다고 비방했다. 이에 베드로는 때가 삼시(아침 9시)니 술에

취한 것이 아니라고 반박하면서 이 일은 요엘 선지자의 예언(욜 2:28-32)이 응한 것이라고 말한다. 요엘은 말세에 하나님이 그분의 영을 그분의 종들에게 부어 주실 것이라고 예언했는데, 그들의 눈앞에서 벌어지고 있는 이 일이 바로 그 예언의 성취였다.

2) **예수님의 사역** 베드로는 한 걸음 더 나아가 이 일은 예수님이 하신 일, 즉 예수님이 사역하신 결과임을 증거한다. 하나님은 예수님을 통해 큰 권능과 기적을 행하심으로 그분을 증거하셨는데, 유대인들은 법 없는 사람들, 즉 이방인들의 손을 빌어 그분을 십자가에 못 박아 죽였다. 이 일은 하나님의 정하신 뜻과 미리 아심을 따라 이루어진 것이었다. 하나님은 예수님을 다시 살리셨는데, 이는 다윗이 시편(16:8-11)에서 이미 예언한 것이다. 베드로는 "하나님이 오른손으로 예수를 높이시매 그가 약속하신 성령을 아버지께 받아서 너희가 보고 듣는 이것을 부어 주셨느니라…그런즉 이스라엘 온 집은 확실히 알지니 너희가 십자가에 못 박은 이 예수를 하나님이 주와 그리스도가 되게 하셨느니라"(2:33, 36)는 말을 결론으로 그의 설교를 마친다.

4. 결과

1) **사람들의 반응** 베드로의 설교를 들은 사람들은 마음에 찔림을 받아 "형제들아, 우리가 어찌할꼬"라고 탄식했고, 베드로는 그들에게 회개하고 예수님의 이름으로 세례를 받으라고 권하면서 그리하면 죄 사함과 성령을 선물로 받을 것이라고 말했다. 그날 베드로의 말을 듣고 세례를 받은 사람은 3천 명에 달했다.

2) **교회의 탄생** 교회는 바로 이들에게서 시작되었다. 어떤 이들은 교회의 시작을 하나님이 아브라함을 부르신 사건으로 보는데, 하나님의 백성이라는 관점에서 보면 그렇게 말할 수 있겠지만, 하나님의 백성을 구약의 이스라엘과 신약의 교회로 세분화해서 말한다면 교회는 오순절에 시작되었다고 보아야 한다. 바울은 교회를 구약 시대에는 알려지지 않았다가 사도들에게 새롭게 계시된 비밀이라고 말한다(엡 3:1-11).

최초의 교회 모습

1. **교회의 본질적 기능** 교회는 무엇보다도 사도의 가르침 위에 서야 한다(엡 2:20). 사도의 가르침(성경)을 떠난 교회는 더 이상 그리스도의 교회가 아니다. 이 말씀의 확고한 기초 위에서 교회는 예배, 교제, 선교의 기능을 감당해야 한다. 존 스토트는 초대 교회의 이러한 모습을 "배우는 교회(사도들의 가르침과 능력 행함), 사랑하는 교회(저희가 서로 교제하며…모든 물건을 서로 통용하고…모이기를 힘쓰고…), 예배하는 교회(저희가 떡을 떼며, 기도하기를 힘쓰며…하나님을 찬미하며…), 전도하는 교회(주께서 구원받는 사람을 날마다 더하게 하시니라)"로 요약했다.
2. **초대 교회의 특징** 초대 교회는 성령의 역사로 말미암아 능력, 사랑, 기쁨, 생명의 역사가 풍성했다.

교훈

1. **승천** 주님의 승천은 지어낸 이야기나 신화가 아니라 부활과 마찬가지로 역사적 사실이다. 승천이 보여 주는 바는 기독교 신앙은 초자연적이라는 것과 주님은 신성과 영광을 지니신 분이라는 것이다. 또한 승천은 재림 신앙의 근거가 된다. 우리는 승천을 믿고 주님의 재림을 사모하며 살고 있는가?
2. **성령** 교회는 성령의 강림으로 시작되었다. 성령님은 교회의 생명이시다. 성령님의 역사가 없으면 교회는 생명력을 잃고 신앙생활은 불가능하다. 그것은 열매 없는 것으로 증거된다. 나와 우리 교회는 성령으로 충만한가?

사도행전 2과

예루살렘 교회

성경 이야기 _{행 3-7장}

오순절 성령 강림으로 시작된 최초의 예루살렘 교회는 사도들이 행한 기사와 표적으로 인해 강력하게 복음을 전파할 수 있었다. 특히 베드로와 요한이 성전 미문의 앉은뱅이를 예수님의 이름으로 일으킨 사건으로 많은 유대인이 예수님을 믿게 되었다. 반면 유대교 지도자들은 사도들을 위협하면서 복음이 전파되는 것을 극도로 경계했다. 하지만 교회는 반대에 부딪힐수록 더욱 담대히 복음을 증거했고, 교회는 더욱 성장했다. 사탄은 내적으로는 교회의 부패와 분열을 획책했고, 외적으로는 박해를 일으켜 교회의 성장을 방해했다. 하지만 스데반의 순교를 계기로 복음은 예루살렘을 넘어 온 유대와 사마리아로 퍼져 나가게 되었다.

본문 이해

사도행전의 구조

1. 사도행전은 복음이 예루살렘에서 시작해 로마에까지 전파되는 과정을 보여 준다. 주님은 1장 8절에서 성령이 임하시면 제자들이 예루살렘에서 시작해 온 유대와 사마리아를 거쳐 땅끝까지 이르러 주님의 증인이 될 것이라고 예고하셨다. 사도행전을 두 부분으로 나눌 경우 1-12장은 베드로를 중심으로, 13-28장은 바울을 중심으로 이야기가 전개된다. 누가는 유대인을 위한

사도의 대표인 베드로와 이방인의 사도인 바울의 설교 및 능력 행함을 거의 비슷한 분량으로 제시하면서 그의 영웅인 바울의 사역을 변호한다. 이는 그가 이 두 사도로 대표되는 유대인 교회와 이방인 교회의 하나 됨이라는 더 큰 목표를 지향한 것으로 볼 수 있다. 사도행전은 다음과 같이 세 부분으로 나누어진다.

2. 구조

1–7장 예루살렘(승천, 성령 강림, 예루살렘 교회, 아나니아와 삽비라, 일곱 집사, 스데반의 순교)

8–12장 온 유대와 사마리아[빌립의 사마리아 전도, 사울(바울)의 회심, 고넬료의 회심]

13–28장 땅 끝(바울의 1차 선교 여행, 예루살렘 공회, 2–3차 선교 여행, 예루살렘/로마 행)

예루살렘 교회

1. 교회의 부흥(3–4장) 성령 강림 후 예루살렘 교회의 모습은 사도들로 인해 기사와 표적이 많이 나타나고, 그 결과 많은 사람이 복음을 믿고 구원받게 되었다. 누가는 그중 대표적으로 베드로가 성전 미문의 앉은뱅이를 일으킨 사건을 소개한다.

1) **사건** 베드로와 요한은 제9시(오후 3시) 기도 시간에 성전에 올라가다가 미문에 있는 앉은뱅이를 보고 예수님의 이름으로 그를 일으켰다. 사람들이 이를 보고 놀라자 베드로는 이 일이 자신의 권능과 경건으로 이루어진 것이 아님을 밝히고, 이 일을 시작으로 예수님의 부활을 증거했다.

2) **결과** 베드로의 설교를 들은 사람들 중 많은 이가 예수님을 믿게 되었는데, 이날 제자의 수가 5천 명으로 늘어났다. 하지만 당국자들은 사도들을 가두고 예수의 이름을 전하지 못하도록 엄금했다. 베드로는 사람의 말보다 하나님의 말을 듣는 것이 옳다고 주장하면서 계속 복음을 증거했다. 사도들의 이러한 태도는 순종(사람의 말보다 하나님 말씀을 들어야 한다), 체험(우리는 보고 들은 것을 말하지 않을 수 없다), 예수님에 대한 확신(천하 인간에 구

원 얻을 만한 다른 이름을 주신 일이 없다)에 근거한 것이었다. 결국 유대교 당국자들은 그들을 채찍질하고 위협하며 놓아줄 수밖에 없었고, 사도들은 함께 모여 기도함으로 다시금 성령의 충만함을 체험했다. 교회는 이 일로 다시 한 번 크게 부흥했고, 서로 돕고 구제하는 사랑의 실천이 활발히 이루어졌다.

2. 사탄의 공격(5-7장) 사탄은 교회의 부흥을 방치하지 않았다. 여러 경로를 통해 교회를 공격했다. 초대 교회가 직면했던 이러한 사탄의 공격은 시대를 초월해 항상 비슷하다. 따라서 우리는 초대 교회의 경험에서 교훈을 배워 우리를 향한 사탄의 공격을 물리쳐야 한다.

1) 도덕적 부패 사탄의 일차 공격은 교회의 가장 아름답고 선한 모습을 부패하게 하는 것이었다. 바나바가 자신의 땅을 팔아 사도들에게 바치고 좋은 평판을 듣자 아나니아와 삽비라 부부도 같은 일을 행하고자 했다. 하지만 그들은 바나바의 착한 행실을 본받은 것이 아니라 바나바가 얻은 좋은 평판을 얻으려고 했다. 그들은 땅을 판 후 그 돈의 일부만 바치면서 마치 전부인 것처럼 했다. 문제는 그들이 일부를 바친 것이 아니라 속인 것이었다. 베드로는 이 일이 성령을 속인 것이라고 책망했고, 그 말을 들은 아나니아는 그 자리에서 즉사했다. 이 일은 여리고 성을 점령한 후 물건을 숨겼다가 돌로 처형당한 아간을 상기시킨다. 두 사건 모두 새로운 시작에 즈음하여 일어난 것으로, 엄격한 징벌로 기강을 확립하기 위해 필요했다.

2) 내부적 불화 이 문제 또한 사탄이 교회의 아름다운 면을 공격한 것이다. 예루살렘 교회에는 히브리어를 사용하는 팔레스타인 본토 출신 히브리파 유대인들과 헬라어를 사용하는 디아스포라 출신 헬라파 유대인들이 섞여 있었는데, 이중 헬라파 유대인 과부들이 구제에서 소외당하는 일이 발생하면서 불평이 쏟아졌다. 사도들은 이 일을 해결하기 위해 사람들의 추천을 받아 성령과 지혜가 충만한 일곱 사람을 택하여 구제를 담당하게 했다. 이름으로 보건대 이들은 모두 헬라파 유대인들 중에서 뽑힌 것으로 보인다. 이들이 이 단계에서 집사라는 직분을 정식으로 얻었는지는 알 수

없지만, 이들이 맡은 역할은 후에 교회가 집사의 직분을 세워서 맡긴 역할과 동일했다.

3) **역할의 혼동** 구제로 인한 교회 내부의 갈등은 단지 두 그룹 사이의 불화 문제만은 아니었다. 그보다 더 은밀한 공격은 사도들로 하여금 본연의 역할을 하지 못하게 한 것이다. 사도들은 이 문제를 예리하게 감지했고, 기도하고 말씀을 전하는 본연의 역할로 돌아갔다. 이것은 구제와 말씀 사역의 서열을 평하는 문제가 아니라 교회를 세우기 위한 은사의 원리 문제다. 아울러 말씀 사역은 그 성격상 다른 사역의 기반이 되는 중요성을 지녔다는 것을 기억해야 한다(2:42, 엡 4:11-12).

4) **외부적 핍박** 사탄은 교회에 대한 여러 공격이 실패하자 이제 노골적으로 교회를 핍박하기 시작했다. 일곱 집사 중 하나였던 스데반은 구제뿐 아니라 가르치고 능력 행하는 일에도 뛰어난 사람이었다. 특히 그는 복음의 의미를 첨예하게 드러냄으로 유대교 신학의 맹점을 폭로하곤 했다. 논쟁의 초점은 특별히 성전과 율법이었다. 그의 강력한 논증에 대항할 길이 없던 유대교 지도자들은 그에 대한 적대감을 숨기지 않았고, 스데반은 마지막으로 변론할 기회를 얻었다. 그는 하나님이 그들의 조상 아브라함을 부르셨던 시초부터 이스라엘의 역사를 살피면서 하나님은 사람이 지은 성전에 국한된 분이 아님을 강변했다. 이스라엘 역사가 보여 주는 바는 하나님이 먼 이방 땅 메소보다미아나 애굽에도 계셨고, 솔로몬이 성전을 지은 것은 한참 후대의 일이었다는 것이다. 스데반은 또 이스라엘의 역사가 선지자들을 죽인 역사였던 것처럼 지금 유대인들은 의인 예수님을 죽였다고 말하면서 그들이 율법을 어겼다고 고발했다. 이에 분노한 유대인들은 그를 돌로 쳐 죽였고, 스데반은 기독교 역사상 최초의 순교자가 되었다. 특히 스데반이 운명하는 마지막 장면은 그가 얼마나 예수님을 닮았는지 보여 준다. 그는 하늘이 열리고 인자가 하나님 우편에 서 계신 것을 보았다고 증거하며, 자신을 돌로 친 자들에게 죄를 돌리지 말아 달라고 기도하며 죽었다. 그는 십자가에서 자신을 못 박은 자들을 용서해 달

라고 기도하신 주님의 모습을 그대로 본받았다. 스데반의 승리는 단지 억울한 죽음을 견딘 것에 있지 않고 악을 악으로 갚고자 하지 않았던 참된 선에 있었다. 교회는 스데반의 죽음으로 사도들을 제외하고는 모두 유대와 사마리아로 흩어지게 되었다. 교회가 스스로 주님의 선교 명령에 순종하지 않자 주님이 강제로 그들을 흩으신 것이다.

교훈

1. **영적 대결** 교회의 부흥은 성령의 능력으로 가능하다. 또 그러한 부흥이 있을 때는 항상 사탄의 공격이 있다. 초대 교회는 문제가 없는 이상적인 교회가 아니었다. 다만 성령 충만으로 승리했을 뿐이다.

2. **선교적 관점** 우리는 모든 일을 복음의 관점에서 보아야 한다. 그것이 하나님 나라와 의를 먼저 구하는 자들의 마땅한 태도다. 스데반의 순교도, 베드로의 투옥도 같은 진리를 보여 준다(빌 1:12, 딤후 2:9).

사도행전 3과

유대와 사마리아

성경 이야기 <small>행 8-12장</small>

스데반의 순교를 계기 삼아 일어난 박해로 예루살렘에 몰려 있던 제자들이 온 유대와 사마리아로 흩어지게 되었고, 그들은 가는 곳마다 복음을 전했다. 일곱 집사 중 하나인 빌립은 사마리아 선교의 문을 열었고, 베드로는 로마 백부장 고넬료의 집에 복음을 전함으로 이방인 선교의 문을 열었다. 이런 와중에 주님은 다메섹으로 가는 길 위에서 그리스도인을 박해하는 일에 앞장섰던 사울을 만나 주셨고, 그를 이방인의 사도로 삼으셨다. 마침내 제자들이 최초로 그리스도인이라 불리게 된 안디옥에 이방인들이 다수인 교회가 세워졌고, 이 교회가 이방인 선교를 위한 전초 기지의 역할을 감당했다.

본문 이해

빌립의 전도

1. 사마리아

1) **전도** 구제 사역을 위해 뽑힌 일곱 집사 중 하나인 빌립은 사마리아 성에 내려가 복음을 전했다. 빌립이 행하는 여러 기적을 보고 그의 말을 들은 많은 사마리아 사람이 예수님을 믿고 세례를 받았다. 사마리아도 하나님의 말씀을 받았다는 말을 들은 예루살렘 교회는 베드로와 요한을 보내 자세한 사정을 알아보게 했다. 사마리아에 도착한 두 사도는 자신들이

들은 그대로임을 확인했다. 다만 사마리아 신자들이 주 예수의 이름으로 세례는 받았지만 아직 성령이 그들에게 내리지 않은 것을 보고 그들에게 안수하여 성령을 받게 했다.

2) **성령 받음** 사도행전에 보면 사마리아와 이방인 고넬료의 가정 그리고 에베소에 있던 아볼로의 제자들의 경우 특별히 성령이 오순절날 강림하신 것처럼 눈에 보이는 현상을 동반하며 그들에게 임하신 것을 볼 수 있다. 오순절 이전에 이미 구원을 받았지만 오순절에 성령을 받은 제자들의 경우처럼 모두 두 단계의 경험을 보여 주는 듯한 이 본문을 근거로 성령을 받는 일과 중생을 별개의 사건으로 해석하는 오순절파 및 은사주의 교회들의 성령론이 대두되었다. 하지만 이 각각의 사례는 구속사의 진행 과정상 어떤 경계를 넘어서는 특별한 경우들에 해당된다.

오순절 성령 강림은 성령이 처음 오신 사건으로서 그 전과 후를 나누는 기점이 되며 반복되지 않는다. 또 사마리아와 이방인 고넬료 가정의 경우는 각각 구약의 민족적 경계를 뛰어넘는 사건이었다. 유대인과 극한 적대적 관계에 있던 이들이 그리스도 안에서 믿음으로 그들과 같은 구속의 복을 누리게 된 것을 확증하기 위해서는 오순절 성령 강림의 경험이 가시적으로 동일하게 주어져야 할 필요가 있었다. 그런 의미에서 사마리아와 고넬료 가정의 경우는 이들 민족적 경계를 넘어서는 시점에서 오순절이 반복된 것으로 보아야 한다.

마지막으로 자주 거론되는 에베소의 몇몇 제자의 경우는 본문을 자세히 읽어 보면 아직 그리스도를 알지 못했던 구약의 신자들이었음을 알 수 있다. 따라서 이 본문은 중생과 성령받는 일이 별개의 사건임을 지지하지 않는다. 오히려 오순절날 베드로의 설교를 듣고 세례를 받은 3천 명의 제자는 어떤 외적 현상 없이 성령을 받은 것으로 되어 있는데, 이들의 경험이야말로 오순절 이후 모든 그리스도인의 표준이 된다.

3) **마술사 시몬** 사마리아에서 활동하던 시몬이라는 마술사는 사도들이 안수함으로 사람들에게 성령이 임하시는 것을 보고 사도들에게 돈을 주어 그

능력을 사고자 했다가 베드로에게 책망을 들었다. 여기에서 성직 매매를 뜻하는 시모니(simony)라는 단어가 생겨났다. 이 역시 교회를 부패하게 하려는 사탄의 책략이었다. 사마리아 교회는 사탄의 이 공격을 잘 막아냈지만, 교회 역사를 통해 성직 매매는 계속 등장하는 고질적인 문제가 되었다.

2. **에디오피아 내시** 이 일 후에 빌립은 성령의 지시로 광야로 내려가 이사야 53장의 고난받는 종 이야기를 읽고 있던 에디오피아 여왕의 국고를 맡은 내시를 만나게 되었다. 빌립은 이 본문에서 시작하여 예수님을 전했고, 그는 빌립의 전도를 받아들여 물 있는 곳에 이르러 세례를 받았다. 이 내시는 에디오피아로 돌아간 후에 그곳 기독교의 효시가 되었다. 이로써 복음이 아프리카에도 전파되었다.

이방인 선교의 준비와 시작

1. 사울의 회심

1) **회심 전** 사울은 스데반이 죽은 것을 마땅히 여겼다. 그는 유대교 신학자로서, "나무에 달린 자는 하나님께 저주를 받았음이니라"(신 21:23)는 율법에 비추어 십자가에 달려 죽은 예수를 하나님의 저주받은 자로 여겼다. 따라서 그런 자를 메시아라고 전하는 그리스도인은 하나님을 대적하는 자들로 보았으며, 그들을 핍박하는 일에 앞장서게 되었다. 그는 예루살렘의 그리스도인을 결박하여 옥에 가두는 것에 만족하지 않고, 대제사장의 공문을 받아 다메섹에 있는 그리스도인들까지 잡아오려고 위협과 살기가 등등하여 그 도시를 향해 가고 있었다.

2) **회심** 사울이 다메섹에 거의 이르렀을 때 갑자기 하늘에서 빛이 비추면서 "사울아, 사울아, 네가 어찌하여 나를 핍박하느냐" 하는 음성이 들려왔다. 그 음성은 자신을 나사렛 예수라고 밝히면서 땅에 엎드려져 있던 사울에게 자리에서 일어나 성에 들어가라고 지시하셨다. 성에는 이미 아나니아라는 사람이 주님께 사울에 대한 명령을 받고 그를 기다리고 있었다. 사울은 사흘 동안 보지 못하고 먹지 못하다가 아나니아의 안수를 받

고 눈을 뜨게 되었다. 주님이 아나니아에게 "이 사람은 내 이름을 이방인과 임금들과 이스라엘 자손들 앞에 전하기 위하여 택한 나의 그릇이라"고 말씀하신 것처럼 사울의 이 체험은 회심과 동시에 이방인의 사도로서 부르심을 받은 사건이었다.

3) **회심 후** 사울은 이 일 직후부터 다메섹에서 예수를 하나님의 아들이라 전하기 시작했고, 많은 유대인을 말로 굴복시켰다. 갈라디아서와 사도행전을 비교하여 살펴보면 사울은 이후 아라비아에서 3년을 지내고, 예루살렘으로 가 바나바의 소개로 사도들을 처음 만난다. 그 후 다시 그의 고향인 다소로 갔다가 바나바의 인도로 안디옥으로 가 교사로 섬기게 된다. 그러던 중 천하에 큰 흉년이 들자 안디옥 교회는 바나바와 사울 편에 예루살렘 교회에 부조를 보낸다. 그들은 이 부조를 전달하는 일을 마치고 안디옥으로 돌아갔다가 성령의 지시를 따라 그 유명한 선교 여행을 떠나게 된다.

2. 고넬료 가정을 전도한 베드로

1) **전도** 가이사랴의 로마 백부장 고넬료는 이방인이었지만 하나님을 경외하고 구제와 기도에 힘쓰던 경건한 사람이었다. 그는 기도 중에 환상을 보고 사람을 보내어 욥바 피장 시몬의 집에 거하던 베드로를 데려오게 했다. 한편 베드로는 지붕에서 기도하던 중 하늘에서 각종 짐승을 담은 보자기가 내려오는 것을 보았고, 일어나 잡아먹으라는 음성을 들었다. 하지만 그는 속되고 깨끗지 않은 것을 먹은 일이 없다며 망설였다. 그러자 하나님이 깨끗케 하신 것을 속되다 하지 말라는 음성을 들었다. 이 일이 세 번 반복된 후 그는 고넬료가 보낸 사람들을 따라 나섰다. 고넬료의 집에 도착한 베드로는 "참으로 하나님은 사람의 외모를 취하지 아니하시고 각 나라 중 하나님을 경외하며 의를 행하는 사람은 다 받으시는 줄 깨달았도다"고 고백하고 그 가정에 복음을 전했다.

2) **메시지** 베드로의 설교(10:34-43)는 초대 교회의 케리그마(사도들이 선포한 메시지의 내용)의 핵심 내용을 보여 준다. 그것은 (1) 세례 요한이 메시아를 준

비함, (2) 예수님이 하나님의 성령을 힘입어 여러 기적을 행하시고 치유 사역 등 착한 일을 하심, (3) 유대인들이 예수님을 나무에 달아 죽임, (4) 하나님이 그를 죽은 자 가운데서 살리시고 산 자와 죽은 자의 재판장으로 삼으심, (5) 사도들이 그의 이름을 힘입어 죄 사함 받는 복음을 전함 등이다.

3) **결과** 고넬료 가정은 베드로가 전하는 복음을 듣는 중에 성령을 받았다. 베드로와 함께 온 할례받은 사람들은 이 현상을 보고 하나님이 복음 안에서 유대인들과 이방인들 사이에 아무런 차별을 두지 않으셨음을 알게 되었다. 베드로는 "이 사람들이 우리와 같이 성령을 받았으니 누가 능히 물로 세례 줌을 금하리요"라고 말하면서 그들에게 예수 그리스도의 이름으로 세례를 주었다.

4) **그 이후** 고넬료 가정의 회심은 예루살렘 교회가 이방인 선교를 인정하는 계기가 되었다. 이후 이방인 선교는 안디옥 교회가 주도적으로 담당하게 된다. 예루살렘에서는 핍박이 더 심해져 사도 야고보가 헤롯에게 죽임을 당하게 되고, 베드로 역시 옥에 갇혔다가 천사의 도움으로 극적으로 빠져나오는 사건이 있었다.

교훈

본문은 복음이 예루살렘을 넘어 유대와 사마리아로 전파되고, 이후 이방인 선교가 본격적으로 시작되기 직전까지의 상황을 보여 준다. 여기에 등장하는 주요 인물은 빌립, 사울, 베드로다. 하지만 그들 외에도 에디오피아의 내시, 아나니아, 바나바 등의 인물도 있다. 이들은 모두 복음의 확장을 위해 쓰임받았다. 중요한 것은 복음이다. 사람은 단지 복음을 전달하는 그릇일 뿐이다. 나는 어떤 그릇인가?

사도행전 4과

바울 1

성경 이야기 <small>행 13-15장</small>

안디옥 교회는 성령의 지시를 따라 교회의 교사로 섬기던 바나바와 바울을 선교사로 파송했다. 그들은 구브로 섬을 거쳐 갈라디아 지역의 여러 도시를 방문하면서 복음을 전했고, 이 선교의 결과 갈라디아에 많은 신자와 교회가 새로 생겨났다. 이후 유대에서 안디옥으로 내려온 일단의 사람들이 이방인 그리스도인들의 할례 문제를 시비함으로 예루살렘 공회가 처음으로 열렸다. 갑론을박 끝에 하나님이 이방인에게도 동일한 성령을 주셨다고 베드로가 증거한 후 야고보는 이방인 그리스도인이 조심해야 할 몇 가지 사항을 제외하고는 그들에게 어떤 율법의 멍에도 지우지 않는 쪽으로 결론을 내렸다.

본문 이해

바울의 1차 선교 여행(13-14장)

1. 바울과 바나바 파송 안디옥 교회에는 바나바, 니게르라 하는 시므온, 구레네 사람 루기오, 헤롯의 젖동생 마나엔 그리고 바울이 선지자와 교사로 섬기고 있었다. 이처럼 안디옥 교회는 인종적으로나 문화적으로 다양하게 구성되어 있어 이방인 선교의 전초 기지로 쓰임받기에 적합했다. 그들이 "주를 섬겨 금식할 때에" 성령이 불러 시키시는 일을 위하여 바나바와 바울을 따로 세울 것을 지시하셨다. 안디옥 교회는 성령의 지시를 따라 금식하고 기도한 후

그들을 안수하여 파송했다.

2. **구브로** 두 사람은 바나바의 조카인 마가를 데리고 먼저 구브로 섬으로 가서 살라미에 이르러 하나님 말씀을 유대인의 여러 회당에서 전했다. 그 후 바보에서 복음을 전하려고 하자 박수 엘루마가 그들을 방해했다. 바울은 마치 베드로가 사마리아에서 마술사 시몬을 책망했듯이 그를 책망했고, 그의 눈을 멀게 했다. 바보의 총독 서기오 바울은 이러한 사도의 능력을 보고 예수님을 믿었다.

3. **밤빌리아 버가** 바울 일행은 구브로 섬에서 배를 타고 밤빌리아의 버가로 갔다. 이곳에서 마가는 그들을 떠나 예루살렘으로 돌아갔다. (이 일로 인해 후에 마가를 다시 선교 여행에 동참시킬 것인지를 놓고 바나바와 바울 사이에 큰 다툼이 벌어지게 된다.)

4. **비시디아 안디옥** 바울 일행은 비시디아 안디옥(파송 교회가 있는 수리아 안디옥과 다름)에 이르러 안식일에 유대인 회당에서 복음을 전했다.

   1) **설교** 여기에 기록된 바울의 설교(13:16-41)는 구약의 역사를 더듬어 내려오면서 다윗에게 주신 메시아 약속을 확인하고, 그 약속의 성취로 예수님이 오셔서 십자가의 죽음과 부활을 통해 죄 사함을 얻는 구원의 길을 열어 주셨다는 내용을 담고 있다. 특별히 율법에 열심이었던 바리새인으로서 "모세의 율법으로 너희가 의롭다 하심을 얻지 못하던 모든 일에도 이 사람을 힘입어 믿는 자마다 의롭다 하심을 얻"(13:39)게 되었다고 그가 증거한 것은 주목할 만하다. 이신칭의(以信稱義)의 진리를 바울 복음의 핵심적 진리라기보다는 선교적 필요에서 형성된 상황신학으로 보려는 최근 학계 일부의 경향에 반하여 바울은 선교 초기에 이미 이 진리를 복음의 핵심 내용으로 증거하고 있었다. 바울의 이 설교는 본질적으로 베드로의 설교(2:14-36)와 같다. 존 스토트는 두 설교의 공통 요소로 복음의 사건들(십자가와 부활), 복음의 증인들(구약의 선지자들과 신약의 사도들), 복음의 약속들(성령님을 통한 그리스도 안에서의 구원의 새 생활) 그리고 복음의 조건들(회개와 믿음)을 지적한다.

2) **반응** 바울의 선교 전략은 언제나 낯선 도시에 가면 먼저 그곳에 있는 유대인의 회당을 찾아가 유대인들에게 복음을 전하는 것이었다. 만일 유대인들이 복음을 믿지 않고 바울을 대적하면 그는 이방인들에게로 향했다. 비시디아 안디옥에서도 일부 유대인들은 믿었지만 대다수 유대인들은 복음을 거부했고, 오히려 이방인들과 합세하여 바울 일행을 핍박했다. 바울은 그들이 영생 얻기에 합당치 않은 자들로 자처함을 보고 이방인들에게로 향한다고 선포했다. 이 말에 이방인들은 기뻐했으며, "영생을 주시기로 작정된 자는 다 믿"었다.

5. 이고니온과 루가오니아 비시디아 안디옥을 떠난 바울 일행은 이고니온으로 갔다. 이곳에서도 먼저 회당에서 복음을 전하자 많은 유대인과 이방인들이 믿었다. 바울 일행은 유대인들의 반대에도 불구하고 이곳에 오래 머물면서 복음을 전했고, 그 후 루가오니아의 두 성 루스드라와 더베로 갔다. 루스드라에서 바울이 앉은뱅이를 일으키자, 이 기적을 본 주민들은 바나바와 바울을 그들이 섬기던 신 쓰수(Zeus)와 허메(Hermes)로 착각하고 그들에게 제사를 드리려고 했다. 그들의 반응에 크게 놀란 바울과 바나바는 자신들의 옷을 찢으며 그들을 만류했고, 창조와 역사의 증거를 지적하면서 그들에게 복음을 전했다(14:15-17). 그때 안디옥과 이고니온에서 유대인들이 찾아와 바울을 돌로 쳐서 죽은 줄 알고 성 밖에 버렸는데, 바울은 다시 일어나 다음 날 97킬로미터 떨어진 더베를 향해 떠났다. [그 후 2차 선교 여행 때 바울은 루스드라에서 평생의 제자요 동역자인 디모데를 얻게 된다(16:1).]

6. 안디옥으로의 귀환 바울 일행은 자신들이 복음을 전했던 도시들을 차례로 다시 방문하여 각 교회에 장로들을 세우고 제자들을 굳세게 했다. 그리고 자신들을 파송한 안디옥 교회로 돌아가 하나님이 그들을 통해 행하신 모든 놀라운 일을 보고했다.

예루살렘 공회(15장)

그 후 유대로부터 어떤 사람들이 안디옥 교회에 이르러 구원을 받기 위해서는 할례를 받고 모세의 율법을 지켜야 한다고 가르침으로써 바울과 바나바와 그들 사이에 논쟁이 벌어지게 되었다. 안디옥 교회는 이 문제를 해결하기 위해 두 사람을 예루살렘으로 보냈고, 그 결과 최초의 공회가 열렸다.

1. **바리새파 출신들의 주장** 사도와 장로들이 모인 가운데 먼저 바리새파 중에 믿는 어떤 사람들이 일어나 이방인에게 할례를 주고 모세의 율법을 지키라고 명하는 것이 마땅하다고 주장했다.

2. **베드로의 증거** 베드로는 하나님이 자신을 택하셔서 이방인 고넬료의 가정에 보내신 것과 그곳에서 복음이 어떻게 전해지고 성령이 그들에게 임했는지를 설명했다. 그가 증거한 요지는 첫째, 하나님이 유대인과 이방인을 분간치 않으시고 둘 다 믿음으로 그들의 마음을 깨끗하게 하셨다는 것과 둘째, 유대인이나 이방인이 다 동일하게 주 예수의 은혜로 구원을 받는다는 것이었다.

3. **바울과 바나바의 증거** 베드로가 증거하고 나서 바울과 바나바는 하나님이 그들의 선교 여행에 어떻게 함께하셨는지, 어떤 표적과 기사를 행하셨는지, 이방인들이 어떻게 복음을 받아들였는지 증거했다.

4. **야고보의 결정** 예루살렘 교회의 대표 장로였던 야고보는 모든 보고를 듣고 두 가지를 제안했다. 첫째, 그는 이방인들이 예수를 믿고 구원 얻는 일에 할례나 율법을 부가하는 것은 옳지 않다는 것을 확증했다. 둘째, 유대인 그리스도인들과의 마찰을 피하기 위해 "우상의 더러운 것, 음행(근친상간 및 수간과 같은 금지된 성 관계), 목매어 죽인 것과 피(목매어 죽인 짐승이나 고기를 피째 먹는 일)" 등을 멀리할 것을 권하자고 제안했다. 예루살렘 교회는 야고보의 판결을 받아들였고, 바울과 바나바를 통해 안디옥 교회에 보내는 공식 편지를 전했다. 또 유다와 실라를 그들과 함께 보냄으로써 이방인 선교에 대한 두 교회의 입장이 일치함을 확고히 했다.

5. 의미 이 예루살렘 공회의 결정은 복음의 핵심인 구원론이나 교회의 선교에서 너무나 중요한 분수령이 되었다. 예루살렘 공회는 구원은 온전히 예수 그리스도를 믿는 믿음으로만 주어진다는 것과, 더 이상 인종적 구분에 제한될 수 없다는 것을 천명함으로써 사도적 복음을 확증했다. 이 결정은 기독교가 유대교를 떠나 세계적인 종교로 뻗어가는 발판이 되었다.

교훈

1. 선교 교회의 존재 이유는 선교다. 안디옥 교회는 가장 뛰어난 두 지도자를 선교를 위해 내놓았다. 선교는 우리의 필요를 먼저 채우고 나서 남은 여력으로 하는 것이 아니다. 선교하지 않는 교회는 결국 죽고 만다.

2. 복음 우리는 복음의 본질적 요소와 비본질적 측면을 구분해야 한다. 예루살렘 공회는 이 문제를 지혜롭게 해결함으로써 복음(구원의 길)과 교회의 필요(유대인과 이방인의 교제)를 둘 다 지킬 수 있었다.

사도행전 5과

바울 2

성경 이야기 _{행 16-20장}

예루살렘 공회 후 바울은 실라와 함께 2차 선교 여행을 떠났다. 그들은 성령이 아시아에서의 선교를 막으시므로 마게도냐로 건너가 빌립보, 데살로니가, 베뢰아에서 복음을 전했고, 다시 아가야로 내려가 아덴과 고린도에서 복음을 전했다. 그 후 바울은 안디옥으로 잠시 돌아왔다가 3차 선교 여행을 떠났다. 이번에는 에베소에서 복음을 전했는데 아시아의 많은 사람이 복음을 듣고 큰 부흥이 일어났다. 그 결과 자신들의 생업에 위협을 느낀 우상 제조업자들이 소요를 일으켜 바울은 그곳을 떠나야 했다. 그는 마게도냐와 아가야를 돌아 밀레도에 와서 아시아를 떠나기 전 에베소의 장로들을 청하여 고별 설교를 했다.

본문 이해

바울의 2차 선교 여행(15:36-18:22)

1. 선교 팀과 선교 방향

1) **바울과 바나바가 갈라섬** 예루살렘 공회의 결정을 담은 서신을 안디옥 교회에 전한 후 이들은 다시 자신들이 1차 선교 여행 때 복음을 전했던 지역을 돌아보기로 계획했다. 하지만 마가 요한을 합류시키는 문제로 충돌한 후 바나바는 마가를 데리고 구브로로 떠났고, 바울은 실라와 함께 수리아와 길리기아로 떠났다.

2) **디모데의 합류** 바울 일행은 더베와 루스드라에 들렀다가 그곳에서 1차 선교 여행 때 예수님을 믿고 신앙의 놀라운 진보를 보인 디모데를 조력자로 합류시켰다. 디모데는 평생 바울의 믿음의 아들이요, 동역자, 후계자가 돼 주었다.

3) **마게도냐인의 환상** 바울 일행은 계속해서 브루기아, 갈라디아, 무시아, 드로아를 거쳐 마게도냐로 건너갔다. 그들은 아시아에서 복음을 전하지 못하게 하시는 성령님의 저지를 받았고, 또 드로아에서 어떤 마게도냐인이 "와서 도우라"고 부르는 환상을 보고 결국 선교 방향을 아시아에서 유럽으로 전환했다. 이 사건은 그들 자신들은 의식하지 못했지만 '복음의 서진(西進)'이라는 세계 선교의 방향을 결정짓는 계기가 되었다. 누가는 이때부터 "우리"라는 표현을 씀으로써 자신도 바울의 선교 팀에 합류했음을 보여 준다.

2. **마게도냐** 마게도냐는 그리스 북부 지방으로 과거 헬라를 통일하고 확장했던 알렉산더 대제의 출신지다.

1) **빌립보** 마게도냐의 첫 성인 빌립보에 도착한 바울은 기도처를 찾기 위해 간 강가에서 복음을 전했고, 두아디라 성의 자주 장사 루디아와 그녀의 온 집이 믿고 세례를 받았다. 그 후 귀신이 들린 채 점치는 일로 주인을 이롭게 하던 여종에게서 귀신을 쫓아낸 일로 바울은 옥에 갇히게 되었다. 감옥에 갇힌 바울 일행이 밤중에 찬송을 부르자 옥문이 열리는 기적이 일어났다. 이 일을 계기로 간수와 그의 온 집이 예수를 믿게 되었다. 그 후 바울은 로마 시민인 자신을 재판도 없이 채찍질한 관원들에게 항의하고 그곳을 떠났다. 자주 장사 루디아와 간수의 가족들은 빌립보 교회의 최초의 신자가 되었다. 이후 빌립보 교회는 바울의 선교 사역에 적극 동참했다.

2) **데살로니가** 빌립보를 떠난 바울 일행은 마게도냐의 수도 데살로니가에 이르러 먼저 3주에 걸쳐 회당에서 유대인들에게 복음을 전했는데, 유대인보다 이방인이 더 많이 복음을 받아들였다. 이에 시기심이 발동한 유대인

들이 소동을 일으키고 회당장 야손을 핍박하자 바울 일행은 그곳을 떠나 베뢰아로 향했다. 데살로니가에서의 선교는, 비록 유대인의 반대와 핍박이 있었지만 복음을 전하는 자나 받는 자들이 모범적인 모습을 보였던, 참으로 풍성한 열매를 맺은 선교였다.

3) **베뢰아** "베뢰아에 있는 사람들은 데살로니가에 있는 사람들보다 더 너그러워서 간절한 마음으로 말씀을 받고 이것이 그러한가 하여 날마다 성경을 상고[했다]"(17:11). 하지만 바울을 대적하는 유대인들이 데살로니가에서 베뢰아까지 쫓아와 소동을 피워서 바울은 마게도냐를 떠나 아가야로 향했다.

3. **아가야** 아가야는 그리스 남부 지역으로 마게도냐 밑에 위치했다.

1) **아덴** 아덴에 도착한 바울은 이 도시에 우상이 가득한 것을 보고 마음에 분이 일어 회당에서는 유대인들과, 장터에서는 스토아파와 에피쿠로스파의 철학자들을 비롯한 헬라인들과 날마다 변론했다. 그는 "알지 못하는 신에게"(17:23) 바쳐진 제단을 접촉점으로 삼아 복음을 전했는데, 이 설교(17:22-31)는 비시디아 안디옥에서의 설교(13:16-41)와 많이 달랐다. 후자는 유대인을 대상으로 구약을 훑으면서 나사렛 예수가 구약의 예언을 성취한 메시아심을 증명하는 설교였다. 반면 전자는 이방인 청중에게 창조와 역사를 통한 하나님의 계시를 드러내는 설교였다. 그 요지는, '천지와 만물을 지으신 하나님은 사람의 손으로 섬김을 받지 않으시며 또 역사를 주관하심으로써 사람들로 당신을 더듬어 찾게 하신다. 심지어 헬라 시인도 인간을 신의 소생이라고 했는데, 인간이 손으로 만든 우상을 섬기는 것은 지극히 어리석은 일이다. 하나님이 예수님을 다시 살리시고 그로 말미암아 심판의 날을 정하셨으니 그러므로 회개하고 예수님을 믿으라'는 것이었다. 하지만 아덴 사람들은 복음에 큰 반응을 보이지 않았고 소수만 믿었다.

2) **고린도** 아덴을 떠나 아가야의 수도인 고린도에 도착한 바울은 이곳에서 장막 깁는 일을 하던 아굴라, 브리스길라 부부와 합류하여 함께 일하면서 복음을 전했다. 이들은 평생 바울의 동역자가 되어 그의 선교를 재정

적으로, 또 여러 방법으로 도왔다. 바울은 고린도에서 1년 6개월을 머물면서 복음을 전했는데, 회당장 그리스보를 비롯해 많은 고린도인이 회심했다. 그 후 갈리오가 아가야 총독이 되었을 때 유대인들이 바울을 대적하여 소동을 일으키자 바울과 아굴라 부부는 고린도를 떠나 에베소로 갔다.

3) **안디옥으로 귀환** 아굴라 부부는 에베소에 남고 바울은 안디옥으로 돌아갔다.

바울의 3차 선교 여행(18:23-20:38)

1. **에베소** 안디옥에 잠시 머문 바울은 다시 그곳을 떠나 갈라디아, 브루길라를 거쳐 에베소에 이르렀다. 바울은 이곳에서 한 무리의 제자를 만났는데 그들은 성령에 대해 듣지 못했다고 말했다. 바울은 그들에게 예수님에 대해 말하고 예수님의 이름으로 세례를 주었다. 그러자 그들 위에도 성령이 임하셨다. 에베소에 도착한 바울은 처음 석 달 동안 회당에서 복음을 전했다. 하지만 유대인들이 배척하자 그 뒤로는 두란노 서원에서 2년 동안 복음을 전했다. 그 결과 아시아에 사는 많은 사람이 주의 복음을 듣게 되었다. 유대인 제사장 스게와의 아들들이 바울을 흉내 내어 축사를 하려다가 봉변을 당한 사건이 계기가 되어 에베소에 큰 부흥이 일어났다. 이 사건은 결국 아데미 신전을 기반으로 사업을 벌이던 은장색 데메드리오가 주도한 소요 사태로 이어졌다.

2. **헬라와 드로아** 소요 사태로 더 이상 에베소에 머물기 어렵게 된 바울은 그곳을 떠나 마게도냐와 헬라를 거쳐 드로아에 이르렀다. 드로아에서 말씀을 전할 때 밤이 깊어지자 유두고라는 청년이 졸다가 3층에서 떨어져 죽는 일이 생겼는데 바울이 그를 살려냈다. 이후 바울은 아시아에서 지체하지 않고 오순절 전에 예루살렘에 도착하려고 에베소에 들르지 않고 밀레도로 갔다.

3. **밀레도** 바울은 밀레도에서 사람을 보내 에베소의 장로들을 청하여 오게 한 후 그들에게 아시아를 떠나기 전 마지막 고별 설교를 했다. 이 설교(20:18-35)

에서 바울은 자신의 선교 사역에 대한 생각과 느낌을 자세히 밝혔다.
1) **바울의 행함** 바울은 겸손과 눈물로 행했고 시험을 참으며 주를 섬겼다. 또 탐심으로 행하지 않고 스스로 일하여 모범을 보였다.
2) **바울의 메시지** 바울은 그들에게 유익한 것은 어디서나 거리낌 없이 모두 전했다. 하나님에 대한 회개와 주 예수님에 대한 믿음을 전했다. 그는 하나님의 뜻을 다 전했기 때문에 모든 사람의 피에 대해 깨끗하다고 주장할 수 있었다.
3) **바울의 자세** 바울은 예루살렘에서 해를 당할 것을 알았지만 복음을 전하는 사명을 완수하기 위해 자기 목숨도 아깝게 생각하지 않았다.
4) **바울의 권면** 바울은 에베소의 장로들에게 이단을 경계하고 양 떼를 잘 돌보며 지키라고 당부했다. 또 자신이 전한 것을 기억하라고 권면한 후 하나님과 그 은혜의 말씀에 그들을 의탁했다.

교훈

1. **선교 전략** 바울은 복음을 상황에 맞게 잘 전했다. 아덴에서 한 그의 설교는 어떤 이들의 생각처럼 실패가 아니었다. 복음의 메시지는 결코 변할 수 없지만 복음을 전하는 방식은 상황에 따라 달라져야 한다.
2. **사명 의식** 바울은 가는 곳마다 반대에 부딪혔고 위협을 받았다. 하지만 그는 결코 굴하지 않고 담대히 복음을 전했다. 그 비결은 주님과 주님이 주신 사명(복음 전파)을 위해 자기 생명을 내놓은 데 있었다.

사도행전 6과

바울 3

성경 이야기 _{행 21-28장}

밀레도에서 에베소의 장로들에게 고별 설교를 한 바울은 아시아를 떠나 예루살렘으로 갔다. 이 여행의 목적은 마게도냐와 아가야 교회들이 예루살렘 교회에 보내는 구제금을 전달하는 것이었다. 예루살렘에 도착한 바울은 선지자 아가보의 예언대로 유대인들의 강력한 반발에 부딪혔고, 정상적인 재판을 할 수 없는 상황이 되어 가이사랴로 호송되었다. 거기서도 계속된 유대인들의 방해 공작으로 정당한 재판을 받을 수 없게 되자 바울은 황제 가이사에게 호소했고, 결국 로마로 가게 되었다. 누가는 로마에 도착한 바울이 가택 연금된 상태로 자기를 찾아오는 모든 사람에게 복음을 전하는 모습을 그리며 사도행전을 끝맺는다.

본문 이해

1. 예루살렘으로(21:1-16) 밀레도에서 에베소의 장로들과 작별한 바울은 몇몇 도시를 거쳐 가이사랴에 이르렀다. 그곳에서 그는 예언의 은사를 가진 네 딸과 살고 있는 전도자 빌립의 집에 머물렀다. 그때 선지자 아가보가 찾아와 바울의 띠를 자신의 손발에 매면서 이 띠의 임자가 예루살렘에서 이렇게 결박될 것이라고 예언했다. 이 말을 들은 주위 사람들은 바울이 예루살렘으로 가는 것을 만류했지만, 바울은 결박당하는 것뿐 아니라 주 예수의 이름을 위해 죽음도 각오했다며 자신의 계획을 실천할 것을 강경하게 말했다. 아가보

의 예언은 바울에게 일어날 일에 대한 것이었지 예루살렘으로 가는 여부에 대한 것이 아니었다. 하나님의 뜻을 분별하는 기준은 우리의 편의와 안전이 아니라 그분의 나라와 그분의 의다.

2. 예루살렘에서(21:17-23:32)

1) **형제들의 환영** 예루살렘에 도착한 바울은 야고보에게 환영을 받았다. 야고보는 바울에게 그에 대한 유대인들의 오해를 풀고 적의를 누그러뜨리기 위해, 서원한 사람 네 명과 함께 결례를 행할 것을 권했다. 바울은 그의 충고를 받아들여 그대로 행했는데 오히려 이 일은 엉뚱한 결과를 낳고 말았다. 전에 바울이 에베소 사람 드로비모와 성내에 있었던 것을 본 유대인들이 드로비모가 성전 안에 있는 것을 보고 바울이 이방인을 성전으로 데리고 들어간 것으로 오해했다. 바울은 복음의 본질에 속한 문제에 대해서는 추호의 타협도 불허했지만[예: 안디옥에서 이방인들과의 식사를 회피한 베드로에 대한 책망(갈 2장)], 비본질적인 문제에 대해서는 상황에 따라 유연성을 보였다[예: 디도에게는 할례를 금하고(갈 2장) 디모데에게는 할례를 준 일(행 16장)].

2) **유대인들의 소요와 바울의 변호** 이 유대인들은 아시아에서 온 자들로서 그곳에서 바울이 전하는 복음을 듣고 그가 할례와 율법을 모독했다고 생각했다. 이들의 충동에 성난 유대인들은 바울을 잡아 성 밖으로 끌고 나가 죽이려 했다. 상황이 급박해지자 로마 군대의 천부장이 극적으로 개입하여 바울을 구출했다. 천부장에게서 유대인 군중에게 말할 기회를 얻은 바울은 자신의 체험을 증거했다. 바울은 자신이 철두철미한 바리새인이었으며 예수님을 믿는 사람들을 심히 핍박했다고 말했다. 그들을 잡으려고 다메섹으로 가다가 부활하신 예수님을 만나 그분께 이방인에게 복음을 전하라는 사명을 받았다고 말했다. 이때 군중이 또다시 소란을 피워 그는 더 증거할 수 없었다.

3) **산헤드린 공회 앞에서 바울의 변호** 바울은 이튿날 산헤드린 공회 앞에서 다시 말할 기회를 얻었다. 이때 그는 부활을 부인하는 사두개인과 부활을 믿는 바리새인으로 산헤드린이 구성된 것을 보고, 자신은 죽은 자의 소망인

부활로 인해 이렇게 심문을 받는다고 말했다. 이 말을 들은 공회원들은 즉시 둘로 나뉘어 서로 다투었다. 이후 바울을 죽이기 전에는 먹지도 마시지도 않겠다고 맹세한 자들이 매복했다가 바울을 죽이려는 계획을 세운 사실을 알게 된 천부장은 바울을 예루살렘에서 재판하기 어렵다고 판단하고 그를 가이사랴에 있는 로마 총독 벨릭스에게 보냈다.

3. 가이사랴에서(23:33-26:32)

1) **벨릭스 앞에서의 증언** 바울은 벨릭스 앞에서 두 번 증언하는데, 한 번은 예루살렘에서 대제사장과 장로들이 변사 더둘로를 데리고 와서 그를 고소했을 때다. 또 한 번은 벨릭스와 그의 아내 앞에서였다. 더둘로는 바울을 염병이라고 부르면서 나사렛 이단의 괴수라고 고소했다. 벨릭스는 유대인들의 고소 내용을 다 듣고 또 바울의 자기 변호를 들은 후에 자신이 판결을 내리지 않고 천부장이 올 때까지 미루었다. 한편 벨릭스는 유대 여자인 아내와 함께 바울의 말을 개인적으로 들었는데, 그 자리에서 바울은 "그리스도 예수 믿는 도"를 자세히 설명하여, "의와 절제와 장차 오는 심판"(24:24-25)을 강론했다. 이는 구원의 세 단계(칭의-성화-영화)의 핵심적 내용이다. 벨릭스는 바울에게 뇌물을 기대하는 한편 유대인들의 환심을 사기 위해 바울을 계속 가두어 두었다.

2) **베스도 앞에서의 증언** 벨릭스의 후임 총독으로 부임한 베스도 앞에서 바울은 다시 재판을 받았다. 하지만 이런 재판의 반복으로 자신의 무죄를 증명할 수 없음을 깨달은 바울은 로마 시민권을 사용하여 가이사 앞에서 재판을 받겠다고 요청했다.

3) **아그립바 앞에서의 증언** 얼마 후에 아그립바 왕이 가이사랴를 방문했을 때 베스도는 그에게 바울 이야기를 했고, 아그립바는 바울의 말을 직접 들어보기로 했다. 바울이 자신의 과거와 그 후의 변화에 대해 말하고 마지막으로 자신이 전하는 복음(26:22-23)에 대해 말하자 아그립바는 그가 미쳤다고 외쳤다. 하지만 바울은 자신이 미친 것이 아니라 참되고 정신을 차린 말을 한다고 말하면서 자신처럼 결박된 것 외에는 모든 사람이 자기와

같이 되기를 원한다고 증거했다. 아그립바는 바울의 무죄를 확신하면서 그가 황제에게 호소하지 않았다면 그대로 놓아줄 수도 있을 것이라고 말했다. 바울은 그의 마지막 서신(딤후)에서 자신이 죽으면 의로우신 재판장으로부터 의의 면류관을 받을 것이라고 확신한다고 썼다. 그는 얼마나 불의한 재판을 많이 받았던가? 누가는 여러 차례 로마 관리들이 바울의 무죄를 확신했음을 보고한다. 누가는 이런 기록을 통해 기독교가 합법적인 종교라는 것과 로마의 평화에 해를 가져오지 않음을 보이고자 했다.

4. 로마로(27:1-28:14)

1) **태풍 유라굴로** 아그립바와 베스도는 바울이 무죄임을 알았지만 그가 가이사에게 호소했기 때문에 그를 로마에 보내기로 했다. 바울을 태운 배의 선장이 바울의 말을 듣지 않고 무리하게 항해한 결과 태풍 유라굴로를 만나게 되었다. 이 태풍으로 인해 배에 탄 사람들은 살 소망을 잃었다. 하지만 주님은 바울에게 나타나셔서 로마에서 주님의 증인이 되어야 한다고 말씀하시고 바울과 배에 탄 모든 사람의 생명을 건지실 것을 약속하셨다. 바울은 "나는 내게 말씀하신 그대로 되리라고 하나님을 믿노라"(27:25)고 고백하면서 배에 탄 사람들을 격려했다. 바울의 이 말은, 바른 믿음은 말씀을 근거로 하나님을 신뢰하는 것임을 잘 보여 준다. 바울과 함께 배에 탔던 사람들은 바울 덕분에 생명을 구할 수 있었다. 이 모습은 불순종한 요나의 경우와 좋은 대조를 이룬다. 내 주위의 사람들이 나로 인해 유익을 얻는가? 아니면 해를 받는가?

2) **멜리데 섬에서** 바울을 실은 배는 표류하다가 멜리데 섬에 닿았다. 이 섬 주민들은 바울 일행을 극진히 환대했다. 그들은 난민들을 위해 피운 불에서 튀어나온 뱀이 바울의 손을 물었는데도 그가 상하지 않자 그를 신이라고 생각했다. 또 바울은 그 섬의 제일 높은 사람의 부친의 열병을 고쳐 주기도 했다. 바울은 그 섬에서 석 달을 머무르고 배가 준비되자 다시 로마로 향했다. 바울은 주님이 약속하신 대로 무사히 로마에 도착할 수 있었다. 우리의 생명은 하나님의 손에 달려 있다. 하나님은 우리가 사명을

5. **로마에서**(28:15-31) 로마에 도착한 바울은 셋집에서 일종의 가택 연금 상태에 놓이게 되었다. 그곳에서 2년 정도 머물면서 자신을 찾아오는 모든 유대인에게 복음을 전했다. 하지만 유대인 대부분이 복음을 받아들이지 않자 그는 이방인에게로 간다고 말했다. 사도행전은 이와 같이 예루살렘에서 전파되기 시작한 복음이 로마에까지 이르게 된 과정을 보여 준다. 그 후 바울은 가택 연금에서 풀려나 그가 그토록 원했던 서바나에 가서 복음을 전했고, 그 후 다시 로마 감옥에 감금되었다가 순교했다. 바울은 네로 황제 때(주전 64년경) 참수형을 당해 순교한 것으로 전해진다.

교훈

사도행전의 주인공은 누구인가? 겉으로는 사도, 특히 베드로와 바울처럼 보인다. 하지만 배후에서 이들을 움직이신 분은 성령님과 예수님이시다. 바울의 영웅적인 선교는 주님이 그를 붙들어 주셨기에 가능했다. 주님은 바울이 고린도에 있을 때, 예루살렘에서 체포되었을 때, 풍랑을 만났을 때, 계속 나타나 그를 위로하고 보호해 주셨다. 선교의 주인공은 주님이시다. 나는 다만 그분의 손에 붙들려 쓰임받는 도구일 뿐이다. 그런 도구였던 바울이 보여 주는 교훈은 충성이다. 주님은 충성된 자를 찾으신다.

공동서신 1과

히브리서 1

성경 이야기

1. **저자/독자** 히브리서의 저자가 누구인지는 알 수 없다. 한때 바울이 쓴 것으로 추정했지만 본서의 사상과 문체가 너무 달라 바울 저작설은 더 이상 받아들여지지 않는다. 루터는 아볼로를 제안했고, 또 다른 이름들이 거론되었지만 결국 모두 추측에 불과하다. 오리겐의 말처럼 "히브리서의 저자가 누구인지는 오직 하나님만 아신다." 반면 독자에 대해서는 대체로 의견이 일치한다. 그들은 로마에 거주하는 유대인 그리스도인으로서 박해를 당하고 있었기에 유대교로 돌아가려는 유혹을 받고 있었다.

2. **기록 연대** 본서의 기록 연대를 추정하기 위해서는 본서에서 언급되는 박해(12:4)와 예루살렘 성전의 멸망을 기준으로 삼아야 한다. 이 경우에도 어느 한 쪽으로 확정 짓기는 어렵다. 다만 전체적으로 보아 네로의 박해 직전, 예루살렘 성전의 파괴 이전인 주전 65년 이전으로 보는 것이 타당할 듯싶다.

3. **주제** 본서의 주제는 그리스도의 탁월성이다. 저자는 그리스도가 선지자, 천사, 모세, 여호수아보다 더 뛰어난 분임을 설명하고, 마지막으로 아론보다 더 뛰어난 대제사장이심을 밝히면서 그분의 대제사장 사역을 길게 강론한다. 이런 그리스도의 탁월한 신분은 자연히 그분 사역의 탁월성의 바탕이 된다. 그리스도의 대제사장 사역은 아론의 사역의 바탕이 되는 옛 언약보다 더 뛰어난 새 언약에 근거하고 있다. 본서에는 "더 나은"이라는 표현이 여러 번 나오면서 옛 언약보다 우월한 새 언약의 특징을 강조한다. 그리고 이 모

든 것은 바로 다름 아닌 그리스도의 탁월성에 기인한 것이다.

4. 개요

1:1-10:18	믿음의 대상이신 그리스도(3:1)			
1:1-4:13	구약보다 뛰어나신 그리스도	• 선지자(1:1-3)		
		• 천사(1:4-2:18)		경고 1(2:1-4)
		• 모세(3:1-6)		경고 2(3:7-19)
		• 여호수아(4:1-13)		
4:14-10:18	그리스도의 대제사장직	• 특성(4:14-7:28): 멜기세덱 반차		경고 3(5:11-6:20)
		• 사역(8:1-10:18): 새 언약의 중보		
10:19-13:25	믿음의 모본이신 그리스도(12:1)			
11장 믿음/12장 소망/13장 사랑			경고 4(10:19-39)/경고 5(12:18-29)	

본문 이해

구약보다 뛰어나신 그리스도(히 1:1-4:13)

1. 선지자(1:1-3) 그리스도는 하나님의 마지막 말씀으로서 그 전의 선지자들이 전한 계시를 완성하신다. 저자는 하나님을 말씀하시는 분으로, 그리스도를 말씀으로 묘사한다. 그리스도는 다음과 같은 분이다.

　1) **본성**(Nature) 하나님의 아들(2절)

　　　　　　　　하나님의 영광의 광채요 그 본체의 형상(3절)

　2) **사역**(Work) 창조(2절), 섭리(3절), 구속(3절), 계시(2절)

　3) **신분**(Status) 승귀(3절), 만유의 상속자(2절)

2. 천사(1:4-2:18)

　1) **우월성** 저자는 그리스도를 천사 중 하나로 보는 이단을 경계하면서 하나님이 천사보다 뛰어난 이름을 그리스도께 주셨음을 구약의 여러 구절 (삼하 7:14, 시 2:7, 110:1 등)을 인용하여 논증한다. 이 구절들은 아들에 대해

말하는데 저자는 그것을 그리스도께 적용하고 있다. 천사들은 아들이 아니며 부리는 영에 지나지 않는다.

2) **낮아지심** 장차 올 세상은 천사들이 아니라 그리스도와 그와 함께한 성도들에게 주신 것이다(2:5). 하지만 그리스도는 인간의 몸으로 오심으로써 잠시 천사들보다 낮아지셨다. 이는 (1) 우리를 위해 죽음을 맛보시고(9절), (2) 구원의 주로서 온전하게 되며(10절), (3) 형제들과 하나가 되고(11-12절), (4) 마귀를 멸하심으로 혈육에 속한 자녀를 놓아주며(14-16절), (5) 자비하고 충성된 대제사장이 되시기 위해서다(17-18절). 이 모든 일은 천사들이 아니라 아브라함의 자손을 위한 것이다(16절).

3. **경고 1(2:1-4)** 저자는 들은 말씀을 간절히 삼가라고 명하면서, 천사들로 하신 말씀(율법)을 범해도 모든 공정한 보응을 받는데, 이 큰 구원(복음)을 소홀히 하면 얼마나 더 큰 벌을 받겠느냐고 경고한다. 더욱이 이 복음은 주님이 말씀하셨고, 사도들이 증거했으며, 하나님도 표적과 기사들로 확증하신 것이다. 따라서 우리는 들은 말씀을 믿음으로 꼭 붙들어야 한다. 그렇지 않으면 그 말씀(신앙)과 구원을 놓치게 된다.

4. **모세(3:1-6)** 모세와 그리스도는 하나님과 백성 사이에 중보 역할을 했고 하나님의 집에 충성했다. 하지만 모세가 종으로서 그렇게 했다면 그리스도는 아들로서 그렇게 하셨다. 따라서 집을 지은 자가 그 집보다 더 존귀한 것처럼 그리스도는 모세보다 더 위대하시다. 하나님은 만물을 지으신 분이고, 우리는 소망을 굳게 잡음으로써 그분의 집이 된다. 그리스도는 하나님과 연결되고, 모세는 우리와 연결된다.

5. **경고 2(3:7-19)** 저자는 시편 95편 7-11절을 인용하면서 광야 세대의 모습을 경고로 제시한다. 그들은 출애굽 했지만 광야에서 고생에 지쳐 불평과 원망을 일삼으며 애굽으로 돌아가려고 했다. 결국 그들은 하나님의 진노를 사서 결국 약속의 땅에 들어갈 수 없었다. 이와 마찬가지로 독자들이 예수님을 믿고 영적으로 출애굽 한 뒤 다시 유대교로 되돌아가는 것은 광야 세대가 애굽으로 돌아가려고 했던 것과 같은 불순종이 된다. 그 결과는 하나님

의 진노뿐이다. 저자는 독자들에게 믿지 않는 악심에 빠지지 않도록 조심하고, 피차 권하여 죄의 유혹으로 강퍅해지는 것을 면하라고 권면한다.

6. **여호수아**(4:1-13) 광야 세대는 우리와 같이 복음(말씀)을 들었지만, 그 말씀을 믿음으로 붙잡지 못해 유익을 얻지 못했다. 하지만 믿는 우리는 "저 안식"(3절)에 들어가게 되었다. 저자는 여호수아의 지도 아래 가나안 땅에 들어간 자들도 진정한 안식을 얻지 못했다고 말하면서, 이 모든 것(구약)은 우리가 그리스도 안에서 얻게 될 안식을 예고하는 것이라고 말한다. 그 이유는 시편 95편에서 또다시 "오늘날"이라고 나오면서 하나님의 백성이 안식에 들어갈 때가 남아 있다고 말하기 때문이다. 하나님의 안식은 그리스도를 통해 받는다. 유대교로 되돌아가는 일은 안식을 잃어버리는 것이다. 저자는 결론으로 하나님 말씀의 능력을 지적한다. 믿음으로 말씀을 붙들 때, 그 말씀은 우리의 심령 깊은 곳까지 하나님 앞에서 정결하게 해준다.

그리스도의 대제사장직(4:14-6:20)

1. 그리스도의 대제사장직의 **특성**(4:14-5:10)

1) **사역** 그리스도는 승천하신 분으로서(높아지심) 우리의 연약함을 체휼하신 분이다(낮아지심). 이 두 사역을 통해 그리스도는 우리를 하나님께로 인도하실 수 있게 되었다. 따라서 이제 우리는 그리스도를 통해 은혜의 보좌 앞에 담대히 나아갈 수 있게 되었다.

2) **자격** 대제사장이 되려면
   - 연약한 인간들 가운데서 택함을 받아야 하고,
   - 스스로 원해서가 아니라 아론처럼 하나님의 임명을 받아야 한다. 그리스도는 하나님의 아들이라 부르심을 받았고(시 2:7), 멜기세덱의 반차를 좇은 제사장으로 임명받았다(시 110:4). 또 육체에 계실 때에 심한 통곡과 눈물로 간구와 소원을 올렸고, 그분의 경건하심으로 하나님이 응답을 받았으며, 받으신 고난을 통해 순종을 배워 온전해지셨다. 그래서 하나님은 그분을 대제사장으로 삼으신 것이다.

2. 경고 3(5:11-6:20)

1) **성장** 히브리서의 독자들은 멜기세덱에 대한 교훈을 배울 만큼 성숙하지 못했다. 그들은 아직 어린아이로 장성한 사람이 먹는 단단한 음식이 아니라 부드러운 젖을 먹어야 했다. 저자는 그들에게 그리스도 도의 초보(죽은 행실을 회개함과 하나님에 대한 신앙과 세례와 안수와 죽은 자의 부활과 영원한 심판에 관한 교훈의 터)를 버리고 장성한 데로 나아가라고 권한다.

2) **배교** 여기에 묘사된 자들이 구원받은 자인지 그렇지 않은 자인지에 대한 논란이 많다. 묘사된 바에 따르면 적어도 그들이 경험한 바는 구원받은 자들이 하는 경험과 다르지 않다. 하지만 저자는 경험이 아니라 열매가 중요하다고 말한다. 누가 참으로 구원받은 사람인지를 아는 길은 결국 땅이 어떤 열매를 내는가에 달려 있다. 그 열매는 끝까지 믿음을 지키는 성도의 지표다. 여기서 이런 경험을 한 자들이 타락(배교)하면 다시 회개하게 할 수 없다는 말은 회개해도 받아주지 않는다는 뜻이 아니라, 회개할 수 없는 마음의 상태로 나아가게 된다는 뜻이다.

공동서신 2과

히브리서 2

본문 이해

그리스도의 대제사장직(7:1-10:18)

1. 멜기세덱의 반차를 좇은 그리스도(7장)

1) **멜기세덱의 정체** 그는 살렘 왕이요 하나님의 제사장으로서 전쟁에서 돌아오는 아브라함에게 십일조를 받고 그를 위해 복을 빌어 주었다(창 14장). 그는 평화의 왕이요 의의 왕이며, 가족도 족보도 시작도 끝도 없는 영원한 제사장이다.

2) **멜기세덱의 우월성** 멜기세덱은 아론보다 크다. 그 이유는 아브라함이 그에게 십일조를 바치고 그가 빌어 주는 복을 받았을 때 아론의 조상 레위도 아브라함의 허리에 있으면서 그 일에 동참했기 때문이다.

3) **새 언약의 필요성** 하나님이 유다 지파에 속하신 그리스도에게 "너는 멜기세덱의 서열을 따라 영원한 제사장이라"(시 110:4)고 말씀하신 것은 아론의 제사장직이 불완전했기 때문이다. 제사장 직분이 바뀌면 율법도 바뀌어야 하고, 율법이 바뀌면 그것을 근거로 하는 언약이 바뀐다는 의미다. 율법은 아무것도 온전하게 할 수 없다.

4) **그리스도의 제사장직의 우월성** 아론의 제사장들은 맹세 없이 제사장이 되었지만 그리스도는 맹세를 따라 제사장이 되셨다. 또 그들은 육체를 따라 제사장이 됐지만, 그리스도는 영원한 생명의 능력으로 제사장이 되셨다. 그들은 죽을 수밖에 없었기 때문에 수가 많았다. 하지만 그리스도

는 영원히 살아 계시면서 자기를 힘입어 아버지께 나아오는 자를 온전히 구원하실 수 있다. 그들은 먼저 자신들의 죄를 위해 제사를 드려야 했지만, 그리스도는 거룩하시고 악과 더러움이 없으시며 죄인에게서 떠나 계시고 하늘보다 높아지신 분이기에 자신을 위해 제사를 드릴 필요가 없었다.

2. 새 언약의 중보이신 그리스도(8:1-10:18)

1) **새 언약**(8장) 주님은 성소와 참 장막에서 섬기신다. 그 장막은 하늘에 있는 것이며, 땅에 있는 장막은 하늘에 있는 것의 모형과 그림자일 뿐이다. 이 하늘의 장막은 옛 언약이 아니라 새 언약에 근거한 것이다. 첫 언약은 낡고 쇠해지기 때문이다.

2) **새 언약과 그리스도의 사역**(9:1-10:18)

- 성소와 그리스도의 사역(9:1-14) 저자는 첫 장막의 구조와 여러 기구에 대해 설명하면서 첫 장막이 보여 주는 것은 하나님께 나아갈 수 있는 길이 막혀 있다는 사실이라고 말한다. 예수님은 손으로 짓지 않은 하늘의 성소에서 영원하신 성령으로 말미암아 염소와 송아지의 피가 아닌 흠 없는 자신의 피를 드리심으로 하나님께 나아가는 자들을 온전히 정결하게 하셨다.

- 새 언약의 중보로서의 사역(9:15-28) 옛 언약에 속한 모든 것은 피로써 정결해졌다. 피 흘림을 통해서만 죄 사함을 받기 때문이다. 그리스도는 피를 흘리심으로 하늘에 속한 것들을 정결하게 하셨다. 땅에 있는 제사장들은 해마다 제사를 반복했지만 그리스도는 단번에 자신을 드려 제사를 완성하셨다.

- 제사와 그리스도의 사역(10:1-18) 제사장들은 그들의 사역이 완전하지 못하기 때문에 매일 서서 제사를 드렸지만 그리스도는 단번에 사역을 완수하시고 하나님의 우편에 앉으셨다. 새 언약은 용서와 성령을 약속한다.

믿음의 본이 되신 그리스도 (10:19-13:25)

1. 경고 4 (10:19-39)

1) **믿음, 소망, 사랑에 대한 권면** (19-25절) 주님이 휘장 가운데로 열어 놓으신, 하나님께 나아가는 새롭고 산 길을 통해 온전한 믿음으로 하나님께 나아가야 한다. 약속하신 이는 미쁘시니 우리는 소망을 굳게 잡아야 하고, 서로 돌아보아 사랑과 선행을 격려해야 한다.

2) **배교에 대한 경고** (26-39절) 진리를 아는 지식을 받은 후 고의적으로 죄를 범하면(배교하면) 다시 속죄하는 제사가 없다. 율법을 어겨 중한 벌을 받았다면, 하나님의 아들을 밟고 언약의 피를 부정하게 여기며 성령을 욕되게 하는 자들이 받을 벌이 얼마나 더 중하겠는가? 살아 계신 하나님의 심판의 대상이 되는 것이 가장 두려운 일이다. 전날에 핍박을 이겼던 것처럼 담대함을 버리지 말고 끝까지 인내해야 한다.

2. 믿음의 권면 (11:1-12:3)

1) **정의** (11:1) 믿음은 바라는 것들, 즉 우리의 소망과 관련되어 있다. 믿음은 그 소망이 반드시 이루어질 것을 확신하는 것이다. 하지만 우리가 바라는 것들은 눈에 보이는 것이 아니다. 그렇기에 믿음이 더욱 필요하다. 바울도 "우리가 소망으로 구원을 얻었으매 보이는 소망이 소망이 아니니 보는 것을 누가 바라리요 만일 우리가 보지 못하는 것을 바라면 참음으로 기다릴지니라"(롬 8:24-25)고 말한다.

2) **선진들의 예** (11:2-40) 저자는 선진들의 삶에서 믿음이 어떻게 작용했는지를 구체적인 예를 들어 설명한다.

- 창조 우리는 만물이 말씀으로 된 것을 믿음으로 안다.
- 아벨 믿음으로 더 나은 제사를 드렸고 의로운 자로 인정받았다.
- 에녹 믿음으로 하나님과 동행했고 하나님을 기쁘시게 했다.
- 노아 믿음으로 보이지 않는 일에 경고를 받고 방주를 지었으며, 세상을 정죄하고 의의 후사가 되었다.

- 아브라함 믿음으로 부르심을 받았을 때 갈 바를 알지 못하고 나아갔고, 동일한 약속을 받은 이삭과 야곱과 더불어 더 나은 본향을 사모하면서 땅에서는 이방인과 나그네로 살았다. 또 사라와 함께 믿음으로 약속의 아들을 받았고, 또 그 아들을 하나님께 바쳤다. 그는 하나님이 이삭을 살리실 것이라고 믿었다.
- 이삭과 야곱 믿음으로 자손을 축복했다.
- 요셉 믿음으로 후손에게 자기 유골을 갖고 출애굽하라고 명했다.
- 모세 그의 부모는 믿음으로 왕의 명령을 무서워하지 않고 그를 석 달 동안 숨겨 키웠고, 그는 믿음으로 애굽의 부귀영화 대신 하나님 백성의 고난에 참여하는 쪽을 택했다. 또 믿음으로 유월절에 피를 뿌리는 의식을 정했고 홍해를 건넜다.
- 그 이후 여호수아는 믿음으로 여리고를 무너뜨렸고, 기생 라합은 믿음으로 정탐꾼을 도와주었다. 그 뒤를 잇는 사사들, 사무엘, 다윗, 선지자들도 모두 믿음으로 살았다.
- 믿음의 두 양상 어떤 이들은 믿음으로 세상에서 성공하고 승리했지만, 어떤 이들은 더 나은 부활을 사모하면서 세상에서는 말할 수 없는 고난을 겪었다.

3. 소망의 권면(12:1-17)

1) **그리스도의 본**(1-3절) 저자는 구름같이 둘러싼 허다한 믿음의 증인을 말하며 독자들에게 믿음의 경주를 달려갈 것을 권면한다. 그러기 위해서는 무엇보다도 그리스도를 바라보아야 했다. 그리스도는 믿음의 주(저자, 개척자)요 완성자가 되시기 때문이다. 주님은 특별히 앞에 있는 영광을 위해 십자가를 참으셨고 거역한 자들에게 오래 인내하셨다.

2) **징계에 대한 권면**(4-13절) 독자들은 아직까지 피 흘리기까지, 다시 말해서 순교하기까지 고난을 받은 것은 아니었다. 이들은 자신에게 임하는 고난이 하나님의 징계임을 알아야 했다. 하나님이 징계를 베푸시는 것은 우리가 사생자가 아니라 참 아들이기 때문이다. 따라서 하나님의 징계를 받

을 때 낙심하지 말고 참고 계속 그분을 공경해야 한다. 육체의 아버지가 자기 뜻대로 우리를 징계해도 참는데, 우리 유익과 거룩함을 위해 우리를 징계하시는 하나님은 얼마나 더 공경해야 하겠는가?

  3) **거룩함에 대한 권면**(14-17절) 우리는 모든 사람으로 더불어 화평함과 거룩함을 추구해야 한다. 거룩함이 없이는 아무도 주를 볼 수 없기 때문이다. 특별히 공동체 안에 쓴 뿌리가 나서 온몸을 더럽히지 않도록 조심해야 하고, 에서처럼 망령되게 행하는 사람이 없도록 서로 격려하고 경계해야 한다.

4. 경고 5(12:18-29)

  1) **우리의 소속** 저자는 옛 언약과 새 언약을 대조하면서 새 언약이 옛 언약에 비해 얼마나 월등한지를 보여 준다. 옛 언약을 받은 시내 산에서의 분위기는 한마디로 두려움이었다. 하나님의 거룩하심이 죄인들 앞에 드러날 때 그들은 모두 두려워 떨었다. 하지만 새 언약 안에서 우리가 이른 곳은 "시온 산과 살아 계신 하나님의 도성인 하늘의 예루살렘과 천만 천사와 하늘에 기록된 장자들의 모임과 교회와 만민의 심판자이신 하나님과 및 온전하게 된 의인의 영들과 새 언약의 중보자이신 예수와 및 아벨의 피보다 더 나은 것을 말하는 뿌린 피"(22-24절)다.

  2) **우리의 의무** 땅에서 주신 명령을 거역해도 큰 심판을 받았다면 하늘에서 명하신 것을 거역할 때 얼마나 더 큰 심판을 받겠는가? 그때 시내 산을 진동시키신 하나님은 다시 만물을 진동시키실 것이다. 그 목적은 진동하지 않는 것들을 영존하게 하기 위해 모든 진동하는 것을 옮기시려는 것이다. 우리는 진동하지 않는 나라를 받은 자들이다. 감사하면서 경건함과 두려움으로 하나님을 섬기자. 하나님은 소멸하시는 불, 즉 심판자시기 때문이다.

5. 사랑의 권면(13:1-19)

  1) **윤리적인 권면**(1-6절) 형제를 사랑할 것, 손님 접대를 잊지 말 것, 갇힌 자와 학대받는 자를 돌볼 것, 혼인을 귀히 여길 것, 돈을 사랑하지 말고 있는 바를 족한 줄로 여길 것(주님이 우리와 함께하심)

2) **종교적인 권면**(7-19절) 지도자들의 본을 따르고 그들에게 순복할 것(7, 17절), 다른 교훈에 이끌리지 말 것(마음은 식물이 아니라 은혜로 굳게 해야 함), 영문 밖에서 고난당하신 주님을 따라 우리도 영문 밖으로 나가 치욕을 짊어질 것, 찬송과 선행의 제사를 드릴 것

6. 맺음말(13:20-25)

1) **기원** 저자는 하나님이 독자들을 온전하게 하사 선한 일과 그분의 뜻을 행하게 하시기를 구한다.

2) **인사** 저자는 디모데의 놓임을 알리고 독자들에게 문안을 전하면서 본서를 끝맺는다.

공동서신 3과

야고보서

성경 이야기

1. **저자/독자** 본서의 저자는 예수님의 동생 야고보다. 그는 예수님이 이 땅에 계실 때는 그분을 믿지 않았지만 부활하신 주님이 나타나신 후(고전 15:7)에는 예수님을 주님으로 믿었다. 그 후 사도들과 함께 기도에 힘쓰다가 성령 강림을 체험했고, 예루살렘 교회의 대표적인 지도자가 되었다. 그는 최초의 교회 공회(예루살렘 공회, 행 15장)를 이끌었다. 그는 엄격한 경건 생활을 한 의인으로 불렸으며, 기도에 힘쓴 나머지 무릎이 낙타처럼 굽어졌다고 한다. 요세푸스의 연구에 따르면, 야고보는 주후 62년경 순교했다. 본서의 독자들은 "흩어져 있는 열두 지파"인데, 이들은 팔레스타인 밖에 거주하던 유대인 그리스도인이었을 것이다. 본서의 내용이 유대적[예: 회당(2:2)]이라는 점도 이 사실을 뒷받침해 준다. 이들은 대체로 가난하고 억압받는 환경에 처해 있었다(1:2-4, 5:4-6). 하지만 야고보는 가난 자체를 선으로 보고 부 자체를 악으로 보지는 않았다. 그러한 환경에서 세속적 정신을 좇지 않고 참 믿음을 좇아 행하라는 것이 야고보의 권면이다.

2. **기록 연대** 본서는 신약성경에서 가장 먼저 쓰인 것으로 인정된다. 그 시기는 대략 예루살렘 공회(주후 50년) 이전 40년대 중반으로 잡는다.

3. **주제** 본서의 주제는 '행함이 있는 믿음'이다. 흔히 바울은 믿음을 강조하고 야고보는 행함을 강조한다고 생각하는데, 이는 표면적인 관찰일 뿐이다. 야고보 역시 믿음을 강조한다. 그는 믿음을 강조하지만 행하지 않는 자들이

믿음을 잘못 이해하고 가르치는 것에 반하여 참 믿음이 어떤 것인지를 강조할 뿐이다. 그에게 행함이 없는 믿음은 죽은 믿음이며, 애초에 믿음이 아니었다. 이 점에서 "사랑으로써 역사하는 믿음"(갈 5:6)을 강조한 바울도 전혀 다르지 않다. 야고보가 행함이 없는 믿음을 질타했다면 바울은 믿음 없는 행함이 구원의 길이 될 수 없음을 강조했다.

4. 개요

1:1-18	시험[시험을 대하는 바른 태도(1-12절)/그릇된 태도(13-18절)]		
1:19-5:6	도를 행함[총론(1:19-27)/각론(2:1-5:6)]		
	총론	1:19-27	언어와 심성(19-21절)/도를 행함(22-25절)/참된 경건(26-27절)
	각론	2:1-26	도를 행함[사람을 외모로 취함(2:1-13)/믿음과 행함(2:14-26)]
		3:1-4:12	언어와 심성[혀(3:1-12)/지혜(3:13-18)/온유한 삶(4:1-12)]
		4:13-5:6	참된 경건-부[부자가 되려는 사람(4:13-17)/악한 부자(5:1-6)]
5:7-20	시험[재림에 대한 태도(7-12절)/고난에 대한 태도(13-20절)]		

본문 이해

1. 시험(1:1-18)

1) **바른 태도**(1-12절) 야고보는 시험이 반드시 있음을 전제한다. 첫째, 우리는 시험을 대할 때 기쁘게 여겨야 한다. 왜냐하면 우리 믿음의 시련이 인내를 만들어 내기 때문이다. 둘째, 우리는 시험을 대할 때 인내해야 한다. 인내를 온전히 이루면 온전하고 구비하여 부족함이 없게 되기 때문이다. 셋째, 우리는 시험을 대할 때 믿음으로 하나님의 지혜를 구해야 한다. 하나님의 관점으로 시험의 실상을 파악해야 하기 때문이다. 결론은 시험을 참는 자는 복이 있다. 이것에 옳다 인정하심을 받은 후 생명의 면류관을 얻을 것이기 때문이다(12절).

2) **그릇된 태도**(13-18절) 첫째, 우리는 시험을 대할 때 하나님께 시험을 받는다고 말하지 말아야 한다. 하나님은 아무도 시험하지 않으시며 우리가 시험

을 받는 이유는 우리 욕심에 끌려 미혹되기 때문이다. 둘째, 우리는 시험을 대할 때 속지 말아야 한다. 온갖 좋은 선물은 다 하나님이 주시는 것이기 때문이다. 하나님은 우리 믿음의 연단을 위해 시험을 허락하시지만 우리가 믿음 아닌 욕심으로 반응할 때는 그것이 유혹이 되어 우리를 넘어지게 한다.

2. 총론(1:19-27) 야고보는 행함이 있는 믿음에 대한 긴 강론에 앞서 먼저 그가 다룰 내용의 핵심을 간단히 소개한다. 첫째, 언어와 심성(19-21절)에 대한 것이다. 우리는 말하기를 더디 해야 하고 혈기를 다스려야 한다. 둘째, 도를 행함(22-25절)에 대한 것이다. 우리는 마음에 심긴 도를 온유함으로 받고 그 도를 행하는 자가 되어야 한다. 셋째, 참된 경건(26-27절)에 대한 것이다. 하나님이 기뻐하시는 경건은 세속에 물들지 않고 과부와 고아 등 불쌍한 자를 돕는 것이다.

3. 도를 행함(2:1-26)

    1) **사람을 외모로 취함**(1-13절) 우리가 영광의 주 그리스도를 믿는다면 사람을 외모로 취하지 말아야 한다(예: 회당에서 부자와 가난한 자들을 차별 대우함). 하나님은 세상에서 가난한 자들을 택해 믿음에 부요하게 하셨다. 부자들은 사람들을 멸시하고 주님의 이름을 훼방하지 않는가? 이웃을 사랑하는 자는 온 율법을 지킨 것이 되지만 외모로 사람을 취하는 자는 율법을 범한 것이 된다.

    2) **행함이 있는 믿음**(14-26절) 행함이 없는 믿음은 죽은 믿음이며, 그런 믿음으로는 구원받을 수 없다(예: 가난한 자들에 대한 태도). 하나님이 한 분이신 줄 아는 믿음으로는 부족하다. 심지어 귀신들도 그분을 믿고 떨지 않는가? 아브라함이나 라합은 행함으로 그들의 믿음을 보였다. 믿음은 행함으로만 알 수 있다.

4. 언어와 심성(3:1-4:12)

    1) **혀**(3:1-12) 야고보는 선생이 되는 일을 조심하라고 경고하면서 우리가 다 말로 실수를 많이 함을 지적한다. 혀는 작지만 엄청난 파괴력이 있고, 길

들이기가 어려우며, 쉬지 아니하는 악이요 죽이는 독이 가득하다. 우리는 한 혀로 하나님을 찬송하고 하나님의 형상대로 지음 받은 사람을 저주한다. 혀의 문제는 실상 마음의 문제다. 물과 열매는 샘과 나무가 결정하기 때문이다.

2) **지혜**(14-18절) 그렇다면 혀의 해결책은 마음을 다스리는 데 있다. 야고보는 우리가 위로부터 오는 지혜를 받을 때 그렇게 할 수 있다고 말한다. 거짓 지혜는 세상적, 정욕적, 마귀적이며, 독한 시기와 다툼, 요란과 모든 악함을 드러낸다. 하지만 위로부터 난 지혜는 성결, 화평, 관용, 양순, 긍휼과 선한 열매가 가득하고 편견과 거짓이 없다. 이러한 지혜를 가진 자는 화평하게 하는 자들로서 화평으로 심어 의의 열매를 거둔다. 야고보가 말하는 위로부터 오는 지혜는 바울이 말하는 성령 충만과 다르지 않다.

3) **온유한 삶**(4:1-12) 신앙생활에는 세 가지 적이 있다. 바로 정욕과 세상과 마귀다(엡 2:1-3). 믿음의 지체들 사이에 다툼이 일어나는 것은 이러한 정욕 때문이다. 그 해결책은 다툼이 아니라, 기도하여 하나님께 응답받는 것이다. 우리는 또 세상을 사랑하는 간음을 행하지 않아야 한다. 세상을 사랑하는 자는 하나님과 원수가 된다. 하나님은 그분이 우리 안에 거하게 하신 영을 시기하도록 사모하시는 분이다. 따라서 우리는 하나님을 가까이 하고 마귀를 대적해야 한다. 마귀는 우리가 대적하면 달아난다. 우리는 손을 깨끗이 하고, 마음을 성결하게 하며, 주님 앞에서 자신을 낮추고 겸손해야 한다. 하나님은 교만한 자를 대적하시고, 겸손한 자에게 은혜를 주시기 때문이다. 이런 겸손은 형제를 비방하는 일을 멈추게 한다.

5. 참된 경건: 부에 대한 경고(4:13-5:6)

1) **부자가 되려는 사람**(4:13-17) 부를 꿈꾸며 자신의 계획을 자랑하는 자는 어리석다. 왜냐하면 그는 자기 생명의 기한을 알지 못하기 때문이다. 우리는 자신이 안개와 같은 존재임을 기억하고, 하나님의 뜻 안에서 행하며, 기회 있을 때 선을 행해야 한다.

2) **부자에 대한 경고**(5:1-6) 야고보가 경고하는 부자들의 문제는 두 가지다.

첫째, 그들은 바른 방법으로 부를 모으지 않았다. 그들은 품꾼에게 삯을 제대로 주지 않고 이에 항의하는 옳은 자들을 핍박했다. 둘째, 이들은 바른 목적으로 부를 쓰지 않았다. 그들은 자신만을 위해 재물을 쌓고 사치와 잔치를 즐겼다. 이에 대해 야고보는 그들에게 임할 심판으로 인해 울며 통곡하라고 강하게 경고하면서 그들이 의지하는 부는 심판 날에 다 썩어 있을 것이며, 오히려 그들을 고소하는 증거가 될 것이라고 말한다.

6. 시험(5:7-20)

1) **재림을 기다리는 태도**(7-12절) 야고보는 부자에 대해 경고한 후 가난하지만 의를 추구하는 자들에게 농부, 선지자, 욥의 인내를 예로 들면서 주님의 재림을 인내로 기다리라고 권면한다. 우리는 서로 원망하지 말고 맹세하지 말아야 한다.

2) **고난을 대하는 태도**(13-20절) 그리스도인이 삶을 대하는 기본 태도는 찬송과 기도다. 우리는 즐거울 때는 찬송하고 고난당할 때는 기도해야 한다. 특별히 병들었을 때는 교회의 지도자들을 청해 온 교회가 합심하여 기도해야 한다. 함께 회개하며 드리는 공동체의 기도는 죄 사함과 병 고침의 회복을 가져온다. 특히 양심에 거리낌이 없는 담대한 의인이 드리는 믿음의 간구에는 역사하는 힘이 많다(예: 엘리야). 또 참된 공동체는 진리를 떠난 지체들도 회복시켜야 한다.

공동서신 4과

베드로전서

성경 이야기

1. **저자/독자** 베드로전서의 저자는 사도 베드로다. 본서 자체의 증거(1:1)뿐 아니라 사도행전에 나오는 베드로의 설교와 본서의 내용 사이의 유사성을 보아도 그 사실을 알 수 있다. 하지만 본서가 유려한 헬라어로 쓰였기 때문에 베드가 본서를 썼다는 데 의문을 제기하는 이들도 있다. 이 점은 베드로가 실루아노를 대서자로 기용한 사실로 충분히 반박할 수 있다(5:12). 본서의 독자들은 "본도, 갈라디아, 갑바도기아, 아시아와 비두니아에 흩어진 나그네"(1:1)로 묘사되고 있다. 이들은 얼핏 보면 유대인 그리스도인 같지만(2:12), 주의 깊게 읽어 보면 이방인 그리스도인으로 보는 것이 더 타당하다(2:9-10). 이들은 믿음으로 인해 핍박과 반대에 부딪혔으며 베드로는 이들을 격려하기 위해 본서를 기록했다.

2. **기록 연대** 본서의 기록 연대를 알려면 본서에서 언급되고 있는 핍박의 성격을 파악해야 한다. 본서의 독자들은 믿음 때문에 박해를 받고 있었지만 아직은 네로 황제 때의 본격적이고 대대적인 핍박에는 이르지 않은 것으로 보인다. 따라서 본서의 기록 연대는 네로가 본격적으로 박해를 시작했던 주후 64년 이전으로 보는 것이 타당하다.

3. **주제** 본서에 반복해서 등장하는 단어는 선행, 증거, 고난이다. 그리스도인은 무엇보다도 거룩하게 선을 행하며 살아야 한다. 그럴 때 세상을 향해 바른 증거를 하게 된다. 하지만 선한 삶을 살아도 고난당할 수 있다. 그래도

그리스도를 본받아 끝까지 인내하며 선의 길을 가면 영광에 이르게 될 것이다.

4. 개요

1:1-2	인사		
1:3-2:10	구원과 성화	1:3-12	구원
		1:13-2:10	성화(성도의 삶과 신분)
2:11-4:11	선행과 증거	2:11-12	주제 권면
		2:13-3:7	순복의 삶(시민, 종, 아내, 남편으로서의 순복)
		3:8-4:6	선행과 고난
		4:7-11	교회 1: 기도와 사랑과 섬김에 대한 권면
4:12-5:11	고난과 영광	4:12-19	고난과 영광
		5:1-7	교회 2: 장로들과 젊은이들에게 주는 권면
		5:8-11	마귀를 대적하라
5:12-14	맺음말		

본문 이해

1. 인사(1:1-2) 사도 베드로는 소아시아에 흩어진 성도들에게 문안한다. 이들은 세상에서는 흩어진 자들이지만 영적으로는 하나님의 택하심을 받은 자들이다. 이 택하심은 성부 하나님의 미리 아심을 따라 성령의 거룩하게 하심으로, 성자 그리스도의 피 뿌림을 얻고 그분께 순종하게 하기 위해 이루어졌다.

2. 구원(1:3-12)

1) **거듭남** 하나님은 우리를 거듭나게 하셨고 우리에게 산 소망을 주셨다. 이 소망은 예수 그리스도의 부활로 말미암은 것으로 하나님이 우리를 위해 하늘에 예비하신, 썩지 않고 더럽지 않으며 쇠하지 않는 기업에 대한 것이다. 우리는 이 구원을 얻을 때까지 믿음으로 하나님의 보호를 받고 있다.

2) **믿음의 시련** 성도는 여러 가지 시험을 당하지만 기뻐한다. 그 이유는 믿음의 시련이 연단을 통해 우리에게 칭찬과 영광과 존귀를 가져다주기 때문

이다. 성도는 고난 중에도 예수님에 대한 사랑으로 인해 기뻐하는데 이는 구원을 받았기 때문이다. 이 구원은 구약에서부터 예언되었던 것이다.

3. 성화(1:13-2:10)

1) **성도의 삶** 성도는 주님의 재림을 사모하면서 근신하는 삶을 살아야 한다. 이러한 근신은 과거에 정욕을 좇던 삶을 버리고 이제는 우리를 부르신 하나님처럼 거룩한 자가 되는 것이다. 하나님은 어린양 예수의 보배로운 피로 우리를 구속하셨다. 우리는 피차 뜨겁게 사랑하고 어린아이처럼 말씀을 사모하여 구원에 이르도록 자라가야 한다.

2) **성도의 신분** 우리는 산 돌이신 예수님께 나와 우리도 산 돌이 되어 신령한 집으로 지어져 가고, 그 집에서 신령한 제사를 드리는 거룩한 제사장이 되었다. 또 우리는 택하신 족속, 왕 같은 제사장, 거룩한 나라, 하나님의 소유된 백성이 되었다(출 19:4-5). 우리가 이런 은혜를 받은 것은 하나님의 아름다운 덕을 선전하게 하기 위해서다.

4. 순복의 삶(2:11-3:7)

그리스도인은 이 세상에서 나그네로 살아야 한다. 나그네 된 우리는 영혼을 거슬러 싸우는 육체의 정욕을 제어하고 선한 행실로 증거해야 한다. 이런 삶은 무엇보다도 순복의 모습으로 드러난다. 우리는 시민으로서 주를 위해 국가의 권세에 순복해야 한다. 또 사환은 주인에게 순복해야 한다. 이때 선하고 관용하는 자들뿐 아니라 까다로운 자들에게도 그렇게 해야 한다. 특별히 그리스도인은 불의한 고난을 당할 때 그리스도의 본을 기억하고 하나님을 생각하며 슬픔을 참아야 한다. 또 아내는 남편에게 순복해야 한다. 그러면 남편이 믿지 않는 자일지라도 아내의 정결한 행위를 보고 구원받게 될 것이다. 남편 또한 아내를 귀히 여기고 사랑해야 한다.

5. 선행과 고난(3:8-4:6)

1) **선행** 우리는 형제를 대해서는 마음을 같이하고, 서로 체휼해야 하며, 사랑해야 한다. 원수에 대해서는 악을 악으로 갚지 말고 도리어 복을 빌며 선을 행해야 한다. 주님은 의인을 돌보시기 때문이다.

2) **고난** 선을 행하다가 고난을 받을 때는 온유한 마음으로 우리 속에 있는 소망에 관한 이유를 증거하고 끝까지 선한 양심을 지켜야 한다. 그럴 때 우리를 비방하던 사람들은 스스로 부끄러워질 것이다.

3) **그리스도의 본** 그리스도는 의인으로서 불의한 자를 대신해 고난을 받으셨다. 하지만 그리스도는 부활하셨고, 하늘에 오르셔서 그곳에 있는 악의 영들에게 승리를 선포하셨다. 따라서 모든 악의 세력보다 강하신 그리스도를 믿는 자들은 고난을 당하더라도 두려워할 필요가 없다. 고난의 유익은 죄를 그치게 하는 것이다. 고난당하는 자들은 더는 세상의 방탕함을 좇지 않게 된다. 사람들은 이를 이상히 여기겠지만 우리는 산 자와 죽은 자를 심판하실 분 앞에서 살아야 한다.

6. 교회 1(4:7-11) 고난을 통과할 때 믿음의 지체들과 함께하는 것은 큰 힘이 된다. 우리는 함께 기도하고 사랑하며 서로 대접하고 각자 받은 은사대로 섬겨야 한다. 교회에서의 봉사는 크게 둘로, 즉 가르치는 것과 섬기는 것으로 나눌 수 있다. 어느 쪽이든 하나님의 뜻을 좇아 하나님의 힘으로 해야 한다.

7. 고난과 영광(4:12-19) 나에게 시련이 닥칠 때 어떻게 해야 하는가? 첫째, 이상히 여기지 말고 그리스도의 고난에 동참하는 것을 영광으로 알고 기뻐해야 한다. 둘째, 자신의 잘못 때문에 고난받지 않도록 해야 한다. 그런 고난은 부끄러움이지 자랑이 아니다. 하지만 주를 위해 고난을 받는다면 부끄러워하지 말고 하나님께 영광을 돌려야 한다. 셋째, "하나님의 뜻대로 고난을 받는 자들은 또한 선을 행하는 가운데에 그 영혼을 미쁘신 창조주께 의탁"(4:19)해야 한다.

8. 교회 2(5:1-7) 교회의 장로들은 부득이함이 아니라 자원하는 마음으로, 더러운 이를 탐내지 말고 즐거운 뜻으로, 주장하는 자세가 아니라 본이 됨으로, 하나님이 맡기신 양 무리를 쳐야 한다. 그러면 목자의 장이 오셔서 영광의 면류관을 주실 것이다. 또 젊은이들은 겸손히 장로들에게 순복해야 한다. 하나님은 교만한 자를 대적하시고 겸손한 자에게 은혜를 주신다. 겸손하면 때가 되었을 때 하나님이 높이실 것이다.

9. 마귀를 대적하는 삶(5:8-11) 결론적으로 베드로는 마귀야말로 그리스도인이 대적해야 할 궁극적인 원수임을 밝힌다. 우리에게 임하는 고난의 배후에는 마귀의 역사가 있다. (물론 마귀는 하나님이 허락하시는 범위 안에서만 활동할 수 있다.) 마귀를 대적하는 길은 믿음 안에 굳게 서는 것이다. 그러면 모든 은혜의 하나님이 우리를 온전하게 하고 지켜 주심으로써 그 영원한 영광에 들어가게 하실 것이다.

10. 맺음말(5:12-14) 베드로는 바벨론(로마)에서 실루아노를 통해 이 편지를 썼다. 그는 이 편지에 기록한 모든 내용이 하나님의 은혜라고 밝히면서 그 은혜(말씀) 안에 거하라고 권면한다.

공동서신 5과

베드로후서

성경 이야기

1. **저자** 본서의 저자는 자신을 베드로로 밝히고 있으며(1:1), 본서를 자신의 두 번째 편지라고 말한다(3:1). 그는 변화산에서 주님의 영광을 친히 목격했다고 주장한다(1:17). 이러한 본서의 내증에 비해 본서의 외증은 비교적 약한 편이다. 본서가 초기 교부들에게 많이 인용되지 않았고 정경에 들어오기까지 그 진위성 여부가 논란이 되었기 때문이다. 특히 학자들은 베드로전서와 문체가 많이 다른 점을 지적한다. 하지만 베드로전서가 쓰였을 때 실라의 영향을 크게 받았음을 생각할 때 얼마든지 문체의 차이가 있을 수도 있다고 설명할 수 있다. 또 하나의 문제는 유다서와 본서의 유사성이다. 베드로가 유다의 글을 인용한 것인지, 그 반대인지, 아니면 둘 다 제삼자의 글을 인용한 것인지 확실히 말할 수 없다. 이런 여러 문제 때문에 본서의 저자를 추정하는 것이 정확하진 않지만 다른 확실한 결론이 없는 한 베드로 저작설을 따르는 것이 가장 무난하다.

2. **독자/기록 연대** 본서를 베드로의 저작으로 보고 3장 1절의 언급을 베드로전서와의 관계에서 이해한다면 본서의 독자는 베드로전서의 독자와 같다. 또 기록 연대도 1장 14절에 근거해서, 베드로전서의 기록 이후 베드로의 죽음 조금 이전으로, 대략 주후 64-66년 사이로 보면 좋을 것이다.

3. **주제** 베드로전서가 외부의 핍박으로 인한 고난에 대처하도록 성도들을 격려하기 위해 쓰였다면, 베드로후서는 내부적으로 그릇된 교리와 그 결과로 나

타나는 윤리적 부패 현상을 막기 위해 쓰였다. 사도 베드로는 이러한 사탄의 공격에 대처하기 위해 우리가 먼저 하나님과 주 예수 그리스도를 알아야 하고, 그 결과로 우리의 성품이 변화되어야 한다고 말한다.

4. 개요

1:1-2	인사			
1:3-11	권면 1: 부르심과 택하심을 굳게 하라			
	1:3-4	하나님이 하신 일	1:5-11	우리가 해야 할 일
1:12-3:18	권면 2: 이단을 경계하라			
	1:12-15	서신의 목적 1	3:1-2	서신의 목적 2
	1:16-21	참된 권위의 근거	3:3-17	교리적 왜곡
	2:1-22	윤리적 탈선	3:18	결론적 권면

본문 이해

1. **인사**(1:1-2) 사도 베드로는 같은 믿음이 있는 독자들에게 이 편지를 쓰면서 은혜와 평강을 기원한다. 우리는 하나님이시며 우리의 구주이신 예수 그리스도의 의로 말미암아 그분을 믿는 보배로운 믿음을 갖게 되었으며, 바로 이 믿음이 독자들과 사도 베드로를 하나로 연결해 주고 있다. 특히 베드로는 하나님과 예수 그리스도를 아는 것을 강조하는데, 이는 마지막 권면(3:18)과 맥을 같이한다.

2. **권면 1**(1:3-11)

   1) **하나님이 하신 일**(3-4절) 하나님은 그분의 신성한 능력으로 우리에게 생명과 경건에 필요한 모든 것을 주셨다. 우리는 이것을 자신의 영광과 덕으로써 우리를 부르신 분을 앎으로 받게 되었다. 하나님은 우리에게 약속을 주셨고, 이 약속으로 인해 우리가 "정욕 때문에 세상에서 썩어질 것을 피하여 신성한 성품에 참여하는 자가 되게 하려 하셨[다]"(4절).

   2) **우리가 해야 할 일**(5-11절) 따라서 우리가 해야 할 일은 "신성한 성품"(4절)을

닮아 가는 것이다. 이 일은 믿음에서 출발하여 사랑으로 완성된다(믿음-덕-지식-절제-인내-경건-형제 우애-사랑). 이러한 실제적 성화의 열매가 있을 때 비로소 우리는 "우리 주 예수 그리스도를 알기에 게으르지 않고 열매 없는 자가 되지 않[을 수 있다]"(8절). 그렇지 않다면 우리는 영적으로 소경이 되어 죄 사함의 확신과 감격을 잃어버리게 된다. 성화는 선택이 아니라 필수 요소며, 하나님이 우리를 부르시고 택하신 사실을 확증해 준다. 그 택하심의 완성은 장차 주님의 영광의 나라에 들어가는 것이다.

3. **서신의 목적 1**(1:12-15) 베드로는 곧 자신이 죽을 것을 예상하고 그 전에 이 편지를 써서 독자들에게 상기시키고자 했다. 그들은 이미 진리에 서 있었지만 베드로는 이단의 침투와 자신의 부재로 다시 한 번 그들에게 진리를 상기시키기 원했다. 우리 또한 끊임없이 복음 진리를 기억해야 한다.

4. **참된 권위의 근거**(1:16-21) 베드로는 이단들이 "주의 강림하심"(3:4)을 부인하는 것에 대해 두 가지로 답한다. 첫째, 그는 자신이 친히 그분의 강림을 목격했음을 강조한다. 그는 변화산에서 주님의 신성과 영광을 보았고 하나님의 음성을 직접 들었다. 변화산 사건은 주님의 재림을 예견한 것이었다. 둘째, 하나님이 성경에 주신 예언들이 있다. 베드로는 성경이야말로 참된 권위의 근거임을 강조한다. 성경의 예언은 선지자들이 사사로이 해석한 것이 아니라 성령의 감동하심으로 하나님께 받아 말한 것이기 때문이다. 지금 우리에게 가장 확실한 권위의 근거는 성경이다. 사도들의 체험도 그 안에서 발견되기 때문이다.

5. **윤리적 탈선**(2:1-22)

   1) **이단들의 침투**(1-3절) 베드로는 백성 가운데 거짓 선생들이 침투해 들어왔다고 경고한다. 그들은 무엇보다도 주님(의 재림)을 부인하고 호색과 탐심에 빠져 있으며, 결국에는 심판받고 멸망에 이를 자들이다.

   2) **하나님의 심판**(4-10상) 이들에 대한 심판이 확실한 것은 이미 구약에 하나님 심판의 전례가 많이 나와 있기 때문이다. 저자는 범죄한 천사들, 노아 시대의 불순종한 자들 그리고 소돔과 고모라의 심판을 언급한다.

3) 거짓 선생들의 정체(10하-22절)

- **훼방** 담대하고 고집하여 영광 있는 자를 훼방하고 알지 못하는 것을 훼방한다(천사의 예).
- **정욕** 음심이 가득하고 탐욕에 연단된 마음을 가졌다(발람의 예).
- **미혹** 굳세지 못한 영혼들을 유혹하며 허탄한 말로 사람들을 미혹한다.
- **실상** 사람들에게 자유를 준다고 말하지만 실상은 자신들부터 멸망의 종이다.
- **종말** 이들을 위해서는 캄캄한 어두움이 예비되어 있다. 이단은 결국 끝에 가서 다른 자들이다. 이들은 예수님(의의 도)을 앎으로 세상의 더러움을 피했지만, 다시 거기에 얽매여 나중 형편이 처음보다 더 심해진 자들이다(개와 돼지의 예).

6. 서신의 목적 2(3:1-2)
베드로는 본서를 기록한 목적을 한 번 더 강조한다. 그는 독자들이 올바른 판단력을 갖게 하기 위해 본서를 썼다. 그런 바른 생각은 구약의 선지자들과 신약의 사도들의 가르침을 기억함으로써만 가능하다. 참된 신앙은 언제나 바른 진리를 좇아 바르게 사고할 때 가능하기 때문이다.

7. 교리적 왜곡(3:3-17)

1) **재림을 부인하는 자들**(3-4절) 말세에 조롱하는 자들이 주님의 재림을 부인할 것이라고 베드로는 경고한다. 그들은 만물이 항상 그대로 있는데 무슨 주님의 강림이 있냐고 조롱한다.

2) **베드로의 답변**(5-17절) 하지만 만물은 그냥 있는 것이다. 하나님이 말씀으로 창조하셨기 때문에 있는 것이며, 말씀으로 유지하시기 때문에 있는 것이다. 또 하나님은 이미 한 번 물로 세상을 심판하셨다. 그리고 앞으로는 불로 심판하실 것이다. 하나님이 당장 세상을 심판하시지 않는 이유는 두 가지다. 첫째, 하나님의 셈법은 우리와 다르다. 하나님께는 천년도 하루 같고 밤의 한 경점같을 뿐이다(시 90:4). 둘째, 주의 강림이 늦어지는 이유는 택하신 자들이 회개하고 멸망하지 않도록 하나님이 기다리시기 때문이다. 하지만 언젠가 주의 날은 도적같이 올 것이며, 그때는 천지개벽 같

은 상황이 벌어지고 모든 것이 드러날 것이다. 이 모든 일을 기억하면서 우리는 거룩하고 경건하고 의롭게 살아야 한다. 재림에 대해서는 바울도 많이 강조했다. 베드로는 바울의 글을 성경과 같은 권위로 취급하면서 사도들이 같은 입장임을 밝힌다. 하지만 어떤 자들은 바울의 글을 잘못 이해하여 멸망에 이르기도 한다. 아마도 이들은 바울의 은혜와 이신칭의의 가르침을 그들의 방종을 변호하는 데 사용했던 것 같다. 재림을 대하는 우리의 태도는 사모함과 거룩함이어야 한다. 바른 구원의 확신은 우리를 결코 무법(방종)으로 이끌지 않는다.

8. 결론적 권면(3:18) 베드로의 결론적 권면은 바로 앞부분에 연결되면서 또한 서신 전체를 적절히 마무리한다. 우리는 그릇된 교리를 퍼뜨림으로써 미혹하게 하는 자들을 떠나야 하는데, 가장 좋은 방법은 예수 그리스도를 바로 아는 것이다. 그리스도를 아는 길은 그분의 은혜를 체험하는 것이다. 본서에서 누누이 강조한 성화와, 이단을 경계하고 재림을 예비하는 바른 그리스도인의 삶은 예수 그리스도의 은혜를 체험함으로써 그분을 인격적으로 알 때만 가능하다.

공동서신 6과

요한일서

성경 이야기

1. **저자/독자** 본서에는 저자의 이름이 나와 있지 않다. 하지만 본서의 외증은 막강하다. 사도 요한의 제자였던 폴리갑, 파피우스, 이레니우스 등을 포함한 초대 교부들은 모두 본서를 요한복음의 저자인 사도 요한의 저작으로 증거한다. 본서의 사상, 문체, 어휘 등이 요한복음과 매우 흡사한 점은 이런 요한의 저작설을 뒷받침해 준다. 본서의 독자들은 사도 요한이 말년에 목회하던 에베소를 중심으로 한 소아시아의 여러 교회와 그리스도인이었을 것이다.

2. **기록 연대** 본서는 요한복음보다는 조금 후대고 도미시안의 박해보다는 조금 이전인 주후 85-90년경에 쓰였을 것으로 본다.

3. **주제** 요한은 2세기에 완전한 체계가 드러나는 영지주의의 초기 형태를 띤 이단적 가르침을 반박하고 경계하기 위해 본서를 썼다. 그들은 영혼과 물질을 화합될 수 없는 것으로 구분하면서 전자는 선하고 후자는 악하다고 가르쳤다. 따라서 그리스도가 육체로 오실 수 없다고 주장했고, 몸으로 하는 일은 아무 문제도 될 수 없으며, 구원은 특별한 영적 지식(그노시스)을 가진 자들에게 주어진다고 가르쳤다. 요한은 이런 그릇된 가르침을 반박하면서, (1) 예수님은 육체로 오신 하나님의 아들 그리스도시고(2:22, 4:2-3), (2) 하나님은 빛이시기 때문에 그분을 믿는 자들은 죄를 지을 수 없으며(1:5, 3:6, 9), (3) 진리는 영지를 가졌다고 주장하는 자들이 아니라 그리스도를 믿는 자들에게 있고(2:20, 27), (4) 구원은 영지를 가진 자들이 아니라 하나님 아들의 이름을 믿

는 자들에게 있다(5:13)고 가르친다. 또 요한은 (5) 하나님은 사랑이시기 때문에 하나님으로부터 난 자들은 서로 사랑하게 된다는 한 가지 진리를 더 강조한다.

4. 개요

1:1–4	서론: 그리스도인의 사귐		
1:5–3:10	하나님은 빛이시라(1:5)	1:5–2:17	빛 가운데 행하라 1
		2:18–27	적그리스도의 정체 1
		2:28–3:10	빛 가운데 행하라 2
3:11–5:13	하나님은 사랑이시라(4:8)	3:11–24	서로 사랑하라 1
		4:1–6	적그리스도의 정체 2
		4:7–21	서로 사랑하라 2
		5:1–13	그리스도의 증거
5:14–21	결론: 그리스도인의 확신		

본문 이해

1. **서론**(1:1–4) 태초에 아버지와 함께 계셨던 생명이 나타나셨고, 사도들은 그분을 체험하고 증거한다. 이 증거를 받아들이는 자들은 아버지와 아들과 함께 하는 사귐에 들어가고 충만한 기쁨을 누리게 된다.

2. **빛 가운데 행하라**(1:5–3:10)

   1) **죄 자백의 삶**(1:5–2:2) 아들이 전해 주신 소식은 하나님은 빛이시며 그분에게는 어둠이 조금도 없다는 것이다. 따라서 하나님과의 사귐이 있으려면 빛 가운데 행해야 한다. 빛 가운데 행하는 것은 빛이 드러내는 내 죄의 실상을 인정하고 자백함으로써 예수님의 피로 깨끗이 씻기고 용서받는 것이다. 예수님은 나의 죄를 위한 화목 제물이 되시고 나를 위한 대언자도 되신다.

   2) **계명을 지키는 삶**(2:3–11) 빛 가운데 행하는 삶의 소극적 측면이 죄를 자백하는 것이라면 적극적 측면은 계명을 지키고 순종하는 것이다. 예수님을

안다고 하면서 계명을 지키지 않는 자는 거짓말하는 것이다. 그분의 계명은 우리가 서로 사랑하는 것이다.

3) **격려와 경고**(2:12-17)　요한은 독자들을 신앙의 성숙도에 따라 아이, 청년, 아비로 부르면서 각각의 특성을 밝힌다. 신앙은 하나님을 알고 죄 사함을 받는 일에서 시작해 말씀으로 무장하여 악한 자를 이기는 차원으로 나아가고, 하나님을 더욱 깊이 아는 것으로 성숙해 간다. 또 세상을 사랑해서는 안 된다. 세상은 육신의 정욕, 안목의 정욕, 이생의 자랑을 추구하는데, 이러한 삶은 영원하지 않고 또 하나님을 사랑하는 것과 양립할 수 없다.

4) **그리스도 안에 거하는 삶**(2:28-3:10)　빛 가운데 거하는 삶은 그리스도 안에 거하는 삶이며, 의를 추구하고 죄를 피하는 삶이다. 나는 하나님의 자녀로서 하나님의 씨(생명)를 가졌기에 죄를 지을 수 없고, 언젠가 주님이 다시 오시면 그분이 계신 그대로 봄으로써 나도 그분과 같아질 것이다. 죄를 짓는 자는 마귀에게 속한 것이다.

3. 서로 사랑하라(3:11-4:21)

1) **그리스도인은 누구인가**(3:11-24)　그리스도인은 사망에서 생명으로 옮겨진 자로서 그 증거는 사랑이다. 형제를 미워하는 자는 가인처럼 살인한 자요 영생이 그 속에 없다. 참 사랑은 말이 아니라 행동으로 나타나며, 그런 사랑을 실천하는 자는 하나님 앞에서 담대함을 얻는다.

2) **하나님은 누구신가**(4:7-21)　우리가 사랑해야 하는 또 하나의 이유는 하나님이 사랑이시기 때문이다. 따라서 하나님으로부터 난 자는 사랑할 수밖에 없다. 하나님의 사랑은 독생자를 주신 일에서 나타났다. 하나님이 이렇게 먼저 우리를 사랑하셨기 때문에 그 사랑을 받은 자는 사랑해야 하고 또 사랑할 수밖에 없다. 사랑하는 자는 하나님과 상호 거함의 관계에 있다. 온전한 사랑은 두려움을 내어 쫓고 하나님 앞에서 담대할 수 있게 해준다. 보이는 형제를 사랑하지 않으면서 보이지 않는 하나님을 사랑한다고 하는 자는 거짓말하는 자다.

4. 적그리스도(2:18-27, 4:1-6)/그리스도(5:1-13)

1) **적그리스도** 예수님이 그리스도이심을 부인하는 자들과 또 예수 그리스도가 육체로 오신 것을 부인하는 자들은 거짓말하는 자다. 이단은 끝이 다른 자로서 처음에는 우리와 함께했지만 결국에는 우리를 떠난 자다.
2) **그리스도** 예수님이 그리스도이심을 믿는 자들은 하나님으로부터 난 자로서 하나님을 사랑하고 그 형제를 사랑한다. 하나님을 사랑하는 것은 그분의 계명을 지키는 것인데, 그분의 계명은 우리가 서로 사랑하는 것이기 때문이다. 하나님은 물(세례)과 피(십자가)와 성령(내적 증거)으로 그리스도를 증거하셨고, 그리스도 안에 영생이 있음과 그리스도를 믿는 자들에게 영생이 있음을 증거하셨다.

5. 결론(5:14-21)

1) **기도 응답의 확신**(14-15절) 하나님의 뜻대로 구할 때 나의 기도가 응답된다고 확신할 수 있다.
2) **형제에 대한 권면**(16-17절) 형제가 사망에 이르지 않는 죄를 범했을 때는 그를 구해 내야 한다. 모든 죄가 사망에 이르는 것은 아니다.
3) **우리가 아는 것**(18-20절) 하나님께로부터 난 자들은 하나님께로부터 나신 분(그리스도)이 지키시기 때문에 범죄하지 않는다는 것, 하나님께 속했고 온 세상은 악한 자 안에 처했다는 것 그리고 하나님의 아들이 오셔서 참된 자를 아는 지각을 주셨음을 안다.
4) **자신에 대한 권면**(21절) 우리는 자신을 지켜 우상을 멀리해야 한다.

요한일서의 메시지

1. 하나님과의 사귐(구원)

1) **최초의 사귐** - 아버지와 아들의 사귐(성령)
2) **사귐의 확장**
   - 성육신 아들(생명)이 나타내신 바 됨
   - 복음 증거 이 아들을 체험한 사도들이 증거함

2. 사귐에 들어감(교리)

  1) **예수님을 믿으라**

     - 예수님이 그리스도이심을 믿어야 함
     - 예수 그리스도가 육체로 오신 것을 믿어야 함

  2) **예수님을 믿는 자는**

     - 진리를 앎 – 기름 부음이 있음
     - 죄를 짓지 않음
     - 그 안에 영생이 있음

3. 사귐을 지속함(윤리)

  1) **빛 가운데 행하라**

     - 하나님은 빛이심
     - 빛 가운데 행하는 것은 주님의 계명을 지키는 것임

  2) **서로 사랑하라**

     - 하나님은 사랑이심
     - 주님의 계명은 서로 사랑하라는 것임

바울 서신 ╱ 요한계시록

신약 이야기

바울 서신 1과

로마서 1

성경 이야기

1. **바울 서신의 저작 시기와 주제**

    1) **여행 서신**

    - 1차 갈라디아서(구원)
    - 2차 데살로니가전후서(종말)
    - 3차 고린도전서(신령한 삶), 고린도후서(신령한 사역자), 로마서(구원)

    2) **옥중 서신**

    빌립보서(감사), 골로새서(그리스도), 에베소서(교회), 빌레몬서(용서)

    3) **목회 서신**

    디모데전서(목회), 디도서(목회), 디모데후서(유언: 복음에 대한 당부)

2. **로마 교회** 사도행전 2장의 오순절 성령 강림 사건 때 로마에서 예루살렘에 온 사람들이 복음을 듣고 돌아가 교회를 세웠다고 보는 견해가 가장 유력하다. 한 가지 분명한 것은 베드로나 바울이 로마 교회를 세운 것이 아니라는 것이다. (바울은 로마서 15장 20절에서 그리스도의 이름을 부르는 곳에는 복음을 전하지 않기로 힘썼다고 말한다.) 로마 교회의 구성원은 이방인이 다수였지만 소수의 유대인도 있었다. 이 두 그룹 사이에 있었던 갈등이 로마서의 한 주제를 이룬다(14-15장).

3. **저작 연대/장소/경위** 주후 56-8년경에 고린도에서 쓴 것으로 본다. 3차 선교 여행을 마친 바울은 이제 고린도에 머물면서 그 지역(마게도냐와 아가야)에

서 모금한 구제 헌금을 예루살렘에 전달하는 임무를 수행하려고 한다. 그는 예루살렘을 방문한 후 로마를 거쳐 로마 교회의 파송으로 서바나까지 가려는 계획을 세웠는데, 로마에 그 계획을 알리는 편지를 써서 자신의 방문을 준비시키려 했다.

4. 주제 로마서의 주제는 하나님의 의(義)다(1:16-17). 하나님의 의는 하나님이 그리스도 안에서 거저 베푸시는 의로운 신분으로서 율법을 통한 자기 의와 대조를 이룬다. 이 의는 오직 믿음으로만 주어진다.

5. 개요

	교리	
1-11장	1:1-17	서론: 인사/바울의 여행 계획/주제
	1:18-8:39	구원론: 죄(1:18-3:20)/구원(3:21-4:25)/성화(5-8장)
	9:1-11:36	이스라엘: 과거(선택)/현재(거부)/미래(회복)
	실천	
12-16장	12:1-15:13	그리스도인의 삶: 하나님/교회/이웃/국가/율법/종말/지체
	15:14-16:27	맺음말: 바울의 여행 계획/인사

본문 이해

1. 서론(1:1-17) 바울은 그리스도의 사도로서 복음의 증인이다. 복음은 성경에 미리 예언된 것으로서, 육체로는 다윗의 혈통에서 나셨고(낮아지심), 성령으로는 부활을 통해 하나님의 능력 있는 아들로 인정되신(높아지심) 그리스도에 관한 소식이다. 바울은 로마 방문 계획을 말하면서 복음에 대한 자신의 태도를 밝힌다. 그는 복음 안에서 하나님을 섬겼고, 복음에 빚진 의식을 갖고 살았으며, 복음 전하기를 원했고, 복음을 부끄러워하지 않았다. 복음에 대한 그의 이러한 태도는 복음이 모든 믿는 자에게 구원을 베푸시는 하나님의 능력임을 확신한 결과였다. 복음은 심오한 철학이나 고상한 윤리적 가르침이 아니라, 실제 인간을 구원하는 능력이다. 복음은 자기 의를 추구하는 율법과는 달리, 믿음으로 말미암은 하나님의 의를 드러낸다.

2. 구원의 필요성(죄, 1:18-3:20)

1) **이방인의 죄**(1:18-32) 바울은 복음의 강론을 인간의 불의와 불경건에 대한 하나님의 진노를 말함으로써 시작한다. 하나님은 자연을 통해 당신의 신성(존재)과 능력을 보이셨기 때문에 사람들은 하나님을 몰랐다고 핑계할 수 없다. 사람들이 하나님을 아는 지식을 상실하게 된 것은 그들이 하나님을 알았음에도 그분을 인정하지 않았기 때문이다. 그 결과 그들은 하나님을 모르는 무지한 상태에 빠지게 되었고, 거짓 하나님, 즉 우상들을 섬기게 되었다. 하나님은 사람들이 하나님을 거부하자 그들을 죄 가운데 내버려 두셨다. 바로 이 유기가 현재 하늘에서부터 나타나고 있는 하나님의 진노다. 인간은 자신들의 정욕을 좇아 살다가 급기야는 변태 성욕에 빠지게 되었고, 전체적으로 상실(타락)한 마음에 빠져 온갖 죄를 저지르며 살게 되었다. 그들은 죄에 대한 하나님의 진노를 알면서도 짐짓 부인하고, 악을 행하는 자들을 옳다 여기는 가치 전도의 혼란에 빠지고 말았다.

2) **도덕주의자의 죄**(2:1-16) 모든 인간이 다 극악무도한 타락의 상태에 빠진 것은 아니다. 개중에는 도덕적으로 높은 기준을 가진 사람도 있다. 하지만 남을 판단하는 그들도 실상은 마찬가지다. 바울은 중요한 것은 우리의 판단이 아니라 하나님의 판단임을 상기시킨다. 하나님의 판단(2절)은 예수 그리스도를 통해 이루어지고(16절), 그 성격은 의롭고(5절) 차별이 없으며(11절), 그 대상은 모든 사람(9절)과 각 사람이고(6절), 그 내용은 각 사람의 행위(6절)와 은밀한 것이며(16절), 그 기준은 진리로서(2절) 유대인에게는 율법(12-13절)이요 이방인에게는 양심(14-15절)이고, 그 결과는 영생(7절) 또는 노와 분(8절)이다.

3) **유대인의 죄**(2:17-3:8) 바울은 이방인뿐 아니라 유대인도 마찬가지로 죄인임을 밝힌다. 그들은 율법과 할례를 자랑했지만 율법을 지키지 못하여 하나님을 모욕했고, 할례도 무할례나 마찬가지가 되었다. 바울은 진정한 유대인은 표면적 유대인이 아니라 마음에 할례받은 이면적 유대인이라고 말한다.

4) **온 인류의 죄**(3:9-20) 결론적으로 온 인류가 다 죄인이다. 죄는 근본적으로 하나님을 대적하는 불경건으로서 인간의 언어, 생각, 태도, 행동 전반에 걸쳐 퍼져 있고(전적 타락설), 죄가 없는 사람은 하나도 없다(죄의 보편성). 율법은 모든 인간을 죄 아래 가두었다. 결론은 모든 사람이 죄를 범했고, 그 결과 하나님의 영광에 이르지 못했다는 것이다(23절).

3. 구원의 길(믿음, 3:21-31)

1) **칭의의 길**(21-26절) 바울은 율법 외에 하나님의 한 의가 나타났다고 선포한다. 이 의는 하나님이 죄인들을 의롭다 여기시는 칭의(26절)로 그 원천은 은혜(24절)고, 근거는 그리스도의 구속(그 피로 말미암은 화목 제물, 25절)이며, 이 의가 주어지는 수단(통로)은 믿음(22절)이고, 그 대상은 모든 사람이다(22절). 이로써 하나님은 자기도 의로우시며 예수님 믿는 자들을 의롭다 하실 수 있는 길을 예비하셨다.

2) **믿음의 법**(27-31절) 이신칭의의 법은 자랑을 배제하고 차별이 없으며 율법을 굳게 세운다.

4. 칭의의 예(아브라함, 4:1-25)

1) **아브라함의 칭의는 행위와 무관함**(1-8절) 바울은 믿음으로 의롭다 하심을 얻는 진리의 예를 다름 아닌 유대인들이 가장 숭앙하던 그들의 조상 아브라함에게서 찾는다. 만일 아브라함의 경우가 바울의 주장과 같다면 그 이상 강력한 논증이 없었을 것이다. 바울이 택한 본문은 "아브람이 여호와를 믿으니 여호와께서 이를 그의 의로 여기시고"라는 창세기 15장 6절이다. 본문에서 명백히 밝혀졌듯이 하나님은 아브라함의 행위가 아니라 그의 믿음을 의로 여기셨다. 일하는 자에게 주는 삯은 은혜가 아니라 주인이 마땅히 치러야 할 빚이다. 하지만 일하지 않은 자에게 주는 것은 은혜요 선물이다. 바울은 하나님을 "일을 아니할지라도 경건하지 아니한 자를 의롭다 하시는 분"(5절)으로 묘사한다. 성경에서 이보다 더 놀라운 선언은 없을 것이다. 하지만 하나님을 이런 분으로 경험한 사람은 아브라함만이 아니었다. 다윗도 자신의 죄를 사함 받고 같은 고백을 했다.

2) **아브라함의 칭의는 할례와 무관함**(9-12절) 아브라함은 할례시가 아니라 무할례시에 의롭다 함을 받았다. 칭의는 15장에 나오고 할례는 17장에 나온다. 할례는 칭의의 조건이 아니라 결과다. 다시 말해서, 아브라함은 할례를 받음으로써 칭의를 받은 것이 아니고 칭의를 받았기에 그 표로 할례를 받은 것이다.

3) **아브라함의 칭의는 율법과 무관함**(13-15절) 하나님은 아브라함과 그 자손에게 세상의 후사가 되리라고 약속하셨는데 이 약속은 율법을 통한 것이 아니었다. 율법은 할례보다도 훨씬 더 후에 모세를 통해 주어졌다. 하나님의 약속이 율법을 통해 이루어지는 것이었다면 믿음은 헛것이 되고 약속은 폐해졌을 것이다. 율법은 진노를 이룰 뿐이기 때문이다.

4) **아브라함의 칭의는 믿음으로 이루어짐**(16-22절) 본문(창 15:6)이 분명히 보여 주듯이 아브라함의 칭의는 믿음으로 말미암은 것이었다. 그렇다면 아브라함의 믿음은 어떤 것이었는가?
   - 대상-하나님 그는 하나님을 죽은 자를 살리시며 없는 것을 있는 것같이 부르시는 분으로 믿었다.
   - 상황-바랄 수 없는 중 그는 인간적으로는 도저히 희망이 없는 상황 중에 하나님을 신뢰했다.
   - 성격 의심하지 않고 믿음에 견고해져서 확신함
   - 내용-하나님의 약속 그는 아들을 주시겠다는 하나님의 약속을 붙잡았다.
   - 결과-이삭과 칭의 그는 약속대로 아들을 얻었을 뿐 아니라 의롭다 하심도 얻었다.

5) **우리의 믿음**(23-25절) 아브라함의 칭의는 우리에게도 그대로 적용되는 원리다. 우리는 예수 우리 주를 죽은 자 가운데서 살리신 하나님을 믿는다. 예수님의 죽음과 부활은 우리 죄를 사하시고 우리를 의롭다 하시기 위한 구원의 사건이었다.

바울 서신 2과

로마서 2

본문 이해

1. **칭의의 결과**(5:1-11) 아브라함을 예로 들어 이신칭의를 설명한 바울은 이제 칭의의 결과를 말한다. 1절과 9절은 각각 칭의의 주관적 조건(믿음)과 객관적 조건(피)을 밝히고, 그 뒤를 이어 칭의의 현재적 결과와 미래적 결과가 나타난다.

    1) **현재적 결과**(1-8절) 칭의의 현재적 결과는 예수 그리스도로 말미암은 하나님과의 평화, 우리가 믿음으로 그 안에 들어가 서 있게 된 은혜 그리고 하나님의 영광의 소망으로 인한 즐거움 등이다. 우리는 환난 중에도 즐거워하는데, 그 이유는 환난은 인내를, 인내는 연단을, 연단은 소망을 이루기 때문이다. 우리의 소망이 허망하게 끝나지 않을 것을 알 수 있는 근거는 하나님의 사랑이다. 하나님의 사랑은 그리스도의 죽음이라는 객관적 증거와 우리 안에 부어진 성령의 주관적 증거를 통해 확인할 수 있다.

    2) **미래적 결과**(9-11절) 칭의의 궁극적 결과는 진노에서 벗어남과 부활의 생명이다. 바울은 이 모든 것을 종합하여 칭의의 전천후 결과는 예수 그리스도로 말미암아 하나님 안에서 누리는 즐거움이라고 결론짓는다. 구원받은 자의 특징은 무엇보다도 제어할 수 없는 감격이다.

2. **아담과 그리스도**(5:12-21) 칭의의 결과란 다름 아닌 우리가 그리스도 안에서 누리게 된 구원이다. 그렇다면 어떻게 한 사람 그리스도가 그를 믿는 모든 자의 구원이 될 수 있는가 하는 질문을 제기할 수 있다. 바울은 아담과 그

리스도를 대조하면서 그들의 대표성과 그들과의 연대로 말미암은 두 운명으로 그 질문에 답한다. 인류가 처한 죄와 사망이라는 운명은 한 사람 아담의 범죄로 인한 결과였다. 아담의 범죄로 세상에 죄가 들어오고 그 죄로 인해 사망이 모든 사람에게 임했다. 아담부터 모세까지 율법이 없던 시대에도 죄가 왕 노릇한 것은 바로 이와 같은 아담의 대표성 때문이었다. 아담 안에 있는 자는 모두 아담과 공동 운명체기 때문에 그와 범죄와 죽음의 운명을 공유하는 것이다. 이와 마찬가지로 그리스도 안에 있는 자들은 그리스도가 순종하신 결과로 의와 생명의 운명을 공유하게 되었다. 한마디로, 아담 안에는 죄와 불순종, 정죄와 사망이 있고, 그리스도 안에는 의와 순종, 칭의와 생명이 있다. 문제는 우리가 누구 안에 있느냐는 것이다. 끝으로 바울은 율법이 죄를 더하게 하려고 가입했고, 죄가 더한 곳에 은혜가 더욱 넘친다는 역설적 진리를 말한다. 6-7장은 이 역설에 대한 설명으로 6장은 후자에, 7장은 전자에 관한 것이다.

3. **그리스도와의 연합**(6:1-14) 그리스도 안에는 은혜가 있고, 죄가 많을수록 은혜가 더욱 넘친다면 당연히 은혜를 더하게 하려고 죄에 거하자는 반론이 나옴직하다. 실제로 바울의 이신칭의의 가르침을 오해하여 그렇게 주장하거나 조소한 자가 많았다. 바울은 이를 시정하고자 그리스도와의 연합의 의미를 소상히 밝힌다. 우리의 구원은 그리스도와의 연합을 통해 우리가 그리스도 안에 거하게 된 결과다. 그렇다면 그리스도와의 연합이란 무엇을 의미하는가? 그리스도의 죽음과 장사 지냄 그리고 부활에 연합하는 것으로서 이는 죄에 대해 죽고 하나님에 대해 사는, 존재의 근본적 변화를 수반하는 연합이다. 그리스도의 죽음은 죄에 대한 죽음이었다. 따라서 세례를 통해 그리스도와 연합한 자는 그분의 죽으심과 연합한 것이며, 그 또한 이제 죄에 대해서는 죽은 것이다. 죄에 대해 죽었다는 말은 우리 안에 죄성이 사라졌다는 뜻이 아니라, 죄인의 신분이었던 우리의 옛 사람(아담 안의 나)이 그리스도와 함께 형벌을 받아 법적으로 죽은 자가 되었다는 뜻이다. 따라서 우리는 이제 더는 죄 가운데 살아서는 안 된다. 우리는 이 진리를 복음을 듣고

깨달음으로서 알게 되었고, 믿음으로 그렇다고 여겨야 하며, 따라서 우리 몸을 의의 병기로 하나님께 드려 거룩함에 이르러야 한다. (이는 존 스토트의 설명인데, 이에 반해 죄에 대한 죽음을 죄의 통치에서 벗어나는 것으로 설명하는 학자가 많다. 물론 우리는 그리스도를 믿을 때 죄의 통치에서 벗어나게 된다. 하지만 그것은 우리에게 주신 성령과 새 생명으로 인한 것으로 보는 것이 더 옳을 것 같다.)

4. **은혜와 율법**(6:15-7:6) 우리가 그리스도 안에 있다는 말은 더 이상 율법이 아니라 은혜 아래 있다는 뜻이다. 그렇다면 은혜 아래 있는 자들은 마음대로 죄를 지어도 좋은가? 바울은 이에 대해 두 가지로 답한다. 첫째, 죄를 지으면 죄의 종이 되고 그 결과는 사망이다. 이는 우리가 법 아래 있든 은혜 아래 있든 관계없이 언제나 사실인 죄와 사망의 원리다. 둘째, 그리스도인은 존재의 변화를 경험한 자들로서 과거에는 "죄의 종이더니 너희에게 전하여 준 바 교훈의 본을 마음으로 순종하여 죄로부터 해방되어 의에게 종"(17-18절)이 된 자들이다. 다시 말하면 한 번 구원받은 자들은 어떤 죄를 지어도 구원을 잃지 않는 것이 아니라 다시는 죄를 짓지 않도록 존재의 변화를 경험했기에 이제는 더는 죄의 종이 아니라 의의 종이라는 것이다. 물론 그리스도인들도 연약하여 죄를 지을 수 있다. 그러나 진정한 그리스도인이라면 죄를 지은 후에 슬퍼하고 회개하게 되어 있다. 마음 놓고 죄를 짓는 자들은 결코 그리스도인이라 할 수 없다. 바울은 우리가 어떻게 율법 아래 있지 않게 되었는지를 남편이 죽으면 그에게서 자유로워지는 아내의 예를 들어 설명한다. 우리는 그리스도로 말미암아 율법에 대해 죽었기 때문에 율법에서 자유롭게 되었다. 하지만 이 말은 구원의 길로서의 율법을 말하지 그리스도인이 살아야 할 삶의 길로서의 율법을 말하는 것은 아니다.

5. **율법과 육신**(7:7-25) 지금까지 율법에 대한 바울의 설명이 지나치게 부정적이었기 때문에 바울을 율법을 반대하는 사람으로 생각하기 쉬운데, 실제 바울은 율법 자체는 죄가 아니며 거룩하고 의롭고 선하다고 선언한다. 율법은 하나님의 성품과 뜻을 반영하는데 어찌 그렇지 않을 수 있겠는가? 문제는 율법의 기능이다. 율법은 죄를 드러내고 충동하고 정죄하기 위해 주어졌다.

다시 말하면 율법의 기능은 우리를 정죄하여 우리를 그리스도께로 인도하는 것이다. 율법 자체가 우리에게 생명을 줄 수 없는 이유는 율법의 문제가 아니라 우리 안의 육신 때문이다. 우리의 육신은 연약하여 율법을 지킬 수 없다. 우리는 선을 행하고 싶어 하지만 실제 선을 행하지 못한다. 바울은 자신이 원하는 바 선은 행하지 않고 원하지 않는 바 악을 행하는 것을 보고 율법의 선함과 자신 안의 죄의 실상을 인정한다. 그는 결론적으로 "오호라 나는 곤고한 사람이로다 이 사망의 몸에서 누가 나를 건져내랴"(24절)고 외친다. 이보다 더 절실한 인간의 실존적 문제가 있겠는가? 바울의 깊은 고뇌에 대한 해답은 오직 우리의 몸의 구속(8:11, 23)으로만 가능하다. 그날까지 우리는 마음과 육신의 갈등을 피할 수 없다. (여기 묘사된 "나"는 고백적 성향이 강한 것으로 보아 바울 자신이며, 그의 현재적 모습, 즉 회심 후의 모습이다. 7장과 8장은 패배를 지나 승리로 향하는 두 단계의 그리스도인의 삶이 아니라 육신과의 갈등을 성령으로 이겨 내는 "이미, 그러나 아직"으로 규정되는 그리스도인의 정상적인 모습을 함께 묘사한 것으로 보아야 한다. 오히려 이 갈등과 고뇌의 깊이야말로 성숙한 신앙인의 모습이다.)

6. **성령의 인도**(8:1-17) 육신의 연약함 때문에 율법이 우리의 구원이 될 수 없다면 무엇이 그 길인가? 대답은 성령이다. 그리스도 안에 있는 자들에게는 정죄함이 없는데 그 이유는 그리스도 안에 있는 생명의 성령의 법이 죄와 사망의 법에서 우리를 해방했기 때문이다. 하나님은 그리스도의 죽음으로 우리의 칭의를 이루셨고, 성령을 주심으로 우리가 실제 율법의 요구를 이루는 삶을 살 수 있게 해주셨다. 어떻게 그 일이 가능한가? 먼저 바울은 육신과 성령의 두 가지 생각과 길을 대조한다. 육신의 생각은 사망이요 성령의 생각은 생명이다. 육신을 좇는 자는 하나님을 기쁘시게 할 수 없다. 하지만 그리스도인은 성령을 모신 자로서 더는 육신에 있지 않고 영에 속한 자들이다. 왜냐하면 그리스도의 영을 모시지 않은 사람은 그리스도의 사람이 아니기 때문이다. 그리스도를 모신 자는 비록 몸은 죄로 인해 죽을 운명에 처해 있지만 그 안에 계신 성령님이 의로 그에게 생명이 되시기 때문에, 언젠가 그리스도를 다시 살리셨듯이 그의 몸도 다시 살리실 것이다. 따라서 성령을 모

신 사람은 더는 육신에 져서 살지 않고 영으로써 몸의 행실을 죽이며 살아야 한다. 이렇게 성령을 좇아 육신의 행실을 죽이며 사는 것이야말로 성령의 인도다. 성령은 양자의 영으로서 그분을 모신 사람은 하나님을 아빠 아버지라고 부르게 된다.

7. 그리스도인의 영화(8:18-39)

1) **고난**(18-30절) 하나님의 아들의 특권은 후사가 되는 것뿐 아니라 고난도 함께 받는 것이다. 이 고난은 모든 피조물이 지금 함께 겪고 있는 것으로서 하나님의 아들들이 몸의 구속을 통해 영광의 자유에 이르게 될 때 피조물도 함께 벗어나게 된다. 그때까지 우리는 고난을 감내해야 한다. 하지만 우리에게는 두 가지 보장이 있다. 첫째는 우리에게 주신 성령님이시다. 성령님은 우리의 연약함을 감찰하시고 우리를 위해 깊은 탄식으로 기도하신다. 둘째는 모든 것이 합력하여 선을 이루게 하시는 하나님의 섭리다. 예지, 예정, 소명, 칭의, 영화로 이어지는 하나님의 구원 계획은 궁극적으로 우리가 그리스도의 형상을 닮는 것이다. 그리고 그 목적을 위해 하나님은 우리의 모든 상황을, 심지어 고난까지도 사용하신다.

2) **안전**(31-39절) 끝으로 바울은 하나님이 택하고 구원하신 자들에게는 어떤 대적도, 송사도, 정죄도 있을 수 없으며, 그들은 그리스도의 사랑과 하나님의 사랑 안에서 영원토록 안전함을 확신한다.

바울 서신 3과

로마서 3

본문 이해

1. 이스라엘의 운명(9-11장)

1) **과거: 선택**(9장) 우리가 의롭다 함을 받는 것이 그리스도를 믿음으로 말미암는다면 하나님의 택함을 받았다고 하는 유대인들이 그리스도를 믿지 않는 현실을 어떻게 설명해야 하는가? 이것이 바울의 고민이었다. 그는 먼저 "하나님의 말씀이 폐하여진 것 같지 않도다"(6절)라고 말한다. 그 이유는 이삭과 야곱의 예가 보여 주듯이 육신의 자녀가 아니라 약속의 자녀가 참 아브라함의 후손이기 때문이다. 다시 말하면 혈통적 유대인 중에서도 택함을 받은 자들이 따로 있다는 것이다. 그렇다면 이렇듯 주권적으로 행하시는 "하나님께 불의가 있는가?" 그렇지 않다. 하나님은 모세와 바로의 예에서 알 수 있듯이 모든 일을 당신의 뜻대로 하실 수 있는 절대 주권을 가진 토기장이시기 때문이다.

2) **현재: 거부**(10장) 그렇다면 왜 유대인들은 넘어졌는가? 그들은 하나님께 열심은 있었지만 지식을 좇지 않았고, 자기 의를 세우려고 힘써 하나님의 의에 복종하지 않았기 때문이다. 율법으로 말미암는 의는 "행하면 살리라"고 말하고, 믿음으로 말미암는 의는 "누구든지 주의 이름을 부르는 자는 구원을 얻으리라"고 말한다. 이 믿음의 말씀은 복음 전도자들을 통해 이미 전파되었다.

3) **미래: 회복**(11장) 그렇다면 하나님이 자기 백성을 버리셨다는 말인가(1절)?

그렇지 않다. 엘리야 때처럼 지금도 남은 자들(5절)이 있다. 하지만 나머지 사람들은 완악해졌다(7절). 이스라엘은 넘어지기까지 실족했는가(11절)? 그렇지 않다. 유대인의 넘어짐으로 구원이 이방인에게 넘어갔지만 이방인이 축복을 받는 것을 보고 유대인들이 시기하여 언젠가 돌아오게 될 것이기 때문이다. 그럼으로써 하나님이 예정하신 온 이스라엘이 다 구원을 얻게 될 것이다. 하나님이 원감람나무 가지인 유대인들도 아끼지 않고 잘라버리셨다면 접붙임을 받은 돌감람나무 가지인 이방인들은 자고하지 말고 겸손히 믿음에 거해야 한다. 끝으로 바울은 유대인들의 강퍅함을 통해 이방인들을 구원하시고, 이방인들의 축복을 통해 유대인들을 구원하시는 하나님의 놀라운 지혜의 부요함을 찬양한다.

2. 그리스도인의 삶의 대원리: 헌신(12:1-2)

1) **근거** 헌신의 근거는 하나님의 모든 자비하심이다. 이 자비는 바울이 지금까지 강론해 온 구원의 은혜다. 다시 말하면 우리의 봉사와 헌신은 은혜에 대한 감사의 반응이라는 것이다.

2) **내용** 헌신의 내용은 우리 몸을 하나님이 기뻐하시는 거룩한 산 제사로 드리는 것이다. 바울은 이미 앞에서 우리 몸을 죽은 자 가운데서 다시 산 자같이 하나님께 의의 병기로 드리라고 권면한 바 있다(6:13). 그리스도인의 삶은 생각(교리)에 그쳐서는 안 되고 행동(실천)으로 이어져야 하며, 구체적으로 몸의 사용과 관련된다. 우리는 몸의 사욕을 좇지 말고 영으로 몸의 행실을 죽임으로써 거룩한 삶을 살아야 한다. 바로 이런 삶 자체가 하나님이 기뻐하시는 영적 예배다.

3) **방법** 몸을 거룩하게 드리기 위해서는 이 세상 사고방식에서 벗어나 새로워져서 하나님의 뜻을 분별할 수 있어야 한다. 우리는 무슨 일을 하든지 하나님이 선하게 여기시고, 기뻐하시며, 온전하게 여기시는 일이 무엇인지 살피고 그 뜻에 따라 행해야 한다. 나를 드림, 즉 헌신이란 더 이상 내가 나의 주인이 아니고 하나님이 나의 주인이심을 인정하는 것이다. 헌신은 하나님의 자비를 입은 결과며, 참된 그리스도인의 표지다.

3. 교회와의 관계(12:3-8) 그리스도인의 삶은 교회 안에서의 삶이다. 교회를 떠난 신앙생활이란 있을 수 없다. 교회 생활의 원리는 겸손과 섬김이다. 우리는 자신을 지나치게 생각하지 말고 하나님이 주신 믿음의 분량대로 판단해야 한다. 특별히 자신의 은사가 무엇인지 잘 파악하여 그 은사대로 힘써 교회를 섬겨야 한다. 바울은 예언, 섬김, 가르침, 권위(위로), 구제, 다스림, 긍휼 등의 은사를 예로 든다. 은사의 목적은 몸을 세우는 것이다. 자신을 드러내려 하지 말고 타인의 은사를 인정하고 겸손히 섬겨야 한다.

4. 이웃과의 관계(12:9-21)

1) **지체** 믿음의 지체들을 대하는 원리는 사랑이다. 진실, 선, 우애, 존경, 열심, 인내, 관대(성도의 필요를 채움), 환대(손 대접), 관용, 공감(기쁨과 슬픔을 함께함), 화합, 겸손 등의 목록은 바로 사랑이 구체적으로 표현되는 모습이다. 사랑의 핵심은 진실과 선이다. 주님이 명하시는 사랑은 감정이 아니라 의지의 표현으로서, 그 대상을 진실하게 대하고 그에게 선을 베푸는 것이다.

2) **원수** 원수를 대하는 원리는 선이다. 원수란 내게 악을 행하는 자인데, 그리스도인은 악을 악으로 갚지 않고 선으로 악을 이겨야 한다. 우리는 할 수 있는 대로 모든 사람과 화평해야 하며, 원수 갚는 것을 하나님께 맡겨야 한다. 원수의 머리에 숯을 피운다는 말은 양심에 찔림을 받게 한다는 뜻이다. 우리가 악을 선으로 갚으면 그가 양심에 찔림을 받고 뉘우치게 될 것이다. 이것이 참된 승리다. 우리의 진정한 원수는 혈과 육이 아니라 그들의 배후에 있는 악의 영들이며, 악을 이기는 길은 오직 선이다.

5. 국가와의 관계(13:1-7) 우리는 위에 있는 권세들에게 복종해야 한다. 그 이유는 모든 권세는 하나님으로부터 난 것이기 때문이다. 권세에 복종하지 않는 자는 하나님께 복종하지 않는 것과 같다. 하나님이 권세(국가)를 세우신 것은 사회의 도덕적 질서를 유지하기 위해서다. 권세는 선을 장려하고 악을 징벌하는 역할을 맡으며, 그 역할을 수행하기 위해 권력을 행사할 수 있다. 따라서 우리는 국가를 인정하고 세금을 내며 관리들을 존경하고 그들의 다스림

에 복종해야 한다. 하지만 국가가 불의한 일을 행할 때, 다시 말해서 하나님이 맡기신 역할에 반하는 행동을 할 때는 시민 불복종 운동이 필요할 수도 있다. 국가에 대한 복종은 절대적인 것이 아니라 하나님께 복종하기 위한 수단이기 때문이다. 국가를 대하는 핵심 원리는 영예로운 시민이 되는 것이다. 그럼으로써 우리는 더 활발히 복음을 증거할 수 있다.

6. 율법/종말과의 관계(13:8-14)

1) **율법** 그리스도인은 율법을 어떻게 대해야 하는가? 바울은 율법의 핵심은 사랑이라고 말하면서 사랑을 실천할 때 율법을 다 지킬 수 있다고 말한다. 사랑은 이웃에게 악을 행하지 않기 때문이다. 사랑은 선택 사항이 아니라 의무다. 우리는 모두 사랑의 빚을 지고 있기 때문이다.

2) **종말** 우리가 살고 있는 시대를 분별해야 한다. 지금은 자다가 깰 때요 밤이 깊고 새벽이 가까운 때다. 영적으로 깨어 있기 위해서는 빛의 갑옷을 입고, 낮과 같이 단정히 행하며, 주 예수 그리스도로 옷을 입어야 한다. 이러한 삶은 육신에 속한 온갖 방탕함을 버리고 거룩하고 의롭게 사는 것이다.

7. 믿음이 강한 자와 약한 자의 관계(14:1-15:13)

1) **문제** 로마 교회에는 믿음이 강한 사람(이방인 신자)과 약한 사람(유대인 신자) 사이에 음식과 절기 등의 문제로 갈등이 있었다. 유대인 신자들은 그리스도인이 된 후에도 음식과 절기에 관련된 규례에 계속 얽매였던 반면, 이방인 신자들은 그런 것에 전혀 얽매이지 않았다. 그 결과 이런 차이가 이 두 그룹이 함께 교제하는 데 심각한 장애가 되었다.

2) **실상** 바울은 여기서 신학적으로는 이방인 신자들 편이 옳다고 판결한다. 그는 무엇이든지 스스로 속된 것은 없으며 속되게 여기는 사람에게 속될 뿐이라고 말한다(14:14).

3) **권면** 하나님 나라의 본질은 성령 안에 있는 의와 평강과 희락이지 먹는 것과 마시는 것이 아니다(14:17). 따라서 비본질적인 문제에서는 신학적인 옳고 그름보다 서로를 용납하고 세워 주는 것이 더 중요하다. 첫째, 우리

는 이런 문제로 서로를 비판하거나 판단해서는 안 된다. 우리 주님은 그리스도시며, 그분이 심판하실 것이기 때문이다. 둘째, 우리는 덕을 세우고, 서로에게 거침이 되어서는 안 된다. 내 양심에 거리낌이 없어도 다른 사람의 양심에 거리낌이 된다면 나의 자유를 조금 억제할 수 있어야 한다. 그 자체로는 죄가 아니어도 믿음(신앙 양심)으로 행하지 않으면 죄가 되기 때문이다. 우리는 그리스도가 위하여 죽으신 형제를 하찮은 문제로 넘어지게 해서는 안 된다. 마지막으로 우리는 그리스도가 우리를 받으신 것처럼 서로 받아들여야 한다.

8. 바울의 여행 계획(15:14-33)

1) **바울의 사역** 바울이 로마 성도들에게 이 편지를 쓴 것은 그들이 복음을 몰라서가 아니라, 이방인의 사도로서 그들의 지식을 다시 일깨움으로써 믿음을 더욱 곤고히 세우기 위해서였다. 바울은 이방인을 위한 그의 사역을 복음의 제사장 직무로 이해하고 있었으며, 그리스도가 자신에게 여러 능력을 주셔서 그 일을 감당하게 하신 것과 그 결과 자신이 예루살렘에서 일루리곤까지 복음을 편만하게 한 것을 말한다.

2) **바울의 계획** 바울은 마게도냐와 아가야 성도들의 헌금을 예루살렘에 전하는 일을 마치면 로마에 들러 그곳 성도들과 교제를 나누고 서바나로 가고자 한다.

9. 문안과 맺음말(16장)
바울이 한 번도 방문한 적이 없는 교회에 이토록 아는 사람들이 많았던 것은 그가 곳곳에서 복음을 전하면서 알게 된 사람들이 로마로 이주했기 때문일 것이다. 여기 나오는 목록은 인종별, 사회계층별, 성별로 지극히 다양하다. 교회는 이렇게 다양한 사람들이 그리스도에 대한 동일한 신앙으로 하나 된 공동체여야 한다. 바울은 끝으로 자신이 전한 복음이 계시로 말미암았다는 사실을 다시 한 번 강조하고 주님을 찬양하는 송영으로 본서를 끝맺는다.

바울 서신 4과

고린도전서 1

성경 이야기

1. **배경** 바울은 2차 선교 여행 중에 고린도에서 18개월을 머물면서 복음을 전파했고, 그곳에 교회를 세웠다. 그러나 바울이 떠난 후 고린도 교회에는 많은 문제가 발생했고, 바울은 이 문제들을 바로잡기 위해 3차 선교 여행 중 에베소에서 고린도 교회에 편지를 썼다. 바울이 고린도 교회에 쓴 편지는 모두 네 통이다. 그중 첫 번째, 세 번째 편지는 분실되었고, 지금까지 남아 있는 것은 두 번째 편지(고린도전서)와 네 번째 편지(고린도후서)다. 고린도전서는 바울이 고린도 교회의 여러 문제에 대해 권면하는 내용을 담고 있는데, 그 내용은 세 가지로 나눌 수 있다. 첫째, 고린도 교회의 성도인 글로에의 집에서 사람을 보내 문의한 내용(1:11)에 대한 답변으로, 교회 내의 분파 문제(1-4장)를 다룬다. 둘째, 이 편지를 가져온 사람들(16:17)이 입으로 전한 내용, 즉 음행 문제 그리고 세상 법정에서의 소송 문제를 다룬다(5-6장). 셋째, 고린도 교회가 바울에게 보내온 편지(7:1)에 대한 답변으로 혼인, 우상에게 드려진 제물, 공예배, 부활, 마지막으로 구제를 위한 연보에 대한 권면 등(7-16장)을 다룬다.

2. **주제** 고린도전서의 주제는 신령한 삶이다. 고린도 교회는 상업과 우상 숭배, 음행 등으로 악명 높았던 고린도 시의 문화적 영향을 받았으며, 그 결과 거룩함에 이르지 못하고 육신에 속한 모습을 드러냈다. 바울은 고린도 교인들이 처한 상황과 문제들에 대해 조목조목 답변하면서 참으로 신령한 삶이

어떤 것인지 설명한다. 역설적으로 가장 육신에 속한 교회에 보낸 편지가 가장 신령한 삶을 드러내고 있다.

3. 개요

1–4장	글로에의 집에서 받은 보고에 대한 답변			
	1–4장	분파 문제		
5–6장	고린도 교회에서 받은 보고에 대한 답변			
	5장	근친상간 문제	6장	소송과 음행 문제
7–16장	고린도 교회에서 편지로 보낸 문의에 대한 답변			
	7장	혼인과 관련된 질문	8–10장	우상 제물과 관련된 질문
	11–14장	공예배와 관련된 질문(성찬식/베일/은사)	15장	부활과 관련된 질문
	16장	연보에 대한 권면/바울의 개인적 상황		

본문 이해

1. 서론(1:1–9) 바울은 고린도 교인들의 성화와 믿음을 언급한다(2절). 여기서 성화는 위치적인 것으로서 믿음으로 하나님께 속했음을 의미한다. 바울은 또한 고린도 교인들이 지식과 은사가 풍성함을 감사하면서 하나님이 그들의 구원을 완성하실 것을 확신한다. 그 근거는 바로 하나님의 신실하심이다.

2. 분파(1:10–4:21)

  1) 문제

  - **현상** 고린도 교회에는 한 지도자를 지나치게 추종하여 분파를 이루는 사람들이 있었다. 이들은 바울파, 아볼로파, 게바파, 심지어 그리스도파를 형성하여 서로 질시하고 경쟁했다.
  - **원인** 고린도 교인들이 지도자들을 중심으로 분파를 형성했던 이유는 무엇이었을까? 그것은 사람을 자랑하고 싶은 육신적 욕심이었다. 바울은 높아지고자 하는 마음, 자랑하고자 하는 마음을 육신에 속한 모습이라고 책망한다.

2) **권면** 사람을 높이고 자랑하려는 고린도 교인들에게 주는 바울의 권면은 "자랑하는 자는 주 안에서 자랑하라"(1:31)는 것이었다. 바울은 이런 태도를 가져야 하는 이유를 조목조목 설명한다.
- **십자가의 도** 먼저 복음 자체가 모든 인간적 자랑을 배제하게 한다. 십자가의 도는 지혜를 추구하는 헬라인에게는 미련하게 보이고, 표적을 구하는 유대인에게는 거리끼는 것이었다. 하지만 하나님은 세상의 지혜를 미련하게 하시고 십자가를 통해 구원의 길을 보이셨다.
- **고린도 교인들의 출신 성분** 고린도 교인들은 세상적 기준으로는 변변하지 못한 배경을 가진 자들이 주를 이루었다. 하지만 하나님은 세상의 천한 것들을 들어 귀한 것들을 부끄럽게 하시는 분이다.
- **바울의 전도 방법** 바울은 자신이 고린도에 처음 왔을 때 두렵고 떨었으며, 말과 지혜의 아름다운 것으로 하지 않고 오직 성령의 능력을 좇아 복음을 전했다고 말한다. 그 이유는 세상은 하나님의 지혜를 알 수 없기 때문이다.

3) **설명**
- **그들의 영적 상태** 바울은 세 종류의 사람이 있음을 말한다. 육(혼)에 속한 사람(자연인)은 성령의 일을 알지 못하고, 오직 영에 속한 사람만이 신령한 일을 분별할 수 있다. 고린도 교인들은 성령을 모셨으므로 영에 속했지만, 아직 영적으로 육신에 속한 어린아이의 수준이기 때문에 분파를 형성했던 것이다.
- **지도자의 실상** 바울은 지도자들이 사람들을 돕는 하나님의 일꾼으로서 하나님의 동역자라고 말한다. 자신은 심었고 아볼로는 물을 주었지만, 자라나게 하시는 분은 하나님이시다. 사역자의 공력은 불로 심판을 받을 것이다. 고린도 교인들은 사역자의 열매로서 밭이요 집이다. 바울은 그중 집의 비유를 강조하면서 그들이 하나님의 성전이며 따라서 거룩해야 함을 지적한다. 결론적으로 지도자야말로 성도들을 돕기 위해 존재하는 것이지 그 반대가 아님을 알아야 한다.

- **바울의 예** 바울은 자신을 예로 들어 참 사역자는 어떠한 사람이어야 하는가를 말한다. 참 사역자는 충성되어야 하고, 스스로 책망할 것이 없어야 하며, 복음과 사람들을 위해 기꺼이 고난을 받아야 한다. 특히 바울은 스승의 차원을 넘어 그들의 아비로서 사역했다고 고백한다.

3. **근친상간**(5장) 고린도 교회에 계모와 동거하는 자가 있었다. 바울은 그가 육신의 괴로움을 통해 영혼의 구원을 얻도록 고린도 교인들에게 그를 사탄에게 내주라고 명한다. 고린도 교회에서는 적은 누룩이 온 덩이에 퍼지는 것을 모르고 죄 있는 자를 징계하지 못했는데, 바울은 이 일을 엄중히 경고했다. 하지만 바울은 모든 음행하는 자를 피하라고 말하는 것이 아니다. 그렇다면 세상 밖으로 나가야 할 것이다. 바울이 말하려는 바는 소위 믿음의 지체라고 하는 자들 안에서는 이런 일이 없어야 한다는 것이다.

4. **소송**(6:1-11) 고린도 교회에는 또 성도 간의 문제(세상 일)를 세상 법정에 소송하는 일이 발생했다. 바울은 이 일이 옳지 않다고 말하면서 그 이유를 두 가지로 제시한다. 첫째, 신자들의 신분 때문이다. 그들은 주님이 다시 오시면 주님과 함께 타락한 천사들까지 심판하게 될 자들인데, 그들이 장차 심판할 대상인 세상 사람들에게 자신들의 문제를 가져가 심판을 받는 것은 어불성설이다. 둘째, 교회의 증거 때문이다. 교인들 사이의 옳고 그름을 가리는 것보다 더 중요한 것은 교회 전체가 세상에 보이는 모습이다. 교회의 증거를 망치게 되느니 차라리 불의를 당하는 편이 낫다. 바울은 불의한 자가 하나님 나라에 들어갈 수 없다고 강하게 경고한다. 고린도 교회는 이 문제를 자체적으로 해결할 만큼 영적으로 성숙하지 못했다.

5. **음행**(6:12-20) 고린도 교회에는 바울이 전한 은혜의 가르침을 오해해 반율법주의로 흐른 사람들이 있었다. 이들의 신조는 '모든 것이 내게 가하다'는 것이었다. 물론 이 말은 사실이 아니다. 하지만 바울은 그들의 문제를 다른 각도에서 접근한다. '무엇이 내게 허용되었는가?'보다 더 중요한 질문은 '무엇이 내게 유익한가?'이다. 또 참된 자유는 어떤 욕망이든지 만족시키는 데 있는

것이 아니라 그릇된 욕망에서 벗어나는 데 있다. 몸에 대한 바른 태도는 음행을 통해 정욕을 만족시키는 것이 아니라 내 몸이 그리스도의 지체임을 알고 거룩하게 하는 것이다. 우리는 주와 합하여 한 영이 된 자들이기 때문에 창기와 합하여 한 몸이 되어서는 안 된다. 음행이 나쁜 이유는 특별히 자기 몸에 짓는 죄기 때문이다. 우리 몸은 더는 우리 것이 아니라 하나님이 값 주고 사신 것이다. 따라서 우리 몸으로 하나님께 영광을 돌려야 한다.

6. 혼인(7장)

1) **결혼** 고린도 교인들은 "남자가 여자를 가까이 하지 않는 것이 좋지 않습니까?"(1절 참고)라고 바울에게 문의했다.

- **은사** 일반적으로는 정욕의 문제가 있으므로 결혼하는 것이 좋다. 결혼한 자들은 기도할 때 외에는 분방하지 말고, 또 자기 몸을 스스로 주장하지 말아야 한다. 하지만 독신으로 살 수 있는 은사가 있다면 바울처럼 결혼하지 않는 것이 좋다.

- **특수 상황** 그 이유는 주님의 재림이 가까웠고 환난이 임박했기 때문이다. 이런 때에 가족이 있는 자들은 온전히 주님만 위해 살기가 어렵다. 따라서 처녀딸(또는 약혼녀)의 경우 결혼시켜도 좋지만 독신으로 살게 하는 편이 더 좋다.

2) **이혼** 일단 결혼한 자들은 이혼해서는 안 된다. 하지만 믿지 않는 배우자가 믿음을 이유로 헤어지자고 하면 헤어져도 좋다. 하지만 그가 같이 살기를 원하면 같이 살아야 한다. 혹 믿는 배우자로 인해 그가 믿음을 갖게 될 수 있기 때문이다.

3) **계시와 분별력** 바울은 여기서 주님의 말씀과 자신의 생각을 구분한다. 이런 표현은 바울의 글이 계시의 산물인 것과, 또 바울이 주님의 마음을 분별할 수 있는 영적 성숙함에 이르렀음을 보여 준다.

바울 서신 5과

고린도전서 2

본문 이해

1. 우상 제물(8-10장)

   1) **지식과 사랑**(8장) 고린도 교회에는 우상에게 바쳤던 제물을 먹어도 좋은가 하는 문제로 논란이 있었다. 바울은 이 문제를 접근할 때 지식과 사랑이라는 두 원리를 말하면서 사랑이 지식보다 더 중요함을 강조한다. 우상 제물에 대한 바른 지식이란 무엇인가? 참 하나님은 한 분이시며 우상들은 실제 존재하는 것이 아니기에 우상에게 바쳐진 제물이라 해도 실상은 아무 상관없다는 것이다. 하지만 어떤 이들은 이 지식을 갖지 못했기에 그런 지식을 주장하는 자들의 말을 따라 우상 제물을 먹고 양심에 거리낌을 느끼게 된다. 따라서 지식이 있다고 주장하는 자들은 그렇지 않은 자들이 넘어지지 않도록 우상 제물을 먹지 말고 사랑으로 행해야 한다.

   2) **바울의 예**(9장) 바울은 자신과 바나바를 예로 들어 사랑 때문에 자기 권리를 다 쓰지 않는 것이 아름다운 일임을 강조한다. 그들은 사도였지만 사도로서의 권리를 주장하지 않았다. 바울은 일꾼이 자기 먹을 것을 받는 것이 당연하다고 말하면서, 하지만 자신이 고린도 교회에 누를 끼치지 않은 것은 복음에 장애가 되지 않기 위해서라고 설명한다. 바울은 선교에서 자비량뿐 아니라 복음의 비본질적인 점에 대해서는 기꺼이 상대방에게 자신을 맞추려는 성육신의 원리를 천명한다.

   3) **경고**(10장) 시장에서 파는 것이나 다른 사람에게 대접받은 고기를 먹는 것

과 이방 신전에 가서 우상 제물을 먹는 것은 전혀 별개의 문제다. 고린도 교회에는 지식이 있다고 하면서 그렇게 행동했던 사람들이 있었다. 바울은 이스라엘 조상들이 광야에서 불순종하여 하나님의 진노를 받은 일을 상기시키면서 그중 우상 숭배의 죄가 있었음을 경고한다. 고린도 교인들은 '모든 것이 내게 가하다'라는 표어를 즐겨 외쳤지만, 바울은 '그것이 내게 가한가?'보다는 '그것이 내게 유익한가?'와 '그것이 덕을 세우는가?'를 행동 원리로 삼으라고 권면한다. 우상 제물에 대한 접근도 각각의 경우에 이러한 원리들을 따라 결정해야 한다. 결론적으로 바울은 하나님의 영광이야말로 가장 중요한 행동 원리라고 말한다.

2. 공중 예배(11장)

1) **여성들의 두건**(1-16절) 고린도 교회에는 공중 예배에서 여성들이 머리에 아무것도 쓰지 않은 채 기도하고 예언하는 일이 있었다. 바울은 이것이 합당하지 않다고 지적한다. 여자가 예배 때 머리에 두건을 써야 한다는 바울의 논지는 여자가 권세 아래 있음을 보이기 위해서라는 것이다. 바울은 먼저 창조의 질서를 밝히고, 남자는 여자의 머리요 여자는 남자의 영광이라고 말한다. 이 말은 여자가 남자보다 열등하다는 의미가 아니라(11-12절), 역할에 따른 질서가 그렇다는 뜻이다. (그리스도는 하나님보다 열등하지 않지만 하나님께 순복하는 위치에 계신다.) 따라서 여자는 품행을 단정하게 함으로써 남자(아버지나 남편)의 명예를 실추하지 말아야 했다. 여자가 공중 예배에서 머리에 쓰지 않고 참여하면 그 당시 고린도의 이방 성전 풍속처럼 난잡하고 무질서한 분위기를 만들고, 오해를 불러일으킬 수 있었다.

2) **성찬식**(17-34절) 고린도 교인들은 성찬식의 참 의미를 모른 채 자기 멋대로 행함으로 교회를 어지럽혔다. 그 당시 성찬식은 정식 식사였고, 사람들은 각자 자기가 먹을 것을 가져왔다. 이런 상황에서 두 가지 문제가 발생했다. 어떤 사람은 다른 이들을 기다리지 않고 자신이 먹고 싶은 때에 먹었고, 또 가난하여 음식을 가져올 수 없는 자들을 돌보지 않았다. 그 결과 함께 그리스도의 희생의 사랑을 묵상하고 한 몸 됨을 확인해야 할 성

찬식이 난장판과 분열의 온상이 되고 말았다. 바울은 주님께 받은 성례인 성찬식의 의미를 밝히고, 고린도 교인들이 성찬식을 합당하지 않게 행하여 하나님의 징계를 받게 되었다고 말한다.

3. 은사(12-14장)

1) 일반론(12장)

- **교회의 통일성(1-6절)** 고린도 교인들은 성령의 은사를 많이 받았지만 그로 인해 교회가 도움을 받는 것이 아니라 도리어 혼란에 빠지게 되었다. 바울은 이 문제를 다루면서 먼저 성령님의 가장 중요한 사역을 밝히는데, 그것은 주 예수에 대한 믿음이다. 우리가 예수님을 믿는다면 그것은 성령의 역사로 말미암은 것이다. 이 점은 은사의 다양성보다 우리 믿음의 통일성이 더 중요함을 보여 준다. 은사, 직임, 역사는 다양하지만 그 모든 것을 주고 주관하시는 성삼위 하나님은 한 분이다.
- **은사의 다양성(7-11절)** 바울은 은사의 목록을 아홉 가지로 열거한다. 하지만 이 목록이 전부는 아니다. 중요한 것은 각 사람에게 성령의 나타나심, 즉 은사를 주신 목적이다. 그것은 공동의 유익을 위한 것이다(7절).
- **은사의 상보성(12-27절)** 성령님이 교회에 다양한 은사를 주신 것은 그 은사들로 서로 돕고 보완하여 몸을 세우게 하시려는 것이다. 바울은 교회를 몸에, 교인들을 그 몸의 지체로 비유한다. 몸은 하나지만 지체는 여럿이며 그 지체들이 서로 도와 한 몸을 이루는 것처럼, 교회도 그래야 한다. 중요한 것은 지체 사이의 차이와 우열이 아니라 그 지체들이 함께 서로 보완하며 세워야 할 몸인 것이다. 성령 세례는 개인적인 은사 체험이 아니라 그리스도가 성령을 매개로 사용하셔서 우리를 당신의 몸에 연합시키신 사건이다(13절). 따라서 한 몸 된 우리는 서로 돕고 세워야 한다.
- **은사의 중요도(28-31절)** 이처럼 몸을 세우는 은사의 목적이라는 관점에서 볼 때 은사의 중요도가 결정된다. 바울은 사도, 선지자, 교사 등을 더 중요한 은사로 보는데 이는 교회를 세우는 데 더 필요하기 때문이다. (같은 내용이 에배소서 4:1-12에도 나온다.)

2) **사랑의 원리**(13장) 이 위대한 사랑의 장은 사랑에 대한 추상적 설명이 아니라 고린도 교회의 혼란한 상황이라는 맥락 안에서 그들이 실제 따라야 할 구체적인 행동 원리를 밝힌 것이다.

- **사랑의 가치**(1-3절) 사랑은 방언, 예언, 지식, 믿음, 구제 등 고린도 교인들이 자랑했던 그 어떤 것보다 고귀하다. 왜냐하면 사랑이 없다면 그 모든 것이 다 헛되기 때문이다.
- **사랑의 묘사**(4-7절) 그렇다면 사랑이란 무엇인가? 바울은 사랑에 대해 정의를 내리기보다 그 다양한 면모를 묘사한다. 그는 사랑이 무엇인지를 밝힘에 있어서 사랑이 아닌 것을 더 많이 말하는데, 이는 고린도 교인들의 모습을 지적한 것이다. 사랑은 소극적으로는 인내요 자기부인이고, 적극적으로는 그 대상에게 친절을 베푸는 것, 즉 그 대상을 위하는 것이다.
- **사랑의 영원성**(8-13절) 고린도 교인들이 자랑하는 것들은 영원하지 않았다. 예언도, 방언도, 지식도 언젠가는 그칠 것이다. 하지만 사랑은 영원하다. 바울은 여기서 정경의 완성을 내다보는 것이 아니라 우리가 주님을 얼굴과 얼굴을 맞대고 보게 될 날, 즉 우리 구원의 완성을 내다보고 있는 것이다. 그때의 관점에서 모든 것을 본다면 결국 사랑만이 가장 고귀한 가치임을 알게 된다.

3) **예언과 방언**(14장) 은사의 목적이 몸을 세우는 것이고, 따라서 은사 사용의 원리가 사랑이라면, 이제 방언과 예언이라는 구체적인 은사에 대해 바른 관점을 가질 수 있을 것이다. 바울은 방언보다 예언을 더 귀하게 보는데 그 이유는 예언이 교회에 더 유익을 주기 때문이다. 예언은 알아들을 수 있는 말로 사람들을 권함으로 그들을 세우지만, 방언은 영으로 말하는 것으로 아무도 알아듣지 못하기 때문에 자신에게만 유익을 줄 뿐이다. 하지만 방언도 통역하는 자가 있다면 예언과 같은 역할을 할 수 있다. 바울은 예언이든 방언이든 은사를 사용하는 데 덕과 질서가 중요함을 강조한다.

4. 부활(15장)

1) **문제** 고린도 교회에는 몸의 부활을 부인하는 자들이 있었다. 이들은 헬라 철학의 영향을 받아 몸의 부활이 아니라 영혼의 불멸을 믿었고, 또는 그리스도를 믿는 자들은 그분과 함께 영이 다시 살아난 것이라는 바울의 가르침을 오해하여 부활이 이미 지나갔다고 주장했다.

2) **복음** 바울은 이 문제를 다룸에 있어서 먼저 자신이 전한 복음을 상기시킨다. 이 복음은 그가 만들어 낸 것이 아니고 받아서 전한 것이며, 그것을 헛되이 믿지 않는 자들은 구원을 얻는다. 그렇다면 복음의 핵심은 무엇인가? 그리스도의 죽음과 부활이다. 바울은 그리스도의 부활의 증인들을 열거하면서 마지막으로 자신도 그 가운데 포함시킨다.

3) **논증 1** 만일 그리스도의 부활이 없다면 죽은 자의 부활도 없다. 그리스도의 부활이 없다면 바울의 사역도, 고린도 교인들의 믿음도 헛된 것이 된다. 그리고 우리의 죄도 용서받을 수 없다. 부활의 소망이 없다면 그리스도를 믿는 자들이야말로 가장 불쌍한 자가 될 것이다. 바울은 이어서 아담과 그리스도를 대조하면서 그리스도는 자신만 살아나신 것이 아니라 그를 믿는 자들도 살리시는 분이라는 것과, 그리스도의 부활은 종말에 완성될 구원의 시작이었음을 밝힌다.

4) **논증 2** 몸의 부활을 부인하는 자들은 썩을 몸이 다시 살아난다는 것을 이해할 수 없었으며 어리석게 생각했다. 이에 대해 바울은 씨를 심고 곡식을 거두는 원리와 자연계의 다양한 몸에 대해 설명하면서 우리가 입게 될 부활의 몸은 썩어질 것을 심어 썩지 않을 것을 거두는, 다시는 죽지 않는 신령한 몸, 영광스러운 몸이라고 밝힌다. 이러한 영화는 죄와 사망에서 완전히 벗어난 새로운 생명이다.

5) **권면** 끝으로 바울은 그리스도의 재림과 우리 부활의 소망을 한 번 더 확언하면서 흔들리지 말고 믿음의 수고를 다하라고 권면한다.

5. 맺음말(16장)

1) **연보에 대한 권면** 고린도 교회의 여러 문제에 대한 권면을 마친 바울은 끝으로 그들이 유대의 교회들을 위해 연보하기로 작정한 것을 끝까지 마치라고 권면한다.

2) **문안** 바울은 디모데를 보내면서 그를 따뜻하게 맞아 줄 것을 부탁하고, 또 아볼로는 지금은 고린도에 돌아갈 의사가 없다고 전한다. 그는 남자답게 강건하라는 권면과 함께 몇몇 사람에게 문안을 전하고 본서를 마친다.

바울 서신 6과

고린도후서

성경 이야기

1. **배경** 고린도후서는 바울이 고린도 교회에 보낸 네 통의 편지 중 마지막 편지다. 바울은 고린도전서로 기대했던 결과를 낳지 못하자 고린도를 두 번째로 방문했는데, 이때 바울을 대적하는 자로부터 심한 반대를 받았다. 바울은 그 후 디도 편에 세 번째 편지인 '눈물의 편지'를 보냈고, 마게도냐에서 디도를 만나 그 결과를 들었다. 그 편지의 효과는 기대 이상이었다. 바울은 마게도냐에서 본서(고린도후서)를 써서 그들에게 자신의 기쁨과 사랑을 전했다. 본서는 1-9장과 10-13장 사이에 어조와 태도에 큰 차이가 있다. 이에 대해 여러 설명이 있지만, 전반부를 쓴 후 고린도 교회에서 또다시 좋지 않은 소식을 듣고 후반부를 썼다고 보는 견해가 가장 타당해 보인다.

2. **주제** 바울이 고린도전서를 쓴 후 어느 시점에 고린도 교회에 거짓 교사들이 찾아왔다. 그들은 추천서를 내보이면서 자신들이 바울보다 우월함을 주장했고, 바울이 전한 복음과 다른 복음을 전했다. 바울은 고린도 교회의 여러 문제와 더불어 바로 이 거짓 교사들에 대해 반박하고자 본서를 썼다. 그는 참으로 신령한 사역자는 자신을 자랑하고 군림하는 자가 아니라 많은 고난을 받으면서도 진실하게 섬기는 자임을 밝힌다. 본서의 주제는 '신령한 사역자란 누구인가'라고 할 수 있다.

3. 개요

1–7장	변명 1: 참 사역자	1:1–2:13	서론/개인적 변명
		2:14–7:4	새 언약의 일꾼
		7:5–16	디도의 보고
8–9장	연보에 대한 권면		
10–13장	변명 2: 자랑	10:1–18	고린도 교인들의 판단
		11:1–12:13	바울의 자랑
		12:14–13:13	경고/맺음말

본문 이해

1. 서론(1:1–11) 바울은 본서를 하나님의 위로에 대한 언급으로 시작한다. 하나님은 모든 위로의 하나님이시다. 바울은 죽음까지 각오할 정도의 고난에 처했지만 그 과정을 통해 두 가지 귀한 교훈을 배웠다고 고백한다. 먼저 그는 온전히 하나님만 신뢰하게 되었고, 또 자신이 받은 위로로 곤경에 처한 다른 사람들을 위로할 수 있게 되었다. 바울이 위로로 본서를 시작하는 이유는 자신의 '눈물의 편지'로 고린도 교인들이 마음에 많은 슬픔을 느꼈기 때문이다. 바울은 이제 그들을 위로하기 원했다.

2. 개인적 변명(1:12–2:13/7:5–16)

  1) **여행 계획 변경에 대한 설명**(1:12–2:13) 바울은 고린도전서에서 고린도 교회를 방문하려는 계획을 말했는데(16:5–6), 그 후 교회를 두 번 방문하겠다고 계획을 바꿨다. 그렇게 함으로써 그들을 더 세워 주려고 했던 것이다. 하지만 2차 방문이 너무 아픈 경험이었기에 그는 고린도를 다시 방문하지 않았다. 바울의 이런 태도를 보고 고린도 교인들은 그가 육체를 따라 행하며 쉽게 '예'와 '아니오'를 남발한다고 비방했다. 하지만 바울은 그들을 진실하게 대했고, 여행 계획의 변경은 그들을 아꼈던 탓이었다고 말한다. 바울은 그들을 더 아프게 하고 싶지 않았던 것이다. 어쨌든 고린도 교인들은 눈물

의 편지를 받고 바울 편으로 돌아서게 되었고, 바울을 대적했던 자를 공개적으로 책망했다. 바울은 이제 그를 위로하라고 명한다. 바울은 고린도 교인들을 너무 염려한 나머지 드로아에서 복음을 전할 기회가 있었는데도 마음이 편치 않아 빨리 디도를 만나려고 마게도냐로 갔다고 말한다.

2) **디도의 보고**(7:5-16) 바울은 마게도냐에서 디도를 만나고 자신이 얼마나 위로를 받고 기뻤는지를 말한다. 자신의 편지가 그들을 잠시 근심하게 한 것은 맞지만, 그러한 근심은 회개에 이르게 하는 것으로 세상 근심과 달리 하나님의 뜻대로 하는 근심이라고 말한다.

3. 새 언약의 일꾼(2:14-7:4)

1) **향기와 편지**(2:14-3:3) 바울은 자신을 고대 세계에서 승리한 장군이 포로들을 이끌고 개선 행진을 할 때 피웠던 향에 비유한다. 이 향은 어떤 자들에게는 죽음의 냄새가 되고 어떤 자들에게는 생명의 냄새가 된다. 가는 곳마다 그리스도를 아는 냄새를 풍기는 복음 전도자들도 마찬가지다. 또 바울은 고린도 교인들을 자신이 육의 심비에 쓴 그리스도의 편지라고 부른다. 바울은 고린도 교인들에게 다시 자신을 추천할 필요가 없는 이유는 그들이 그가 맺은 사역의 열매였기 때문이다.

2) **새 언약의 일꾼**(3:4-18) 바울은 자신의 능력이 아니라 하나님의 능력으로 이 사역을 감당했다. 하나님은 그를 새 언약의 일꾼으로 부르셨다. 옛 언약은 돌에 새겨진 의문의 직분이요 정죄의 직분이었으며, 모세의 수건이 보여 주듯 없어질 영광이었다. 하지만 새 언약은 성령의 직분이요 의의 직분으로서 그 영광이 결코 없어지지 않는다. 누구든지 주님께 오면 수건이 벗겨져 주님의 영광을 보고 그분의 형상으로 변화되어 간다.

3) **영의 직분의 사역**(4:1-18) 새 언약의 일꾼은 무엇보다도 진실해야 하고 하나님의 말씀을 바로 드러내야 한다. 믿지 않는 사람들의 경우 이 세상 신이 그들의 마음을 미혹했다. 주님의 사역자는 보배를 담은 질그릇이다. 그는 그리스도의 주 되심을 자신의 종 됨을 통해 증거하고, 질그릇의 삶을 통해 보배의 영광을 드러내야 한다. 그는 예수님의 죽음에 동참함으로써 그

분의 생명을 맛보고 그 생명으로 다른 사람들을 살린다. 그의 겉사람은 후패하지만 속사람은 날로 새롭고, 보이지 않는 영원한 것을 바라며 잠깐의 환난을 견딘다. 그는 무엇보다도 낙심하지 않는다(4:1, 16).

4) **부활의 소망**(5:1–10) 새 언약의 일꾼이 겉사람은 후패하지만 낙심하지 않는 이유는 땅에 있는 장막이 무너지면 하늘에 있는 장막을 덧입을 것을 알기 때문이다. 그는 그리스도의 심판대에 초점이 맞춰져 있기 때문에 항상 주님을 기쁘시게 하는 일에 전념한다.

5) **화목하게 하는 직책**(5:11–6:10) 바울의 사역 동기는 주님의 경외와 사람들에 대한 사랑이었다. 주님은 그를 위해 죽으셨고, 그는 주님 안에서 새 사람이 되었다. 따라서 이제 그는 오직 주님만을 위해 살며 주님이 맡기신 화목의 직책을 위해 산다. 주님은 자신이 속죄 제물이 되어 사람들을 하나님과 화목하게 하셨다. 바울은 화목하게 하는 말씀을 맡은 그리스도의 사신으로 그 직책을 다하려고 진실과 고난의 삶을 살았다.

6) **거룩과 영접의 권면**(6:11–7:4) 끝으로 바울은 믿지 않는 자와 멍에를 같이 메지 말 것과 육과 영의 온갖 더러운 것에서 자신을 깨끗하게 할 것을 명한다(6:14–7:1). 그리고 자신을 영접하라고 말한다.

4. 연보에 대한 권면(8–9장)

1) **연보의 목적** 바울은 마게도냐 교회들이 힘에 지나도록 연보했다고 자랑하면서 고린도 교회도 그렇게 하라고 권면한다. 바울이 연보를 강조한 것은 한쪽에 더 치중했기 때문이 아니라 온 교회가 골고루 잘되기를 바랐기 때문이다. 연보의 목적은 서로 사랑으로 돌봄으로써 모두 잘되게 하려는 것이다.

2) **연보의 자세와 방법** 하나님이 기뻐하시는 연보는 억지로나 인색함으로 하지 않고 즐거운 마음으로 자원하는 것이다. 또 연보의 방법은 정성껏 미리 준비하고, 풍성하게 하는 것이다. 연보는 하나님의 은혜다(8:1). 가장 큰 은혜는 은혜의 하나님을 닮는 것이기 때문이다.

5. 바울의 자랑(10-13장)

1) **고린도 교인들의 판단** 고린도 교인들은 바울이 그들 앞에서는 '겸비하고' 그들을 떠나서는 '담대하다'고 비판했다. 그들은 바울이 육체대로 행하며, 글은 힘이 있지만 말은 시원하지 않다고 생각했다. 그들의 이런 생각은 거짓 교사들의 영향을 받은 탓인데, 그들은 자신들을 스스로 자랑했고, 세상 자랑으로 가득했다. 그들은 바울이 배경이 없으며 사례를 받지 않는 것은 자격 미달 때문이라고 비방했다.

2) **바울의 자랑** 바울은 거짓 교사들을 "거짓 사도요 속이는 일꾼이니 자기를 그리스도의 사도로 가장하는 자들"(11:13)이라고 맹렬히 비판한다. 그는 마지못해 자신의 자랑거리를 말하는데, 첫째는 출신에 관한 것이다. 그도 히브리인이요 이스라엘 사람이요 아브라함의 자손이요 그리스도의 일꾼이다. 하지만 여기까지 말한 바울은 그리스도의 일꾼의 특성을 고난에서 찾는다. 둘째는 자신의 신비 체험이었다. 바울은 삼층 천에 다녀온 경험을 말한다. 하지만 곧 사람들이 자기를 지나치게 생각할까 봐 말을 중단하고 오히려 자신의 약함에 대해 말하기 시작한다. 그에게는 사탄의 사자, 육체의 가시가 있는데 이는 그가 자고해지지 않도록 주님이 허락하신 것이었다. 바울은 이 경험을 통해 주님의 은혜가 자신에게 족한 것을 알게 되었고, 자신이 약할 때 오히려 강하다는 역설적 진리를 깨달았다.

3) **경고** 바울은 자신이 세 번째로 그들을 방문할 것을 말하면서 다시 만날 때 그들을 책망하지 않도록 스스로 돌아보라고 경고한다. 고린도 교인들은 그 모든 은사와 열심에도 참된 믿음에 있는지 돌아보라는 책망을 들었다.

바울 서신 7과

빌립보서

성경 이야기

1. 배경 빌립보서는 바울이 로마 감옥(1차 투옥)에서 쓴 옥중 서신 중 하나다. (다른 옥중 서신으로는 에베소서, 골로새서, 빌레몬서가 있다.) 빌립보 교회는 바울이 2차 선교 여행 때 세웠는데, 이후 바울이 선교 사역을 위해 물질로 후원을 하는 등 매우 친밀한 관계를 유지해 왔다. 이번에도 에바브로디도를 통해 바울에게 후원금을 전해 왔으며, 바울은 그에 대해 감사를 표현하기 위해 이 서신을 썼다.

2. 주제 빌립보서 전체 분위기는 감사와 기쁨이다. 하지만 본서의 주제는 1장 28-30절에 나오는 "복음에 합당하게 생활하라"는 권면이다. 바울은 구체적으로 "복음의 신앙을 위하여 협력[할 것]"과 "대적하는 자들 때문에 두려워하지 [말 것]"을 말한다. 전자는 2장의 주제고, 후자는 3장의 주제다.

3. 개요

1:1-26	서론: 인사/개인적 형편 1		
1:27-4:9	본론	1:27-30	주제 권면: "복음에 합당하게 생활하라"
		2:1-18	권면 1: "복음 신앙을 위해 하나 되라"
		2:19-30	복음의 일꾼들: 디모데와 에바브로디도
		3:1-21	권면 2: "복음의 대적을 경계하라"
		4:1-9	기타 권면
4:10-23	맺음말: 개인적 형편 2/문안		

본문 이해

1. 서론(1:1-11) 바울은 빌립보 교회에 편지하면서 그들에게 감사와 확신을 표현한다. 감사는 그들이 첫날부터 바울의 복음 사역에 동참해 온 것에 대해서였고, 확신은 그들의 그런 모습이 바로 하나님이 그들 안에서 이루어 가시는 구원의 징표였기 때문이다(1:6). 바울은 빌립보 성도들을 향한 사랑을 고백하면서 그들을 위해 기도한다. 기도의 내용은 그들이 영적 통찰력(앎)을 얻어서 거룩함(됨)에 이르고, 의의 열매(행함)를 풍성히 맺게 해 달라는 것이다.

2. 개인적 형편(1:12-26) 바울은 자신의 투옥이 복음의 진보를 가져왔음을 알리면서 빌립보 성도들을 위로한다. 바울을 존경하고 따르는 자들은 그의 고난을 보고 용기를 얻어 복음을 더욱 담대히 전하게 되었고, 그를 시기하는 자들은 그가 옥에 갇혀 있는 동안 경쟁적으로 복음을 전했다. 바울은 어찌 되었든 복음이 전파되는 것을 기뻐했는데, 이는 그가 온전히 주님만을 위해 살고자 했기 때문이다. 바울은 자신의 석방과 이후의 삶도 같은 관점으로 바라본다. 그는 몸을 떠나 주님과 함께 거하기를 더 원했지만, 빌립보 성도들의 유익과 복음 사역을 위해 자신이 더 살게 될 것을 인정했다.

3. 주제 권면(1:27-30) 바울은 "복음에 합당하게 생활하라"고 권면한다. 여기서 "생활하라"는 단어는 시민으로서 사는 것을 뜻하며, 빌립보 교인들이 복음으로 인해 하늘 시민이 되었음을 암시한다(3:20). 그들은 복음이 그들에게 부여한 새로운 신분에 걸맞게 살아야 했다. 그 일은 첫째, 교회 내적으로 그들이 한마음이 되어 복음 신앙을 위해 협력하는 것을 의미하고, 둘째, 교회 외적으로 복음을 대적하는 자들에게 굳건히 맞서는 것을 의미한다.

4. 하나 됨(2:1-18)

1) **권면(1-4절)** 바울은 빌립보 성도들이 다툼이나 허영이 아니라 남을 나보다 낫게 여기는 겸손한 자세로, 무슨 일에서든지 서로 하나 되어 협력하라고 권한다.

2) **그리스도의 본**(5-11절) 바울은 이 겸손의 본으로 그리스도의 낮아지심을 말한다. 그리스도는 원래 하나님의 본체로서 하나님과 동등한 분이셨지만, 그 위치를 주장하지 않고 자신을 비우고 낮추셔서 종의 형체로 나타나셨다. 여기서 자신을 비우셨다는 말은 신성이 아니라 그분의 영광과 특권을 가리킨다. 주님의 낮아지심은 성육신과 십자가로 나타났다. 이렇게 주님이 자신을 낮추시자 하나님은 그분을 지극히 높이셨다. 이 높아지심은 그분의 부활과 승천으로 나타났다. 하나님은 그분에게 모든 이름 위에 뛰어난 이름을 주셨고, 모든 무릎을 그분 앞에 꿇게 하셨다. 이런 표현은 구약에서 하나님에 대해 사용된 것(사 45:23)으로, 바울은 실상 여기서 그리스도를 성부 하나님과 동격으로 놓고 있다.

3) **권면**(12-18절) 바울은 그리스도의 본을 제시한 후에 빌립보 교인들에게 그들도 이처럼 복종하는 자세로 살라고, 모든 일을 원망과 시비가 없이 행하라고 권면한다. 그렇게 행해야 하는 이유는 그들이 이 세상에서 흠 없이 나타나고 생명의 말씀을 밝히기 위해서다. 바울은 그들을 위한 자신의 수고가 헛되지 않기를 바랐다.

5. 디모데와 에바브로디도(2:19-30)

예수님은 겸손한 섬김의 본을 보이셨는데 디모데와 에바브로디도도 그런 본을 보인 사람들이었다. 디모데는 자기 일을 돌아보지 않고 오직 그리스도의 일만을 생각하는 사람으로 자식이 아비를 위하듯 바울을 섬겼다. 에바브로디도는 빌립보 교회를 대표해 바울을 섬기기 위해 찾아온 사람이었다. 그는 오는 중에 병을 얻었고, 교회에서 자신의 병을 걱정할 것을 염려했다. 바울은 이런 사람들을 존경하라고 빌립보 교회에 말한다.

6. 손할례당(3:1-16)

바울은 복음을 대적하는 첫 번째 부류로 율법주의자, 즉 빌립보 교회에 침투해 들어온 유대주의자를 경계하라고 경고한다. 이들은 육체를 신뢰하는 자, 곧 할례를 자랑하는 자들이다. 바울은 이들을 개 또는 행악자라고 부르는데, 이것은 이들이 할례 없는 이방인을 멸시해 부르던 용어를 바울이 역으로 사용한 것이다. 바울은 또 이들을 손할례당이라고 부른다. 이 말은 몸만 절단한 자란 뜻으로서 그들이 자랑하는 할례를 비꼬아 표현한 것이다. 바울이 이처럼 이들을 신랄하게 비판한 것은 자신이 이들의 기준에 미치지 못하기 때문이 아니었다. 오히려 그런 자랑거리라면 바울이야말로 으뜸가는 사람이었다. 하지만 바울은 육체의 자랑거리가 아니라 그리스도를 믿음으로 말미암아 의롭다 함을 받았기 때문에 이제는 그 모든 것을 해로 여기고 배설물로 여기게 되었다. 그리고 오직 그리스도를 아는 지식이 가장 고상하기 때문에 그는 그리스도를 알고 그 안에서 발견되기만을 바랐다. 그렇다면 어떻게 그리스도를 알 수 있는가? 바울은 그리스도의 죽으심을 본받음으로써 그분의 부활과 영광에 이르기를 원했다. 바울은 자신이 아직 온전히 이루지 못했음을 인정했다. 그는 다만 하나님께 붙잡힌 자로서 그 붙잡힘의 소망을 잡으려고 뒤에 있는 것은 잊어버리고 하나님이 위에서 부르신 부름의 상을 위해 푯대를 향해 달려갔다. 바울은 이것이 성숙한 사람의 모습이라고 말한다. 성숙한 사람은 다 이루었다고, 자신은 온전하다고 주장하는 자들이 아니라 자신을 겸손히 낮추고 묵묵히 앞을 향해 전진하는 자들이다. 바울은 그러한 예로서 자신을 내어 보이면서 자신을 본받으라고 말한다.

7. 십자가의 원수(3:17-21) 복음을 대적하는 두 번째 부류는 빌립보 교회를 둘러싸고 있는 반율법주의적인 세상이다. 빌립보는 로마의 식민지로 이 도시의 시민은 로마 시민과 같은 대우를 받았다. 하지만 그리스도인은 하늘의 시민권을 가진 자들이다. 따라서 세속 도시 빌립보의 생활 방식을 따라 살아서는 안 된다. 바울은 그들을 십자가의 원수라고 부르면서 육신의 정욕을 추구하는 그들의 모습을 질타한다. 그들은 배를 신으로 삼고, 부끄러운 일을 영광으로 삼으며, 땅의 일만 생각하는 자로 결국 멸망할 자들이다. 하지만 그리스도인은 주님이 나타나실 때 그 몸이 영광스럽게 변화될 자로 하늘의 시민답게 살아야 한다.

8. 기타 권면(4:1-9) 바울은 빌립보 교회의 두 여성 지도자인 유오디아와 순두게에게 서로 협력하라고 구체적으로 명령한다. 그리고 기쁨, 관용, 기도, 감

사, 평화의 삶을 살라고 권면한다. 또 언제나 바른 생각에 힘쓸 것과 바울에게서 보고 배운 본을 따라 행할 것을 권면한다.

9. 개인적 형편(4:10-23) 바울은 다시 빌립보 성도들의 연보에 감사를 표한다. 하지만 바울의 감사는 그들의 사랑하는 마음에 대해서였지 돈 때문은 아니었다. 그 이유는 그가 모든 형편에 자족하는 법을 터득했기 때문이다. 13절은 많은 오해를 불러일으키는 구절인데, 그 뜻은 내가 원하는 대로 환경을 바꿀 수 있다는 것이 아니고 오히려 어떤 환경에든지 자신이 적응할 수 있다는 것이다. 어쨌든 그들의 연보는 하나님이 기쁘게 받으실 향기로운 제물이었다. 바울은 하나님이 우리의 모든 필요를 채우신다는 확신을 전하고 문안으로 본서를 끝맺는다.

바울 서신 8과

골로새서

성경 이야기

1. 배경 골로새 교회는 바울이 3차 선교 여행 중 에베소에서 복음을 전할 때 그리스도를 믿게 된 에바브라가 골로새로 돌아가 세운 것으로 보인다. 그는 교회에 침투해 들어온 이단 사상에 대한 도움을 받고자 로마 감옥에 갇힌 바울을 찾아왔고, 바울은 본서를 써서 그 문제에 답했다. 골로새의 이단은 혼합주의적 성격을 띤 것으로 율법주의, 영지주의, 천사 숭배, 금욕주의 등 다양한 요소를 갖고 있었다.

2. 주제 골로새서의 주제는 그리스도의 탁월성과 충족성이다. 그리스도만으로는 부족하다고 여기는 율법주의와 영지주의, 천사 숭배 등을 강조하는 이단의 가르침에 반해 바울은 그리스도는 만유의 주시며, 그분 안에는 신성의 모든 충만이 거하심을 강조한다. 따라서 그리스도를 주로 영접한 사람들은 그분 안에 뿌리를 내리고 살아야 한다. 그리스도는 만유이시며 만유 안에 거하시기 때문이다(3:11).

3. 개요

1:1–14	서론		
1:15–4:6	본론	1:15–2:5	그리스도와 복음
		2:6–23	교리적 권면(그리스도 안에서 행하라)
		3:1–4:6	윤리적 권면(위의 것을 찾으라)
4:7–18	맺음말		

본문 이해

1. **서론**(1:1–14) 바울은 골로새 성도들에게 인사한 후 그들의 믿음, 사랑, 소망으로 인해 하나님께 감사한다. 믿음, 사랑, 소망은 복음의 열매로서 에바브라의 사역으로 그들이 복음을 듣고 하나님의 은혜를 깨달은 후 그들의 삶에서 드러난 새로운 특성이었다. 믿음은 주님과의 관계를, 사랑은 지체 간의 관계를, 소망은 이 세상(시대)과의 관계를 보여 준다. 바울은 또 골로새 성도들이 하나님의 뜻을 알고 행하게 해 달라고 간구한다. 그런 행함은 선행과 인내와 감사로 드러난다. 믿음의 삶은 곧 감사의 삶이다. 하나님이 우리를 흑암의 권세에서 건져 그분이 사랑하시는 아들의 나라로 옮겨 주셨기 때문이다.

2. **그리스도**(1:15–23) 하나님의 구속은 그리스도 안에서 일어났다. 그리스도는 보이지 않는 하나님의 형상으로서 만물보다 먼저 나신 자다. 바울은 그리스도를 창조의 주요 화목의 주로, 만물 위에 교회의 머리로 증거한다. 만물은 그리스도로 말미암아 그리스도를 위하여 창조되었고, 그리스도 안에 서 있다. 또 하나님은 그리스도의 십자가의 피로 화평을 이루시고 만물을 자기와 화목하게 하셨다. 그리스도는 부활로 말미암아 죽은 자들 가운데서 먼저 나신 자가 되어 만물의 으뜸이 되셨다. 복음은 바로 이렇게 우주적 주님이신 그리스도에 대한 소식이다. 골로새 성도들은 이 복음을 듣고 하나님과 화목하게 되었고, 바울은 이 복음의 일꾼이었다.

3. **바울의 사역**(1:24–2:5) 바울은 하나님의 경륜을 따라 복음의 일꾼이 되었다. 그는 교회를 위해 그리스도의 남은 고난을 자신의 몸에 받으려 했으며 각 사람을 그리스도 안에서 완전한 자로 세우기 위해 그리스도를 전파하고 각 사람을 가르쳤다. 골로새 성도들과 라오디게아 성도들을 위해서도 하나님의 비밀인 그리스도를 알게 하려고 힘을 다해 수고했다.

4. **교리적 권면**(2:6–15) 그리스도의 우주적 주 되심과 그분에 대한 소식인 복음의 사역을 말한 바울은 이제 그리스도 안에 뿌리를 내리라는 권면을 한다. 그리스도를 주님으로 영접한 사람은 그리스도로 자신의 모든 자원을 삼아

야 한다. 그리스도 안에는 신성이 충만히 거하시기 때문에 그리스도 안에 거하는 자는 그 충만을 공유하게 된다. 그리스도 외에 다른 것을 가르치는 세상의 헛된 철학을 좇지 말아야 하는 이유는 그것들이 사람의 유전이나 세상의 초등학문(우주의 영적 세력들)을 가르치기 때문이다. 그렇다면 그리스도 안에서 우리가 누리게 된 충만은 무엇인가? 바울은 그것을 그리스도의 할례라고 가르친다. 그리스도 안에 있는 자들은 마음에 할례를 받은 자들로서 할례의 진정한 의미인 육적 몸, 즉 육신의 성품을 벗어버린 자들이다. 이 일이 어떻게 가능한가? 그리스도와 연합한 세례를 통해서 가능하다. 그리스도와 함께 세례를 받은 자들은 그분의 죽으심과 장사 되심 그리고 부활과 연합하여 세례를 받은 것이다. 그리스도를 믿는 자들은 그분의 죽으심을 통해 자신의 모든 죄를 용서받았고, 그분의 부활을 통해 새 생명을 얻었다. 이런 변화와 승리의 근거는 바로 십자가의 성취다. 그리스도는 십자가를 지심으로써 우리를 대신하여 죄의 형벌을 받으셨고, 그 결과 의문에 쓴 증서, 즉 율법을 폐하셨다. 그뿐 아니라 십자가는 정사와 권세 등의 영적 세력을 무력하게 했다. 십자가는 이처럼 율법과 악의 세력을 물리친 승리였으며, 그 승리를 근거로 그리스도와 연합한 자들에게 구원을 주시는 하나님의 능력이 되었다.

5. 이단에 대한 경계(2:16-23) 바울은 십자가의 승리를 선포한 후 그에 따른 자연스러운 결과를 말한다. 십자가가 율법을 폐했기 때문에 더는 먹고 마시는 문제, 절기 문제 등에 얽매일 필요가 없게 되었다. 이 모든 것은 장래 일을 가리키는 그림자였을 뿐이며 몸(실체)이 온 후로는 폐지되는 것이 마땅하다. 또 십자가는 정사와 권세 등의 영적 세력을 물리쳤기 때문에 더는 천사 숭배나 영지주의적 세계관에 굴복해서는 안 된다. 율법주의, 금욕주의, 천사 숭배, 영지주의적 행습은 바른 신앙의 길이 될 수 없다. 그리스도인은 이 모든 것에 대해 그리스도와 함께 죽은 자다.

6. 윤리적 권면(3:1-17) 그리스도와 함께 죽은 자들은 그리스도와 함께 살리심을 받았다. 그렇다면 그들은 어떻게 살아야 하는가? 바울은 교리적 권면에서 윤리적 권면으로 넘어간다. 교리는 그리스도가 누구시며 우리를 위해 무

슨 일을 하셨는지를 다룬다. 따라서 그리스도 안에 뿌리를 내리라는 교리적 권면은 그리스도 안에 있는 자들에게 일어난 일이 무엇인가를 밝히 알고 그 새로운 변화와 신분을 굳게 붙잡으라는 것이다. 윤리적 권면은 바로 그러한 변화된 신분을 바탕으로 우리가 살아야 할 삶을 보여 준다. 그리스도와 함께 살리심을 받은 사람은 하늘에 속한 자가 되었다. 그리스도가 영광 중에 다시 오실 때 우리의 정체는 밝히 드러날 것이며, 그때까지 우리는 우리가 속한 세계의 가치관을 따라 살아야 한다. 다시 말해서 땅의 것이 아니라 위의 것을 찾아야 한다. 위의 것을 찾는 것은 옛 사람을 벗어 버리고 새 사람을 입은 삶으로서 거룩함과 사랑으로 드러난다. 우리는 먼저 음란과 부정과 사욕과 악한 정욕과 탐심 등 땅에 있는 지체를 죽여야 한다. 특히 그리스도 안에 있는 자는 인종, 종교, 문화, 사회 계층 등을 뛰어넘어 모두 하나가 되었으므로 서로 사랑함으로 지체의 삶을 살아야 한다. 이러한 삶은 용서와 사랑, 평화와 감사, 말씀으로 충만한 삶이다.

7. 가족 관계에 대한 권면(3:18-4:1) 위의 것을 추구하는 자들, 새 사람을 입은 자들은 구체적으로 인간관계에서 어떤 모습을 드러내야 하는가? 바울은 가장 기본적 인간관계인 가족 간의 관계에 대해 권면한다. 먼저 부부 사이에서는 아내는 남편에게 복종하고, 남편은 아내를 사랑해야 한다. 또 자녀는 부모에게 순종해야 하고, 부모는 자녀를 인격적으로 대해야 한다. 다시 말해, 그들의 감정을 존중하고 노엽게 하지 말아야 한다. 또 종은 상전에게 복종하되 마치 그리스도에게 하듯 해야 하며, 눈가림하지 말아야 한다. 상전은 자신에게도 하늘에 상전이 계심을 알고 의와 공평으로 종을 대해야 한다. 그리스도인의 가족 관계를 전체적으로 지배하는 원리는 상호 존중과 상호 섬김이며, 일방적인 지배와 굴종, 반항과 투쟁이 아니다. 권위와 순종은 사랑과 질서, 조화를 위한 것이다.

8. 기도와 전도에 대한 권면(4:2-6) 바울은 끝으로 기도와 전도에 대해 권면한다. 그리스도인은 교회 안에서만 아니라 세상에서도 살아가는 자들이기 때문에 무엇보다도 기도에 힘쓰고 기도 안에 깨어 있어야 한다. 또 외인을 지혜

롭게 대하고 그들에게 복음을 전할 때 적절한 방법으로 지혜롭게 해야 한다.

9. **문안과 맺음말**(4:7-18) 바울은 자신과 함께 복음을 위해 수고하는 일꾼들의 문안을 전한다. 여기에 등장하는 사람들에 대해 우리는 많은 것을 알지 못한다. 하지만 그들은 하나님 나라를 위해 함께 수고하는 자들이었다. 하나님 나라는 소수의 영웅이 세우는 것이 아니다. 그 나라의 백성 된 모든 사람이 주님께 순종함으로써 함께 세워 나가야 한다.

바울 서신 9과

디모데후서

성경 이야기

1. 배경 바울은 로마 감옥에 두 번 투옥된 것으로 보인다. 1차 투옥 때 옥중 서신(에베소서/빌립보서/골로새서/빌레몬서)을 썼고, 그 후 풀려나 다시 몇 군데를 돌아다니며 교회를 든든히 세우려고 노력했다. 이때 에베소에 디모데를, 그 레데에 디도를 남겨 두었으며, 그들에게 그곳 교회들을 어떻게 돌보아야 할지에 대해 쓴 서신이 각각 디모데전서와 디도서다. 바울은 그가 그토록 소원했던 서바나 선교도 마친 것으로 보인다. 이후 바울은 두 번째로 투옥되었고, 네로 황제 때 참수형을 당한 것으로 추정된다. 디모데후서는 바울이 2차 투옥 때 디모데에게 쓴 편지로 그의 마지막 작품이며, 그의 유언을 담고 있다.

2. 주제 디모데후서의 주제는 '복음의 당부'다. 죽음을 눈앞에 둔 노사도 바울의 유일한 관심은 자신이 떠난 후 복음의 장래에 대한 것이었다. 그는 복음을 계속해서 지키고 전수할 사람이 누구일지 염려했고, 그 일을 사랑하는 믿음의 아들 디모데에게 부탁한다. 본서의 각 장은 복음에 대한 바울의 당부를 담고 있다.

3. 개요

1:1–12	서론: 인사, 감사, 격려(복음과 함께 고난을 받으라, 8절)
1:13–18	권면 1: 복음을 지키라(13절)
2:1–26	권면 2: 복음을 부탁하라(2절)

3:1–17	권면 3: 말씀 안에 거하라(14절)
4:1–8	권면 4: 말씀을 전파하라(2절)
4:9–22	맺음말: 개인적 부탁, 문안

본문 이해

1. **서론**(1:1–12) 디모데는 바울이 1차 선교 여행 중 루스드라에서 복음을 전했을 때 그리스도인이 되었다. 그리고 2차 선교 여행 때 합류하여 평생 주님을 함께 섬긴 바울의 믿음의 아들이요 동역자다(행 16:1–3). 바울은 이 편지를 쓰면서 자신 역시 조상 때부터 청결한 양심으로 하나님을 섬겨 온 자로서 외조모와 어머니를 통해 물려받은 디모데의 진실한 믿음을 상기한다. 또 디모데가 바울과 헤어질 때 보인 눈물을 기억하면서 그에 대한 그리움을 표현한다. 바울은 디모데에게 그가 받은 은사를 기억할 것과 하나님이 주신 것은 두려워하는 마음이 아니라 능력, 사랑, 근신의 정신이라고 강조한다. 이는 디모데가 앞으로 바울이 떠난 후 복음을 책임질 사명을 받았기 때문이다. 바울은 자신이 복음 사역자로서 어떻게 고난을 받았는지 말하면서 디모데에게도 하나님의 능력을 좇아 "복음과 함께 고난을 받으라"(8절)고 권면한다. 바울이 복음을 위한 고난을 감수할 수 있었던 것은 그가 의뢰한 분이 누구인지 알았고, 또 그분이 그가 의탁한 것을 끝까지 지켜 주실 것을 확신했기 때문이다.

2. **복음을 지키라**(1:13–18) 복음과 함께 고난을 받으라고 말한 바울은 이제 구체적으로 그 내용을 밝힌다. 디모데가 해야 할 일은 그가 바울에게서 들은 "바른 말의 본"(the pattern of sound teaching)을 지키는 것이었다. 복음은 이 당시 이미 정형화된 형태를 지니고 있었다(고전 15:3–4). 디모데가 해야 할 일은 복음을 사도들에게서, 특히 바울에게서, 들은 그대로 변형하거나 혼잡하지 않고 순수하게 지키는 것이었다. 디모데는 바울이 부탁한 이 아름다운 것을 성령의 능력으로 지켜야 했다. 바울은 같은 내용을 2장 1절에서는 "은혜 가운데서 강하[라]"고 표현한다.

3. 복음을 부탁하라(2:1-26) 디모데는 또 바울에게서 들은 복음을 충성된 사람들에게 부탁해야 했다. 그렇게 함으로써 그들이 또 다른 사람들에게 복음을 전하게 되며, 이런 식으로 복음이 중단되지 않고 계속 전수될 것이다. 그렇다면 충성된 복음의 일꾼은 어떤 사람인가? 그는 자기 일에 얽매이지 않는 군사, 법대로 경기하는 선수, 충성된 농부와 같다. 바울은 이어서 자신을 그런 복음의 일꾼으로 제시한다. 바울은 복음으로 인해 죄인처럼 매이기까지 했다. 하지만 그 순간에도 그의 관심사는 자신이 아니라 복음에 있었으며, 복음이 매이지 않는 것으로 기뻐했다. 바울은 택하신 자들을 구원 얻게 하려고 기꺼이 모든 고난을 인내했는데, 이는 그가 주와 함께 죽는 자는 주와 함께 살게 하시고, 주와 함께 참으면 주와 함께 왕 노릇하게 하시는 하나님의 신실하심을 알았기 때문이다.

고난 외에 복음의 일꾼이 갖춰야 할 조건은 진리의 말씀을 옳게 분별하는 것이다. 많은 사람이 헛된 말로 논쟁하고 진리를 왜곡함으로 경건하지 않음으로 나아가다가 망한다. 그 당시에는 부활이 이미 지나갔다고 주장하는 자들이 있었다. 그렇다면 참된 일꾼인지 거짓 일꾼인지 어떻게 아는가? 참된 일꾼의 특징은 불의에서 떠나는 것이다. 이런 자들은 사람들에게서 인정을 받는 것이 아니라 하나님이 알아주신다. 하나님의 집에는 여러 그릇이 있어 각각 다른 용도로 쓰이는데, 하나님이 귀히 쓰시는 그릇은 깨끗하고 거룩한 그릇이다. 따라서 복음의 일꾼은 진리를 바로 분별하고 자신을 돌아보아 늘 의롭고 깨끗하게 살아야 한다. 젊은 디모데는 청년의 정욕을 피하고 주를 깨끗한 마음으로 부르는 자들과 함께 의와 믿음과 사랑과 화평을 좇아야 했다. 특히 목회자로서 온유한 마음으로 사람들을 대하고 이끌어야 했다.

4. 말씀 안에 거하라(3:1-17) 이 장에서 바울은 협의의 복음을 넘어 큰 복음을 담고 있는 광의의 성경에 대해 말한다. 이 장의 주제는 성경 안에 거하라는 것이다(14절). 먼저 바울은 디모데에게 말세에 고통스러운 때가 이를 것이라고 경고한다. 말세는 주님의 초림부터 재림까지의 기간을 뜻한다. 따라서 이 편지를 쓰고 있는 시점 역시 말세에 포함된다. 바울은 현재도 그렇지만 주님

의 재림이 가까워질수록 더욱 드러나게 될 현상을 유의하라고 말한다. 그렇다면 말세의 특징은 무엇인가? 요약하면 하나님에 대한 사랑은 식어 가고, 대신 자기 자신과 돈과 쾌락에 대한 사랑이 득세할 것이다. 겉으로는 경건의 모양을 유지하지만 내면적으로는 경건의 능력을 상실한다. 이런 말세의 특징은 이단적 가르침이 횡행하고, 사람들이 늘 배우지만 진리에 이르지 못하는 영적 암흑의 상태와도 상통한다. 하지만 애굽의 술사였던 얀네와 얌브레가 모세를 대적했다가 망한 것처럼 그들도 끝내 진리를 이기지 못하고 망할 것이다. 바울은 이런 이단들의 모습과 대조되는 참 사역자의 모습을 자신을 예로 들어 설명한다. 바울은 자신의 가르침, 행실, 의도, 믿음, 오래 참음, 사랑, 인내 그리고 고난을 보라고 말하면서, 특히 경건한 삶을 추구하는 자들에게는 고난이 불가피함을 강조한다.

말세는 영적 혼란기로서 속고 속이는 일이 계속될 것이다. 이럴 때 우리는 어떻게 해야 하는가? 바울은 디모데에게 그가 배우고 확신한 일, 즉 성경 안에 거하라고 권면하면서 성경의 기원, 권위, 기능을 간략하게 언급한다. 모든 성경은 하나님의 감동으로 된 하나님의 말씀이다. 성경은 구원에 이르는 지혜를 주며 교훈, 책망, 바르게 함, 의로 교육함을 통해 하나님의 사람을 온전하게 하는 일을 한다. 영적으로 혼란스럽고 세속적인 영향이 강하게 역사하는 말세를 바르게 살아가는 길은 오직 하나, 성경 안에 거하는 것이다. 성경은 구원에 이르는 길을 보여 주고 우리가 하나님의 온전한 사람이 되게 해준다.

5. **말씀을 전파하라**(4:1-8) 본장에서 바울은 복음 대신 말씀이란 단어를 사용하면서 디모데에게 말씀을 전파하라는 명령을 내린다. 바울은 하나님과 심판자 되신 예수님 앞에서 그분의 재림과 나라를 두고 엄히 명한다. 따라서 디모데는 때를 얻든지 못 얻든지 항상 힘써야 하며, 인내하며 가르치되 경책하고 경계하며 권해야 한다. 인내가 필요한 것은 사람들이 진리를 좇지 않고 자신의 사욕을 좇아 허탄한 것만 들으려 하기 때문이다. 하지만 디모데는 정신을 차리고 전도인의 직무에 최선을 다해야 한다. 바울은 디모데에게 주는

이 명령을 자신의 예로 뒷받침한다. 그는 끝까지 인내하며 복음 사역을 완수했고, 이제 의로우신 재판장에게서 의의 면류관을 받을 것을 확신하고 있었다. 자신의 생애를 마감할 때 바울처럼 고백할 수 있다면 그보다 더 성공한 삶이 있겠는가?

6. 맺음말(4:9-22) 끝으로 바울은 디모데에게 겨울 전에 빨리 오라고 부탁한다. 이 순간 바울 주변에는 누가 외에 아무도 없었다. 바울은 사람들에 대한 섭섭한 감정을 드러내기도 하지만 자신의 모든 재판 과정에서 주님이 함께하셨음을 고백한다. 그는 외롭고 힘들었고 디모데를 속히 보고 싶어 했다. 그는 디모데가 올 때 자신의 소지품을 가져다주기를 원했다. 가죽 종이에 쓴 것은 성경이나 주석 같은 책이었을 것이다. 특히 외투는 추운 감옥에서 겨울을 지내려면 꼭 필요했다. 지중해는 11월부터 3월까지는 항해가 쉽지 않았다. 따라서 디모데가 오려면 겨울이 되기 전에 와야 했다. 전해지는 이야기에 따르면 디모데는 겨울 전에 오지 못한 것 같다. 그렇다면 바울은 감옥에서 홀로 쓸쓸히 순교했을 것이다.

요한계시록 1과

요한계시록 1

성경 이야기 _{계 1–5장}

1. 배경 요한계시록의 저자인 요한이 누구인지는 확실히 말하기 어렵다. 전통적으로 사도 요한으로 보는 견해를 굳이 부인할 이유가 없다. 어쨌든 저자가 누구인지는 요한계시록의 메시지를 이해하는 데 별 지장을 주지 않는다. 독자는 직접적으로는 소아시아의 일곱 교회지만 일곱이란 숫자가 상징하는 바대로 모든 교회로 보는 것이 좋을 것이다. 1세기 말경 로마의 도미시안 황제는 황제 숭배를 통해 로마의 평화(Pax Romana)라는 이데올로기를 그 통치 아래 있던 모든 사람에게 주입했으며, 이에 굴복하지 않았던 교회를 심히 핍박했다. 요한은 고난을 통과하고 있는 교회들에게 자신이 밧모 섬에서 유배 중 보게 된 부활하신 주님에 대한 환상과 그분의 메시지를 전하기 위해 본서를 기록했다.

2. 해석 요한계시록은 여러 상징이 얽혀 있는 묵시문학의 형태를 띠고 있다. 따라서 전체적인 주제는 다른 묵시문학처럼 악에 대한 선의 궁극적 승리와 고난받는 하나님의 백성에게 주는 위로와 확신이라고 할 수 있다. 하지만 세부 내용에 대한 구체적인 이해는 해석자의 관점에 따라 큰 차이가 있다.

  1) **과거적 해석법** 본서의 내용을 일차적으로 그 당시 고난받는 초대교회 성도에게 주는 메시지로 본다.

  2) **미래적 해석법** 역사가 어떻게 완성되는지, 그 끝에 일어날 일은 무엇인지를 다룬 것으로 본다.

3) **역사적 해석법** 초대교회부터 역사의 종말에 이르기까지의 전 역사를 요약해 놓은 것으로 본다. 특히 2-3장에 나오는 일곱 교회를 교회 시대의 일곱 기간으로 본다.

4) **초역사적 해석법** 본서의 내용을 실제 역사의 특정 사건이 아니라 그리스도와 사탄, 교회와 세상 사이의 영적 투쟁으로 본다. 따라서 모든 시대의 그리스도인을 위한 영적 교훈이 본서에 담겨 있다고 본다. 이중 어느 해석법이 옳은가를 말하기는 쉽지 않다. 요한계시록의 내용 중 몇 가지는 구체적인 역사적 사실을 가리키는 것이 분명하지만 전체적으로는 영적 투쟁의 관점에서 역사의 큰 흐름과 완성을 보여 준다고 보면 좋을 것이다.

3. 구조

1-5장	서론(1장)/일곱 교회에 보내는 편지(2-3장)/천상의 장면(4-5장)
6-16장	일곱 봉인(6-7절)/일곱 나팔(8-11장)/교회와 사탄의 투쟁(12-14장)/일곱 대접(15-16장)
17-22장	바벨론의 멸망(17-19장)/최후의 심판(20장)/신천신지(21-22장)

본문 이해

1. 서론(1:1-8) 본서는 예수 그리스도의 계시다. 여기서 예수 그리스도는 주격(계시를 주시는 분)과 목적격(계시의 내용)의 양면을 다 지닌다. 계시(apocalypse)는 가려져 있는 베일을 벗긴다는 뜻으로 하나님이 그분의 뜻과 계획을 보여 주셨다는 의미도 되고, 좀 더 전문적으로 유대교와 기독교의 묵시문학이라는 특수한 문학 형식을 가리킨다고 볼 수도 있다. 이 계시는 하나님-예수님-천사-요한-일곱 교회의 순서로 전해진다. 본서는 바로 그 계시의 내용을 담고 있으며, 교회의 공예배에서 읽히도록 의도했다(1:3). 요한은 이 서론에서 삼위 하나님을 묘사하고 특별히 그리스도의 재림을 강조한다. 성부 하나님은 영원하신 분으로서 역사를 주관하시고(장차 오실 분), 성령은 보좌 앞의 일곱 영으로 묘사되며, 그리스도는 교회가 지금 겪고 있는 고난을 앞서 통과하고 승리하셨으며 다시 오실 분으로 묘사된다. 지금은 비록 세상이 교회를 억압

하는 듯해도 주님이 다시 오시면 그분을 반대하던 모든 자는 그 진노 앞에 몸을 숨기고 벌벌 떨게 될 것이다. 이 비전을 본 자는 두려워하지 않고 끝까지 신앙을 지킬 것이다.

2. 일곱 교회에 보내는 편지(1:9-3:22)

1) **부활하신 주님의 현현**(1:9-20) 밧모 섬에 유배된 요한은 주의 날에 성령에 감동하여 부활하신 주님을 보게 된다. 주님의 모습은 권능과 위엄, 영광을 갖추신 왕의 모습이었다. 주님은 일곱 금촛대(교회) 사이를 왕래하셨고, 손에 일곱 별(교회의 사자)을 쥐고 계셨다. 다시 말해서 주님은 박해와 고난 속에 있었던 교회들 한가운데 계셨으며 교회의 지도자들을 주관하고 계셨다. 주님은 요한을 통해 소아시아의 일곱 교회들에게 메시지를 전하신다. 각 메시지는 주님의 모습과 각 교회에 대한 칭찬과 책망, 위로와 경고 등을 담고 있다. 여기서 가장 중요한 말은 "내가 아노니"라는 주님의 말씀이다. 주님은 각 교회의 형편을 모두 아신다. 그들의 충성과 수고도 아시고 연약함과 게으름도 아신다. 박해의 현장에서 고난을 통과하던 이들에게 주님이 아신다는 말씀처럼 위로가 되는 말씀이 또 있겠는가?

2) **일곱 교회**(2-3장) 여기에 등장하는 소아시아의 일곱 교회는 그 순서대로 돌면서 편지를 전달할 수 있도록 위치해 있었다. 존 스토트는 그의 저서 『내가 사랑하는 교회에게』(What Christ Thinks of the Church, 포이에마 역간)에서 이 교회들의 장점이나 약점을 취해서 교회가 반드시 갖춰야 할 특성을 제시한다. 여기에서는 그의 분석을 조금 고쳐서 적용해 보았다.

- **에베소 교회**(사랑) 이 교회는 바른 진리를 지켰고 특별히 니골라당의 행위를 미워한 것에 대해 주님의 칭찬을 들었다. 하지만 그들은 처음 사랑을 버렸다는 책망을 들었다. 정통 교리보다 더 중요한 것은 주님에 대한 참된 사랑이다.

- **서머나 교회**(고난) 이 교회는 환난과 궁핍을 견뎌야 했지만 주님은 그들의 실상이 부요하다고 칭찬하셨다. 또 장차 핍박이 임할 것이지만 죽도록 충성하면 생명의 면류관을 주겠다고 약속하셨다.

- **버가모 교회(진리)** 이 교회는 순교를 각오하면서 신앙을 지켰지만 발람의 교훈을 따르는 자들로 인해 책망을 들었다.
- **두아디라 교회(거룩함)** 이 교회는 주님께 많은 칭찬을 들었지만 이세벨의 행음에 동참한 사람들 때문에 책망을 들었다.
- **사데 교회(생명)** 사데 교회는 살았다 하는 이름은 가졌지만 실상은 죽은 교회라는 책망을 들었다. 주님은 일곱 영을 가지신 분으로서 그 실상을 꿰뚫어 보시는 분이다. 그들은 남은 바 죽게 된 것을 일깨워야 했고 주님 앞에 행위를 온전하게 해야 했다.
- **빌라델비아 교회(전도)** 이 교회는 적은 능력으로도 충성을 다했다고 주님께 칭찬을 들었다. 주님은 다윗의 열쇠를 가지신 분으로서 그분이 열면 닫을 자가 없다. 주님은 이 교회에 열린 문을 약속하셨고 심지어 유대인 중에서도 회심할 자가 있을 것이라고 말씀하셨다.
- **라오디게아 교회(전심)** 이 교회는 차지도 덥지도 않고 미지근하다고 주님께 책망을 들었다. 이들은 부요하다고 자랑했지만 실상은 곤고하고 가련하며 가난하고 눈멀었으며 벌거벗은 자들이었다. 주님은 이들이 회개하지 않을 경우 입에서 토해 내겠다고 경고하셨다. 각 교회에 대한 주님의 평가는 언제나 모든 상황을 고려하고 실상을 평하신 것이었다. 이후 역사를 볼 때 소아시아의 이 일곱 교회는 다 자취를 감췄다. 주님의 경고가 그대로 현실이 되었던 것이다.

3. 천상의 장면(4-5장)

1) **보좌**(4장) 요한은 하늘에 문이 열린 것을 보았고 이리로 올라오라는 소리를 들었다. 하늘로 올라간 요한은 거기서 하나님의 보좌를 보게 된다. 보좌에 앉으신 이에 대한 묘사가 보석들로 되어 있는 것은 그분의 특성을 상징적으로 표현함으로써 하나님을 형상화할 수 없게 하기 위해서다. 보좌를 둘러싼 무지개는 노아와의 언약을 상기하며, 변함없이 자연계를 유지하시는 하나님의 신실하심을 보여 준다. 제아무리 그리스도와 교회를 대적하는 무리가 날뛰고 역사가 암흑 속에 가려 있는 듯해도 세상이 계속

유지되고 굴러가는 것은 하나님이 붙들고 계시기 때문이다. 보좌 주위에는 이십사 보좌가 있고 그 위에 이십사 장로가 앉아 있다. 이들은 구약의 열두 족장과 신약의 열두 사도를 상징하며 따라서 하나님의 온 백성을 대표한다고 볼 수 있다. 보좌 앞의 일곱 영은 성령님을 뜻하며, 보좌로부터 번개와 음성과 뇌성이 나오는 것은 뒤에 전개될 심판의 근원이 보좌임을 보여 준다. 또 보좌 가운데와 주위의 네 생물은 하나님의 특별한 천사들로 에스겔 1장의 그룹과 이사야 6장의 스랍의 모습이 합쳐져 있다. 이들은 하나님의 피조계를 대표한다. 이십사 장로와 네 생물은 하나님을 찬양하는데, 그 내용은 하나님의 거룩하심과 창조의 영광이다.

2) **어린양**(5장) 보좌에 앉으신 이의 손에 책이 들렸는데 이 책의 인봉을 뗄 자가 없는 것을 보고 요한은 울었다. 하지만 그는 곧 유대 지파의 사자, 다윗의 뿌리이신 어린양 그리스도가 그 인을 떼기에 합당하신 것을 알게 되었다. 그리스도를 사자로 묘사한 것은 그분의 왕권과 권능을 뜻하고, 어린양으로 묘사한 것은 그분의 구속 사역을 가리킨다. 어린양이신 주님은 전능하심을 뜻하는 일곱 뿔과 전지하심을 뜻하는 일곱 눈을 가지셨다. 죽음을 당하신 어린양이 하나님의 심판 책의 인봉을 떼시는 것은 인자 됨을 인하여 심판하는 권세를 받으셨기 때문이다(요 5:27). 어린양이 책을 취하시자 이십사 장로와 네 생물이 성도들의 기도가 담긴 향로를 어린양께 드리면서 그분의 구속 사역을 찬양한다. 그리고 그들과 함께 천군천사들이 보좌에 앉으신 이와 어린양께 찬양과 경배를 드린다. 이 천상의 장면은 세계와 역사를 주관하는 조정실(control room)의 모습으로서 교회를 핍박하고 박해하는 로마 정부나 세속의 권력이 아니라 창조와 구속의 주 되신 하나님과 예수 그리스도가 온 세상과 역사를 이끌고 계심을 보여 준다.

요한계시록 2과

요한계시록 2

성경 이야기 계 6-16장

구조

6장	일곱 봉인 심판 1) 공포, 2) 전쟁, 3) 기근, 4) 죽음(1/4), 5) 순교자들, 6) 천재지변
7장	교회: 144,000명(지상/전투), 흰옷을 입은 허다한 무리(하늘/승리)
8-9장	일곱 나팔 심판: 1) 땅(1/3), 2) 바다(1/3), 3) 강(1/3), 4) 하늘(1/3), 5) 황충, 6) 마병대
10-11장	교회: 작은 책과 두 증인
12-14장	영적 전쟁: 하늘의 전쟁(용이 쫓겨남), 바다 짐승, 땅의 짐승, 최후의 심판
15-16장	일곱 대접 심판: 1) 땅, 2) 바다, 3) 강, 4) 해, 5) 짐승의 보좌, 6) 유브라데, 7) 공중

본문 이해

1. **일곱 봉인 심판**(6장) 마침내 어린양이 봉인을 떼시기 시작했다. 첫째 인을 떼시자 흰말을 탄 자가 활을 갖고 달려 나가 이기고 또 이기려 했다. 이는 당시 로마와 동부 전선에서 대치했던 파르티아 군대의 위협을 상징한다. 둘째 인을 떼시자 전쟁을 상징하는 붉은 말을 탄 자가 나와서 땅에서 화평을 제해 버렸다. 셋째 인을 떼시자 기근을 상징하는 검은 말이 나온다. 넷째 인을 떼시자 죽음을 상징하는 청황색 말이 나오는데 이는 앞의 모든 재난(검/흉년/역병/짐승)을 종합한 것이다. 봉인 재난의 범위는 사분의 일인데, 앞으로 이 범위는 더 커지게 된다. 이 재난은 제단 앞에 있는 순교자들의 신원 기도(다섯째 인)의 응답으로 내려진 것이다. 그들은 동료들의 수가 차기까지 쉬면서 더

기다려야 했다. 봉인 심판의 결론은 천재지변(여섯째 인)으로 나타나는 하나님과 어린양의 진노로 땅의 권력자들을 두려워 떨게 한다.

2. **지상과 천상의 교회(7장)** 여섯째 인과 일곱째 인 사이에 잠시 교회의 모습을 보여 준다. 해 돋는 데서부터 올라온 천사가 인을 친 자들은 이스라엘의 각 지파 당 12,000명씩 모두 144,000명이다. 이는 구약의 12지파×신약의 12사도×1,000(충만의 수)으로 된 수로, 충만하고 완전한 하나님의 백성을 뜻한다. 이들은 땅에 있으면서 환난을 통과하되 하나님의 보호를 받는 투쟁하는 교회다. 반면에 그 뒤에 나오는 보좌 앞과 어린양 앞에 서 있는, 각 나라와 족속과 백성과 방언에서 나온 헤아릴 수 없이 많은 무리는 하늘에 있는 승리한 교회다. 이들이 입고 있는 흰옷은 어린양의 피로 죄 씻음 받았음을 뜻하고 이들이 들고 있는 종려 가지는 땅의 투쟁에서 승리했음을 보여 준다. 이 두 그룹은 같은 교회를 다른 관점에서 묘사한 것이다. 교회의 실상은 한편으로 지상에서 환난을 통과하며 악의 세력과 싸워야 하지만 (하나님의 인을 받고 보호를 받으면서) 다른 한편으로는 하늘에서 이미 승리했고 목자 되신 하나님의 공급과 인도를 마음껏 향유하고 있는 것이다. 요한은 박해받는 교회가 이 비전을 보기 원했다.

3. **일곱 나팔 심판(8-9장)** 어린양이 일곱째 인을 떼시자 잠시 하늘이 고요해지는데 이는 성도들의 기도가 하나님께 상달되게 하기 위해서다. 나팔 심판은 성도들의 기도 응답으로 나타난다. 봉인 심판의 결론이 천재지변이었다면 나팔 심판은 (대접 심판도) 천재지변으로 시작한다. 이로써 나팔과 대접 심판은 봉인 심판의 뒤를 이어 더욱 종말에 다다른 재앙임을 알 수 있다. 첫째부터 넷째 나팔까지는 각각 땅, 바다, 강, 하늘의 삼분의 일씩이 재앙으로 파괴된다. 다섯째 나팔은 앞의 나팔들과 달리 천재지변적 성격보다는 영적 성격이 더 강하게 드러난다. 무저갱은 사탄의 감옥인데 여기서 올라온 황충들이 하나님의 인을 맞지 않은 자들을 다섯 달 동안 괴롭힌다. 이 메뚜기 떼에 대한 묘사는 이들이 갖고 있는 교활함과 흉포함, 파괴력을 보여 준다. 여섯째 나팔을 불자 유브라데에 결박한 천사들이 놓이면서 이만의 마병대가 등장

한다. 이 천사들은 땅과 바다를 해할 권세를 가진 자들로 하나님의 백성에게 인을 칠 동안 잠시 묶여 있다가 풀려난 자들이다. 엄청난 수의 마병대는 로마를 위협하던 파르티아 군대를 떠오르게 한다.

4. **작은 책과 두 증인**(10-11장) 여섯째 나팔과 일곱째 나팔 사이에도 막간이 있고 교회의 모습이 보인다. 먼저 힘센 천사가 등장해서 땅과 바다를 밟고 서서 요한에게 작은 책을 내민다. 이 천사는 앞서 보좌에 앉으신 이의 손에 들린 봉인된 책을 펼 자가 누구냐고 묻던 자다. 따라서 그가 내미는 작은 책은 어린양이 펼치신 일곱 봉인의 책과 같은 것임을 알 수 있다. 이 책은 역사를 주관하시는 하나님의 계획이 담긴 책으로 일찍이 에스겔도 받았다. 선지자들이 이 예언의 말씀을 받을 때는 그 기쁨이 꿀처럼 달지만 그것을 선포할 때는 말할 수 없이 쓴 고통이 뒤따른다.

이후 성전을 측량하라는 명령이 주어지고 성전 밖 마당을 이방인들이 42달 동안 짓밟도록 허락하신다. 같은 기간(1,260일) 동안 두 증인(두 감람나무/두 촛대)으로 상징되는 교회가 복음을 전한다. 이 기간은 주님의 초림부터 재림까지의 교회 시대를 가리킨다. 이 기간 중에 교회는 핍박을 받아도 굴하지 않고 능력으로 모세와 엘리야처럼 말씀을 전한다. 이 기간이 끝나면 두 증인은 무저갱에서 올라온 짐승에게 죽임을 당하고 사흘 반 후에 다시 살아나 하늘로 올라간다. 교회를 핍박했던 자들은 이 놀라운 광경을 보고 하나님께 영광을 돌린다. 마지막으로 일곱째 천사가 나팔을 불자 "세상 나라가 우리 주와 그의 그리스도의 나라가 되어 그가 세세토록 왕 노릇 하시리로다"(11:15)라는 찬송이 울려 퍼지고 이십사 장로가 하나님께 경배를 드린다.

5. **교회와 사탄의 투쟁**(12-14장) 이후 요한은 하늘에 큰 표적이 나타나는 것을 보았다. 해, 달, 별로 치장한 여인(이스라엘/교회)이 아들(그리스도)을 낳는다. 용(사탄)은 별(천사) 삼분의 일을 땅에 던지고 아들을 삼키려 하지만 여인이 낳은 아들은 하나님의 보좌 앞으로 올라간다. 용과 그의 졸개들은 미가엘과 그의 군대에 패하여 하늘에서 쫓겨나고 만다. 지상으로 내려와 이제 더 아들을 해할 수 없게 된 용은 여인을 해하려 하고, 여자는 독수리 날개를 받

아 광야로 피신하여 한 때와 두 때와 반 때를 머문다. 용은 여자의 남은 자손과 싸우려고 바다에 선다. 바다에서 용과 같은 모습(일곱 머리, 열 뿔)을 한 한 짐승(로마)이 올라오는데, 이는 다니엘이 본 짐승들(제국들)의 환상을 합쳐 놓은 모습이다. 그의 머리 하나가 죽은 듯하다가 살아남으로써 사람들이 기이히 여기게 된다. 이것은 네로가 죽지 않고 살아서 파르티아로 피신하고 그 군대를 이끌고 로마로 쳐들어오려 한다는 당시의 소문을 반영한 것이다. 이 짐승은 용의 권세를 받고 사람들로 하여금 용을 경배하고 섬기게 한다. 그 후 땅에서 한 짐승이 올라오는데 새끼 양같이 두 뿔이 있고 용의 말을 한다. 땅의 짐승은 황제 숭배를 강요하는 국가 종교로 용의 편에서 교회에 대응하는 존재다. 그는 짐승의 우상을 만들어 사람들로 경배하게 하고 짐승의 수인 666(네로 가이사를 히브리어로 음역하여 합친 수)을 사람들의 이마와 손에 맞게 했다. 하지만 이 표를 받지 않고 이마에 어린양의 이름과 하나님의 이름이 쓰인 144,000명은 시온 산에 어린양과 함께 서서 하나님을 찬양한다. 이후에 세 천사가 지나가면서 각각 영원한 복음과 바벨론의 멸망과 짐승의 표를 받는 자들에 대한 경고를 외친다.

마지막으로 하나님의 심판이 임하는데 먼저 천사들이 알곡(믿는 자들)을 거두어들이고 그 후에 예리한 낫으로 땅의 포도송이(짐승의 표를 받은 자들)를 베어 포도즙 틀에 던진다. 요한계시록의 중앙에 위치한 이 본문은 영적 전쟁의 실상을 보여 줌으로써 핍박받는 교회가 최후 승리에 대한 확신을 갖고 사탄의 세력을 이길 것을 격려한다. 사탄의 세력도 하나님 편과 대응되는 구조를 갖고 있다. 용(사탄)은 하나님, 바다 짐승(로마 제국)은 그리스도, 땅의 짐승(국가 종교)은 교회 그리고 짐승의 표는 하나님의 인과 각각 대응한다. 영적 전쟁을 바로 이해하기 위해서는 두 관점을 동시에 유지해야 한다. 그것은 하늘의 실상과 땅의 현실에 대한 것이다. 사탄은 하늘에서 쫓겨났기에 이제는 땅과 바다에서만 그 권세를 부릴 수 있다. 교회는 땅에서는 사탄의 공격으로 인해 고난을 당하지만 하늘에서는 승리를 맛본다. 따라서 당장 눈에 보이기는 사탄의 세력이 강해 보이고 짐승의 표를 받아야 살 것 같지만, 실상은 정반대임을 알아야 한다. 최후 승리는 어린양의 것이며 오직 하나님의 인을 받은 사람만 심판에서 제외된다.

6. **일곱 대접 심판**(15-16장) 대접 심판은 마지막 심판으로 앞의 두 심판처럼 그 범위에 제한이 없다. 성전에서 일곱 대접을 받고 나온 천사들이 땅, 바다, 강, 해의 순서로 하나씩 그 대접을 쏟아붓는다. 다섯째 대접은 아예 짐승의 보좌에 부음으로써 로마 제국의 멸망이 이르렀음을 보여 준다. 여섯째 대접은 유브라데에 쏟아붓는데 그 결과 강이 마르고 동방의 군대가 쳐들어올 수 있는 길이 열린다. 왕들이 아마겟돈이라 칭하는 지역에 모여 최후의 일전을 벌일 준비를 한다. 마지막 대접은 사탄이 그 세력을 잡고 있는 공중에 부음으로써 마침내 하나님의 궁극적 대적인 사탄이 멸망하게 됨을 보여 준다. 이로써 봉인, 나팔, 대접의 심판이 다 끝났다. 이제 남은 것은 큰 성 바벨론의 멸망뿐이다. 이 심판들이 진행되는 동안 하나님의 인을 받은 사람은 모든 재앙에서 면제되고 보호받는 반면, 짐승의 표를 받은 사람은 모든 재앙을 겪으면서도 끝까지 회개하지 않는다.

요한계시록 3과

요한계시록 3

성경 이야기 계 17-22장

구조

1:1-8	서론
1:9-3:22	일곱 교회
4:1-5:14	천상(4:1): 경배(창조와 역사의 주님)
6:1-8:5	일곱 봉인(재앙 시작): 일반 재앙→천재지변
8:6-11:19	일곱 나팔: 천재지변/무저갱/유브라데/하늘 성전(11:19)
12:1-14:20	교회와 사탄(용/바다 짐승/땅 짐승)의 전쟁
15:1-16:21	일곱 대접(15:5): 천재지변/짐승의 보좌/유브라데/공중
17:1-19:10	바벨론의 멸망(재앙 종료)
19:11-20:15	천상(19:11): 승리(심판의 주님)
21:1-22:5	새 예루살렘
22:6-21	결론

본문 이해

1. 바벨론의 멸망(17-18장) 여기 묘사된 바벨론의 멸망은 16장의 일곱 대접 재앙의 결론이다. 한 음녀(바벨론)가 짐승(일곱 머리/열 뿔)을 타고 앉았는데 이는 사탄(용)의 하수인으로서 사람들을 미혹하고 특히 하나님의 백성을 핍박하는 세상(짐승)이 구체적으로 로마 제국(바벨론)으로 드러난 모습이다. 이 음녀는

또 많은 물 위에 앉아 있는데 이는 백성과 무리와 열국과 방언들을 지배하는 모습이다. 바벨론이 음녀로 불리는 까닭은 사람들을 미혹하여 음행, 즉 우상(황제) 숭배를 하게 했기 때문이다. 이 음녀는 땅의 임금들과 짐승의 미움을 받아 멸망하게 된다. 세상은 여러 제국과 권세를 이용하지만 때가 되면 버리고 새로운 형태로 등장한다. 바벨론은 극한 사치와 허영, 탐욕과 쾌락을 추구했고, 자신의 권력으로 온 세상을 호령하며 불의를 행했지만 그 마지막은 철저한 황폐요 멸망뿐이었다. 한 가지 덧붙이자면, 여기서 바벨론을 로마로 해석하는 것이 일반적이지만, 창세기 11장에 나오는 홍수 후 최초의 세상 문명이 연장된 것으로도 볼 수도 있다. 어쨌든 하나님을 대적하고 하나님의 백성을 미혹하고 핍박하던 바벨론은 모든 권력과 영광을 차지했음에도 최후의 심판을 받아 사라지고 만다.

2. 어린양의 혼인 잔치(19:1-10) 바벨론이 무너지고 난 후 하늘에서는 할렐루야의 찬송이 울려 퍼지고 전능하신 하나님이 통치하신다는 진리가 선포된다. 이후 어린양의 혼인 잔치가 시작된다. 어린양의 신부는 새 예루살렘으로 잠시 후에 하늘에서 내려올 것이다. 이 신부는 음녀 바벨론(세상)과 대조되는 하나님의 백성(교회)으로 빛나고 깨끗한 세마포(옳은 행실)를 입고 있다. 이 환상이 보여 주는 것은 세상과 역사의 참된 주인은 하나님이시라는 것과 결국은 사탄과 손잡고 불의를 행함으로써 현세에서 득세하는 것처럼 보이는 세상이 아니라 핍박을 받더라도 순결(믿음)을 지키며 의의 길을 가는 교회가 결국은 승리하고 영광을 얻는다는 것이다.

3. 그리스도의 재림(19:11-21) 여기서 요한은 4장 1절에서처럼 하늘이 열린 것을 본다. 앞에서는 천상의 모습이 창조의 주 되신 하나님과 구속의 주요 역사를 주관하시는 어린양 그리스도를 향한 경배와 찬양이었다면, 여기서는 다시 오셔서 원수를 물리치시고 최후 심판을 통해 역사를 완성하시는 그리스도의 승리로 나타난다. 그리스도는 백마를 타셨고 그 이름은 충신과 진실이며 공의로 심판하신다. 또 그 눈은 불꽃같고 그 머리에는 많은 면류관을 쓰셨으며 피 뿌린 옷을 입고 하나님의 말씀이라 불리신다. 만왕의 왕이요 만

주의 주 되신 그리스도는 단지 입에서 나오는 이한 검으로 모든 대적을 물리치신다. 주님의 재림의 결과는 그분의 백성에게는 어린양의 혼인 잔치이지만 원수들에게는 그들 자신이 먹이가 될 뿐이다. 앞에서는 바벨론이 멸망당했고 여기서는 짐승이 멸망당한다. 이제 남은 것은 용(사탄)뿐이다.

4. 천년왕국(20:1-10) 본문에 나오는 천 년에 대해서는 몇 가지 해석이 있다.

1) **무천년설** 본문은 19장에 뒤이어 나오지만 그 내용은 시간적 연속성을 지닌 것이 아니다. 1-3절에서 사탄이 결박당하는 장면이 나오는데 이는 그리스도의 초림 때 일어난 사건이다. 주님은 바알세불 논쟁에서 강한 자(사탄)를 결박한 후 그의 집을 늑탈하는 것으로 당신의 사역을 설명하셨다(마 12:29). 여기서 천 년은 그리스도의 초림부터 재림까지의 전 교회 시대를 일컫는다. 이 기간에 그리스도를 믿는 신앙 때문에 순교하거나 짐승에게 경배하지도, 짐승의 표를 받지도 않은 자들은 살아서 그리스도와 함께 왕 노릇하는데 이를 "첫째 부활"(20:5-6)이라고 부른다. 이 부활은 두 가지로 해석할 수 있다. 먼저는 신자들이 중생하여 그들의 영이 살아난 것을 가리키거나(엡 2:5-6), 아니면 그들이 육체적으로 죽은 후 하늘에서 그리스도와 함께 살게 된 것을 가리킨다. 어느 쪽을 택하든지 신자들은 지금 살아 있고 그리스도와 함께 왕 노릇하고 있음을 알 수 있다. 천 년, 즉 교회 시대가 끝나면 사탄이 잠시 권세를 얻고 마지막으로 그리스도를 대적하지만 그 결과는 즉각적인 심판이요 영원한 불못에 던져지는 것이다.

2) **전천년설** 본문을 19장에 시간적으로 이어지는 사건으로 본다. 따라서 그리스도의 재림 후 천 년 동안 사탄의 결박이 있고 그 후에 최후의 심판이 뒤따른다. 신학적 입장에 따라 역사적 전천년설과 세대주의적 전천년설로 구분된다. 전자는 요한계시록의 나머지 부분의 해석에 대해서는 대체로 무천년설의 입장과 크게 다르지 않지만 본문만큼은 천년왕국(긴 기간을 상징적으로 표현함)이 지상에서 이루어질 것으로 본다. 역사적으로 아우구스티누스 이전까지 일반적으로 교회가 취한 입장이다. 후자는 문자적 천년왕국을 믿으며 이때 하나님이 구약에서 육체적 이스라엘에게 약속하신

모든 내용이 지상에서 이루어진다고 본다. 그뿐 아니라 요한계시록의 내용도 대부분 문자적으로 해석한다.

3) **후천년설** 이 입장은 교회 시대의 뒷부분이 복음 전파로 인해 역사적으로 유래가 없는 번영과 평화의 시대(천년왕국)가 되고 그 후에 그리스도의 재림이 있다고 본다. 따라서 역사에 대해 매우 낙관적인 입장을 취하는데, 성경에서 분명한 근거를 찾을 수 없다.

> ○ **평가**
>
> 모든 입장이 다 나름대로 어려움이 있지만 무천년설이 성경과 요한계시록의 전체 입장과 가장 잘 조화를 이룬다고 본다. 사탄이 현재도 강하게 역사하는 것은 사실이지만 교회의 복음 사역이 그로 인해 중단되거나 좌절되는 것은 아니다.

5. 흰 보좌 심판(20:11-15) 그리스도의 재림에 뒤이은 사건은 일반 부활이다. 죽은 자들이 다 살아나서 그리스도의 심판대 앞에 서게 된다. 이때 생명책과 행위의 책들이 펼쳐지는데 생명책에 그 이름이 기록되지 않은 자들은 다 불못에 던져질 것이다. 최후의 심판에 대해 두 가지를 지적하고자 한다. 첫째, 믿는 자들의 심판이다. 이들 역시 그 행위에 따라 심판을 받는다. 여기서 행위란 그들의 믿음의 진정성을 보여 주는 증거로서 행위를 말한다. 참으로 믿는 자들은 행위로 그 믿음을 보이기 마련이며, 그런 자들은 모든 죄가 도말되어 기억되지 않는다. 둘째, 지옥에 대한 이해. 불못으로 묘사되는 지옥은 영원한 형벌의 장소(상태)임이 틀림없다. 하지만 불못을 문자적으로 해석하는 것은 옳지 않다. 왜냐하면 사망과 음부도 불못에 던져지기 때문이다. 지옥에 떨어지는 자들은 악에 온전히 사로잡혀서 악으로부터 회개하고 건짐 받을 수 있는 인격을 상실했고 하나님의 형상이 끝내 박탈된 자들이다. C. S. 루이스는 이들을 인간이 아니라 단지 인간의 잔재(human remains)로 보았다.

6. 새 예루살렘(21:1-22:5) 최후의 심판이 있은 후 요한은 새 하늘과 새 땅을 본다. 하나님이 만물을 새롭게 하셨기 때문이다. 여기서 새 하늘과 새 땅을 현재의 하늘과 땅이 사라지고 완전히 새로운 것을 만드신 것, 즉 재창조

(regeneration)로만 볼 필요는 없다. 하나님이 처음 창조를 새롭게 하신 것, 즉 갱신(renewal)으로 볼 수도 있다. 그 후 어린양의 신부인 새 예루살렘이 하늘로부터 내려온다. 새 예루살렘을 묘사하는 모든 설명은 상징적인 것으로 보아야 한다. 보석은 아름다움과 영광을 상징한다. 열두 성문은 구약의 열두 지파를, 열두 기둥은 신약의 열두 사도를 상징함으로써 하나님의 모든 백성을 가리킨다. 이 성의 특징은 성전과 밤이 없다는 것이다. 하나님과 어린양이 친히 성전이 되시고 또 항상 빛을 비추시기 때문이다. 이 성에는 거룩하지 못한 자들은 들어갈 수 없다. 결론적으로 이 성은 생명으로 충만하다. 수정같이 맑은 생명수의 강이 흐르고 강 좌우로 생명나무가 늘어서 있다.

7. 결론(22:6-21) 요한계시록의 결론 부분은 서론 부분과 상통한다. 먼저 주님을 알파와 오메가(처음과 나중, 시작과 끝)로 묘사한 것과 복에 대한 언급, 주님의 재림에 대한 언급이 그렇다. 특히 이 책의 말씀에 더하거나 빼는 것에 대한 엄중한 경고에 귀 기울여야 한다. 이 모든 계시의 말씀을 들은 자들은 이제 주님의 오심을 고대하면서(마라나타) 자신의 행실을 깨끗하게 해야 할 것이다(벧후 3:11-14).

부록

한눈에 보는 성경 개관

신학적 구분	역사의 큰 구분	역사의 세부 구분	문학서
창조 (창 1–2장)	원시 역사 (창 1–11장)	1. 창조(창 1–2장) 　1) 천지 창조(창 1장) 　2) 에덴동산(창 2장)	
타락 (창 3–11장)		2. 타락(창 3–11장) 　1) 선악과(창 3장) 　2) 아담–노아(창 4–5장) 　3) 홍수(창 6–9장) 　4) 노아–아브라함(창 10–11장)	
구속 (창 12장–계19장)	이스라엘 (창 12장–말)	3. 족장 시대(창 12–50장) 　1) 아브라함(창 12–23장) 　2) 이삭(창 24–26장) 　3) 야곱(창 27–36장) 　4) 요셉(창 37–50장)	욥기
		4. 출애굽 시대(출–신) 　1) 출애굽(출 1–18장) 　2) 시내산(출 19장–민 10장) 　3) 광야(민 11–20장) 　4) 모압(민 21장–신 34장)	
		5. 가나안 정복 시대(수)	
		6. 사사 시대(삿 1장–삼상 9장) 　1) 사사들(삿) 　2) 룻(룻) 　3) 사무엘(삼상 1–9장)	
		7. 통일 왕국 시대 　(삼상 10장–왕상 11장/대상 1장–대하 9장) 　1) 사울(삼상 10–15장) 　2) 다윗(삼상 16장–왕상 2장/대상 1–29장) 　3) 솔로몬(왕상 2–11장/대하 1–9장)	시가서
		8. 분열 왕국 시대(왕상 12장–왕하 25장/대하 10–36장) 　1) 이스라엘(왕상 12장–왕하 17장/대하 10–28장) 　2) 유다(왕상 12장–왕하 25장/대하 10–36장)	선지서
		9. 포로 시대	겔/단
		10. 귀환 시대(스–에)	학/슥/말
		[11. 중간 시대]	
	그리스도(복음서)	12. 그리스도(복음서)	
	교회(행–계 19장)	13. 교회 시대(행–계 19장)	서신서
완성(계 20–22장)	종말(계 20–22장)	14. 신천신지(계 20–22장)